刑事证据审查三步法则

Three Steps to Reviewing Criminal Evidence

李勇／著

（第二版）

法律出版社
LAW PRESS · CHINA
—— 北京 ——

图书在版编目(CIP)数据

刑事证据审查三步法则 / 李勇著. -- 2 版. -- 北京：法律出版社，2022(2025.3 重印)
ISBN 978 -7 -5197 -6347 -3

Ⅰ. ①刑… Ⅱ. ①李… Ⅲ. ①刑事诉讼－证据－研究－中国 Ⅳ. ①D925.213.4

中国版本图书馆 CIP 数据核字(2022)第 003160 号

刑事证据审查三步法则(第二版)
XINGSHI ZHENGJU SHENCHA SANBU FAZE (DI -ER BAN)

李 勇 著

策划编辑 许 睿
责任编辑 许 睿
装帧设计 李 瞻

出版发行 法律出版社
编辑统筹 司法实务出版分社
责任校对 朱轶佳
责任印制 胡晓雅
经　　销 新华书店

开本 A5
印张 16.875　**字数** 379 千
版本 2022 年 2 月第 2 版
印次 2025 年 3 月第 5 次印刷
印刷 三河市龙大印装有限公司

地址:北京市丰台区莲花池西里 7 号(100073)
网址:www.lawpress.com.cn
投稿邮箱:info@lawpress.com.cn
举报盗版邮箱:jbwq@lawpress.com.cn
销售电话:010 - 83938349
客服电话:010 - 83938350
咨询电话:010 - 63939796

书号:ISBN 978 -7 -5197 -6347 -3　**定价**:69.00 元
凡购买本社图书,如有印装错误,我社负责退换。电话:010 - 83938349

第二版序

——第三条道路·实质解释论·融合两大法系

这本书第一版于2017年9月出版，至今已经第六次印刷，这确实是畅销书的“节奏”。在此期间，经历了2018年《中华人民共和国刑事诉讼法》（以下简称《刑事诉讼法》）的修改以及配套的《人民检察院刑事诉讼规则》《公安机关办理刑事案件程序规定》《关于适用〈中华人民共和国刑事诉讼法〉的解释》等的修改。尽管关于证据的内容修改不多，但由于2018年《刑事诉讼法》修改时在技术上采取打乱全部条文顺序的方式，使得相关刑事诉讼著作不得不修订。同时，也因为出台了很多其他的司法解释，这是本书修订的第一个原因。本书修订的第二个原因是，我在近几年的学习研究和办案实践中，对刑事证据又有了一些新的思考和经验。这些思考和经验，我在很多场合讲课时也阐述过，有必要及时分享给各位读者。

在研究方法上，第二版坚守并进一步强化了第一版的“第三条道路”“实质解释论”“融合两大法系”的理念，借第二版出版之机，略作交待如下：

1. 关于第三条道路。“穿梭于理论与实践之第三条道路”是我多年来进行刑法和刑事诉讼法研究的基本方法。“第三条道路”是相对于脱离实践的纯理论研究和就实践谈实践而缺乏理论升华的两条道路而言的。“第三条道路”就是从司法实践出发，与前沿法学理论对话，结合原理进行总结提炼，再回到实践中进行运用。“第三条道路”的研究方法直接受陈瑞华教授影响，早年读过陈教授关于第三条道路的演讲稿。[①] 后来在陈瑞华教授的指引下又阅读了“超级教授”黄宗智的著作。黄宗智教授指出，要建立既是中国的，也是现代的学术，应该同时推进中国长期以来在认识论上紧密连接经验与概念的传统。[②] 尽可能从实际的认识出发，从那里创建新的概念；从经验研究出发，然后与各家理论进行对话，再提炼自己的概念，如此反复不止。[③] 本书所主张的核心观点，证据审查的三步法则“分解验证—双向对比—综合分析”就是我对多年办案经验的总结提炼；同时也是与前沿理论对话的结晶，这三个步骤分别对应于威廉·特文宁提出的司法证明的三大核心：证据—证明—事实，即证据学的“EPF”。实践证明，这套证据审查的方法是实用而有效的。[④] 这种立足实

---

① 后来陈瑞华教授已经出版了这方面的专著，参见陈瑞华：《论法学研究方法》，法律出版社 2017 年版。

② 参见黄宗智：《经验与理论：中国社会、经济与法律的实践历史研究》，中国人民大学出版社 2007 年版，第 532 页。

③ 参见黄宗智：《经验与理论：中国社会、经济与法律的实践历史研究》，中国人民大学出版社 2007 年版，前言第 4 页。

④ 刑事证据审查三步法则写入了《江苏省检察机关刑事案件审查指引》（2017 年 8 月 25 日）。

践、反哺实践的研究方法，终极目的就是为实践难题提供切实可行的路径与方法，这也是本书颇受办案一线人员欢迎的根本原因。

2. 关于实质解释论。我国刑事诉讼法学走向成熟的必然趋势应当是在研究方法上的范式转型——建立起刑事诉讼法的解释学。近年来，我一直呼吁刑事诉讼法学的解释学、实质解释论。我是刑法学领域彻底的结果无价值论者，也是实质刑法观和实质解释论的坚定支持者[①]，同时还是跨越实体与程序的鸿沟深入推进刑事一体化的实践者。[②] 与刑法解释学的发达和精细化相比，我国刑事诉讼法解释学较为落后。直观体现就是，《刑法》中的每一个条文几乎都被研究过，而《刑事诉讼法》中几乎所有的条文都没有被深入研究过。刑事诉讼法学应当借鉴刑法教义学的方法和成果来提高刑事诉讼法解释学的水平。[③] 刑法学中的实质解释论与形式解释论，已经发展出了实质刑法观与形式刑法观的基本立场之争，[④] 而刑事诉讼法学还在为被告人在供述笔录上填写“以上笔录，我已看过和我说的一样”能不能作为定案根据而争论不休。当前，我国《刑事诉讼法》已经建立了相对完备的非法证据排除规则，但对于什么是非法证据、什么是瑕疵证据，二者

① 参见李勇：《结果无价值论的实践性展开》（第二版），法律出版社2020年版。

② 参见李勇：《跨越实体与程序的鸿沟——刑事一体化走向深入的第一步》，载《法治现代化研究》2020年第1期。

③ 参见李勇：《跨越实体与程序的鸿沟——刑事一体化走向深入的第一步》，载《法治现代化研究》2020年第1期。

④ 参见刘艳红：《实质刑法观》（第二版），中国人民大学出版社2019年版，第164页以下。

如何区分，远未形成共识。《刑事诉讼法》第56条对物证、书证的排除设定了“可能严重影响司法公正”的条件，如何理解这里的“可能严重影响司法公正”，学界研究得不够深入。《刑事诉讼法》第52条规定了严禁“引诱、欺骗”，而第56条没有列举“引诱、欺骗”作为非法证据排除，引诱、欺骗取得的证据要不要作为非法证据排除，什么情况下排除，都需要精细化的解释学研究。我在本书第一版中就努力将刑法学中的实质解释论引入到刑事证据法的解释之中，对非法证据与瑕疵证据的区分提出先形式判断后实质判断的“二分法”，实践证明是富有成效的。我还尝试将刑法中犯罪构成阶层论的思维引入到证据法的解释中，提出证据能力与证明力之间的二阶层关系，在判断顺序上，与犯罪构成三阶层具有异曲同工之处，即第一步先判断证据的证据能力，如果没有证据能力，直接作为非法证据排除，无须进入第二步的判断；如果有证据能力，才进入第二步的证明力判断。实践证明，这也是富有成效的。本书第二版修订过程中，我正在恩师刘艳红教授门下攻读刑法学博士学位，追随她的实质解释论、实质刑法观，因此实质解释论在本书第二版中将得到进一步强化和细化。恩师刘艳红教授预言“未来中国刑法学发展的必然趋势是实现刑法工具方法论的范式转型，未来刑法方法论的发达则有赖于构建一套精密的刑法解释方法和技巧。那么，构建刑法工具方法论应该从何种路径入手?”作为实质犯罪论的主张者，当然提倡实质的刑法解释理论及方法。[①] 中国刑事诉讼法学要想走向成熟，必须激活解

---

① 参见刘艳红：《实质刑法观》（第二版），中国人民大学出版社2019年版，第255页。

释学，实质解释论是一条绕不过的路径。

3. 关于融合两大法系。大陆法系职权主义诉讼制度代表的德国司法体系可以比作是一个解决谜题的过程，法官推动的是一个寻求真相的调查，而这个调查的主要旨趣在于确定正确的答案。相比之下，英美法系对抗式诉讼模式代表的美国的体制更容易被比作一场国际象棋比赛——在这场比赛中，律师作为对手，扮演着主导胜利的关键角色。① 不可否认，两大法系尽管存在上述来自于“基因”“传统”的差别，但很多方面也在相互吸收和融合。我国刑事实体法与刑事程序法分别在大陆法系和英美法系两个轨道上前行，这多少有些不正常。对于我国刑事诉讼改革来说，既要借鉴英美法系的合理因素，更要吸收大陆法系的基本制度。可喜的是，近年来，大陆法系的证据禁止理论、证据能力及证明力等概念已经引入立法和司法实践中。我国《刑事诉讼法》第 52 条和第 56 条恰恰对应于德国证据法理论中的证据取得禁止和证据使用禁止。我们需要转换思路，拉近与大陆法系的距离。再如，一些学者批评印证证明模式②，事实上，印证是大陆法系普遍遵守的经典证明规则，特别是言词证据的审查。19 世纪享誉欧洲的德国证据法大师密特麦尔指出，证人证言的证明力基础条件之一就是证人证言与其他证据应形成印证。③ 印证作为

---

① See Edward B. Diskant. *Comparative Corporate Criminal Liability*: *Exploring the Uniquely American Doctrine through Comparative Criminal Procedure*. The Yale Law Journal. Vol. 118,(Oct.,2008): p. 151.

② 参见周洪波:《中国刑事印证理论批判》，载《中国法学》2015 年第 6 期。

③ 参见施鹏鹏:《跨时代的智者——密特麦尔证据法思想述评》，载《政法论坛》2015 年第 5 期。

判断证明力的基本方法，与我国整体上属于大陆法系职权主义诉讼结构是相适应的，也与我国刑事诉讼的现实和传统是相适应的。[①] 国内很多学者认为当事人主义诉讼制度要优于大陆法系职权主义诉讼制度，但是这种判断可能是存在问题的。职权主义原则是否一定不妥，当事人主义是否一定优于职权主义，都必须慎重考虑。德国的刑事诉讼制度采取职权原则与调查原则，并未见有人批评该国司法制度不符合时代需求或司法欠缺公信力。[②] 1999 年 5 月 13 日至 16 日，在德国 Halle 大学举行的刑法学家年会上，日本学者高田昭正、宫泽浩一、山中进一等教授都毫不讳言地指出，日本虽然实施以当事人主义为主的诉讼制度，却仍有许多制度上的问题必须借鉴德国的经验，高田昭正教授更是语重心长地说，中国台湾应该寻找适合自身情况的刑事诉讼制度，不必学习美国，也不必向往日本。[③] 我观察我国台湾地区学者的研究成果，发现了一个有趣的现象，那就是对德国刑法学有深入研究的学者对刑事诉讼法学都有一些交叉研究，而且基本都对大陆法系的刑事诉讼制度赞赏有加。林山田教授指出，“别迷失在主义的丛林中，美国当事人进行主义已经沦为诉讼禁忌，而非发现真实，日本的以当事人进行主义为外表的制度，已经有审判空洞化的危机，这件事是让我们忧心，难道只要采取当

---

① 参见李勇：《印证证明模式的重新审视》，载《人民检察》2019 年第 5 期。

② 参见张丽卿：《刑事诉讼制度与刑事证据》，中国检察出版社 2016 年版，第 8 页。

③ 参见张丽卿：《刑事诉讼制度与刑事证据》，中国检察出版社 2016 年版，第 8 页。

事人进行主义，就能将刑事司法的一切弊端都改革了吗?”[①]我们似乎应当关注比较证据法学者达玛斯卡所提醒的，“必须回到他们自己的法律文化中，在那里才能寻找到他们正在衰败之制度的疾患治疗法”。[②] 刑事诉讼法学的研究应该更加关注大陆法系，融合两大法系，逐步与刑事实体法在法系方向上靠近、弥合，实现实体与程序的深度交叉和融合，这种思路在本书中贯穿始终。

总之，上述三种思想贯穿始终，“一张蓝图绘到底”，探究证据分析的奥秘。读者诸君读完全书后再回过头来使用这张我独家绘制的这张“蓝图”，或许能有不一样的收获。

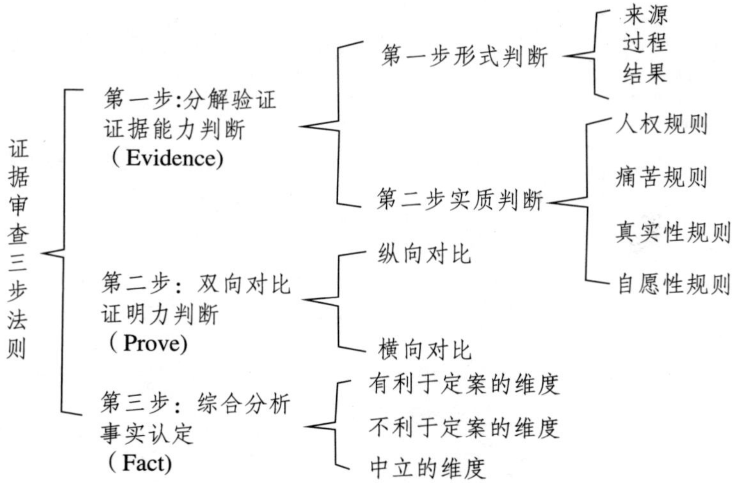

刑事证据审查三步法则全景图示

---

① 张丽卿：《刑事诉讼制度与刑事证据》，中国检察出版社 2016 年版，第 4 页。

② ［美］米尔建·R. 达马斯卡：《漂移的证据法》，李学军等译，中国政法大学出版社 2003 年版，第 209～210 页。

本书第二版的修订得到了很多读者、师友、同学、同事的帮助，同时也得到了家人的支持，在此一并感谢。

李 勇

2021年6月27日

于北戴河开往南京的高铁上

第一版序

——预防错案从证据审查开始

这本书是关于刑事证据审查、分析方法的著作，以笔者所创立的“三步法则”为主线展开，可以说是对“三步法则”这一创新机制的总结和深化。[①]

对于刑事办案者来说，始终要面对两个基本问题：一个是实体法律适用，另一个是证据的审查判断与分析。这一点，无论对于警察、检察官、法官，还是辩护律师而言，都是如

---

① 笔者在2009年创立“三步法则”，后来以此为基础开发成培训课程，作为全国检察教育培训精品课程在全国各地很多司法机关讲授。相关媒体也对“三步法则”进行过报道，参见崔洁、肖水金、张金萍：《证据审查有了“三步法则”——南京建邺：起诉案件连续多年保持零无罪判决》，载《检察日报》2012年2月5日，第2版；宋世明：《理性思考　追求卓越——南京市建邺区检察院公诉团队剪影》，载《江苏法制报》2013年5月27日，第3版；王丽丽：《李勇：像学者那样阅读》，载《检察日报》2013年2月3日，第4版；王丽丽：《南京建邺：“三步法则”防错案》，载《检察日报》2016年2月24日，第9版；徐晓红、陈然：《纸上得来不觉浅》，载《检察日报》2015年12月25日，第8版；等等。《证据分析怎么做？你首先得掌握这“三步法则”》，载正义网，http：//www. jcrb. com/gongsupindao/GSZD/201702/t20170207_ 1713468. html。

此。[①] 从某种意义上来说，证据的审查判断这个基本问题更为重要，因为实体法的适用错误可以通过下一个诉讼程序来进行改正，比如侦查阶段罪名适用错误，可以在审查起诉阶段或者审判阶段改正，甚至一审判决罪名适用错误也可以通过二审或再审程序来纠正。但是，证据审查的错误很多时候是无法挽回的，因为证据审查错误直接导致事实错误、出入人罪。证据问题是错案的罪魁祸首，这个命题是当然成立的。错案是我们非常忌讳但又不得不面对的话题，错案就像刑事司法领域中难以驱散的幽灵。佘祥林案、赵作海案、浙江张氏叔侄案、呼格吉勒图案离我们大多数的普通办案人似乎很远，但实际上又是那么地接近，很多时候就一步之遥。导致刑事错案的原因有很多，但首要的原因是证据问题，正如何家弘教授所言，“历史的经验告诉我们，几乎在每一起刑事错案的成因中都存在着证据的作用”。[②] 当然，由于刑事司法证明的过程是对已发生案件事实的回溯过程，裁判者不是事件的直接参与者和亲历者，而只能通过证据来探寻和接近真相，因此，在理论上，完全杜绝错案是不可能的，从这个意义上讲，错案具有不可避免性。正如美国学者艾伦教授所言，“一种不犯错误的法律制度是不可能的”。[③] 但是，采取措施和方法最大限度地预防错案却是可能的，也是可行的。最大限度地预防错案的路径和方法在哪里？虽然制度设计、司法改革

---

① 也正因如此，这是一本适合所有刑事法律人的读本。

② 何家弘：《证据的审查与认定原理论纲》，载《法学家》2008 年第 3 期。

③ ［美］罗纳德·J. 艾伦：《艾伦教授论证据法》（上），张保生等译，中国人民大学出版社 2014 年版，第 5 页。

都是必要的措施，但是最直接的办法就是“从哪里跌倒，就从哪里爬起来”，预防错案，从证据审查开始！

所以，对于证据问题，我们应该始终保持战战兢兢、诚惶诚恐的心理，始终坚持如履薄冰、如临深渊的审慎态度。“我认为，作为一个能够审判别人的人，应该小心谨慎，并且在尽量深思熟虑之后再发表意见。这是非常必要的。”[①] 在审判中心主义背景下，证据审查、证据分析显得更加重要，证据审查方法的研究也显得更加迫切。十八届四中全会通过的《中共中央关于全面推进依法治国若干重大问题的决定》对审判中心主义进行了这样的阐述：“推进以审判为中心的诉讼制度改革，确保侦查、审查起诉的案件事实证据经得起法律的检验。全面贯彻证据裁判规则，严格依法收集、固定、保存、审查、运用证据，完善证人、鉴定人出庭制度，保证庭审在查明事实、认定证据、保护诉权、公正裁判中发挥决定性作用。”贯彻审判中心主义需要把握“一个精髓”即庭审的实质化，“两大支柱”即证据裁判原则、直接言词原则。[②] 无论是精髓还是支柱，都是围绕证据展开的。

那么，面对一起案件看起来错综复杂、堆积如山的证据材料，如何下手进行审查判断呢？如何分析证据？如何认定事实？国内业界对于这个问题的研究几乎一片空白，尚没有人对这一显得如此形而下的技术操作性问题进行系统研究和

① ［法］勒内·弗洛里奥：《错案》，赵淑美、张洪竹译，法律出版社2013年版，第225页。

② 参见李勇：《以审判为中心的“精髓”与“支柱”》，载《人民法院报》2016年5月26日，第5版。

探索。目前，实务界能做的似乎就是依赖常识和经验。法律执业者，无论是律师、法官、检察官还是警察，甚至还包括一些法律院校的学生，难以找到一本具有可操作性的证据审查、证据分析的本土著作。原因或许在于“学术人常常过于高高在上，而执业者已经倾向于过于世俗”。① 一方面，学者们忙于研究诉讼构造、审判方式等“高大上”的命题，对于证据分析、证据审查这样“矮矬穷”的问题不屑一顾；另一方面，法律从业者心有余而力不足，偶尔见到的所谓证据审查、证据分析方面的著作，要么列举《刑事诉讼法》及其配套解释，要么列举常见罪名一般需要哪些证据材料，“食之无味”“读之无用”。这是一种非正常状态。

“每种从事事实分析和推理的职业，都必须开发某些记录和组织数据的方法，以适于分析和使用。”② 对于法律职业来说，当然更是如此。2006 年我从事公诉工作，工作的核心之一就是审查证据，因此一直在办案和研究学习的过程中思考和探索证据审查、分析、判断的方法。2009 年，我对这一思考过程进行了初步总结，“发明”了“证据审查三步法则”，在我所在的单位进行试点运用，初试牛刀就取得意想不到的效果，影响范围不断扩大，逐步由全市走向全省、走向全国，先后应邀在全国各地很多司法机关讲授，国家检察官学院举办的全国高级检察官培训班、全国经济犯罪公诉业务骨干培

① ［英］威廉·特文宁：《反思证据：开拓性论著》，吴洪淇等译，中国人民大学出版社 2015 年版，第 22 页。

② ［美］特伦斯·安德森等：《证据分析》（第二版），张保生等译，中国人民大学出版社 2012 年版，第 143 页。

训班、全国职务犯罪大要案公诉培训班等各种培训班以授课的方式进行推广，每次培训都取得令人鼓舞的效果。2013年和2014年先后被江苏省人民检察院评为全省检察培训精品课程（第一名）、被最高人民检察院评为全国检察培训精品课程。在此过程中，我不断结合办案、阅读、讲课进行深挖和升华。从2009年成型到这本书的出版，可谓“八年抗战”。

我曾经问过参加培训的学员“这个课程吸引你的是什么?”，他们的回答是“有用、实用”。只有经得起实践检验的方法，才是好方法。其实，不仅是因为经得起实践检验的方法，更因为是从实践中提炼并上升到一定的理论层次的方法。本书的核心原创“三步法则”直接来源于司法实践，从实践办案中获得灵感并从实践中提炼出来，再结合理论进行论证和深化，在此过程中所获得的原创性观点——二元主义的证明标准、证据能力三要件、证据分析图示法——都是来源于实践的灵感，再经过理论研究和论证后又经实践检验而形成的。需要特别指出的是，本书在阐述理论基础时尽可能兼顾到大陆法系和英美法系两种理论。令人感到吊诡的是，我国整体上作为一个大陆法系传统的国家，实体法的刑法是建立在苏俄、德日大陆法系刑法理论基础之上的；而作为程序法的诉讼法、证据法却是清一色的英美法系，这种现象正常吗？难怪青年学者施鹏鹏呼吁“中国的证据法学研究应走出‘英美法中心’的陷阱，走向更契合本国诉讼文化的‘欧陆’证据法学。”① 德国证据法大师密特麦尔指出，职权主义

① 施鹏鹏：《跨时代的智者——密特麦尔证据法学思想述评》，载《政法论坛》2015年第5期。

诉讼是不可能确立与当事人主义一样的证据规则，“国家权力主导、职业法官裁判、实质真实探求”的诉讼特质决定了司法官员在刑事证据运用中的决定性作用，且这一作用自侦查阶段便已凸显。受英美证据法学者影响，中国时下一些学者主张建立中国的证据法典，个别学者甚至很极端地认为《美国联邦证据规则》直接移植入中国亦可发挥极佳效果。然而，前述观点和做法是否与职权主义的立法传统相悖，这显然值得进一步推敲考量。[①] 司法实践的现实情况又是另一番景象，那就是法律实务人士的思维及其办案行为自觉不自觉地更加“亲近”大陆法系，实践中很多习惯做法与大陆法系具有高度契合性。当前，学界似乎也意识到了这个问题，所以，证据能力、证据禁止、证明力这些来源于大陆法系的概念和术语逐渐流行起来。因此，在本书写作过程中，在借鉴英美法系证据法理论的同时，大量借鉴了大陆法系证据法的一些理论，正如达玛斯卡所主张的，单一的英美对抗式程序制度或者单一的欧陆纠问式程序制度，是相当罕见的，大部分程序性体制都是混合的。[②]

呈现在读者面前的这本书，是以证据审查的“三步法则”为架构进行深入、系统展开的，是对“三步法则”的总结、提炼、拓展和深化。如果只是宣传标语式的解释什么是“三步法则”，那就是分解验证、双向对比、综合分析，详细

---

① 参见施鹏鹏：《跨时代的智者——密特麦尔证据法学思想述评》，载《政法论坛》2015年第5期。

② 参见［英］威廉·特文宁：《反思证据：开拓性论著》，吴洪淇等译，中国人民大学出版社2015年版，第196～197页。

解释则是需要用一本书才能说清楚的。本书以“三步法则”为架构，分成三篇：第一篇分解验证，解决的是证据能力问题，主要围绕非法证据排除规则而展开，阐释各类证据的证据能力的分解验证方法；第二篇双向对比，探讨的是印证、证明问题，重点解决的是证据的证明力问题，在第一步分解验证的基础上，以印证证明模式为基础，对证据进行纵向和横向的对比，分析证据的证明力，这一步是形成心证的关键步骤；第三篇综合分析，在前两步的基础上，对全案的证据进行综合分析，以图示法作为工具，对待证事实作出判断，得出结论。上述三个步骤分别对应于英国著名证据法学者特文宁所说的司法证明三大核心要素：证据（Evidence）—证明（Prove）—事实认定（Fact），也即证据学中的“EPF”。[①] 第一步分解验证侧重于证据（证据规则），第二步双向对比侧重于证明力，第三部综合分析侧重于事实认定（对待证事实作出认定）。

我在很多地方讲授过证据审判三步法则课程，结束时我都会表示希望大家记住三句话：第一句是“心中永远充满正义，目光不断往返于客观真实与法律真实之间”。心中永远充满正义非常重要，因为“希望从更好的规则真正获益的一个先决条件是我们的法官和我们的律师必须从精神上加以提升。归根到底，人要比规则来得更为重要。如果运用规则的精神并没有得到相应的提升，则更好的规则将无用武之地……如

① 这被英国著名证据法学家特文宁简称为“EPF”。笔者于2009年创立“三步法则”的时候，特文宁的这本《反思证据：开拓性论著》还没有在中国翻译出版，但是这进一步印证了笔者创立的这个方法的科学性。

果法官和律师对实质正义没有正确的现实道德态度，那么在这个世界上所有的规则都无法使我们获得实质正义”。[①] 第二句是“心中一直坚守印证理念和证据能力三要件，目光不断往返于非法证据与合法证据之间”。第三句是“心中永远不忘错案的教训，目光不断往返于分解验证、双向对比、综合分析之间”。希望读者诸君带着这三句话，去阅读此书。

悄悄法律人　李勇

2016年6月26日

改定于乌鲁木齐飞往南京MU2270航班上

---

① 威格摩尔语，参见［英］威廉·特文宁：《证据理论：边沁与威格摩尔》，吴洪淇、杜国栋译，中国人民大学出版社2015年版，第247页。

目　录

概　论

“证据，乃现代刑事诉讼法之核心领域。”① 办案在某种意义上就是“办证据”。随着以审判为中心（又称审判中心主义，下同）诉讼制度改革的推进，证据审查将显得越来越重要。证据审查“三步法则”在审判中心主义背景下显示出更加强劲的生命力和更加突出的重要性。本章概论将叙述以下几个问题：证据是什么（什么是证据）？审判中心主义对证据审查将产生怎样的影响？证据审查有无方法可循？“三步法则”是如何发生、发展的？“三步法则”基本形象是怎样的？

一、证据是什么（什么是证据）？

证据是什么？什么是证据？这个看似不是问题的问题还真是一个问题。2014 年 3 月 21 日在湖南长沙某法院的刑事案件庭审中，公诉人出示了“情况说明”，但是辩护人认为这不是证据，也不是《刑事诉讼法》列举的证据种类。公诉人情急之下，称“关于这个能不能作证据使用，符不符合证据要求，《刑事诉讼法》和相关的司法解释讲得很清楚。”“对这类证据有什么要

① 林钰雄：《干预处分与刑事证据》，北京大学出版社 2010 年版，第 168 页。

求，法律写得很清楚。我不想在这里讲法律，来宣传什么法律是怎么写的。我们主要是查明事实，核实证据，专门把法律在这里一条一条学习的话，没这个时间。”随后辩护人发言，“这份证据不是证据，在法庭必须讲法律，不讲法律的法庭是不可以的”。这就是当时被炒得沸沸扬扬的“法庭不是讲法律的地方”事件。① 控辩双方表面上争论的是“情况说明”是不是证据，实质的争点在于证据是什么？什么是证据？实践中类似问题在法庭上反复出现，控辩双方能把这个问题说清楚的并不多。②

我国传统证据法学界关于证据是什么，也就是证据的定义，一直存在争议，其中具有影响力的包括“事实说”与“材料说”。“事实说”将证据定义为“证明案件真实情况的事实”；③ 或者将其定义为“证明案件事实的根据”。④ “材料说”认为证据是“证明案件事实的材料”。⑤ 国外对证据的定义也各有不同，英美证据法的鼻祖边沁认为，证据是出示给法官并希望在法官的脑海中产生某种事实存在或不存在的说服效果的另外一种事实。⑥

---

① 参见《还原“这里是法庭，不是讲法律的地方”》，载 https：//news. sina. com. cn/c/2014 -03 -27/060029801155. shtml，最后访问日期：2021 年 3 月 5 日。

② 笔者在全国多地讲授《法庭辩论的策略与方法》，从课堂实训的情况来看，很少有学员能把这个问题说清楚。

③ 陈一云主编：《证据学》（第二版），中国人民大学出版社 2000 年版，第 99 页。

④ 何家弘、刘品新：《证据法学》，法律出版社 2004 年版，第 108 页。

⑤ 易延友：《证据法学：原则、规则、案例》，法律出版社 2017 年版，第 5 页。

⑥ 参见易延友：《证据法学：原则、规则、案例》，法律出版社 2017 年版，第 4 页。

英国学者理查德·梅认为，“证据是某种倾向于证明或反驳某些事实或结论的事实”。[①] 这与我国的“事实说”有相似之处。美国学者艾伦认为，证据一般是指在裁决过程中能以理性方式影响最终裁判结果的那些“输入”信息，同时还意味着在裁判中提出的证言和展示件。[②] 日本学者松尾浩也认为，“证据是多种多样的，但所有证据的共同特点是，它们都是反映事实的信息媒介”。[③] 德国学者托马斯·魏根特认为，“证据对于传递与这些事实有关的信息是必要的”。[④] 我国台湾地区学者一般认为证据包括证据方法和证据资料两层含义，前者是指为发现某一事实的真实，用以呈现证据资料的物体；后者是指经由对证据方法予以调查后所得用以判断待证事实的资料。[⑤] 这些“信息说”与我国的“材料说”有异曲同工之处。

我国1996年《刑事诉讼法》第42条第1款对证据的定义是“证明案件真实情况的一切事实，都是证据”，可以说是采取了“事实说”的立场。但是2012年《刑事诉讼法》修改时将其修改为“可以用于证明案件事实的材料，都是证据”，2018年《刑事诉讼法》修改时延续了这一规定。至此，“材料说”获得

---

① ［英］理查德·梅：《刑事证据》，王丽、李贵方等译，法律出版社2007年版，第3页。

② 参见［美］罗纳德·J. 艾伦：《艾伦教授论证据法》（上），张保生等译，中国人民大学出版社2014年版，第1页。

③ ［日］松尾浩也：《日本刑事诉讼法》（下卷），张凌译，中国人民大学出版社2005年版，第27页。

④ ［德］托马斯·魏根特：《德国刑事诉讼程序》，岳礼玲、温小洁译，中国政法大学出版社2004年版，第15页。

⑤ 参见陈天勋：《刑事诉讼法概要》，来胜文化事业有限公司2015年版，第249页。

了立法的认可。

从司法论及办案的角度来说，我国现行《刑事诉讼法》对证据的法定定义是我们谈论证据问题的逻辑起点。我国现行《刑事诉讼法》第 50 条关于证据的规定有三款，第 1 款规定“可以用于证明案件事实的材料，都是证据。”第 2 款规定“证据包括：（一）物证；（二）书证；（三）证人证言；（四）被害人陈述；（五）犯罪嫌疑人、被告人供述和辩解；（六）鉴定意见；（七）勘验、检查、辨认、侦查实验等笔录；（八）视听资料、电子数据。”第 3 款规定“证据必须经过查证属实，才能作为定案的根据。”

有学者认为，这三款规定之间相互矛盾，用语模糊、混乱。① 其实，这是误解。上述三款规定各有侧重，第 1 款是对证据的定义，第 2 款是对证据种类、证据方法的列举，第 3 款是对证据能力的规定。层层递进，逻辑清晰。这里重点讨论第 1、2 款，第 3 款的证据能力问题在本书第一章中再讨论。第 1 款与第 2 款之间的关系是定义与列举的关系，应结合起来理解，不可偏废。根据第 1 款规定，可以用于证明案件事实的材料都是证据。那么如前所述的“情况说明”只要能够证明案件事实，即属证据。第 2 款属于列举，既然是列举，就存在列举不全面的问题。所以，有学者认为，《刑事诉讼法》规定的证据种类只是一个提示性的规定，是为了告诉侦查人员、诉讼参与人员这些东西都属于证据，需要收集，并提示审查这些证据的要点和手段有所不同，“不意味着客观世界中的每一个证据必然只属于其中一种证据类型”，甚至认为“我国从法律上规定证据之种类

---

① 参见何家弘：《短缺证据与模糊事实》，法律出版社 2012 年版，第 25 页。

似乎并无特别的必要”。[①] 陈瑞华教授也认为，在法律中明确限定证据的法定形式，其必要性值得反思，因为“立法者在成文法中要想穷尽证据的所有表现形式，几乎是不可能实现的目标。这是因为，证据的表现形式是多种多样的，成文法很难将其列举穷尽。我国刑事司法实践中出现并得到广泛运用的证据形式，远远不限于法律所列举的那八种证据形式。”[②]

就此而言，那么“情况说明”能够证明案件事实，符合《刑事诉讼法》第 50 条第 1 款关于证据的定义，系证据，即使第 2 款列举的八类证据中没有明确的表述，也不影响其作为证据的性质。实践中，类似情况还有很多，如检验报告、搜查笔录、事故调查报告、抓获经过、案发经过、扣押清单等均在《刑事诉讼法》第 50 条第 2 款找不到对应的表述。因此，2021 年《最高人民法院关于适用〈中华人民共和国刑事诉讼法〉的解释》第 100 条明确了检验报告可以作为证据使用，并参照鉴定意见进行审查认定；第 101 条还明确了事故调查报告可以作为证据使用。此外，还明确了到案经过、情况说明的证据地位。上述观点可以说是英美法系的解释路径。因为英美法系一般不会在立法上对证据下定义，一般也不会在立法上列举证据种类。

从大陆法系的解释路径来说，第 2 款的证据种类列举，还具有法定证明方法的意义。大陆法系的证明方法分为严格证明与自由证明。严格证明要求仅能用法律明文准许的数种证据方法来审查认定事实，即“法定证据方法”。严格证明的对象适用

---

① 参见易延友：《证据法学：原则、规则、案例》，法律出版社 2017 年版，第 17~18 页。

② 陈瑞华：《刑事证据法》（第三版），北京大学出版社 2018 年版，第 240~241 页。

于定罪事实和加重的量刑事实，采取严格法定的证据种类、严格质证调查程序、确信的证明标准。自由证明适用于程序性事实和有利于被告人的量刑事实，不受法定证据种类影响，调查程序可以不受直接、言词、公开等原则限制，可以通过查阅卷宗或电话询问；证明标准达到释明程度。[①] 就此而言，“情况说明”如果用于证明取证程序或者证明被告人存在自首、坦白等有利于被告人的事实，属于自由证明的对象，不受法定证据方法的限制，作为证据使用并无不妥。

由此可见，上述两种解释路径，都可以破解“情况说明”的证据定位问题。

二、审判中心主义对证据审查有何影响？

党的十八届四中全会通过的《中共中央关于全面推进依法治国若干重大问题的决定》明确提出，“推进以审判为中心的诉讼制度改革，确保侦查、审查起诉的案件事实证据经得起法律的检验。全面贯彻证据裁判规则，严格依法收集、固定、保存、审查、运用证据，完善证人、鉴定人出庭制度，保证庭审在查明事实、认定证据、保护诉权、公正裁判中发挥决定性作用。”这意味审判中心主义已经由理论探讨走向实践贯彻，正如龙宗智教授所言，“推进‘以审判为中心’的诉讼制度改革，已成为既定决策，因此，相应的制度调整与实践举措必然跟进。”[②] 推

① 参见［德］克劳思·罗科信：《刑事诉讼法》，吴丽琪译，法律出版社2003年版，第208页；林钰雄：《刑事诉讼法》（上册），中国人民大学出版社2005年版，第348~353页。

② 龙宗智：《“以审判为中心”的改革及其限度》，载《中外法学》2015年第4期。

进以审判为中心的诉讼制度改革，就意味着要改掉过去以侦查卷宗为中心、口供中心主义的现状，改变庭审只是“走过场”“过形式”的局面，更强调庭审在刑事诉讼中的核心地位。以审判为中心的内涵为何？以审判为中心对证据审查有何影响？

（一）审判中心主义的内涵厘清

审判中心主义来源于英美法学的诉讼概念，是当事人主义的典型产物。“以审判为中心”又称“审判中心主义”，理论界对其基本含义的争论由来已久。陈光中教授认为，“以审判为中心”的内涵主要有两个方面：首先，是指审判在公诉案件刑事诉讼程序中居于中心地位，侦查、起诉和执行都是围绕着审判中心而展开的。其中，只有经过审判才能对被告人定罪量刑。其次，是指在审判中，庭审（开庭审理）成为决定性环节。在庭审中，刑事诉讼各项基本原则，如公开、辩护等得到最充分的体现，当事人的诉讼权利也得到最有效的行使。庭审要真正成为审判的决定性环节，必须使庭审实质化而不能流于形式。[①] 樊崇义教授认为，以审判为中心是在我国《宪法》规定的分工负责、互相配合、互相制约的前提下，诉讼的各个阶段都要以法院的庭审和裁决关于事实认定和法律适用的要求和标准进行，确保案件质量，防止错案的发生。以审判为中心不是颠覆“分工负责、互相配合、互相制约”，亦即“中心论”与“阶段论”是辩证的统一，二者并不矛盾。控、辩、审三种职能都要围绕审判中事实认定、法律适用的标准和要求而展开，法官直接听

---

① 参见陈光中：《推进“以审判为中心”改革的几个问题》，载《人民法院报》2015 年 1 月 21 日，第 5 版。

取控辩双方意见，依证据裁判原则作出裁判。[①] 张建伟教授认为，审判中心主义意味着整个诉讼制度和活动围绕审判而建构和展开，审判阶段对案件的调查具有实质化的特征，侦查是为审判进行准备的活动，起诉是开启审判程序的活动，执行是落实审判结果的活动，意味着重新检讨诉讼阶段论甚至将其舍弃。[②]

笔者认为，一方面，在理论上应当承认审判中心主义与我国的诉讼阶段论并非不能兼容；另一方面，在基本内涵的理解上，应当摒弃纯理论的争议，既然党的十八届四中全会通过的《中共中央关于全面推进依法治国若干重大问题的决定》已经明确推进以审判为中心的诉讼制度改革，这就意味着审判中心主义已经由理论探讨走向实践贯彻，因此，当务之急是如何在实践中贯彻审判中心主义，结合我国的现实情况从如何贯彻落实的角度对审判中心主义的内涵进行概括，这比纯理论上的争论意义和价值更大。

我国的刑事诉讼格局基本上是按照侦查、起诉、审判、执行这样的诉讼阶段建构起来的，公、检、法之间分工负责、互相配合、互相制约，对应的刑事诉讼法典也以诉讼阶段为基本结构，这被学者们称为“诉讼阶段论”。这与很多西方国家，侦查、起诉都归于审前准备程序不同，也与很多西方国家的刑事诉讼法典在总则之后直接进入第一审程序不同。西方很多国家的刑事诉讼法典中侦查、起诉等内容包含在一审程序中，而没

---

① 参见樊崇义：《“以审判为中心”的概念、目标和实现路径》，载《人民法院报》2015 年 1 月 14 日，第 5 版。

② 参见张建伟：《审判中心主义的实质与表象》，载《人民法院报》2014 年 6 月 20 日，第 5 版。

有像我们的《刑事诉讼法》将其单列出来与第一审程序并列。这种不同，是否就意味着诉讼阶段论与审判中心主义不能兼容而相克呢？正如海德格尔所言，“任何一种理解总是在前理解的基础上进行的”①，由于审判中心主义来自于西方，所以很多人对审判中心主义的理解都是建立在对西方刑事诉讼结构的前理解基础之上的，因而就认为审判中心主义与诉讼阶段论水火不容。但是，这种理解是存在问题的。审判中心主义要求贯彻直接言词原则和证据裁判原则，而直接言词原则和证据裁判原则在我国的诉讼阶段论中也并没有被否定；审判中心主义强调庭审实质化，要求发挥庭审在事实认定、证据采信、定罪量刑中的作用，这一点在诉讼阶段的立法模式中并非不能贯彻。正如孙长永教授所言：“审判中心主义虽然是现代法治国家公认的一条基本司法原则，但由于各国的政治民主化程度、司法体制、法制传统、社会条件不同，它在不同的国家以至于同一国家不同历史阶段的刑事司法中都有不同的表现。”② 对于我国而言，可以在阶段论的前提下，突出审判阶段在事实认定、证据采信和定罪量刑中的核心作用。正如樊崇义教授所言，“以审判为中心不是颠覆‘分工负责、互相配合、互相制约’，亦即‘中心论’与‘阶段论’是辩证的统一，二者并不矛盾”。③ 党的十八届四中全会指出，我国公、检、法三机关在刑事诉讼活动中各

---

① 转引自梁慧星：《民法解释学》，中国政法大学出版社2003年版，第124页。

② 孙长永：《审判中心主义及其对刑事程序的影响》，载《现代法学》1999年第4期。

③ 樊崇义：《“以审判为中心”的概念、目标和实现路径》，载《人民法院报》2015年1月14日，第5版。

司其职、互相配合、互相制约，这是符合中国国情的，具有中国特色的诉讼制度，必须坚持。

笔者认为，结合我国目前的现实情况，从贯彻落实的角度，可以将“以审判为中心”的基本内容概括为“一个精髓”“两大支柱”。[①]“一个精髓”就是庭审的实质化；“两大支柱”就是证据裁判原则、直接言词原则。司法实践中只要将上述精髓和支柱落到实处，以审判为中心的诉讼制度改革的目标就指日可待。

1. 庭审实质化是“以审判为中心”的精髓所在。为什么要提出“以审判为中心的诉讼制度改革”这个问题？原因就在于长期以来我们的刑事诉讼奉行“审者不定、定者不审”，行政色彩严重，庭审流于形式，庭审成为“表演式”的走过场，庭审在事实认定、证据采信、定罪量刑中的作用被淡化、被架空。所以，“以审判为中心”的精髓就在于庭审的实质化，使庭审在事实认定、证据采信、定罪量刑中发挥决定性作用，回归审判的司法属性。“以审判为中心”就意味着案件事实的认定和证据的采信等均要通过庭审来确定，证据必须通过庭审的调查和辩论才能作为定案的根据，定罪量刑要在法官听取控辩双方意见的基础上进行裁决。因此，庭审的实质化才是以审判为中心的精髓所在。

对庭审实质化这一精髓的正确把握具有重要意义，既有利于平息公、检、法三家到底谁是中心之争，也有利于平息控、辩、审三方谁是主角之争。“以审判为中心”提出来后，有人说

① 笔者首次提出以审判为中心的“一个精髓”“两大支柱”，参见《“以审判为中心”的精髓与支柱》，载《人民法院报》2016 年 5 月 26 日，第 5 版；《审判中心主义背景下出庭公诉的对策研究》，载《中国刑事法杂志》2016 年第 5 期。

今后的刑事诉讼主要是看法院的，公安、检察、律师都无所谓了；有人喊以审判为中心是法院胜利了，就是要提高法院的权威，检察院和公安机关地位下降了；有人讲贯彻以审判为中心，重点就要放在检察院了，公诉的质量决定着审判，检察官才是中心，如此等等，不一而足。其实，上述说法都是错误的。因为庭审的实质化就要求“一切庭上见分晓”，无论是事实认定还是证据采信，抑或定罪量刑，都要接受控、辩、审三方的质证、辩论、裁决，控、辩、审三方缺一不可，都是“以审判为中心”的主角；公、检作为广义上的控方，律师作为辩方，法院作为审判方，都是刑事诉讼不可或缺的，缺了谁，庭审实质化都不可能实现，不存在谁重要谁不重要的问题。所以“以审判为中心”，只是就诉讼活动而言的，不是就诉讼角色而言的。那种认为“以审判为中心”就是“以法院为中心”甚至是“以法官为中心”的观点是错误的；那种认为以审判为中心就是要提高法官权威、法院权威的观点是狭隘的；那种认为以审判为中心实际上是以检察官为中心的观点更是荒唐的。樊崇义教授一针见血地指出，“以审判为中心的实施主体，不仅仅是人民法院，而是由法院、公安、检察、辩护律师形成合力，才能贯彻实施以审判为中心。”①

2. 证据裁判原则、直接言词原则是“以审判为中心”的两大支柱。如前所述，庭审的实质化才是“以审判为中心”的精髓所在，而要实现庭审的实质化，就必须依赖于证据裁判原则和直接言词原则这两大支柱。

庭审实质化的首要支柱是证据裁判原则。庭审实质化意味

---

① 樊崇义：《“以审判为中心”的概念、目标和实现路径》，载《人民法院报》2015 年 1 月 14 日，第 5 版。

着检察机关移送给法院的证据，法院不会轻易照单全收，而是要在法庭上接受质证，而这正是证据裁判原则的核心所在。裁判原则的基本含义就是认定事实必须依据证据，且必须是根据具有证据能力的证据，而且只有经过法庭调查之后才能认定构成犯罪核心内容的事实。因此，证据裁判原则中证据能力概念是十分重要的。证据能力就是指能够成为证据的资格。[①] 证据裁判原则是现代法治国家证据制度的基石。裁判所依据的必须是经过法庭调查的证据，未经庭审调查、质证的证据不得作为定案根据。可见，要发挥庭审在事实认定、证据采信中的实质作用，就必须切实贯彻证据裁判原则。正因如此，有学者指出，"以审判为中心的诉讼制度改革，必须树立'打官司就是打证据'的理念，在两个方面贯彻证据裁判原则：其一，强调将证据作为事实认定的基础……其二，强调案件事实认定的根据，必须是经过法庭举证、质证和认证后采纳的证据"。[②] 所以，证据裁判原则的核心问题是证据能力问题，辩方以不具有证据能力而申请非法证据排除将成为常态，公诉方在庭审中承担证据合法性的证明责任成为法定责任，法官需要对证据是否具有证据能力，以及是否排除非法证据要做出决断，而且要求尽量当庭决断。从庭审的形式化到庭审的实质化，要想在诉讼中获胜，就得占据证据上的制高点，所以证据审查在庭审实质化背景下，其重要性不言而喻。这对参与刑事诉讼的任何一方而言，证据审查都显得至关重要。当然，证据需经庭审质证也存在例外，

① 参见［日］田口守一：《刑事诉讼法》，张凌、于秀峰译，中国政法大学出版社2010年版，第267页。

② 张保生：《审判中心与证据裁判》，载《光明日报》2014年11月5日，第13版。

在速裁程序和简易程序中庭审举证、质证可以省略；有些有利于被告人的量刑情节且控、辩双方没有异议的也可以不再开庭质证。

庭审实质化实现的第二个支柱是直接言词原则。长期以来，我国的刑事诉讼活动是“以侦查案卷笔录为中心”而展开的，法官定案主要依赖庭外阅卷。证人证言和其他言词证据，如被告人供述、被害人陈述等，都是以案卷笔录为载体存在刑事诉讼中的，庭审举证的主要方式是宣读书面的言词证据，法庭审理也大都通过记载言词证据的案卷笔录的宣读和调查来进行，法庭审判在一定程度上变成对侦查结论的审查和确认过程，而失去了独立自主地审查证据、认定案件事实的能力，法庭审理往往流于形式。直接言词原则包括直接审理原则和言词审理原则，直接审理原则要求参加审判的法官必须亲自参加证据审查、亲自聆听法庭辩论，强调审理法官与判决法官的一体化，反对审者不判，判者不审；言词审理原则要求当事人等在法庭上用言词形式开展质证辩论，让作证者亲自到法庭，旨在严格审查证人证言的真伪，避免先入为主地将侦查机关的侦查或讯问笔录作为定案依据。由此可见，直接言词原则所要求法官亲自参加庭审、聆听法庭辩论并独立裁判，以及强调证人出庭作证接受质证，均是实现庭审实质化的基本内容和重要保障。直接言词原则将打破“案卷笔录可采性的天然推定功能”,[①] 同时因大量证人、被害人出庭，公诉人庭审中的询（讯）问、交叉询（讯）问能力将面临巨大考验，将导致庭审举证、质证方式以及法庭辩论重点等发生重大变革，要想在庭审中圆满完成这些任

---

① 陈瑞华:《刑事诉讼的中国模式》，法律出版社 2010 年版，第 183 页。

务，必须在庭审中加大证据审查的力度。

需要特别说明的是，直接言词原则也是有例外的。当今世界上任何一个国家都不可能对所有刑事案件全面彻底地实行直接言词原则，这是很多学者有意无意中误导的。英美法系国家，在美国，90%以上的案件以辩诉交易的形式结案，并不经过陪审团审理。在辩诉交易中，法院在接受被告作出有罪答辩后，就不会对案件进行证据调查和法庭辩论，更不用说按照直接言词原则出庭作证，而是直接进入量刑程序。真正通过陪审团程序审理，证人出庭作证以直接言词形式展示证据的案件不到10%。在美国，“辩诉交易是刑事司法制度中适用最多的做法之一，几乎所有案件都会以被告人作出有罪答辩而得到解决（在全部案件中，大约95%的被告人作出有罪答辩），很多人相信，如果废除辩诉交易，整个刑事司法制度都会崩溃。”① 在英格兰和威尔士，每年经陪审团审判的案件远低于10%，“在被告辩诉交易的地方是不会发生审判的”。② 1966年以前，美国《联邦刑事诉讼规则》并不要求审查有罪答辩的事实基础，1966年对《联邦刑事诉讼规则》第11条进行修正，规定法官仍需审查案件的事实基础，即“法院在接受被告人的有罪答辩之前，要确信被告人的认罪是否自愿、明知、明智，是否是在威胁、强迫下作出的；法院还要审查被告人是否了解其认罪的罪行和所放弃的权利；法院接受认罪声明以后、判决前，必须调查事实基础是否足以支持认罪声明。”通常法院是通过询问被告人和检察

① ［美］安吉娜·J. 戴维斯：《专横的正义：美国检察官的权力》，李昌林、陈川陵译，中国法制出版社2012年版，第45页。

② ［英］威廉·特文宁：《反思证据：开拓性论著》，吴洪淇等译，中国人民大学出版社2015年版，第218页。

官，或者通过书面审阅检察官的报告等方式来调查事实基础。大陆法系国家也普遍存在一些简易程序，并不受直接言词原则的约束。在德国，简易程序有三种：处刑令程序、速审（简易）程序、认罪协商程序。处刑令程序（处罚令程序），是一种书面审理的程序，当然谈不上直接言词原则。德国《刑事诉讼法》第 407 条规定，此程序指在被告人准备自愿认罪的情况下，对于案情清楚且被告人同意适用该程序的轻微案件中，检察官提出书面申请，法院可不经过开庭审理，只对申请及其案卷材料进行审查，而直接据此对被告人的行为作出裁决。处刑令程序在 1993 年之前针对科处罚金的轻微刑事案件，1993 年扩大到 1 年以下有期徒刑缓刑的案件。德国 1997 年处刑令程序的案件有 68 万件，占所有刑事案件的 57%。[①] 可见，处刑令程序已经突破直接言词等原则。德国的速审程序适用于案情简单、证据明确、1 年以下有期徒刑的案件，省略全部中间程序、简化证据调查程序。在意大利，为解决现实中案件拖延、诉讼效率低下等问题设置了五种简易程序。其中的一种简易审判程序，是指经过被告人请求、检察官同意，法官在初期侦查之后根据侦查案卷，省略初步庭审和法庭审理程序，直接对案件作出迅速判决的程序。法官通常只是以检察官的卷宗为根据进行书面的、秘密的审查，证人和鉴定人均不出庭，法官通过审查所得出的结论往往与检察官相同。[②] 除上述国家外，在我国台湾地区，对于一些简化程序的案件，如简式审判程序、简易判决处刑程序、

① 参见张丽卿：《刑事诉讼制度与刑事证据》，中国检察出版社 2016 年版，第 76 页。

② 参见陈瑞华：《美国辩诉交易程序与意大利刑事特别程序之比较（上）》，载《政法论坛》1995 年第 3 期。

强制处分审查程序，均不适用直接言词原则。对我国而言，如果不从立法层面进行繁简分流，所有案件按照统一标准要求做到直接言词原则，所有证人、被害人均出庭接受询问，那将是不切实际的。对我国而言，直接言词原则应该从普通程序开始，应将认罪认罚的简易程序案件、速裁程序案件作为例外，能够留下10%左右不认罪的普通程序案件严格贯彻直接言词原则，推进审判中心主义的落实才是明智之举。

摒弃对“以审判为中心”概念的纯理论之争，从现实角度把握庭审实质化这一精髓和证据裁判原则、直接言词原则这两大支柱，才是贯彻落实“以审判为中心”的根本之道。

（二）审判中心主义与证据审查

审判中心主义背景下的证据审查不可能再是“闭门造车”式的审查模式了。日本法学家平野龙一曾经批评，“法官心证形成的场所是法庭而不是办公室，把证据带回办公室进行调查的做法，叫闭门造车的证据调查主义”①。可以肯定的是，以审判为中心的确立，对于控、辩、审三方而言，都对证据审查提出了更高的要求。具体表现在以下几个方面：

1. 检察官和律师庭前证据审查进一步走向精密化。如前所述，审判中心主义的精髓在于庭审的实质化，审判中心主义贯彻的支柱在于直接言词原则和证据裁判原则，这意味着庭审在证据采信和事实认定中将发挥主要作用。这对公诉检察官、辩护律师、法官的证据审查判断能力都提出了更高的要求。对于

---

① ［日］平野龙一：《刑事诉讼的诊断》，载《团藤重光博士古稀祝贺论文集》（第4卷），有斐阁1985年版，第407页以下；转引自［日］田口守一：《刑事诉讼法》，张凌、于秀峰译，中国政法大学出版社2010年版，第274页。

公诉人而言，庭前证据审查的重要性更加凸显，庭审中的证据之辩将更加重要；对于辩护人而言，庭前阅卷、证据审查以寻找辩点是作为辩护人的基本技能，庭审中的证据有效性辩护将成为庭审焦点。所以，对检察官和律师而言，庭前证据审查的精密化要求更高；对法官而言，通过庭审查明事实，对证据采信与否作出裁决，对案件事实能否认定作出判断，当庭审判判断证据的能力要求更高。

需要特别指出的是，有学者说越是精细化的证据审查，越是不利于审判中心主义的确立，认为庭前证据审查越是粗糙，越能促使庭审中对证据进行实质调查。这种完全不顾我国整体上属于大陆法系的法律文化传统，盲目推崇英美法系的片面观点是不正确的。我国的刑法、民法等实体法是典型的大陆法系，这无论是在立法上还是在法学理论上均是如此。但是，我们的诉讼法无论是立法上还是法学理论上都是英美法系占据了主导地位。“在比较法上，这是一个颇为吊诡的现象：很难想象一个奉行职权主义传统、刑事实体法几乎沿袭欧陆国家做法的国度里，英美证据法的术语体系乃至运行规则却在理论及实践中大行其道。”① 有人会说，日本也存在刑法与刑事诉讼法分别在大陆法系和英美法系两个轨道上运行的问题的。但是日本有其特殊的历史原因，在“二战”后，日本《刑法》没有修改，1907年的《刑法》沿用至今，但是日本的《刑事诉讼法》在美国占领军的主导下按照英美法系中的当事人主义原理进行了修改。所以，日本刑法与刑事诉讼法存在这样的矛盾，“这样，由于日本刑法和刑事诉讼法之间有矛盾，因此有人主张，不是将刑法

---

① 施鹏鹏：《跨时代的智者——密特麦尔证据法学思想述评》，载《政法论坛》2015 年第 5 期。

按照美国刑法的方式进行修改，就是将诉讼法按照德国的方式进行修改，二者之中必须择一”。[①] 事实上，当今的日本《刑事诉讼法》也并非完全沿袭英美法系，正如松尾浩也教授指出的，恰如其分地说，应当是日本对于美法在理念上吸收了不少，但是几乎没有渗透到现实运作中……其结果是日本的刑事程序，从侦查到审判与美国的刑事程序呈现出显著的不同……对此现象，用一句话概括，抑或称为“精密司法”吧，日本的刑事程序的好坏均渊源于精密司法。[②] 值得反思的是，我们是不是也应该吸收德国大陆法系的合理因素？大陆法系的诉讼模式决定了其精细化审查证据、精细司法的重要性。日本是精细化司法的典型代表，而德国刑事司法的精细化程度也不低。英美当事人主义诉讼模式主要是通过当事人竞技来实现证明案件事实的，而大陆职权主义诉讼模式主要是通过司法机关的精细化的工作来查明案件事实，所以德国学者克劳思、罗科信教授指出，“在民事诉讼程序中适用的是当事人进行主义”，采用“形式真实原则”，但是刑事诉讼则不同，“乃采调查原则，此又被称为实质真实原则”，德国的《刑事诉讼法》中规定，“法院为了调查真相，应依职权对所有对判决有重要性之事实或证据加以调查”[③]。这与德国刑事诉讼审问式原则的基本目标是相适应的，即“要

---

① ［日］平野龙一：《刑法的基础》，中国政法大学出版社 2016 年版，第101～102 页。

② 参见李海东主编：《日本刑事法学者》（下），法律出版社、日本成文堂联合出版 1999 年，第 158 页。

③ ［德］克劳思·罗科信：《刑事诉讼法》，吴丽琪译，法律出版社 2003 年版，第 114～115 页。

求案件的裁断者最大限度地接近事实真相”。[①] 令人匪夷所思的是，我国的法律体系属于大陆法系传统，我国的刑事诉讼模式整体上也属于大陆法系的模式，为何一个大陆法系传统的国度，英美刑事诉讼法学者却占据了学术界和立法界的主流？事实上，由于我国实行起诉法定主义，且所有起诉案件都开庭审理且检察官出庭支持公诉，司法的精密化是必然的。这与美国90%以上的案件都是以辩诉交易结案而无须陪审团审理是截然不同的。由于美国90%以上的案件实行诉辩交易，控方检察官具有“任性”“专横”的自由裁量权，“对于他们可能不能排除合理怀疑地证明有罪的案件，检察官们不会愿意其进入审判程序”[②]，指控当然无须像大陆法系一样“精密化”。即便如此，美国的司法实践，检察官依然对证据的非法性起到重要的过滤作用。事实上，世界各国都设立了各种案件过滤机制，即便具体内容不同。案件过滤机制重要功能之一就是“提升刑事司法的精度”。[③] 2014年9月13日至23日，由熊秋红教授等3名刑事诉讼法学者和4名辩护律师所组成的中国代表团受美国国务院“国际访问者”项目官员的邀请，赴美国专门就非法证据排除规则的实践运作进行了考察，考察的地点包括美国首都华盛顿特区、新罕布什尔州的康科德、华盛顿州的西雅图三个城市。考察的方式为分别与律师、检察官、法官、警察、学者进行座谈，观摩

① ［德］托马斯·魏根特：《德国刑事诉讼程序》，岳礼玲、温小洁译，中国政法大学出版社2004年版，第151页。

② ［美］安吉娜·J. 戴维斯：《专横的正义：美国检察官的权力》，李昌林、陈川陵译，中国法制出版社2012年版，第46页。

③ 参见王禄生：《刑事诉讼的案件过滤机制——基于中美两国实证材料的考察》，北京大学出版社2014年版，第42页以下、自序。

非法证据排除的听审程序以及参观相关机构。考察结果表明，检察官在非法证据排除中起到了重要的监督和过滤作用。美国由于实行警检一体化，在贪腐等案件中，警察与检察官合作进行调查，检察官指导警察收集证据，能够清楚地知道证据是否以合法的方式取得；在警察单独进行调查的案件中，申请搜查令、逮捕令、窃听令等，通常也会经过检察官，检察官对于侦查行为的合法性，能够起到监督和把关的作用。如果检察官认为证据存在瑕疵或者以非法方式取得，可能主动排除证据，同时降低指控或者撤销指控。①

2. 证据能力审查将变得更加重要。2012 年修改后的《刑事诉讼法》首次在立法层面确立了我国的非法证据排除规则体系，标志着我国《刑事诉讼法》确立了相对系统的非法证据排除规则。现行《刑事诉讼法》第 56 条第 2 款规定，在侦查、审查起诉、审判时发现有应当排除的证据的，应当依法予以排除，不得作为起诉意见、起诉决定和判决的依据。审判中心主义要求全面贯彻证据裁判原则，这意味着检察机关移送给法院的证据，法院不会轻易照单全收，辩护人也会更加关注证据合法性之辩。所以，庭审中启动非法证据排除调查程序的“审中审”将逐渐常态化，而公诉人必须出示相关证据证明证据的合法性，在举证不能的情况下或者所出示证据无法排除非法证据嫌疑的情况下，该份证据可能不会作为定案的根据，这对公诉方而言是一个巨大的挑战。按照我国《刑事诉讼法》的规定，应当排除的非法证据既不能作为判决的依据，也不能作为侦查终结移送起诉和提起公诉的依据。对于应当排除的非法证据，如果能在作

---

① 参见熊秋红：《美国非法证据排除规则的实践及对我国的启示》，载《政法论坛》2015 年第 3 期。

为源头的侦查阶段被排除固然最好；如果侦查阶段没有排除，在提起公诉前的审查起诉阶段被发现并排除也算不错；如果一直到庭审中才被发现，那么公诉人必将陷入被动。所以，非法证据对于公诉人而言，就像“定时炸弹”。

非法证据排除规则对于辩护人而言是一个巨大的契机，一方面辩护人在庭审质证时将更加关注证据能力，另一方面辩护人在庭审中将会把非法证据排除作为重要辩护手段。时至今日，动辄申请启动非法证据排除的案例比比皆是，一些律师甚至将申请非法证据排除作为“撒手锏”。

对法官而言，对是否非法证据、是否排除某份证据、是否采信某份证据必须做出判断和裁决，而且这种判断和裁决一般需要当庭作出，这就要求法官对非法证据排除规则的精神、对非法证据排除的理论与实践具有精深而透彻的理解和熟练的掌握。

3. 当庭审查证据的能力将更加重要。按照审判中心主义的要求，案件证据展示、质证、认证在法庭，证人、鉴定人作证在法庭，案件事实调查、认定在法庭，诉辩和代理意见发表、辩论在法庭，直接言词原则体现在法庭，公正裁判决定在法庭，裁判说理讲解在法庭。证人不出庭就意味着侦查阶段的证言笔录是“稳定”的，但是一旦证人出庭，这种“稳定”性就面临着诸多变数，因为证人会因为多种因素而改变证言，有的可能是因为记忆差错，有的可能是因为情绪紧张，有的可能是受到他人的威胁或施加压力，有的可能是故意撒谎，有的可能是因为在侦查阶段受到非法取证而做出不真实证言，等等。不论原因如何，只要证人翻证都会对公诉人、辩护人、法官造成一定的“麻烦”。总之，这种举证模式的转变对于公诉人、辩护人和法官当庭审查证据的能力提出了更高的要求。

4. 证据问题的庭审对抗性增强。庭审形式化问题由来已久，1996 年《刑事诉讼法》修改时就是有扭转过于强烈的职权主义色彩、增加庭审对抗性的意图，立法者曾明确将“解决法庭审判流于形式”的问题、发挥法庭审理的功能作为最重要的改革目标。① 以审判为中心的精髓是庭审的实质化，如此一来庭审的抗辩性必然进一步增强。传统的法庭辩论主要集中在实体方面的定罪量刑上，时至今日将越来越集中在证据问题上。“辩护方在对检控方指控的犯罪事实加以防御的过程中，采取了一种新型的、带有攻击性的策略：辩护方不是消极地指称‘指控不具备《刑法》所确立的犯罪构成要件’或者‘指控并不具备法定的证据和事实基础’，而是积极地‘指控’侦查人员、检察官或法官存在违反法律程序的行为，并要求法庭对这一点加以审查和确认。而一旦法庭真的认定侦查人员、检察官或法官在刑事诉讼过程中存在程序性违法行为，或者严重侵犯了犯罪嫌疑人、被告人的基本权利，那么辩护方所进一步寻求的就必将是促使法庭宣告有关官方诉讼行为无效。”② 控辩双方的对抗性聚焦于证据之上，不仅对控辩双方的证据判断能力提出了更高的要求，同样对法官的证据裁判能力也提出了更高的要求。

三、证据审查有无方法可循？

证据审查有方法可循吗？这确实是一个令人尴尬的问题。一方面，从理论上来说，证据审查应该是有方法可循的，但是理论界对这个形而下的问题不屑一顾；另一方面，从现实情况

---

① 参见陈瑞华：《刑事诉讼的中国模式》（第二版），法律出版社 2010 年版，第 197 页。

② 陈瑞华：《程序性辩护之初步研究》，载《现代法学》2005 年第 2 期。

看，证据审查的方法在哪里？有谁提出了科学的又具有可操作性的方法呢？这些技能在传统上并非法学教育的组成部分。这或许是因为它们被视为“常识”；或者是因为人们感到它们只能通过“职场”实践经验而习得；或者是因为人们坚信这些是属于“直觉”的东西，要么就是认为它们是大律师、历史学家、侦探、医学家“生来具有而非后天所获的技能”。[①]

证据审查是司法人员对收集的证据进行分析研究，鉴别真伪，找出它们与案件事实之间的联系，确定其证明力，进而就案件事实做出结论性判断的活动。换言之，审查证据就是对所收集的证据，根据证据的本质属性，结合案件的具体情况，通过大脑进行“去粗取精，去伪存真，由此及彼，由表及里”的分析，对它们的认识上升到理性阶段，从而在查明案情的过程中发挥其应有的作用。[②] 证据审查是司法证明活动不可或缺的重要环节，是定案的决定性环节。对公诉人而言，证据审查是公诉人的基本功，可以说，公诉人办案的核心工作就是审查证据；对辩护人来说，证据之辩是刑事辩护的基础性工作，也是基本的辩护技能；对法官来说，证据审查是正确作出裁判的基础和前提，因为无论是定罪与否还是量刑轻重，都是建立在证据的基础之上的。

证据审查方法既是一个实践问题，也是一个理论问题。说它是一个实践问题，是因为证据审查方法离不开司法经验的总结，属于经验法则的范畴；说它是一个理论问题，是因为证据审查方法与证明标准和证明模式、证明力、证明能力是紧密相

---

① 参见［美］特伦斯·安德森等：《证据分析》（第二版），中国人民大学出版社 2012 年版，前言第 1 页。

② 参见陈一云主编：《证据学》，中国人民大学出版社 1991 年版，第 226 页。

连的，是建立在证明标准和证明模式、证明力、证明能力等基础理论之上的。如果将证明标准比喻为建筑安全质量标准，那么证明模式就是建造大厦的构架，而证据审查方法就是具体的建筑搭建方法。证明标准较为抽象，证明模式相对具体，审查判断方法更加具体。学界对于证明标准和证明模式研究较为深入，甚至一度成为研究的热点，但是对于具体的证据审查判断方法则少有研究。偶见个别针对证据审查判断方法的研究成果，要么是就理论谈理论、“空对空”，缺乏实践经验支撑；要么是单纯的经验介绍，从经验到经验，缺乏理论论证和提炼。

那么，面对一起案件看起来错综复杂、堆积如山的证据材料，如何下手进行审查判断呢？如何分析证据？如何认定事实？有无方法可循呢？在笔者看来，证据审查一定是有方法可循的，而这个方法既不可能单靠纯粹的理论研究和坐在书斋里空想而获取，也不可能纯粹根据实务办案经验总结出诸如“四两拨千斤”之类的“小技巧”，或者是没有技术含量且众所周知的常识性“大杂烩”，必须是走理论与实践相结合的第三条道路方能获得。国内业界对于这个问题的研究几乎一片空白，尚没有人对这一问题进行系统研究和探索。目前，我们能做的似乎就是依赖常识和经验。法律执业者，无论是律师、法官还是检察官，甚至还包括一些法律院校的学生，抱怨找不到一本有用的证据法著作。原因或许在于“学术人常常过于高高在上，而执业者已经倾向于过于世俗”①。一方面，学者们忙于研究诉讼构造、审判方式等“高大上”的命题，对于证据分析、证据审查这样

① ［英］威廉·特文宁：《反思证据：开拓性论著》，吴洪淇等译，中国人民大学出版社2015年版，第22页。

的“矮矬穷”问题不屑一顾；另一方面，法律从业者心有余而力不足，偶尔见到的所谓证据审查、证据分析方面的著作，要么列举《刑事诉讼法》及其配套解释，要么列举常见罪名一般需要哪些证据材料，“食之无味”“读之无用”。这是一种非正常状态。

“每种从事事实分析和推理的职业，都必须开发某些记录和组织数据的方法，以适于分析和使用。”① 对于法律职业来说，当然更是如此。本书所提出的“三步法则”就是刑事证据审查的具体、科学、实务的方法。

四、“三步法则”是怎样炼成的？

“三步法则”是怎样炼成的？是笔者多年来一直主张走理论与实践相结合的“第三条道路”中探索出来的。一方面它是在理论的大熔炉里煅造出来的，另一方面它又是在实践的大染缸里涤荡出来的。

理论研究是为了解决司法实践中的问题，真正有生命力的创新机制必定需要进行充分的理论研究才能发掘出来。司法实践中不缺发现问题的机会，也不缺发现问题的素材，有时缺乏的是我们发现问题的能力，缺乏理论研究对接实践工作的能力。司法工作创新一定要符合司法规律，符合法治发展的规律。是否符合司法规律是检验司法创新是否具有科学性的根本标准。“三步法则”符合司法逻辑和司法规律，符合刑事诉讼法学和证据学的原理，这是其具有持久生命力的关键。实践基础既是司法创新的动力来源和根基，也是司法创新的最终归属。只有当

① ［美］特伦斯·安德森等：《证据分析》（第二版），张保生等译，中国人民大学出版社2012年版，第143页。

司法实践对某一个问题的解决具有强烈需求的时候才产生司法创新的动机。没有实践基础的支撑，为了创新而创新注定是不能长久的。“三步法则”来源于如何审查证据这一实践性问题。司法创新的终极目的是解决司法实践中遇到的疑难问题，“三步法则”之所以受到一线办案人员的欢迎，就是因为它能解决实际问题，具有可操作性。

1. 发现。笔者是2006年从事检察工作的，每天办案就是在纠结证据，每天都要面对两个问题：一是这个案件的证据达到何种标准才能定案；二是用什么方法来审查判断这个案件的证据是否达到这样的标准。教科书上没有这些问题的答案。这是促使笔者进行思考的原动力，笔者一直在思考和探索这两个问题的破解之道。促使笔者不断思考的第二个动力，是错案。在2009年之前就发生过湖北佘祥林案和云南杜培武案，这些著名的错案、冤案的罪魁祸首是证据。所以要避免错案，必须得破解证据难题。第三个动力是思考。有记者问笔者为什么会研究出“三步法则”这个东西来，是突发奇想吗？笔者觉得这取决于以下两个方面：一是要有实践思考，因为实践中遇到了问题就会迫使你去思考，要做思考者；二是要有理论基础，对法学理论和基本原理缺乏深入的研究，你的思考就会流于表面，甚至误入歧途。上述两个条件都要具备，如果只有实践办案经历，不善于思考，法学理论功底不扎实，就不会有好的想法和创意；如果只有理论，不了解实践需求，那就只能就理论研究理论，而无法研究出实用的操作方法。第四个动力，是我国的证据法研究存在一些问题。长期以来，证据法被作为诉讼法的一个章节，成为诉讼法学者研究的附带产品。迄今为止，国内证据法学的理论体系、理论基础、知识体系、具体的框架结构尚未搭建起来，没有形成比较成熟的体系。[1] 谈理论体系和宏大叙事的多，研究具体问题的少。比如，国内证据法学界不会去研究怎么审查证据、怎么分析证据、怎么认定事实、怎么归纳事实这些问题。但是，笔者发现美国证据法研究很细，上述这些问题，美国证据法学界研究成果很多。这也是促使笔者去研究这个问题的原因。

所以，“三步法则”，其实就是把笔者对实践经验的总结和思考从理论角度进行总结概括所得出来的。

2. 发展。“三步法则”从提出到现在一直在不断完善和发展。第一次发展完善是在2009年“三步法则”刚提出不久，时任南京市人民检察院公诉处处长的全国十佳公诉人、全国检察业务专家李爱君，到笔者所在的建邺区人民检察院进行调研。在调研会上，笔者向她汇报了证据审查“三步法则”的想法，睿智和敏锐的李爱君眼睛一亮，她鼓励笔者进一步探索和完善，并提出了很多中肯的意见，还让笔者在南京市公诉业务讲坛上向全市公诉人进行介绍和讲授。因为需要讲两三个小时，这就迫使笔者更加深入地思考、挖掘、拓展，特别是对“三步法则”的理论基础问题进行深入探索。后来笔者在各个地方讲授“三步法则”，并将之开发成精品课程。为此笔者还特意引入结构化讨论环节，让学员参与进行讨论，每次讲授和讨论，都会给笔者一些启发和灵感，这是“三步法则”成长和发展的一个方面。

在这么多年的试点运行中，笔者对这个方法进行了持续不断的深挖和完善，无论是在理论基础和原理的深入探究上，还

---

① 参见李勇：《证据法学研究的思路与方法》，载《人民检察》2016年第1期。

是对实践方法的总结完善上，抑或大量案例的运用检验上，都一直在探索和思考的路上，将这套方法进行不断地升华。在此过程中，仍然是办案、阅读和授课给了笔者无穷无尽的思考动力和源泉。每次授课，笔者都会在激情澎湃的讲课中突发灵感，课后都会将这些灵感全都捕捉记录下来，最终也写入了本书中；每次遇到在证据上存在疑难的案件，笔者都努力用这套方法尝试解决，发现问题并解决问题，这些案例中的很多解决方法也已进入了这本书；每次阅读中看到与这套方法有关的东西，笔者也会记录下来，特别是最近在阅读大陆法系证据法著作中获得太多灵感，这些内容也都融入了本书。

五、“三步法则”基本形象如何？

什么是“三步法则”？尽管近年来媒体多次进行了采访报道，但基于新闻的特性，其报道介绍只能浮于表面，蜻蜓点水。详细论证它是这本书的任务，但却不是这篇“概论”的任务。在这篇“概论”中，笔者只能极为简单地概括其基本形象。简单地说，“三步法则”就是证据审查的三个步骤，分别是第一步分解验证，第二步双向对比，第三步综合分析。其理论基础在于两个方面：一个是证明标准的二元主义，借用张明楷老师的一句话来概括这个二元主义的证明标准，就是“心中永远充满正义，目光不断往返于客观真实与法律真实之间”；另一个是证明模式。在当前坚守印证证明是无奈的选择也是必需的选择。可以用下面这张图来高度概括“三步法则”（此示意图与本书第九章设计的证据分析图示法无关）：

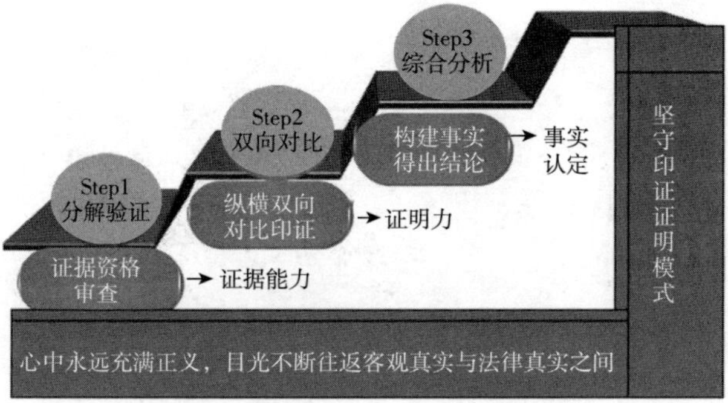

刑事证据审查三步法则示意图

进一步来说，第一步的分解验证解决的是证据能力问题，从证据能力三要件即来源、过程、结果进行分解验证证据的准入资格问题[①]；双向对比包括横向对比和纵向对比，通过对比、印证，分析证明力问题，这是形成心证的关键一步；综合分析是在前两步的基础上，综合全案的证据对待证事实作出最终的判断。针对疑难案件的证据分析，笔者还设计了一套图示法（参见本书第九章）。本书的总体架构将按照“三步法则”进行搭建，第一篇是分解验证；第二篇是双向对比；第三篇是综合分析。每一篇中再分为章和节。作为概述，笔者只能说这么多了，详细内容，请读者诸君开始阅读后面的各章节吧。

---

① 笔者在国内首次提出证据能力三要件：来源、过程、结果，并写入 2017 年 8 月 25 日《江苏省检察机关刑事案件审查指引》中，第 5 条第 1 款第（1）项规定“从证据的来源、过程、结果等三个要素分解验证单个证据的合法性，排除非法证据，补正、合理解释瑕疵证据，确保用于指控犯罪的每一份证据均具有证据能力。”第 6 条规定“对证据合法性的审查可以围绕证据的来源、过程、结果三个要素进行全面逐项审查。”并将该观点贯穿到其他各类证据的审查指引中。参见李勇主编：《审查起诉的原理与方法》，法律出版社 2015 年版，第 80 页；李勇：《证据能力三要件》，载《检察日报》2017 年 5 月 26 日，第 3 版；《江苏省检察机关刑事案件审查指引》（苏检发诉一字〔2017〕3 号）。

第一篇　分解验证

分解验证作为“三步法则”中的第一步，解决的是证据能力问题，也就是证据作为定案根据的资格问题。这一步是起点，也是预防错案的关键。只有通过分解验证，将无证据能力的证据“过滤”掉，将瑕疵证据进行合理补正，经过“过滤”之后的“干净”证据才能进行第二步“双向对比”来判断其证明力，最后再到第三步“综合分析”，通过综合分析证据来认定待证事实。“在逻辑顺序上必先具备证据能力之后，始生证明力之问题。”①

① 林钰雄：《刑事诉讼法》（上册），中国人民大学出版社2005年版，第347页。

第一章　分解验证的意义与基本方法

“现代证据法的主要功能就在于对各类证据的法律资格作出明确的限制，并据此将那些不具备法律资格的证据排除在法庭之外。”① 长期以来，我国刑事诉讼对证据合法性问题重视程度不够，这也是导致错案的重要原因。我们一再强调追求实体真实，但是如果用来寻求实体真实的证据的证据能力存在问题，那么我们不仅不能实现追求实体真实的目标，而且还会损害程序正义。“在中国，无论是刑事证据立法，还是刑事司法实践，都比较重视证据的证明力，关注证据的真实性和相关性，而程度不同地忽略了证据的法律资格问题。”② 分解验证解决的就是证据资格问题，也就是证据能力问题。只有先解决证据能力问题，才能在此基础上对案件事实作出判断，所以这一步是形成心证的前提和基础，“证据能力乃自由心证的‘前提’；若无证据能力之证据，法官根本不得采为裁判基础，遑论评价其证据价值。”③

① ［日］田口守一：《刑事诉讼法》，张凌、于秀峰译，中国政法大学出版社 2010 年版，第 267 页。

② 陈瑞华：《刑事证据法学》，北京大学出版社 2012 年版，第 33 页。

③ 林钰雄：《刑事诉讼法》（上册），中国人民大学出版社 2005 年版，第 354 页。

第一节 证据“两力”之提倡

证据能力和证明力是大陆法系证据法中的两个核心概念，英美证据法中的两个核心概念是可采性和关联性。我国传统证据法学关注的重点既不是证据能力、证明力，也不是可采性、关联性，而是证据的客观性、关联性和合法性。无论是从立法上还是从司法实践角度，审查证据都应该围绕证据能力和证明力而展开。

一、证据“三性”与“两力”的内涵及关系是什么？

1. 证据“三性”。我国传统证据法理论和实践谈证据必谈“三性”。证据“三性”是指任何证据必须同时具备真实性、关联性和合法性。[①] 这“三性”是证据的属性，其中客观性是指证据所反映的内容必须是客观存在的事实，又称证据的真实性，被认为是证据最重要的属性。关联性是指诉讼证据与案件的待证事实之间有客观的联系。这种关联性要求诉讼证据应该是能够全部或部分地证明案件的有关事实是存在还是不存在，证据的关联性是证据赖以构成的又一个属性。证据的合法性是指诉讼证据必须是按照法律的要求和法定程序而取得的事实材料。[②]

---

① 参见陈光中：《证据法学》，法律出版社 2019 年版，第 142 ~ 145 页。

② 参见汤维建：《关于证据属性的若干思考和讨论——以证据的客观性为中心》，载《政法论坛》2000 年第 6 期；崔敏：《刑事证据三性论》，载《公安大学学报》1985 年第 1 期；何家弘：《刑事诉讼证据属性新辨》，载《法律学习与研究》1988 年第 6 期。

2. 证据“两力”。证据的“两力”是指证据的证据能力和证明力。证明力与证据能力都是来源于大陆法系的证据法概念，我国大陆学者长期以来疏于对其进行研究。

证据能力是什么？证据能力是指具有作为证明资料的能力或资格，亦即能够成为证明犯罪事实存否的证据资格。① 简言之，证据能力就是证据作为定案根据的资格。

证明力是什么？我国大陆传统观点对证明力的理解存在偏差，有人认为证明力是指“一个证据所具有的能够证明某一事实存在或者不存在的能力。”② 这种定义容易将证明力与证据能力相混淆。有人认为，“证据的证明力，是指证据对案件事实证明作用之有无和程度。”③ 这种观点将证明力界定为证据对案件事实的证明程度，显然容易与证明标准混淆。作为大陆法系证据学中的基础概念，在我国诉讼法学界和证据法学界居然存在如此大的争议，这与我国刑事诉讼法学界和证据法学界长期以来受英美法系影响有关。

准确地说，证据的证明力（probative value）是指证据的“证明价值”“证明作用”。我国台湾地区著名法学家林山田教授认为，“证据之证明力，乃指证据对于待证事实之认定具有实质价值而言，故可谓证据所具有之证据价值。”④ 证明力强调的是证据与待证事实之间的关系，“证据对于待证事实之认定，具有

---

① 参见陈天勋：《刑事诉讼法概要》，来胜文化事业有限公司 2015 年版，第 252 页。

② 陈瑞华：《刑事证据法学》，北京大学出版社 2012 年版，第 79 页

③ 江平主编：《中国司法大辞典》，吉林人民出版社 1991 年版，第 248 页。

④ 林山田：《刑事程序法》，台北，五南图书出版公司 1998 年版，第 248 页。

实质之价值，成为证据之证明力”。[①] 简言之，证明力就是证据对待证事实的证明作用和价值。

3. 证据“三性”与“两力”是何关系。证据“三性”谈的是证据属性问题，强调从抽象的哲学角度，形而上地认识事物的本质；而证据“两力”谈的是证据的审查判断问题，强调从办案的角度，形而下地审查证据。前者是静态的，后者是动态的。二者是两套不同的话语体系，不同的区分标准，并无直接的联系或对应关系。如果一定要探寻他们内部要素之间有何联系，那么以下几点值得关注：（1）证据的合法性会影响证据能力，甚至是判断证据能力的重要因素，但也不是对等关系，违法取得的证据会影响证据能力，但不合法的证据未必一定是作为非法证据排除的无证据能力的证据（也可能是证据能力待定的瑕疵证据）；（2）证据的客观性（真实性）也是判断证据能力的重要因素，不具有真实性的证据无证据能力，但同时真实性也会影响证明力；（3）关联性与证明力重合度较高，都侧重于证据与待证事实之间的关系。如图所示：

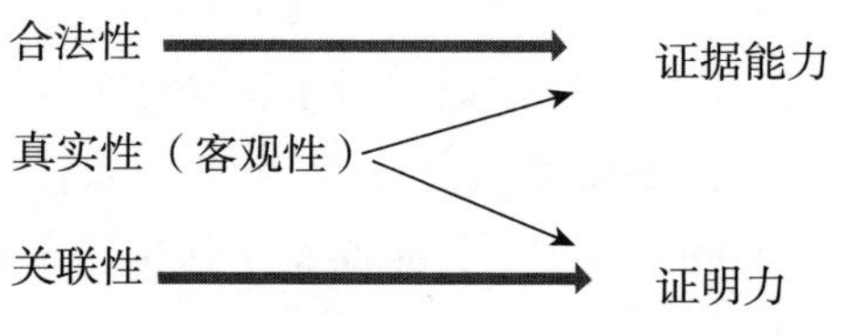

证据“三性”与“两力”的关系

① 张丽卿：《刑事诉讼法——理论与运用》，台北，五南图书出版公司1995年版，第232页。

二、证明力与证据能力是何关系?

如前所述，证据能力是指是否具有作为定案根据的资格问题；证明力是指证据对案件事实的证明价值问题，是关于证据作用的问题。前者侧重形式判断，后者侧重实质价值判断。有证据能力的未必有证明力，如某一证据是合法取得的，具有证据能力，但是与案件无关，对证明案件事实没有价值，尽管具有证据能力但却无证明力。

关于证据能力和证明力逻辑顺序上何为先的问题。大陆法系证据法理论通说认为，证据能力在逻辑上先于证明力。正如我国台湾地区学者林钰雄所言，“证据，取得作为认定犯罪事实之资格后，也就是说，取得证据能力后，法官到底依照何种‘规则’来判断这个证据可否采信？例如，证人经过合法调查程序之后，法官采信或不采信其证言？此即‘证据价值之评价’问题，也就是‘证据之证明力’问题……逻辑顺序上必先具备证据能力之后，始生证明力之问题。”① 林钰雄教授这段论述对证据能力与证明力的逻辑关系的论述精当而清晰。我国台湾地区黄东熊等在《刑事证据法则之新发展》一书中更加直截了当地指出，“证明力与证据能力有别，盖证明力有无之判断，系证据具备证据能力之后问题；易言之，于评价证据对于判断事实之真伪能否发生心证上作用力之前，系以该证据已具备证据能力为先决条件。”②

---

① 林钰雄：《刑事诉讼法》（上册），中国人民大学出版社 2005 年版，第 347 页。

② 黄东熊等：《刑事证据法则之新发展》，台北，学林文化事业有限公司 2003 年版，第 8 页。

当然，证据能力与证明力之间也存在相互联系、相互渗透的关系。从理论上说，具有证据能力的证据，就具有最低限度的证明力，因为按照辩证唯物主义的观点，联系是事物之间的普遍规律，具有证据能力的证据绝对与案件事实无关联在哲学上是不存在的，只是证明力强弱要视其与待证事实之间联系的强弱而定。法律上关于证据能力的规定往往包含着证明力的因素，证明力会影响证据能力的范围。[①] 比如，轻微的违法取证，如果对证据的真实性影响不大，可能就不会作为非法证据予以排除。正如李学灯教授所指出的，“证据容许性之各种法则，除因其他外部之政策而发生者外，踪其渊源，甚多由于防止不可信之危险。”一些证据之所以被认为没有证据能力而排除其作为定案根据的资格，就是因为该证据不真实、不可信，也就是证明力有问题。证明力与英美法中的证据关联性有一定的相通之处，美国《联邦证据规则》第403条规定，“虽然某一证据具有关联性，但是若其证据价值实质上被下列因素超过，即导致不公正偏见、混淆争议、或误导陪审团的危险，或者考虑到不适当拖延、浪费时间或者不必要地出示重复证据，则仍然可以排除该证据。”我国的司法解释也有类似规定，《最高人民法院关于适用〈中华人民共和国刑事诉讼法〉的解释》第109条规定，视听资料具有下列情形之一的，不得作为定案的根据：“（一）系篡改、伪造或者无法确定真伪的；（二）制作、取得的时间、地点、方式等有疑问，不能作出合理解释的”。这里将视听资料的真实性，作为判断是否具有证据能力，也就是作为定案根据资格的重要因素。因此，有学者将这种现象概括为“证明力反制

① 参见李明：《证据证明力研究》，中国政法大学2011年博士学位论文，第26页。

证据能力”，并认为，“无论是在我国的司法实践中，还是在英美法系国家或大陆法系国家的司法实践中，都存在证明力反制证据能力的现象，即在判断证据能力时，将证明力作为一个重要考量因素。”①

总之，证据能力与证明力存在逻辑上的先后和递进关系，先有证据能力，然后才有证明力，没有证据能力的证据不存在判断其证明力问题。从这个角度来说，证明力的准确定义应当为——有证据能力的证据对证明案件事实的作用和价值。从证据审查的角度来说，二者是阶层递进关系，我们在审查证据的时候，先审查证据的证据能力（即分解验证），如果不具有证据能力就作为非法证据排除，无须进一步审查其证明力；如果经审查具有证据能力，接下来就要审查其证明力（即双向对比）。这与刑法中构成要件符合性、违法性、有责性的阶层关系是相似的。可以做一个形象的比喻，如果把证据能力比作商品的质量标准，那么证明力就是这件商品对某个特定消费者的生活的意义和价值。如果这个商品甲醛超标，质量不合格，那么就应该排除在消费者的生活场景之外；只有当这个商品质量合规，才会进入到消费者的生活场景中，然后才能评估这个商品对这个消费者生活的意义和价值大小。就此而言，也可以说证据能力是待证事实的必要条件，而证明力是具有证据能力进而能够充分证明待证事实，达到证据是待证事实的充分条件。②

---

① 纵博：《证明力反制证据能力论》，载《中国刑事法杂志》2014 年第 4 期。

② 参见陈志龙：《超越合理怀疑与证据证明》，载《台北大学法学论丛》2009 年第 69 期。

三、证据“两力”与证据“三性”相比优势何在？

审查证据其实就是审查证据的证据能力和证明力，而非证据的属性，传统的证据“三性”存在诸多缺陷甚至是误导。证据“两力”具有明显优势，我们应该尽快抛弃证据的“三性”而大力倡导证据的“两力”。

首先，从内在逻辑结构上看。证据的“三性”之间没有逻辑上的先后秩序，客观性、关联性、合法性谁先谁后并无内在的逻辑定位，无法突出证据合法性的首要地位。事实上，一个证据即便具有客观性和关联性，但如果是刑讯逼供得来的，就不具有合法性，仍然不能作为定案的根据。然而，根据证据“三性”的逻辑，完全可能把缺乏合法性但是具有客观性和关联性的证据用来定案，事实上很多错案就是这样形成的。也许有人会说，可以把证据“三性”中的合法性排在前面，把客观性和关联性排在其后。但这是没有实际意义的，因为“三性”之间原本没有内在逻辑上的先后顺序，把谁排在第一个，只是文字游戏而已，实践中无法保证办案人员始终把合法性放在第一位，这是由“三性”之间的平面结构与耦合关系所决定的。这与犯罪构成“四要件”（犯罪客体要件—犯罪客观要件—犯罪主体要件—犯罪主观要件）中理论上将客观要件放在主观要件前面而实践中动辄先判断主观要件是一样的。正是由于他们之间没有内在的逻辑关系，所以理论上就出现各种排序的观点，如刑法学界曾有人主张按照“犯罪主体要件—犯罪主观要件—犯罪客观要件—犯罪客体要件”进行排序。[①] 极其吊诡的是，证据

---

① 参见赵秉志：《论犯罪构成要件的逻辑顺序》，载《政法论坛》2003 年第 6 期。

"三性"的排序问题也出现了同样的一幕，有学者就认为，"三性"的排序应该是客观性—关联性—合法性，因为证据的客观性最先产生，证据的关联性是经人的主观判断后才产生的，而证据的合法性是由法律调整后产生的，是最后产生的。①

形成鲜明对比的是，证据的"两力"之间在逻辑结构上是阶层递进关系，没有证据能力就不具备作为认定案件事实根据的资格，当然也就谈不上证明力，换言之，证据能力是证明力的前提和条件。证据能力在先，证明力在后。这种内在结构上的逻辑关系决定了在审查证据过程中，必然先审查证据能力，然后才能判断证明力，从而迫使司法人员先审查证据能力再判断证明力，从而有效贯彻非法证据排除规则，防止把无证据能力的证据"带病"进入到证明力评价和事实认定中。

其次，从预防错案上看。事实表明，大量的冤假错案表面上看证据之间相互印证，证据具有关联性和客观性，但是用来印证的证据是没有证据能力的证据，是应当排除的证据，所以形成的印证就是"假象印证"，从而导致错案。比如，云南杜培武案，泥土同一性鉴定意见，作为一个科学证据，司法机关认为其客观性和关联性没有问题，但是这个作为检材的泥土没有合法的来源，而没有来源的物证不具有证据能力，不能作为定案根据。有学者将错案的责任归咎于印证证明模式是极端错误的。印证作为大陆法系国家普遍的证明力判断规则，本身并无不当。问题出在没有严格把关证据的证据能力，过于强调证据的关联性和客观性，从而导致"假象印证"。正因如此，越来越多的学者认为证据"三性"本质上属于证据属性问题，其学术

① 参见汤维建：《关于证据属性的若干思考和讨论——以证据的客观性为中心》，载《政法论坛》2000 年第 6 期。

价值有限，实践意义不大。陈瑞华教授也指出，司法人员对证据进行审查判断的过程，也就是考察“证据”能否转化为“定案根据”的过程。可以说，如何避免证据被任意采纳为定案根据，如何为证据转化为定案根据设定必要条件，这属于证据法所要解决的首要问题。我们无须再去关注所谓的“证据属性问题”，而应更多地讨论证据转化为定案根据的条件问题。①

再次，从立法和司法解释用语上看。我国《刑事诉讼法》第 56 条规定，“采用刑讯逼供等非法方法收集的犯罪嫌疑人、被告人供述和采用暴力、威胁等非法方法收集的证人证言、被害人陈述，应当予以排除……在侦查、审查起诉、审判时发现有应当排除的证据的，应当依法予以排除，不得作为起诉意见、起诉决定和判决的依据。”从上述立法规定可以看出，我国的非法证据排除，指的是不得作为定案根据，属于证据使用禁止，而并非是指不得进入法庭的准入资格，是证据能力问题。我国相关司法解释中使用“不能（得）作为定案的根据”的表述更为普遍。由此可见，我国刑事诉讼在立法和司法解释，实质上采取的是大陆法系的证据禁止理论和证据能力的概念。在这样的立法和司法背景下，过于强调证据“三性”特别是合法性容易对司法人员形成误导，一方面使他们错误地认为，只有使用刑讯逼供等严重非法方法获得的证据才会被排除，而忽视因违反其他取证规范而导致证据使用禁止（无证据能力而作为非法证据排除）。另一方面使他们错误地认为，只要是违法取得的证据就一定不得作为定案根据。如有人认为引诱取得的言词证据一概排除，就是这种错误观念的典型。

---

① 参见陈瑞华：《刑事证据法》（第三版），北京大学出版社 2018 年版，第 117 页。

最后，证据“三性”有误导非法证据排除规则之嫌。根据证据“三性”理论，合法性是证据的基本属性之一。与“合法性证据”相对应的是“不具有合法性的证据”或者“非法性证据”，但无论是“不具有合法性的证据”还是“非法性证据”与我们所说的“非法证据排除”中的“非法证据”都是截然不同的。我国刑事诉讼立法和司法解释中所说的非法证据排除是指“不得作为定案”的证据，也就是无证据能力的证据。而无证据能力的证据不等于非法或违法取得的证据，也就是大陆法系证据法理论通说认为的“证据取得禁止”不等于“证据使用禁止”。简言之，就是不具有合法性的证据却并非一概不能作为定案根据，因为不具有合法性的证据还有可能是瑕疵证据，瑕疵证据一方面属于违法取得的证据，另一方面经合理解释或补正可以作为定案根据。可见，证据“三性”一方面认为“合法性”是证据的基本属性；另一方面又无法得出不具有这个属性的证据就不能作为定案根据的结论。既然如此，这个“合法性”的属性除了误导和扰乱非法证据排除概念之外，并无实际功能。

事实上，2010 年 6 月最高人民法院、最高人民检察院、公安部、国家安全部、司法部联合发布的《关于办理死刑案件审查判断证据若干问题的规定》和《关于办理刑事案件排除非法证据若干问题的规定》就表达了证据“两力”这一立场。在《关于办理死刑案件审查判断证据若干问题的规定》“证据的综合审查和运用”部分第 32 条第 1 款规定，“对证据的证明力，应当结合案件的具体情况，从各证据与待证事实的关联程度、各证据之间的联系等方面进行审查判断。”最高人民法院相关负责人对此解读指出，“所谓认证，是指审理案件的法官依照法定程序，对双方当事人提交的证据以及人民法院自行调查收集的证据进行质证后，遵循一定的原理和规则，对证据材料的证据能力和证明力进行评价判断进而做出确认的诉讼活动”，进而指出，“认证主要在两个层面进行：对单个证据的证据能力和证明力逐一认证”。对于证据能力和证明力的关系，最高人民法院相关负责人指出“认证的内容包括证据的证据能力和证明力两个方面，即首先要判断某项证据材料是否具有法律上可采纳为证据的资格，在此基础上再确定证明力的有无和大小”。[①]《关于办理刑事案件排除非法证据若干问题的规定》规定了相对体系化的非法证据排除规则，最高人民法院相关负责人在条文释义的开篇就明确指出，“对经依法确认的非法言词证据予以排除，使之不能作为定案的根据，这首先涉及对证据能力和证明力的理解问题”。[②] 上述内容被修改后的《刑事诉讼法》和相关司法解释所吸收。2012 年《最高人民法院关于适用〈中华人民共和国刑事诉讼法〉的解释》第 104 条第 1、2 款规定，“对证据的真实性，应当综合全案证据进行审查。对证据的证明力，应当根据具体情况，从证据与待证事实的关联程度、证据之间的联系等方面进行审查判断。”该条解释第 3 款规定，“证据之间具有内在联系，共同指向同一待证事实，不存在无法排除的矛盾和无法解释的疑问的，才能作为定案的根据。”2021 年《最高人民法院关于适用〈中华人民共和国刑事诉讼法〉的解释》第 139 条保留了前两款，删除了第 3 款。该修改有利于准确厘定证据能力与证明力的关系以及证据“两力”与证据“三性”之间

---

① 最高人民法院刑事审判第三庭编著：《刑事证据规则理解与适用》，法律出版社 2010 年版，第 244 页。

② 最高人民法院刑事审判第三庭编著：《刑事证据规则理解与适用》，法律出版社 2010 年版，第 298 页。

的关系。取证程序合法性和真实性是决定证据能力的重要内容。2021年《最高人民法院关于适用〈中华人民共和国刑事诉讼法〉的解释》第139条第1款“对证据的真实性，应当综合全案证据进行审查”是指证据能力审查。如该解释第94条规定，讯问未成年人，其法定代理人或者合适成年人不在场的，其供述不得作为定案的根据。原因在于没有法定代理人或合适成年人在场，未成年人供述的真实性无法保障。再者，2021年《最高人民法院关于适用〈中华人民共和国刑事诉讼法〉的解释》第139条第2款“对证据的证明力，应当根据具体情况，从证据与案件事实的关联程度、证据之间的联系等方面进行审查判断”是指证明力的判断。2012年《最高人民法院关于适用〈中华人民共和国刑事诉讼法〉的解释》第104条第3款把原本属于证明力的内容（“证据之间的内在联系”“指向同一待证事实”）作为定义证据能力（“定案的根据”）的要素，一方面混淆了证据能力与证明力；另一方面也潜意识地混淆了证据“三性”中的“关联性”与证明力。2021年《最高人民法院关于适用〈中华人民共和国刑事诉讼法〉的解释》删除该款有利于区别证据的“三性”和“两力”。

笔者是较早呼吁我国应当尽快完成证据“三性”向证据“二力”的知识转型的。在本书第一版中已经发出呼吁，2017年笔者发文《重视证据能力与证明力之证据判断功能》再次呼吁。[①] 同时，笔者也推动相关规范性文件实现这种转型。笔者参与起草的2017年8月25日起施行的《江苏省检察机关刑事案件审查指引》，将先审查证据证据能力再审查证明力、采取“分

---

① 参见李勇：《重视证据能力与证明力之证据判断功能》，载《检察日报》2017年12月31日，第3版。

解验证、双向对比、综合分析”三步法则审查证据正式纳入其中，该指引第4条规定，“审查在案证据，应当首先审查证据是否具有证据能力。证据必须同时具备证据能力和证明力，才能成为定案的根据”。第5条规定，“审查证据，可以采用分解验证、双向对比、综合分析的三步法则：（一）从证据的来源、过程、结果等三个要素分解验证单个证据的合法性，排除非法证据，补正、合理解释瑕疵证据，确保用于指控犯罪的每一份证据均具有证据能力。（二）对不同时间形成的言词证据应纵向对比其证明内容，对不同种类证据应横向对比其证明内容，以审查证据是否真实可靠、证据之间是否能够相互印证，证据与案件事实是否具有关联性，确保指控犯罪的证据具有证明力。（三）综合全案证据，既从控方角度分析有利于指控犯罪的证据，又从辩方角度分析不利于指控犯罪的证据，权衡双方证据的质和量，对照证明标准判断能否认定案件事实。分解验证、双向对比、综合分析证据的过程应当在案件审查报告的证据摘录、证据分析、审查意见等内容中体现”。另外，最高人民检察院《人民检察院公诉人出庭举证质证工作指引》（2018年7月3日）在笔者的推动下，也引入了证据“两力”。当时，征求笔者意见时，笔者曾试图将涉及证据“三性”的内容全部改为证据“两力”，但在考虑司法人员的认识和习惯需要一定的时间才能转变，于是就采取了“双轨并行”的模式，呈现出“三性”审查与“二力”审查并驾齐驱的局面。

总之，理论界和实务界应当尽快完成证据“三性”向证据“二力”的知识转型。

第二节　分解验证的内涵与功能

分解验证是指对单个证据的证据能力按照来源、过程、结果进行分解过滤，验证证据的证据能力，以确保具有证据能力的证据作为定案的根据，将不具有证据能力的证据排除在定案根据之外。

一、分解验证的对象是什么？

分解验证的对象就是证据的证据能力。如前所述，证据能力就是证据作为定案根据的资格。证据能力是来自大陆法系的概念，而可采性是来自英美法系的概念，二者内涵并不等同。由于长期以来，我国的诉讼法学和证据法学是由熟知英美法系的学者掌握话语权的，对大陆法系的诉讼制度和证据法研究并不深入，所以出现了将证据能力与可采性混同的错误。如有学者指出，“诉讼证据能力，也即诉讼证据资格，是指某种事实或材料可以作为诉讼证据加以提出、调查、收集和运用的资格……因此，诉讼证据能力的概念，有时又被诉讼证据的可采性或诉讼证据的适格性所取代”。[①] 大陆法系的证据能力是指“作为认定事实依据的资格”，其发挥的是把守证据作为认定事实依据的“出口”的作用。而英美法系证据的可采性是指“进入法庭调查程序的资格”，发挥着把守证据进入法庭调查程序的“入口”的作用。换言之，大陆法系中不具有证据能力的证据并

① 申君贵：《关于诉讼证据能力之探讨》，载《政法论坛》1993 年第 6 期。

不是法官不能接触，只是不得作为定案根据；而英美法系中不具有可采性的证据不得进入法庭调查程序，不能出现在法庭上，只有那些具备可采性的证据才可以出现在法庭上。①

证据能力是指证据作为定案根据的资格。我国刑事诉讼法整体上属于大陆法系，而司法实践中更是呈现出与大陆法系的高度吻合。我国的非法证据排除是指不得作为定案根据，与大陆法系国家的刑事诉讼法一样，法官在审前就能够接触到案件的所有证据，所以证据能力发挥作用的机制并非将不具有证据能力的证据阻挡在事实裁判者的视野之外，而是要求事实裁判者不得将其作为认定事实的依据，也就是我国立法、司法解释及司法实践中常说的“不得作为定案根据”“不得作为定案依据”。

首先，我国《刑事诉讼法》第56条第2款规定：“在侦查、审查起诉、审判时发现有应当排除的证据的，应当依法予以排除，不得作为起诉意见、起诉决定和判决的依据。”这里的排除显然是指证据不得作为侦查、起诉和审判中认定事实的依据，而非不得作为证据调查、审理的对象。

其次，《最高人民法院关于适用〈中华人民共和国刑事诉讼法〉的解释》几乎都是采取“不得作为定案根据”的表述，如该解释第86条第1款、第89、94条等；少数条款也采取了“不得作为证据使用”的规定，如第88条。不管采取何种表述，都是指不具有作为认定事实的资格，也就是证据能力。

最后，2012年修改《刑事诉讼法》时废除了之前的主要证据复印件移送制度，恢复了全部案卷移送制度，检察机关起诉

① 参见陈瑞华：《刑事证据法》（第三版），北京大学出版社2018年版，第118页。

时必须移送全部案卷和证据材料，法官在庭前就能通过阅卷详细了解所有证据。因此，我国证据排除规则的初衷并非让法官、人民陪审员接触不到非法证据，也不是将非法证据挡在法庭调查程序之外，相反，对已经进入法庭的非法证据，是否应当排除恰恰要经过法庭调查之后才能作出最后决定，只是要求法官将该应当排除的非法证据不得作为定案根据。即便是庭前会议制度也是就非法证据排除听取控、辩双方意见，而不是在庭前会议决定是否排除非法证据。根据现行《刑事诉讼法》第187条的规定，在庭前会议中并不解决证据能力问题，而仅是听取双方意见，掌握是否存在证据方面的异议，至于是否排除证据、如何排除证据，同样也只能在庭审调查之后才能决定。这一点《最高人民法院关于适用〈中华人民共和国刑事诉讼法〉的解释》第130条的规定更加明确，“开庭审理前，人民法院可以召开庭前会议，就非法证据排除等问题了解情况，听取意见”。

可见，在我国《刑事诉讼法》中，非法证据排除是指不得作为定案的根据，而不是禁止其进入法庭调查程序。我国与大陆法系国家一样，证据能力应界定为“作为认定事实依据的资格”，其目的是认定事实时将无证据能力的证据排除在证据体系之外，也即不得将无证据能力的证据作为定案根据。我们既不能将证据能力等同于英美法系的证据可采性，也不能将证据能力界定为“进入法庭调查的准入资格”。分解验证就是要对案件中的证据从多个角度[①]进行解剖，以检验其证据能力，确保作为定案根据的证据具备证据能力。

---

① 具体从哪几个角度进行分解，本章第三节“证据能力三要件”将进行详细论述。

二、分解验证有何功能？

（一）非法证据（无证据能力的证据）的排除功能

分解验证作为“三步法则”中的第一步，其功能之一就是发现并排除非法证据。什么是非法证据？非法证据排除意义上的非法证据就是指无证据能力的证据。非法证据排除的前提是发现非法证据，发现之后才能研究和分析能否排除，要不要排除。非法证据排除制度贯彻落实难，不仅仅难在能否排除以及是否排除上，控、辩、审三方争议不断、各执一词，还难在没有发现或难以发现非法证据上。对公诉人来说，如果没有发现非法证据，冒然起诉，到庭审中被辩护人或法官发现，出庭公诉必然陷入被动；对辩护人而言，如果没有发现非法证据的线索，就不能很好地实现有效辩护；对法官而言，如果没有发现应当发现的非法证据，就会导致案件误判。分解验证的重大价值之一就是提供了一套发现非法证据的方法，有效、快捷地发现证据能力存在的问题，快速找到非法证据的线索。

（二）瑕疵证据的补正功能

如前所述，不合法的证据并非等同于非法证据，换言之，不合法的证据并非都是无证据能力的证据，也并非都是要排除的证据。因为很多证据存在一定的不合法问题，但也可能只是瑕疵证据。而瑕疵证据是证据能力待定的证据，可以进行补正或合理解释、说明，如果能补正、合理解释和说明，就能恢复其证据能力，反之则无证据能力而作为非法证据排除。但这里的补正也好，合理解释、说明也罢，前提都是先发现这些瑕疵。如何发现呢？就是靠分解验证。所以，分解验证的功能不仅在于发现和排除非法证据，更在于发现瑕疵证据并审查其能否以及是否补正或合理解释、说明。这一点对于控、辩、审三方而言都至关重要。对于公诉人而言，越早发现瑕疵证据越好，因为这样补正或合理解释、说明的空间越大；发现得越晚就越被动，因为辩护人可能会将瑕疵证据放大为非法证据。特别是，如果公诉人不能再提起公诉前发现瑕疵证据，而在庭审过程中才发现或者被辩护人、法官发现，那必将陷入被动。比如，下面这个案例：

【案例1：吕某滥伐林木案】被告人秦某指使吕某盗伐南京市江宁区某社区绿化带的林木。后被告人吕某又找到被告人仲某等3人，使用电锯将上述地点的树木盗伐，销赃得款人民币5000余元。经鉴定，被盗伐的树木为杨柳科杨属植物，共计39株，总蓄积量25立方米。

这个案件在勘验过程中，侦查人员使用直尺对被伐树木的树桩直径进行了测量，并将直尺测量树桩直径的过程以拍照的方式固定。庭审中，辩护人突然提出测量照片显示其中一棵树桩直径为24.5厘米，但是公安机关的勘验笔录中记载成了27.5厘米，从而认为鉴定意见的检材来源存在问题，主张非法证据排除。对于很多公诉人而言，这是一个致命性的攻击，几乎无法招架。此案因为辩护人做无罪辩护，笔者带领一名公诉人出庭，这个问题一经抛出，旁边的年轻公诉人当时就愣住了，因为他此前没审查出这个问题。此时，笔者打开卷宗[①]，把鉴定意

① 实践中，由于实行卷宗全案移送制度，案件在提起公诉时已经全部移交给法院，庭审时法官习惯把案件放在手边，随时翻阅，甚至有法官认为这是理所当然的，还不愿意将案卷在庭审前交给公诉人，而公诉人也习惯带着出庭预案、审查报告和内卷出庭。其实，这是错误的，庭审时所有案卷证据材料都应当在公诉人手边，因为公诉人要向法庭出示证据。

见、现场勘验记录和勘验照片进行比对，迅速发现照片上显示的尺寸与鉴定意见中认定的尺寸是一致的，而只是勘验记录中记录错误，也就是说，鉴定部门将公安机关现场勘验记录的错误纠正过来了。这显然不是证据能力问题，也就不是非法证据排除问题，而只是一个瑕疵，因为照片能客观反映树木的真实直径，而且鉴定意见更正了记录错误，是按照照片上显示的尺寸并复勘现场后作出的严肃认定。因此，这是可以合理解释和说明的瑕疵。

对于辩护人而言，发现瑕疵证据是进行法庭辩论和实现有效辩护的基本功。因为瑕疵证据的证据能力待定，这意味着辩护人积极进行辩护极有可能将瑕疵证据变成非法证据，从而实现辩护效果。对于法官而言，发现瑕疵证据依然重要，对于大陆法系职权主义诉讼模式而言，法官具有发现实体真实和维护程序正义的义务，及时发现瑕疵证据，及时让控方补正或解释、说明，对于无法解释说明的及时排除，从而有利于案件的正确判决。

（三）"假象印证"的预防功能

分解验证的核心意义在于防止"假象印证"。所谓"假象印证"就是表面看起来一个案件的多个证据相互印证，足以认定某个事实，但是这些用来印证的证据本身是无证据能力的，因此这样的印证就是假的，所以叫"假象印证"。一旦单个证据本身存在问题，那么这些单个证据之间所形成的印证关系，就可能是一种"假象印证"，整个证据锁链也都是假象。很多错案，从表面上看，被告人承认、有证人、也有物证，证据之间相互印证，但是从单个证据的分解验证角度看，被告人供述是刑讯逼供得来的，提取的物证来源有问题，那么形成的就是假象印证。比如，著名的赵作海案。

【案例2：赵作海案】 1998年2月15日，河南省商丘市柘城县老王集乡赵楼村赵振晌的侄子赵作亮到公安机关报案，其叔父赵振晌于1997年10月30日离家后已失踪4个多月，怀疑被同村的赵作海杀害，公安机关当年进行了相关调查。1999年5月8日，赵楼村在挖井时发现一具高度腐烂的无头、膝关节以下缺失的无名尸体，公安机关遂把赵作海作为重大犯罪嫌疑人于5月9日刑拘。1999年5月10日至6月18日，赵作海做了9次有罪供述。2002年10月22日，商丘市人民检察院以被告人赵作海犯故意杀人罪向商丘市中级人民法院提起公诉。2002年12月5日商丘市中级人民法院作出一审判决，以故意杀人罪判处被告人赵作海死刑，缓期二年执行，剥夺政治权利终身。2010年4月30日，赵振晌回到赵楼村，被证明是错案。

表面上看，赵作海做了9次有罪供述，而且供述的很多内容与案发现场、物证等能够相互印证，但是再看单个证据分解验证，被告人的9次有罪供述是刑讯逼供得来的，是虚假的，那么与其他证据之间的印证就是“假象印证”。

（四）错案的预防功能

导致错案的原因有很多，但证据问题是首要原因，所以何家弘教授说，“历史的经验告诉我们，几乎在每一起刑事错案的成因中都存在着证据的作用”。[①] 这里的“证据的作用”很大程度上就是非法证据问题，几乎每一起错案中都有非法证据的问题，可以说非法证据是错案的罪魁祸首，无论是河南的赵作海案，还是浙江的张辉、张高平叔侄案，都存在严重的刑讯逼供，

① 何家弘：《证据的审查与认定原理论纲》，载《法学家》2008年第3期。

所谓有罪供述与其他物证的印证，都是“假象印证”。分解验证的根本目的就是验证证据能力，将没有证据能力的证据排除在定案根据之外，起到非法证据的过滤和阻隔作用，从而最大限度预防和避免错案。由于刑事司法证明的过程是对已经发生过的事件运用证据进行证明的过程，不可能完全再现原事件，从这个意义上说，错案具有不可避免性，但是不能说因为本质上具有不可避免性，我们就有了放弃最大限度避免错案的努力的理由。努力采取各种措施，探寻各种制度设计，最大限度避免错案是所有法律人应尽的职责。“三步法则”就是这种努力的体现，“三步法则”中的第一步分解验证也是这种努力的表现。

第三节　证据能力三要件

如前所述，证据能力是指证据作为认定案件事实依据的资格。那么什么样的证据才具有这种资格呢？或者说一个证据满足什么样的条件才具有证据能力呢？这就是证据能力的要件。

一、相关概念厘清

1. 证据能力与证明力。如前所述，证据能力是指证据作为定案根据的资格，证明力是有证据能力的证据对待证事实的证明作用和价值，二者在逻辑上是先后递进的阶层关系。

2. 无证据能力的证据与非法证据、证据合法性。无证据能力的证据与非法证据排除意义上的非法证据之间意义等同，[①] 只

① 以下同等意义上使用“非法证据”与“无证据能力的证据”的表述。

是称谓不同，大陆法系一般用无证据能力，而英美法系一般用非法证据。无证据能力的证据就是非法证据，同样，非法证据就是不具有证据能力的证据。对我国而言，就是不得作为定案根据的证据。但需要特别注意的是，非法证据≠不具有合法性的证据，不具有合法性的证据有很多种，但是不具有合法性的证据并非都是非法证据，并非都要排除，并非都不能作为定案的根据。原因就在于非法证据是有特定含义的，它特指需要被排除而不能作为定案根据的证据，也就是无证据能力的证据；而不合法证据的范围和外延显然更广，如扣押清单没有侦查人员签名，这显然是违反法律规定的，也可谓不合法证据，但是这种证据并非一定是需要被排除的非法证据，并非一定不能作为定案根据的证据。有学者认为“非法证据就是不具有合法性的证据”①，这是不严谨的；早些年还有学者认为非法证据就是“不符合法定来源和形式的或者违反诉讼程序取得的证据资料，其外延不仅包括司法人员违反法定程序、以非法手段而获得的证据，也包括证据的内容、证据的表现形式、收集证据的主体等因素不合法的证据”。② 这种说法是错误的。

3. 非法证据（＝无证据能力的证据）与瑕疵证据的关系。瑕疵证据是我国证据法中的一个特有的概念。2010 年 6 月 13 日，最高人民法院、最高人民检察院、公安部、国家安全部、司法部联合发布了《关于办理刑事案件排除非法证据若干问题的规定》和《关于办理死刑案件审查判断证据若干问题的规定》（以下合称“两个《证据规定》”）。“两个《证据规定》”在证

---

① 李学宽等：《论刑事诉讼中非法证据的效力》，载《政法论坛》2000 年第 1 期。

② 钱国耀等主编：《诉讼法大辞典》，复旦大学出版社 1993 年版，第 29 页。

据学上有一个重要的理论创新，即提出了“瑕疵证据”的概念。“瑕疵证据”是指在法定证据要件上存在轻微违法情节（俗称“瑕疵”或“缺陷”）的证据，瑕疵证据属于证据能力待定的证据，其是否具有证据能力，取决于其瑕疵能否得到补正或合理解释：若能得到补正或合理解释，则该证据即具有证据能力，可继续在后续程序中使用；若无法予以补正或合理解释，该证据即不具有证据能力，不得在后续程序中继续使用。瑕疵证据的本质特征在于其违法情节的轻微性。因为这种违法情节的轻微性，使瑕疵证据具有法政策上的可容忍性，即只要能够通过“修补”（补正）或“稀释”（合理解释），消弥其违法性瑕疵，即可挽救该证据，使其具备证据能力。[①] 从证据能力角度来说，瑕疵证据是证据能力待定的证据，也可以说是证据能力有瑕疵的证据；而“无证据能力的证据”就是非法证据，是要排除的证据，是不具有作为定案根据资格的证据。因此，我们可以做如下表述：非法证据 = 无证据能力的证据；瑕疵证据 = 证据能力待定的证据（或称证据能力有瑕疵的证据）。[②]

二、证据能力三要件是什么？

笔者 2015 年和 2017 年就在国内率先提出“证据能力三要件”，[③] 并写入 2017 年 8 月 25 日《江苏省检察机关刑事案件审查指引》中，该证据审查规则的第 5 条第 1 款第 1 项规定，“从

---

① 参见万毅：《论瑕疵证据——以“两个〈证据规定〉”为分析对象》，载《法商研究》2011 年第 5 期。

② 非法证据与瑕疵证据在实践中具体的区分方法，详见本书第二章。

③ 参见李勇主编：《审查起诉的原理与方法》，法律出版社 2015 年版，第 80 页；李勇：《证据能力三要件》，载《检察日报》2017 年 5 月 26 日，第 3 版。

证据的来源、过程、结果三个要素分解验证单个证据的合法性，排除非法证据，补正、合理解释瑕疵证据，确保用于指控犯罪的每一份证据均具有证据能力。”第 6 条规定，“对证据合法性的审查可以围绕证据的来源、过程、结果三个要素进行全面逐项审查”。并将该观点贯穿其他各类证据的审查指引中。

证据能力的要件是指证据具有什么样的条件才具有作为定案根据的资格。我国刑事诉讼立法和相关司法解释并未明确规定证据具有什么样的条件才能具有证据能力。学术界对此问题的研究和探讨也极为罕见。在大陆法系的德国，裁判者据以进行裁判的证据，必须满足证据能力在两方面的要求：一是证据材料不被法律禁止，二是证据材料应当经过法定的调查程序。前者是证据的消极要件，后者是证据的积极要件。“消极要件，系指证据使用之禁止，也可以说是证据排除，如以强暴、胁迫等不正当讯问方法所得之证据，不得作为证据。”“积极要件，一言以蔽之，就是严格证明法则，换言之，证据必须经过严格之调查程序后，始能终局取得证据能力，始得作为认定犯罪事实之基础。”①

笔者认为，我国的证据能力的要件，既要立足于我国《刑事诉讼法》的规定，也要切合我国的司法实践的实际情况和需求，同时也可以合理借鉴大陆法系关于证据能力理论的合理成分。上述大陆法系国家德国的消极要件和积极要件具有一定的借鉴意义，其中消极要件谈的是证据能力本身的实体要件，而非满足何种条件才具有证据能力；而积极要件主要是结合直接言词原则从程序角度要求需经严格的调查程序。从这个意义上

① 林钰雄：《刑事诉讼法》（上册），中国人民大学出版社 2005 年版，第 345 页。

讲，这里的积极要件主要是就直接言词的程序规制而言的，也并非证据能力本身需要具备什么条件的问题。尽管如此，德国证据法中的证据能力的积极要件和消极要件这个概念，为我国证据能力的要件提供了重要灵感。

据此，笔者提出证据能力的三要件：来源、过程、结果。(1) 来源是指证据来自于何人何处。来自于何人何处也符合相应的法律规定。比如，一份书证，从哪里提取的必须有证明，且来源还要符合法律规定的规范，一份证言是谁向谁进行询问获得的。再如，辨认笔录的来源应当重点审查是否在侦查人员主持下进行、有无见证人以及见证人身份是否符合规定等。言词证据的来源应当重点审查讯问人、询问人的身份、资格、人数、有无应当回避的情形；证人、被害人的年龄、精神状态是否影响对事实的认识和描述；提讯提解证记录信息与笔录是否相符等。

(2) 过程是指证据如何取得。证据提取的过程要合法，如物证、书证的提取过程应当重点审查收集程序是否符合法律、司法解释的规定；在收集、保管过程中证据材料有无污染、受损、改变等情形。再如，言词证据的过程应当重点审查讯问人、被询问过程中有无刑讯逼供、暴力、威胁、引诱、欺骗等行为；讯问、询问的时间、地点等是否符合法律、司法解释的规定；有无告知并保障被讯问人、被询问人的相关权利等。

(3) 结果是指证据以何种载体呈现，就是取得的证据所依附的装入卷宗中的载体本身要合法。比如，物证、书证的结果应当重点审查物证的照片、录像、复制品或者书证的副本、复制件是否与原物、原件相符；是否由二人以上制作，复制件有无注明与原件核对无异；有无复制时间，有无被收集、调取人签名、盖章；有无制作人关于制作过程以及原物、原件存放于何处的文字说明等。再如，现场勘验、检查笔录的结果应当重点审查记录内容是否齐全，与提取的证据是否吻合、该提取的证据有无遗漏、已经提取的证据有无记录，勘验、检查人员和见证人是否签名或者盖章。

任何一项证据要具有证据能力，都必须来源、过程、结果合法。任何一个要件不具有合法性，要么是无证据能力的非法证据，要么是证据能力待定的瑕疵证据。所以，分解验证的基本方法就是从来源、过程、结果三个方面进行验证其合法性。当然，从实务中证据审查的角度来说，往往是采取“结果—过程—来源”这样倒置的方法来进行审查的。比如，一份证言，先从结果的角度，就是从装入卷宗中的这份证言笔录入手开始审查，看笔录本身有无问题，如证人有无核对笔录、有无签字确认、询问时间及地点记录是否准确、笔录记载的内容与证人陈述内容是否一致等；接着从过程的角度进行审查，看调取证言过程中有无暴力、威胁取证等情况；再从来源的角度进行审查，审查提供证言的证人有无作证能力、询问人员是否具有办案资格等。

综上所述，证据的分解验证就是从来源、过程、结果三个要件验证证据的证据能力。

第四节　分解验证的基本方法

分解验证就是要验证和过滤证据的证据能力，分解验证的基础原理和基本方法就是证据能力的三要件，换言之，证据分解验证的基本方法是从证据能力的来源、过程、结果三个要件着手进行分解检验其合法性问题，基本的操作工作是阅卷笔录、审查报告、审理报告等工作文书。这些工作文书既是进行证据分解验证的基本载体，也是证据分解验证的成果体现。

一、证据分解验证的操作工具是什么?

阅卷笔录、审查报告、审理报告等是证据分解验证的基本操作工具。分解验证的操作性手段是通过类似于阅卷笔录、审查报告、审理报告、结案报告等工作文书来完成的。这些工作文书是进行案件证据审查的载体，侦查人员一般会制作侦查终结报告、刑事辩护律师一般会制作阅卷笔录、公诉人会制作案件审查报告（又称案件审查意见书）、法官会制作审理报告或阅卷笔录。[①] 无论形式或称呼有何不同，但是这些工作文书一般包括这样几个核心内容：证据摘录、证据分析、事实认定、法律适用。其中，证据摘录是进行分解验证的重要载体，办案人员在摘录证据过程中，每摘录一份证据都不能机械地照抄照搬，而是边摘录边对证据能力从来源、过程、结果三个方面进行分解验证，以检验哪些是不具有证据能力需要排除的非法证据，哪些证据的证据能力是待定的瑕疵证据，能否或如何补正、合理解释、说明，并将这些内容在每组证据（证据群）的证据小结中予以记录。

如何进行证据分组呢？证据分组摘录就是根据案件证明的需要，对证据按照一定的标准进行分类摘录，形成一个个证据群。一个合理的证据分组是进行证据分解验证、证据分析的重

① 不得不说，在这方面，检察机关做得最好，很多刑事辩护律师以往对这种工作文书不够重视，而且律师协会也没有对这种工作文书作出规范性的要求。现在很多专业刑事辩护律师已经在探索这种工作文书的规范性。参见徐宗新：《刑事辩护实务操作技能与执业风险防范》，法律出版社 2014 年版，第 91 页以下。

要保障。证据摘录，绝非单纯地没有技术含量的“抄录”“照抄原文”，而是一项具有丰富经验、技巧、方法的“技术活”。[①]

二、“证据分组”与“证据群”有何关系？

长期以来，我国证据法学界忽视对司法证明机理和证据分析的研究。证据分组是司法实务人员在实践中总结出来的一套分析、整理证据的方法。正如特文宁指出的，“法律中最重要的技能之一与构建复杂论证——这不同的情况下被称为事实管理或证据整理——相关”[②]。因此，证据分组不仅仅是个操作性问题，更是个理论性问题。证据分组的理论基础——证据群。证据群作为一个证据学的概念，是指由密切关联起来构成一个包含多个证据，以证明一定事实的证据集合。[③] 证据群是单个证据与事实认定之前的桥梁和纽带，单个证据无法证明某个事实，只有当多个证据形成一个聚合，才能证成某事实。在证据分析过程中，证据分组、形成证据群所起的作用就是“聚合”，“当两个事实彼此独立，（都支持）同一结论的可能性时，两项间接证据聚合”，两个以上的聚合就增强了这个推论。[④] 为了证明某个事实成立与否，我们需要从杂乱无章、堆积如山的卷宗中找出与该事实相关证据，形成一个证据群，这样为我们推理该事

---

① 更多证据摘录和证据分组的方法与技巧，参见张桂彤、李勇：《公诉审查报告中证据摘录及分析的方法》，载陈国庆主编：《刑事司法指南》（总第 68 集），法律出版社 2016 年版，第 77 页以下。

② ［英］威廉·特文宁：《反思证据：开拓性论著》，吴洪淇等译，中国人民大学出版社 2015 年版，第 433 页。

③ 参见栗峥：《论证明的协调性》，载《法学论坛》2006 年第 3 期。

④ 参见［美］特伦斯·安德森等：《证据分析》（第二版），中国人民大学出版社 2012 年版，第 136 页。

实能否成立提供便捷的工具。证据法学家威格摩尔指出：为了方便，需要将各种证据事实分组，根据它们出现的时间，之前、之时或之后被证明的行为，已经明确的某一类或潜在的某一类的各种事实，它们是细分大量证据事实和关联最密切相关的事实的便捷方式。①

证据群作为证据通往事实的中间环节而存在，它构成相对于单个证据更高阶的证据层面，同时又低位于最终事实，用以解决证据组合问题的一种中介性工具。证据分组就是在缺乏秩序的散乱证据中找到一个科学的内在结构，以此为依托组构出事实的过程。司法证明的最终目的是要证明一个案件事实，这个证明的过程就像是拼图，运用证据作为拼图的基本元素，而证据群为证明的结构提供了概念基础，证据首先聚合成“证据块”，然后由“证据块”进一步拼接达到最终的事实。证据—证据群—事实建构如图所示：

需要特别说明的是，同一份证据可能会归于不同的证据组（群），同一份证据也可能会被拆分成多个部分而分别被归于不同的证据组（群）。例如，一个受贿罪的证人证言，其中关于证明被告人职务便利的内容可能会被归于“主体身份及职务便利证据组”，而该证言关于证明被告人收受他人财物的内容可能会被归于“受贿行为证据组”。基于不同证据群（组）的需要，证据会在相左甚至相反的证据群（组）里扮演不同角色，证据群

---

① See *John Henry Wigmore*, *A Treatise on the System of Evidence in Trials at Common Law*: *Including the Statutes and Judicial Decisions of All Jurisdictions of the United States* (1904), BOOK I, PART I, p. 131.

（组）可以出于自身结构与功能的需要而任意选择证据。证据群可以展现出案件的情节，而证据充其量是证据的线索，单个证据完成不了叙述故事的要求，它只预示故事的一种可能，甚至不限于一种可能而是多种可能。只有通过证据间的反复印证与照应，故事版本才会逐渐减少，事实才趋向明朗。证据与证据之间的关联产生情节，情节描述了事实的最初形态，正是通过相似的情节和对故事的天然理解力，裁判者才可以依自我的生活经验与阅历，将过去的事实在头脑中复现已形成心证证据群建立起证明的结构，这是证据与事实所做不到的。①

由此可见，证据分组是证据群理论支配下证据分析的基本工具，具有科学性和合理性。公诉检察官在出庭举证时通常也是按照分组举证的方法进行示证，这本无可厚非，但近年来，分组举证引起了诸多误解。这种误解集中体现在最高人民法院修改《关于适用〈中华人民共和国刑事诉讼法〉的解释》过程中。该解释第268条第1款规定，“对可能影响定罪量刑的关键证据和控辩双方存在争议的证据，一般应当单独举证、质证，充分听取质证意见”。这条规定本身并无问题，因为即使分组举证，只要双方有争议或者是影响定罪量刑的关键证据，就应当在出示该组证据时逐份出示、逐份质证。然而，最高人民法院相关起草人在解读该条款时显然是没有深入研究证据分组的理论依据和价值，解读指出，“有意见认为，实践中，一般根据犯罪构成要件分组举证，同组证据之间相互印证、支撑，一般不会将一份所谓的关键证据单独出示，一份孤证如不与其他证据结合，很难进行充分质证。征求意见过程中，有意见提出，分

① 参见栗峥：《论证明的协调性》，载《法学论坛》2006年第3期。

组方法在实践中无统一标准，有的一组证据体量庞大，可能包括几十份、上百页内容。既然属于关键证据，就应当每份证据单独质证，才能充分查明事实。”这暴露在实践中存在以下几个误区：一是公诉人分组举证时，将某一组证据一口气出示完毕才提请质证，导致辩护人及被告人无法充分质证，这对认罪认罚的案件以及控辩双方没有争议的案件或许可行，但是对不认罪认罚案件、控辩双方有争议的案件显然是不妥的。正确的做法应当是，在分组出示证据的前提下，对控辩双方有争议的，应当在出示该组证据时，对该组内的证据逐份出示、逐份质证，该组证据出示完毕后进行小结以强化指控，接着再出示下一组证据，以此类推。二是辩护人将公诉人的分组举证冠之以“打包举证”，并进行了强烈批判。事实上，正确的分组举证有利于提高庭审效率，也有利于辩方质证。只是在控辩双方存在争议时“将某一组证据一口气出示完毕”才提请质证的做法是不妥的。分组举证本身并无问题，不能“一刀切”地将组内的全部证据“一口气出示完毕”。三是法官应当理性看待证据分组，证据群、证据分组也是法官在内心构建案件事实的基本工具。“分组方法无法统一”根本不是否定分组的理由。证据群（组）的分类方法原本就无须统一，视案件需要而定即可。例如，一个诈骗犯罪案件，客观事实没有争议，但是对主观故意争议较大，那就可以把关于主观故意的证据归集在一起形成一个证据群（组）。法官应当引导庭审在正确分组举证的前提下，根据情况决定是否对每一组内的每一份证据逐一质证，而不是排斥分组举证。

三、证据分组有哪些方法？

符合逻辑的、条理清晰的证据分组，使人一目了然，有利于案件的审查，有利于汇报和审阅，也有利于出庭示证。针对不同案件的具体情况采用不同证据分组方法。主要有以下几种方法：

1. 按照法定的证据种类分组。这是最基本、最原始的证据分组形式，技术含量低。具体形式如下：(1) 物证；(2) 书证；(3) 证人证言；(4) 被害人陈述；(5) 犯罪嫌疑人的供述与辩解；(6) 鉴定意见；(7) 勘验、检查、辨认、侦查实验等笔录；(8) 视听资料、电子数据。这种方式主要针对单一罪名且犯罪事实、证据简单的案件。比如，三笔以下的盗窃、故意伤害、交通肇事等。

2. 按照客观性证据与言词证据分组。具体方法：第一组证据为客观性证据，包括：(1) 物证；(2) 书证；(3) 鉴定意见；(4) 勘验、检查、辨认、侦查实验等笔录；(5) 视听资料、电子数据。第二组证据为主观性证据，包括：(1) 证人证言；(2) 被害人陈述；(3) 犯罪嫌疑人的供述与辩解。

3. 按照定罪证据与量刑证据分组。将量刑情节独立出来进行证据分组，有利于从证据的角度判明该量刑情节能否成立以及提出合理合法的量刑建议和意见、准确判处刑罚。这在当前定罪程序与量刑程序相对分离的庭审改革情况下，应该作为一种基本的证据列举方式，值得提倡。我国传统庭审关于定罪与量刑的模式，与大陆法系传统一致，采取定罪与量刑程序一体化模式。英美法系中，刑事审判分为“定罪裁断”与“量刑听证”两个相对分离的阶段。近年来，我国的庭审方式改革开始关注量刑程序，出台了量刑指导意见，推行了量刑程序与定罪程序庭审中相对分离的模式。陈瑞华教授指出，“在定罪与量刑程序一体化的传统诉讼构造下，法院更为注重定罪问题，量刑其实成为定罪问题的附带问题，就像民事侵权之诉被淹没在刑事诉讼之中那样，量刑程序没有从传统的以定罪为中心的刑事审判程序中独立出来。只有将定罪与量刑在程序上做出分离化的改造，刑事审判制度的改革才能真正突破‘瓶颈效应’，而进入‘柳暗花明又一村’的境界”。[①] 在这种量刑程序相对分离的趋势下，定罪证据与量刑证据分组摘录必将具有强大的生命力，值得大力提倡和推广。具体方法：就是在其他证据分组的基础上，将量刑证据独立作为一组进行摘录。比如，第一组客观性证据；第二组主观性证据；第三组量刑证据。

4. 按照一罪一证分组。这是针对多罪名案件，如一个案件中既有盗窃又有抢劫、抢夺，列举证据就可以列成“（一）盗窃、（二）抢劫、（三）抢夺”，然后在每一个罪名下再按法定证据种类，或者是客观性证据与主观性证据进行列举。对于多罪名的案件，实践中应该做到一罪一证，这样再复杂的案件都可以实现化繁为简。实践中，有些承办人一遇到多罪名、证据多且复杂的案件，就如坠入云里雾里，汇报案件时也是东一榔头西一棒槌，说者费心、听者烦心，重要的原因就是证据分组不合理。

5. 通过图表分组。这主要针对一人多事、多人多事、重大复杂的案件。比如，一人盗窃 15 笔，就可以列表格：每一笔犯罪事实对应相应的客观性证据、主观性证据，或者是法定种类的证据。这样看起来一目了然，有利于案件事实的查明与分析。还有比较复杂的共同犯罪案件，如聚众斗殴案，按照每个人的行为进行列表，包括每个人实施了什么样的行为、有哪些情节，有哪些证据证明这些行为和这些情节，就一目了然。又如一个

---

① 陈瑞华：《定罪与量刑的程序分离——中国刑事审判制度改革的另一种思路》，载《法学》2008 年第 6 期。

多笔容留他人吸毒的案件，可以这样列表：

待证事实	证人证言	犯罪嫌疑人供述	其他证据	证据小结
2月15日容吸	概括摘录证言内容	概括摘录被告人供述内容	摘录其他证据内容	该事实能否认定，存在哪些问题……
4月17日容吸				
4月20日容吸				
5月10日容吸				
……				

再如，聚众斗殴案件审查的重点在于每个犯罪人的行为，因此在摘录证据时通过表格按照每个被告人的行为进行分组列表就很有必要。例如，一个聚众斗殴案件的证据摘录分组可以这样列表：

各被告人的行为事实	被告人供述	本方同案犯证言	对方同案犯证言	其他证人证言、监控录像等	证据小结
张三的行为	概括摘录供述内容	概括摘录证言	概括摘录证言	概括摘录其他证据内容	对该组证据进行小结，能否认定张三的行为，存在哪些问题
李四的行为					
王五的行为					
……					

6. 按照犯罪构成分组。这主要针对职务犯罪案件或犯罪嫌疑人针对某一犯罪构成要件否认或翻供的案件。比如，受贿罪可以分为：第一组主体身份的证据，第二组职务便利的证据，

第三组基本事实的证据。然后在每一组证据内再按照客观性证据和言词证据，或者按照法定证据种类进行摘录。再如，犯罪嫌疑人否认主观上具有故意，可以将证明主观故意的证据单独进行列举，这样有利于审查犯罪嫌疑人是否具有主观故意，同时为庭审打下基础。

7. 按照犯罪阶段分组。这种分组方法主要针对犯罪阶段较多，阶段之间的界限较为明晰，每一阶段的证据都较为复杂，且每一阶段的事实证据都对全案的定案起关键作用的案件。比如，有预谋的故意杀人等案件，可分为：预备谋划阶段、实行阶段、事后分尸销毁证据阶段等进行分组摘录证据，从而能够清晰地还原事情发展脉络，便于把握案情。

四、证据摘录应坚持哪些原则？

证据摘录的基本要求是："准确""客观""全面""详略得当"。

1. "准确"就是要求摘录忠于侦查卷宗的真实记载。一是要避免错误摘录，如将犯罪嫌疑人供述中的"不知道"，错误摘录为"知道"，就可能产生误导。二是对证据进行概括、归纳，摘录的时候要忠于原证据的意思，不能篡改、歪曲原证据所表达的意思。

2. "客观"就是基于中立的立场。证据摘录与证据分析不同，证据摘录是进行证据分析的基础，只有客观摘录证据，让证据客观呈现出来，才能对案件证据进行实事求是的分析。摘录证据可以进行概括式摘录，但是不能带入主观偏见进行概括。不得将办案人个人的主观倾向和先入为主的判断带入证据摘录中。办案人的主观意见可以在证据分析、承办人意见中体现，而不应该直接融入证据摘录中，否则可能误导案件事实的判断。

3. “全面”就是对定罪量刑或者对案件有重要影响的证据，不能遗漏摘录，如实践中容易忽略自首、累犯、主从犯等细节证据的摘录。当然，与案件无关的证据无须摘录。这里的全面主要是指证据种类、证据数量，而非指证据内容，卷宗材料中的无效信息当然不是都需要事无巨细的全部摘录。全面也不排除对证据进行概括、归纳摘录。

4. “详略得当”是指证据内容摘录的详略程度要根据个案、证据类型区别对待：（1）言词证据摘录可以进行必要的归纳、概括，不必所有的案件都原文“一问一答”式的摘录，也没有必要把重复、啰唆的话重复摘录，也没有必要把与案件无关的话进行原话摘录。（2）对于认罪认罚的案件、简易程序案件、速裁程序案件、证据清楚稳定的案件，证据摘录要简略。比如，实践中，对速裁程序案件，很多地方的检察机关对审查报告实行表格化改造，其证据摘录极其简洁。对于证据清楚，被告人供述稳定的案件，不必将犯罪嫌疑人的供述和辩解按照原话一问一答式摘录，也无须将犯罪嫌疑人的多次供述一一摘录。只要首先列明犯罪嫌疑人有几次供述，然后概括其供述的主要内容即可。对于多次供述中对案件事实有重要影响的不一致的、有矛盾的细节，可以放在证据列完后“存在的问题”中载明，并就如何解决这一矛盾进行简单的分析。列举证人证言或被害人陈述时，如果与犯罪嫌疑人供述基本一致，内容可以简略写成“与犯罪嫌疑人供述一致”，然后对不一致的地方进行单独摘录。（3）对于疑难、复杂的案件，特别是犯罪嫌疑人不认罪、翻供或口供反复的案件，证据摘录要尽可能详细，特别是对案件认定具有意义的细节也需要摘录。当然这需要经验判断，哪些话对案件认定具有重要意义，实践中一些刚接触案件的年轻人面对大量的证据，不知如何确定哪些是重要的，哪些是不重要的，哪些是与案件无关的。

五、证据摘录有何基本要求?

1. 先客观后主观。一般而言，证据摘录要按照先客观性证据即物证、书证、勘验或者检查笔录、视听资料等，后主观性证据即证人证言、被害人陈述、同案人供述和犯罪嫌疑人供述和辩解等的顺序具体列举，以客观证据为基石构建证据体系。[①]其目的是引导案件承办人更加重视客观性证据，养成从客观到主观认定犯罪的习惯。我们多年来的审查方式是以口供为主线，多是先找出犯罪嫌疑人有利于定罪的一次或几次供述，再找出与供述相对应的客观性证据。这里有两个风险：一是犯罪嫌疑人的供述具有反复性和复杂性，真伪难辨，而且一旦翻供，案件就陷入僵局；二是以口供为审查重点，往往忽视其他证据特别是客观性证据的深层次审查，审查中片面强调有罪证据，围绕有罪证据理解、构建证据体系，忽视证据缺陷，回避证据矛盾，容易导致错案。当然，对于案件事实清楚简单的案件，也未必一定要从客观到主观来摘录证据，有些案件出于审查和快速了解案情的需要，也可以从主观性证据入手。因为主观性证据一般是直接证据，而客观性证据一般是间接性证据，显然前者更有利于快速了解案情。

2. 摘录每份证据时需要注明该证据的来源、过程和结果。如前所述，证据能力的三要件分别是来源、过程和结果。因此对于证据的来源、过程、结果三个要素的摘录非常重要，这是

---

① 2011 年最高人民检察院公诉厅对审查报告模板作了重大变革，与以往最大的不同之处是要求先审查客观性证据、后审查主观性证据。

进行分解验证的基础。[①]

3. 善于进行“证据小结”。在摘录证据时，要充分运用“证据小结”。摘录证据的过程也是对证据审查的过程，摘录任何一份证据，如果发现其中存在瑕疵或非法证据的情况，可以在证据小结中以“存在的问题”形式进行记载，并分析能否采用，如何补正和解决，是否影响定罪量刑。“证据小结”就是对多份或一组证据的证明内容进行总结概括，它既可以直接在一份证据后进行，也可以在一组证据后进行，建议一般在一组证据摘录后进行小结，为后面证明力分析及全案证据的综合分析打下基础。

① 参见李勇主编：《审查起诉的原理与方法》，法律出版社 2015 年版，第 80 页。

第二章　分解验证中的证据禁止规则

分解验证的理论依据和基础原理是什么？如前所述，分解验证解决的是证据能力问题，分解验证的目的就在于发现非法证据和瑕疵证据，进而排除非法证据和补正瑕疵证据。因此，分解验证的理论依据和基础原理就是非法证据排除（证据禁止）理论。司法实践中，一方面辩护律师对非法证据排除（证据禁止）理论缺乏深入认识，要么是没有依据地动辄提出非法证据排除申请，要么是本应该提出非法证据排除申请而未能提出；另一方面检察官、法官对非法证据排除（证据禁止）理论也缺乏深入理解，要么是面对非法证据排除无法从容面对，要么是把不该排除的证据排除掉或者该排除的证据没有排除掉。

第一节　非法证据排除与证据禁止

关于非法证据问题，英美法系使用“非法证据排除”这一术语，而以德国为代表的大陆法系使用“证据禁止”这个术语，两大法系除了在术语上不同外，在理论框架上也存在巨大差异。我国刑事诉讼法学界及证据法学界几乎一致地使用“非法证据排除”，实务界对“证据禁止”还比较陌生。[①] 我国《刑事诉讼法》如何借鉴和抉择，这是个非常重要但又常常被忽略的问题。

一、德国的证据禁止理论是什么？

1930年德国刑事法大师贝林（Beling）提出以“证据禁止作为刑事诉讼真实发现的界限”为题发表专论，开始德国刑事诉讼法上系统讨论证据禁止问题的滥觞。德国的证据禁止，分为收集证据的禁止（证据取得禁止）和使用证据禁止（证据使用禁止）。依德国目前的通说，证据禁止是证据取得禁止与证据使用禁止两者的上位概念。证据取得禁止是指追诉机关取得证据过程违法，其规范的对象是取证活动；证据使用禁止是指禁止法院将已经取得的某种证据作为判决基础和根据。“这一区分指的不仅是刑事诉讼的不同阶段，而且是实际上相互独立的两种不同类型的禁止——一些不得收集的证据却可以使用，一些可以被正当收集的证据却不可以在判决中使用。”[②]

在德国，违反取得禁止的证据，“法院和大多数作者都反对‘自动’排除规则。他们采取个案处理的态度，也就是权衡裁量理论，认为不能因为在取得证据的过程中产生错误就自动地排除该证据，而且排除证据并不会必然地减少违法取证行为所造成的损害”。[③] 至于证据使用禁止的理论基础，到底是因为其不

---

① 笔者于2017年1月24日在中国知网中国法律知识资源总库上搜索“证据禁止”只有15条记录，而搜索“证据排除”记录则达2255条。本书修订期间的2021年7月24日，搜索“证据禁止”也只有21条记录。

② ［德］托马斯·魏根特：《德国刑事诉讼程序》，岳礼玲、温小洁译，中国政法大学出版社2004年版，第189页。

③ ［德］托马斯·魏根特：《德国刑事诉讼程序》，岳礼玲、温小洁译，中国政法大学出版社2004年版，第193页。

具有可信性，还是为惩戒警察防止类似情况发生，抑或是为了程序正义，存在争议。但德国法院不会接受这样的逻辑结论，“即只要证据是违法取得的，就要予以排除”，必须满足这些条件的才可以排除：（1）违法取证行为必须损害了能从排除证据中受益的人（通常是被告人）受到法律保护的利益。换言之，如果违法取证行为并没有影响到被告人的利益，而只是影响了其他人的法律权利，那么就不属于证据使用禁止的范畴。例如，一个证人在没有被告知证人权利时提供了不利于被告人的证言，因为未告知证人权利只是侵害了该证人的权利，而并没有侵犯被告人的法律权利，所以可以作为证据使用。再如，一名犯罪嫌疑人没有被告知沉默权而作了证明另一人 X 有罪的供述，该供述在对 X 的审判中被认为是可以采纳的证据。（2）该证据除了使用违法手段外不能取得，即“必然发现”规则。实践中，只要根据事实情况，可能存在合法的获得手段必然能发现这个证据，法庭就会采纳该非法取得的证据。例如，警察在犯罪嫌疑人进行手术后，从护士处得到该犯罪嫌疑人的血液样本，按照德国的法律规定，必须是医生才能提取血液，而不是护士。虽然因为警察没有告知护士其没有义务将血液样本交给警方的做法是违法的，但法院采纳了该血液样本作为证据。理由是德国警察可以合法根据德国的《刑事诉讼法》关于身体检查的规定从而获得一份血液样本，那么排除现在这份血液样本就是一种形式主义的做法。换言之，如果排除某份证据并不会促进被违反的规则目的的实现，法庭就会采纳该证据。例如，德国《刑事诉讼法》规定，身体检查应当由医师进行，如果经常误将护士当作医生，并命令她从被告人身上提取血液样本，那么排除血样检验的结果并不会促进要求医师检查身体这一规定的目的的实现，即保护犯罪嫌疑人的健康。（3）证据的排除必须是为曾经被破坏的程序性规则服务的。（4）证据的排除不能与根据“真实”事实处理案件这一最高利益相冲突。也就是说，即使其他所有排除的条件都满足了，如果根据具体案件的情况，查明真相的重要性远远大于被告人的利益，证据仍然将被采纳，在被告人利益与执法利益间进行平衡，在衡量冲突利益时，法庭要考虑（但不限于）对被告人指控的严重性，违反有关程序的程度，和使用有争议的证据对于准确地处理案件的需要程度。① 证据使用禁止根据形成的原因是否起因于国家违反取证规定又分为依附性之使用禁止和自主性之使用禁止。其中，前者的禁止使用之效果乃紧接着国家机关违法取证事实而来，也就是国家机关违反了刑事诉讼相应的取证规范，是依附于《刑事诉讼法》规定的，所以叫依附性使用禁止，最典型的例子就是侦查机关适用刑讯逼供等不正方法取得的被告人非任意性自白；而自主性之使用禁止不以国家机关取证违法为其前提要件，《刑事诉讼法》上取证规定与之并无直接关联，而是直接导源自《宪法》所保障的基本权而来，不依附于《刑事诉讼法》，而有其“自主性”，又称宪法上之证据使用禁止。② 最典型的就是私人不法取证。依附性使用禁止，虽然国家机关违法取证在先，才有依附性证据使用禁止可言，但是并非所有违法取证，一律导致依附性使用禁止。③

对于非自主性证据使用禁止而言，既然违法取证并不一定

---

① 参见［德］托马斯·魏根特：《德国刑事诉讼程序》，岳礼玲、温小洁译，中国政法大学出版社 2004 年版，第 195～198 页。

② 参见林钰雄：《干预处分与刑事证据》，北京大学出版社 2010 年版，第 210 页以下。

③ 参见王士帆：《证据禁止内涵》，载《月旦裁判时报》2021 年第 103 期。

要排除，那么在何种情况下需要排除而禁止使用呢？有这种几种理论之争。（1）权利领域理论，主要观点是只有在法规是为被告人利益而设，且被告人之重要权利领域，而追诉机关违法取证侵害了被告人的这个利益时，才产生证据使用禁止。（2）规范保护目的理论，认为违反法规而取得的证据能否适用，要回溯该项被违反之法规的规范目的，至于如何探求该法规目的的有无禁止证据使用之意图，在方法上也有不同看法。（3）权衡理论，认为任何违法取证规范的证据，都要在个案中衡量，才能最终决定证据是否禁止使用，兼顾比例原则，权衡公权力机关追诉利益和个人权利保护之必要性，至于权衡的因素有违反程序之严重程度、犯罪之轻重、导致侦查机关纪律之必要性、当事人保护之必要性等。目前，德国实务上的通说是权衡理论。[①] 德国最高法院表示：该国《刑事诉讼法》并未穷尽列举证据使用的种类，因此，所谓的法律为直接明文规定，并非反对证据使用禁止的理由，这点，在德国几无争议；违反证据取得禁止时，应否产生证据使用禁止的效果，应取决于各个不同法规范及案件之特殊性，最后再就所有的因素加以权衡，得出结果。

总之，证据禁止理论的基本共识是，“违法取证≠使用禁止”亦即，违法取证必须加上“其他条件”才有证据使用禁止之效果。“合法取得之证据未必能够使用，非法取得之证据未必不能使用，因此，证据取得禁止与证据使用禁止之间，并无‘等号’或‘若一则’的关系，而是前者之违犯必须加上‘其

---

① 参见林钰雄：《干预处分与刑事证据》，北京大学出版社 2010 年版，第 190～195 页。

他条件’才会导致后者之效果”。[①] 德国的证据禁止理论，可以用三句话概括：一是证据禁止包含证据取得禁止与证据使用禁止；二是证据取得禁止与证据使用禁止不存在必然的连动关系，亦即国家机关违法取得证据未必当然导致禁止作为定案根据使用之结果；三是证据使用禁止不以违反证据取得禁止为必要，主要指自主性证据使用禁止，在私人不法取证尤为显然。[②]

二、美国的非法证据排除理论真相为何？

美国的证据规则是通过判例发展起来的。美国的非法证据排除与德国最大的不同点之一，在于非法证据排除是指排除非法证据的准入资格，就是非法证据不得进入庭审中，为防止陪审团受到非法证据的污染而形成先入为主的预断，通过排除其进入庭审的资格，防止陪审团接触到非法证据。这与德国的证据使用禁止只是不得作为定案根据可谓天壤之别。

在美国，非法证据排除规则以宪法修正案为依据，只有警察的违法取证行为达到了违反《宪法》的程度，才使用排除非法证据这种救济方法。因为使用这种救济方法会付出高昂的代价——放纵真正有罪的人，这是为了约束政府权力必须付出的代价。对于其他的违法行为，原则上不宜通过排除非法证据的方式予以惩罚。[③] 美国非法证据排除程序基本上属于“审判前的审判”（有点类似我们的庭前会议），辩方提出非法证据排除的动议，控方进行答辩，法官决定是否进行听审，法官主持控辩

---

① 林钰雄：《干预处分与刑事证据》，北京大学出版社 2010 年版，第 211 页。

② 参见王士帆：《证据禁止内涵》，载《月旦裁判时报》2021 年第 103 期。

③ 参见熊秋红：《美国非法证据排除规则的实践及对我国的启示》，载《政法论坛》2015 年第 3 期。

双方参与的听审，可以传控辩双方的证人出庭作证，法官当庭作出是否排除非法证据的决定，听审体现出较强的审问式色彩，法官扮演着积极仲裁者的角色，听审公开进行，案外的公民可以旁听。如果辩方发现了新证据，可就非法证据排除问题，再次进行听审。[①] 之所以采取审前程序，一方面是防止陪审团接触到非法证据，另一方面是为了减少不必要的争论，有利于控辩双方在审前就知道哪些材料会或不会作为证据进入审判，提高效率，节省司法资源。[②]

需要特别强调的是，在美国，也并非只要证据有违法情形就一定要排除。在美国司法实践中，被排除的非法证据并不多。正如美国大法官怀特所言，“对排除规则不加区别的适用，反而是对‘法律及刑事制度的不尊重’。因此，与任何救济机制一样，排除规则的适用一直被限制在其救济目的被认为是最为有效地得以实现的场合”。[③]

值得注意的是，由判例发展起来的美国非法证据排除规则，经过半个多世纪的发展，非法证据排除规则不仅在理论基础方面发生了实质性变化，该规则的适用范围也在不断受到限缩。西方国家的非法证据排除规则，似乎正朝着英美证据法奠基人边沁所预测的方向迈进，即证据规则、排除规则缩小，重要性

---

① 参见熊秋红：《美国非法证据排除规则的实践及对我国的启示》，载《政法论坛》2015 年第 3 期。

② 参见［美］伟恩·R. 拉费弗、［美］杰罗德·H. 伊斯雷尔、［美］南西·J. 金：《刑事诉讼法》（上册），卞建林、沙丽金等译，中国政法大学出版社 2003 年版，第 581 页。

③ 吴宏耀：《美国非法证据排除规则的当代命运》，载《比较法研究》2015 年第 1 期。

持续下降。① 虽然边沁这种“反规范主义”的观点过于激进，但是非法证据排除规则适用范围越来越窄却是不争的事实。有学者指出，“透过历史的长镜头，我们看到的是非法证据排除规则不断‘被瘦身’的历史，而且，在罗伯茨时代，非法证据排除规则在美国本土的前景已经变得更加岌岌可危”。② 那种认为只要违法取证就一定排除的观点正在成为历史，甚至违反美国《宪法第四修正案》取得的证据，并非都要作为非法证据排除。最为典型的莫过于班尼·迪恩·赫尔英案：

【案例3：班尼·迪恩·赫尔英案】2004年7月，班尼·迪恩·赫尔英（Bennie Dean Herring）为取回被扣押车辆中的一些私人物品，驱车来到被扣押车辆所在地乔治亚州南部的科菲县。科菲县的侦查人员马克·安德森获悉赫尔英要来该县，遂要求该县警察局负责司法令状的职员桑迪·波普检索一下该县的数据库，看是否有针对赫尔英的尚未执行的逮捕令状。经电脑检索，科菲县数据库里没有安德森想要的逮捕令状。安德森让波普再查一查附近的戴尔县是否有针对赫尔英的尚未执行的逮捕令状。于是，波普给戴尔县警察局负责司法令状的职员打了个电话，请她帮助检索一下戴尔县的数据库看有没有安德森想要的逮捕令状。后者检索后告诉波普，赫尔英曾因一项重罪指控没有出庭应诉被批准逮捕，该逮捕令状尚未执行。安德森闻讯，要求对方传真一份逮捕令状的复印件过来。这时候，赫尔英已经离开了科菲县警察局。于是，拿到逮捕令状的复印件后，安

---

① 参见［英］威廉·特文宁：《证据理论：边沁与威格摩尔》，吴洪淇、杜国栋译，中国人民大学出版社2015年版，第100～101、258页。

② 吴宏耀：《美国非法证据排除规则的当代命运》，载《比较法研究》2015年第1期。

德森和科菲县警察局副局长开车追上赫尔英，勒令他停车，并根据戴尔县传真过来的逮捕令状对赫尔英实施了逮捕。通过对赫尔英及其汽车进行附带搜查，他们在赫尔英的衣服口袋里发现了一些“冰毒”，并在赫尔英卡车驾驶座位底下找到一把手枪。与此同时，戴尔县负责司法令状的警察局职员摩根试图寻找这份针对赫尔英的逮捕令原件，但怎么也找不到。于是，她打电话给戴尔县巡回区法院的法院书记官办公室，后者告诉她，该令状事实上早已经撤销了。摩根立即将这一消息告诉了波普，波普赶快将这一消息通知安德森。但为时已晚，尽管前后只有短短 15 分钟左右的时间，安德森已经对赫尔英实施了搜查并发现了上述违禁物品。

在此案中，十一巡回区法院维持了初审判决，并解释说，尽管本案中的搜查活动侵犯了赫尔英的第四修正案权利，但是，是否必须排除由此获得的证据则是属于另外的问题。联邦最高法院首席大法官罗伯茨认为，本案的核心问题是：在双方均承认构成违反第四修正案的前提下，是否应当适用排除规则？对此，他首先明确了两个基本观点：第一，根据埃文斯案的判决，尽管第四修正案保障个人享有不受不合理搜查扣押的权利，但是，该修正案并“没有明确规定，违反该项修正案获得的证据必须予以排除”。第二，根据柯兰卓案的判决，作为一项司法创制的规则，排除规则“旨在通过其威慑效果保障第四修正案权利”。立足上述命题，大法官罗伯茨认为，存在违反第四修正案的事实并不必然意味着就要排除由此获得的证据。事实上，排除证据“一直以来都是我们最后诉诸的手段，而非我们的第一反应”。据此，他指出，排除规则并非个体享有的一项权利；相反，先例表明，只有在排除规则“能够产生显而易见威慑后果”

时，才会适用。而且，由此产生的威慑利益必须大于由此付出的成本。[①]

美国司法实践中的非法证据排除现状又如何呢？据熊秋红教授的实地访谈和考察结果表明，在新罕布什尔州，公设辩护人办公室的纽曼先生说，大约有20%的案件，辩护律师提出排除非法证据的动议，法官排除率小于5%～10%；而梅里马科郡高等法院的斯马克勒法官则说，大约有30%的案件，法官进行非法证据排除的听审，80%的动议被驳回；华盛顿西区联邦地区法院的拉斯尼科法官说，在联邦，排除非法证据动议的采纳率低于各州，在他十余年的职业生涯中，采纳率为零。这是法律执业者印象中的数据，不一定准确，但大致反映了非法证据排除规则在美国的运作情况。[②]

关于美国非法证据排除的理论基础，也存在促进结果的正确性、防止将来的违反（威慑理论）、维护司法尊严（司法廉政理论）、对违法行为导致的错误的救济（救济理论）、权衡理论等争论。[③] 在马普案中，有关排除规则的正当化理由有两个：一是威慑警察违法；二是维护司法的廉正性（judicial integrity）。但是，尼克松当选美国总统后，于1969年任命享有保守主义盛名的沃伦·E. 伯格担任新一任美国联邦最高法院首席大法官，伯格继任刚刚5年，就在柯兰卓案中正式摒弃了司法廉政理论，

---

① 参见吴宏耀：《美国非法证据排除规则的当代命运》，载《比较法研究》2015年第1期。

② 熊秋红：《美国非法证据排除规则的实践及对我国的启示》，载《政法论坛》2015年第3期。

③ ［美］约翰·W. 斯特龙主编：《麦考密克论证据》，汤维建等译，中国政法大学出版社2004年版，第315～318页。

并明确宣布：排除规则仅仅是“一项司法创设的救济手段”（a judicially createdremedy），而非个体享有的“一项宪法权利”（a personal constitutional right）；排除非法证据的“主要目的是遏制今后警察的违法取证行为”（prime purpose is to deter future unlawful police conduct），而且，只有当威慑利益超过排除证据付出的代价时，才应当诉诸排除规则。自此，遏制警察违法俨然已经成为排除规则的“主要目的，尽管并非唯一的目的”。至于司法廉政理论，联邦最高法院已经鲜有提及，其“在确定对于特定情形是否可以适用排除规则时……只具有非常有限的作用”。[①] 然而，发展的脚步还没有停止，自 2005 年美国保守派人士约翰·罗伯茨（John GloverRoberts，Jr.）宣誓就任美国联邦最高法院第 17 任首席大法官以来，联邦最高法院对待非法证据排除规则的限制态度更加“激进”。2006 年哈德逊案是个标志性的事件。此案的争议焦点在于执法官员在执行搜查令时，违反“敲门并宣告”规则（the knock – and – announce rule）强行进入私人住宅，搜查获得的证据是否应当予以排除。由于英美自古以来重视私权的保护，奉行“风能进雨能进，国王不能进”的格言，所以“敲门并宣告”规则是一项古老的普通法规则，而且也是美国联邦第四宪法修正案的要求。但是，此案违反该规则取得的证据最终还是被用作控方证据。大法官斯卡利亚解释说，“马普案中滔滔不绝的判决意见，为排除规则设定了宽泛的范围……但是，我们早已摒弃了这一立场”，“侵犯第四修正案权利与是否适用排除规则的制裁手段是两个相互独立的问题”。这种发展态势，将非法证据排除规则的理论基础转向了

① 吴宏耀：《美国非法证据排除规则的当代命运》，载《比较法研究》2015 年第 1 期。

"成本—收益分析"的权衡理论。[1] 经过半个多世纪的判例法发展，非法证据排除规则不仅在理论基础方面发生了实质性变化，该规则的适用范围也在不断受到限缩。有美国学者指出，"在过去50多年来，排除规则的宪法根基已经动摇，适用范围也被压缩了。"[2] 权衡理论在美国非法证据排除理论中占有重要位置。

三、我国非法证据规则何去何从？

（一）倒向英美还是借鉴德国

我国刑事诉讼法到底是采用英美法系的非法证据排除理论还是德国的证据禁止理论呢？我国刑事诉讼法一直面临着走大陆法系路线还是英美法系路线的难题，这一点与我国台湾地区极其相似。所以，我们先来考察我国台湾地区的情况。

我国台湾地区刑事诉讼法律在很大程度上是以德国《刑事诉讼法》为蓝本的，该法第98条规定，"讯问被告应出以恳切之态度，不得用强暴、胁迫、利诱、诈欺、疲劳讯问或其他不正之方法"。台湾地区学者林钰雄指出，这一条属于证据取得禁止的规定，而第156条第1项规定，"被告之自白，非出于强暴、胁迫、利诱、诈欺、违法羁押或其他不正之方法，且与事实相符者，得为证据"，反过来说，就是禁止法院采纳出于不正讯问方法而取得的自白。林钰雄教授认为，这一条属于证据使用禁止的规定，也是台湾地区相关法律关于证据使用禁止最为

---

① 参见吴宏耀：《美国非法证据排除规则的当代命运》，载《比较法研究》2015年第1期。

② Mark E. Cammack, The Rise and Fall of the Constitutional Exclusionary Rule in the United States, 58 Am. J. Comp. L. 631 (2010). 转引自吴宏耀：《美国非法证据排除规则的当代命运》，载《比较法研究》2015年第1期。

重要的明文规定。[①] 我国台湾地区的上述法律规定与大陆的《刑事诉讼法》第52条和第56条的规定何其相似！

现在再回过头来看我国大陆《刑事诉讼法》第52条和第56条的关系，就豁然开朗。我国大陆《刑事诉讼法》第52条规定："严禁刑讯逼供和以威胁、引诱、欺骗以及其他非法方法收集证据，不得强迫任何人证实自己有罪。"第56条规定："采用刑讯逼供等非法方法收集的犯罪嫌疑人、被告人供述和采用暴力、威胁等非法方法收集的证人证言、被害人陈述，应当予以排除。收集物证、书证不符合法定程序，可能严重影响司法公正的，应当予以补正或者作出合理解释；不能补正或者作出合理解释的，对该证据应当予以排除。"司法实践中，经常遇到这样的问题：采取了第52条规定的禁止方法取得的证据，是否都要排除？如果都要排除，为什么第56条在规定排除证据时一方面对言词证据排除没有列举引诱和欺骗，另一方面非法方法取得的物证又可以经补正和合理解释而不排除？实践中，辩护人往往会以第52条的规定为依据主张非法证据排除，而公诉人往往会以第56条的规定为依据主张无须排除。上述问题争论背后隐含的实质问题就是证据禁止理论与证据排除理论之间的矛盾。

事实上，我国大陆《刑事诉讼法》第52条是关于证据取得禁止的规定，也就是法律禁止使用刑讯逼供和以威胁、引诱、欺骗以及其他非法方法取得证据；第56条是关于证据使用禁止的规定，也就是说采用刑讯逼供等非法方法收集的犯罪嫌疑人、被告人供述和采用暴力、威胁等非法方法收集的证人证言、被害人陈述，禁止使用（不得作为定案根据）。但是，对于引诱、

---

① 参见林钰雄：《刑事诉讼法》（上册），中国人民大学出版社2005年版，第428页。

欺骗获取的言词证据并非一概排除，非法方法取得的物证、书证，只有在可能严重影响司法公正且不能补正或者作出合理解释的，才禁止使用。全国人大法工委的李寿伟就此指出，《刑事诉讼法》第56条在已有第52条规定的情况下，在非法证据的排除范围中明确点出“刑讯逼供”“暴力”“威胁”的方法，而没有提及“引诱”“欺骗”，应当理解为并不是所有以非法方法收集的证据都应当予以排除。虽然第56条中使用了“等”这一表述，但“等”字在立法技术上通常是指与前面所列举的事项相当或者类似的其他事项。①

简言之，违反第52条的规定，并不一定能适用第56条，也就是违法取证≠证据排除。其背后的法理基础就是大陆法系证据法的通说——证据取得禁止≠证据使用禁止。所以，不能一看到取证程序违法，就直接主张非法证据排除，正如我国台湾地区学者林钰雄所指出的，因取证规定甚多，公权力机关违反，在所难免，如果不分青红皂白，一律以证据使用禁止加以严厉制裁，恐怕反应过度，结果既不符合实体正义，也违反追诉犯罪之基本义务。更何况许多取证之程序规定，保护之对象并非被告，而是第三人。②

再从非法证据排除模式上看。如前所述，美国非法证据排除模式是要排除其进入法庭的资格，是一种证据准入资格；而德国的证据使用禁止是指不能作为定案根据。我国的非法证据到底是指不能进入法庭还是指不得作为定案根据呢？我们先从

① 参见李寿伟：《非法证据排除制度的若干问题》，载《中国刑事法杂志》2014年第2期。

② 参见林钰雄：《干预处分与刑事证据》，北京大学出版社2010年版，第181页。

立法和司法解释用语上进行考察。(1)《刑事诉讼法》在立法上使用了“应当予以排除……不得作为起诉意见、起诉决定和判决的依据”的表述，《刑事诉讼法》第 56 条第 1 款规定，“采用刑讯逼供等非法方法收集的犯罪嫌疑人、被告人供述和采用暴力、威胁等非法方法收集的证人证言、被害人陈述，应当予以排除……”第 2 款接着规定“在侦查、审查起诉、审判时发现有应当排除的证据的，应当依法予以排除，不得作为起诉意见、起诉决定和判决的依据。”第 59 条第 1 款规定，“在对证据收集的合法性进行法庭调查的过程中，人民检察院应当对证据收集的合法性加以证明”。第 60 条规定“对于经过法庭审理，确认或者不能排除存在本法第五十六条规定的以非法方法收集证据情形的，对有关证据应当予以排除”。从上述立法规定可以看出，我国的非法证据排除，指的是不得作为定案根据，而并非指不得进入法庭的准入资格。第 56 条第 2 款规定，“不得作为起诉意见、起诉决定和判决的依据”，这主要是结合我国公、检、法之间的关系和诉讼阶段论而进行的规定，与非法证据是否具有进入法庭的准入资格无关。因为，一方面公安机关的起诉意见和检察机关的起诉决定并非案件的终局性裁判，另一方面第 59 条和第 60 条进一步明确地规定了，庭审中需要对证据合法性进行调查。(2) 司法解释明确使用“不能（得）作为定案的根据”的表述。《非法证据排除规定》第 2 条规定：“经依法确认的非法言词证据，应当予以排除，不能作为定案的根据。”《办理死刑案件证据规定》第 12 条第 3 款规定：“证人的猜测性、评论性、推断性的证言，不能作为证据使用，但根据一般生活经验判断符合事实的除外。”《最高人民法院关于适用〈中华人民共和国刑事诉讼法〉的解释》凡是涉及非法证据排除的，基本上都使用了“不得作为定案的根据”的表述，例如，该解释第 83

条第2款“物证的照片、录像、复制品，不能反映原物的外形和特征的，不得作为定案的根据。”第84条第2款“对书证的更改或者更改迹象不能作出合理解释，或者书证的副本、复制件不能反映原件及其内容的，不得作为定案的根据。”第86条第1款“在勘验、检查、搜查过程中提取、扣押的物证、书证，未附笔录或者清单，不能证明物证、书证来源的，不得作为定案的根据。”此外，该解释第89、90、94、95、98条等，均使用的是“不得作为定案的根据”。

可见，我国刑事诉讼在立法和司法解释上，实质上采取的是证据禁止的理论。但是，主流理论完全在美国非法证据排除理论框架下进行研究，并直接导致实务人士跟随美国非法证据排除规则的思维方式评判证据，导致的误区和混乱不容忽视。正如有学者所指出的，“我国与德国同属大陆法系，制定了成文的刑事诉讼法典，法典中亦规定了具体的取证规范，单纯用美国的非法证据排除理论解读我国的证据禁止使用制度，可能不利于我们探寻取证规范的规范保护目的，进而不能对我国法上证据取得禁止与证据使用禁止之间的关系做合理的评价。就实践指导而言，单纯用非法证据排除理论解读我国的证据禁止使用制度，一则容易对侦查人员形成误导，使他们错误地认为，只有使用刑讯逼供等非法方法获得的证据才会被排除使用，而忽视因违反其他取证规范导致的证据禁止使用可能。二则不利于法官形成合理的适用法律的方法”，认为只要采取了违法手段就一定不得作为定案根据。[①] 当然，我们引入证据禁止理论也不意味着完全照搬德国的规定，而是说整体上我国属于大陆法系

① 参见艾明：《论我国刑事诉讼中的证据使用禁止——以证据取得禁止和证据使用禁止之间的关系为中心》，载《现代法学》2015年第5期。

的证据禁止理论范畴。我国所说的非法证据排除，并非是指排除其进入法庭的资格，而是指不得作为定案的根据。在理论基础上，我们应当借鉴“权衡理论”，从前面的分析可以看出，无论是英美法系还是大陆法系，“权衡理论”在司法实践中都占据主流地位。至于权衡是需要考虑的因素，从宏观上来说，无非就是人权保障与公共利益之间的平衡问题，具体来说，可以我国台湾地区相关法律理由中列举的七大权衡因素：（1）违背法定程序之情节；（2）违背法定程序时之主观意图；（3）侵害犯罪嫌疑人或被告权益之种类及轻重；（4）犯罪所生危险或实害；（5）禁止使用证据对于预防将来违法取得证据之效果；（6）侦查人员如依法定程序有无发现该证据之必然性；（7）证据取得之违法对被告诉讼上防御不利益之程度。①

总之，我国非法证据排除整体上应当借鉴德国的证据禁止理论，倡导证据能力概念、区分证据取得禁止和证据使用禁止。本书在涉及非法证据排除问题，尽量使用证据能力这个术语，证据禁止是证据能力层面的问题，即证据禁止系在证据能力层面上给予证据否定评价。

（二）绝对禁止使用（绝对排除）还是相对禁止使用（相对排除）?

从立法上看，我国1996年《刑事诉讼法》第43条中规定，“审判人员、检察人员、侦查人员必须依照法定程序，收集能够证实犯罪嫌疑人、被告人有罪或者无罪、犯罪情节轻重的各种证据。严禁刑讯逼供和以威胁、引诱、欺骗以及其他非法的方

① 参见林钰雄：《干预处分与刑事证据》，北京大学出版社2010年版，第227页。

法收集证据。”与1996年《刑事诉讼法》相配套的《最高人民法院关于执行〈中华人民共和国刑事诉讼法〉若干问题的解释》第61条规定，“严禁以非法的方法收集证据。凡经查证确实属于采用刑讯逼供或者威胁、引诱、欺骗等非法的方法取得的证人证言、被害人陈述、被告人供述，不能作为定案的根据”。与1996年《刑事诉讼法》对应的1999年《人民检察院刑事诉讼规则》第265条第1－2款规定，“严禁以非法方法收集证据，以刑讯逼供或者威胁引诱、欺骗等非法方法收集的犯罪嫌疑人供述、被害人陈述、证人证言，不能作为指控犯罪的证据。人民检察院审查起诉部门在审查中发现侦查人员以非法方法收集犯罪嫌疑人供述、被害人陈述、证人证言的，应当提出纠正意见，同时应当要求侦查机关另行指派侦查人员重新调取证据，必要时人民检察院可以自行调取证据。”

根据上述规定，一般认为我国初步确立了以排除非法言词证据为中心的非法证据排除规则。实际上，上述只言片语的规定只能说在一定程度上体现了非法证据排除规则的趋向，尚且不能说初步确立了以排除言词证据为中心的非法证据排除规则。即便如此，由于缺乏应有的保障制度和配套措施，实践中这仅有的几个条文往往被束之高阁，成为摆设。司法实践中大量提出的刑讯逼供抗辩的理由，基本上是以“证据不足，不予采纳”作为裁决结果，有的法院甚至消极应对，置之不理，更有甚者还有的法院作出“认罪态度不好，从重处罚”的判决。[①] 正因为如此，经过了多年酝酿的《关于办理刑事案件排除非法证据若干问题的规定》《关于办理死刑案件审查判断证据若干问题的规

---

① 参见吴丹红：《非法证据排除规则的实证研究——以法院处理刑讯逼供辩护为例》，载《现代法学》2006年第5期。

定》在2010年6月终于面世。《关于办理刑事案件排除非法证据若干问题的规定》对于非法证据排除的范围、非法证据排除的程序、证明责任等均做了较为详细的规定，被认为是我国刑事诉讼法发展近20年来的重大突破。

2012年《刑事诉讼法》修改，全面吸收了《关于办理刑事案件排除非法证据若干问题的规定》的内容，确立了我国非法证据排除规则的相对完整的体系，也成为此次《刑事诉讼法》修改过程中最大的亮点。2018年《刑事诉讼法》修改对非法证据排除问题没有作新的修改。

世界各国一般都对非法证据采取区别对待的处分模式。对于非法取得的证据，既不一律排除，也不一概采纳。存在以下几种情况：第一，区别对待不同种类的非法证据，例如，非法取得的言词证据必须排除，非法取得的实物证据不必排除；第二，区别对待不同程度的非法取证，例如，严重违法或严重侵犯人权所获得的非法证据必须排除，轻微违法或轻微侵犯人权所获得的非法证据不必排除；第三，区别对待不同种类案件中的非法证据，例如，一般犯罪案件中的非法证据必须排除，恐怖、暴力等严重犯罪案件中的非法证据则可以不排除。[①] 在理论上，非法证据的排除大体上可分为两类：一是“强制性排除”，也就是法院一经将某一控方证据确认为“非法证据”，即可将其自动排除，裁判者不拥有排除或者不排除的自由裁量权；二是“自由裁量排除”，亦即法院在即便将某一证据确认为“非法证据”，也不一定否定其证据能力，而是要考虑非法取证行为的严重性、损害的法益、采纳该非法证据对司法公正的影响等若干

---

① 参见何家弘：《适用非法证据排除规则需要司法判例》，载《法学家》2013年第2期。

因素，并对诸多方面的利益进行一定的权衡，然后再做出是否排除非法证据的裁决。[①] 例如，英国 1984 年《警察与刑事证据法》就采用了这种分类方式。根据该法的规定，对于警察采用“强迫”或其他可能导致证据不可靠的方式所获取的被告人供述，法庭不得将其采纳为不利于被告人的证据。而对于被告人供述以外的证据，该法则采取了“自由裁量的排除”方式。对于警察非法取得的这类证据，法庭在考虑了包括证据取证方式在内的所有情况之后，认为采纳该证据将对诉讼的公正性造成不利影响的，就可以将该证据予以排除。[②] 在德国，联邦宪法法院所确立的“自主性证据使用禁止”规则，一般不要求法官对所有侵犯宪法权利的侦查行为都采取自动排除的态度，而是给予法官在判定某一宪法权利是否受到侵犯以及应否排除该项证据方面拥有较大的自由裁量权。但对于那些违反《刑事诉讼法》的方式所获取的非法证据，法院则采取了强制排除的做法。[③] 非法证据排除的制裁性后果不应当是整齐划一的，即便是在非法证据排除规则最彻底、最完整的美国也不是铁板一块。值得注意的是，从 20 世纪 70 年代开始，以美国为代表的西方国家对非法证据排除规则的紧箍咒越放越松，美国联邦最高法院在 20 世纪 60 年代曾裁定非法证据排除规则为联邦宪法原则，但 70 年代以后降为一般法律原则。特别值得关注的是，“9 · 11”事件发生以后，美国出台的《爱国者法》极大限度地扩大了美国政府

① 参见陈瑞华：《刑事证据法学》，北京大学出版社 2012 年版，第 289 页。

② 参见陈瑞华：《比较刑事诉讼法》，中国人民大学出版社 2010 年版，第 39 页以下。

③ 参见［德］克劳思 · 罗科信：《刑事诉讼法》（第 24 版），法律出版社 2003 年版，第 210 页以下。

在监听、逮捕、搜查等方面的侦查权利，某些原本需要作为“非法证据”予以排除的证据也被赋予了证据资格，对美国运行近百年的非法证据排除规则形成巨大冲击，甚至有人认为“在《爱国者法》的庇护下，部分非法证据获得了证据资格而转化为合法证据，造成非法证据排除规则的使用范围缩小，使得该规则在一定程度上形同虚设”。[①] 因此，构建我国的非法证据排除规则，也要切合我国的实际，不可盲目跟风。

我国的非法证据排除规则的模式也是采取区别对待的模式，从 1979 年《刑事诉讼法》，到《关于办理刑事案件排除非法证据若干问题的规定》、《关于办理死刑案件审查判断证据若干问题的规定》这“两个证据规定”出台，再到 2012 年修改后的《刑事诉讼法》，是一脉相承的。《关于办理刑事案件排除非法证据若干问题的规定》第 2 条规定，“经依法确认的非法言词证据，应当予以排除，不能作为定案的根据”，这是一种“强制性排除”；第 14 条规定“物证、书证的取得明显违反法律规定，可能影响公正审判的，应当予以补正或者作出合理解释，否则，该物证、书证不能作为定案的根据”，这种给予法庭一定自由裁量权的排除规则，具有“自由裁量排除”的性质。2012 年《刑事诉讼法》修改过程中吸收了上述规定，第 54 条第 1 款规定：“采用刑讯逼供等非法方法收集的犯罪嫌疑人、被告人供述和采用暴力、威胁等非法方法收集的证人证言、被害人陈述，应当予以排除。收集物证、书证不符合法定程序，可能严重影响司法公正的，应当予以补正或者作出合理解释；不能补正或者作出合理解释的，对该证据应当予以排除。”

---

① 任华哲、万平：《美国非法证据排除规则的新变化——以〈爱国者法〉为视角》，载《法学评论》2006 年第 4 期。

据此，可以认为，我国非法证据排除规则也采取了强制性排除（绝对排除）与自由裁量性排除（相对排除）相结合的模式：第一类是法律明确列举应当排除的非法证据，相当于法定必须排除的非法证据，包括采用刑讯逼供的方法获得的被告人口供，采用暴力或威胁方法获得的证人证言和被害人陈述。第二类是可经补正或解释后再决定是否排除的瑕疵证据，类似于自由裁量排除的证据，主要包括违反法定程序收集的物证和书证以及引诱、欺骗取得的言词证据。值得关注的是，对于违反法定程序收集的物证、书证，《关于办理刑事案件排除非法证据若干问题的规定》《关于办理死刑案件审查判断证据若干问题的规定》以及 2012 年《刑事诉讼法》均使用了“予以补正或者作出合理解释”，与 2012 年《刑事诉讼法》配套的司法解释《关于适用〈中华人民共和国刑事诉讼法〉的解释》对瑕疵的物证、书证以及瑕疵的言词证据的补正与合理解释进行了更为详细的规定。有学者将这种情况概况为“可补正的排除”规则，是中国刑事证据法独创处理的制度安排，给予公诉方对那些程序瑕疵进行补救的机会。这与在西方的证据法理论中“要么全部，要么没有”（all or nothing）的游戏规则不同。[①]

那种认为西方证据法实行“要么全部，要么没有”的观点实际上是对西方证据法理论的重大误解。“立法往往面对的是相互冲突的各种利益，因而法律通常是妥协的结果。衡量、协调不同的法益，各国对于非法证据排除，最后基本上都是走折中的路线。也就是说，要建立非法证据排除制度，但不是所有的

---

① 参见陈瑞华：《刑事证据法学》，北京大学出版社 2012 年版，第 289 页。

非法证据都予以排除。”[①] 我国《刑事诉讼法》中的“可补正的排除”原则上仍然属于自由裁量性排除的范畴，也就是哪些问题可以进行补正和合理解释？补正或解释后是否需要排除？仍由裁判者进行自由裁量。这种制度安排体现了原则性与灵活性相结合，是与我国的刑事诉讼现状和实际情况相适应的。

第二节 非法证据排除的标准及其瑕疵证据的界限
——“先形式后实质二步式审查法”

如前所述，证据能力三要件为发现非法证据、瑕疵证据提供了一把“利器”，也就是一个证据经过分解验证来源、过程、结果三个方面，如果一个方面违反相关法律法规及司法解释，要么是非法证据，要么是瑕疵证据。问题是如何区分非法证据与瑕疵证据？如何把握非法证据排除的标准？

当前的司法实践中，关于证据禁止出现一些值得反思的现象，一方面是动辄主张非法证据排除，把不该排除的排除了；另一方面该启动非法证据排除程序的没有启动，该排除的没有排除。导致这种现象的原因：一方面在于前一节中所谈到的证据禁止与非法证据排除在理论上的混乱，另一方面在于我们对于美国非法证据排除规则本身理解不透不深，很多理解仍然是建立在20世纪60年代马普案的基础之上，对美国非法证据排除规则近五十年来的新发展知之甚少。事实上，在美国同样存在这样的问题：“无论联邦的还是州的宪法规定，都仅当被告证明

---

① 李寿伟：《非法证据排除制度的若干问题》，载《中国刑事法杂志》2014年第2期。

了受到质疑的证据是通过侵害他的宪法性权利而获得的时候才能使用……现代法中采用排除来作为违反宪法性规定之行为的适当救济，这经常导致不加鉴别地接受排除方式，认为只要有任何非法行为，就可以适用排除。这是完全错误的。”① 这种“笼统的异议”的例子有很多。比如，“我反对”“证据不可采”“证据非法”“证据不适格”“证据没有根据”“证言不恰当”，或者是“基于我所知的所有依据提出异议”。“一个用的最滥的例子就是‘此证据不适格、不相关、不重要’。它的节奏和韵律吸引着很多律师把它当作习惯用语”。② 同时，由于缺乏对证据能力要件的研究，大量的办案人员难以或懒于去发现证据能力存在的问题，即使发现了也不愿意轻易排除无证据能力的证据。因此，研究非法证据排除的标准，特别是非法证据与瑕疵证据的区分标准至关重要。

一、非法证据与瑕疵证据的内涵是什么？

（一）非法证据之内涵

非法证据排除意义上的非法证据是指无证据能力的证据，也就是不得作为定案根据的证据，这就是绝对禁止使用规则（绝对排除规则）。无证据能力的证据与非法证据之间意义等同，只是称谓不同，大陆法系一般用证据能力，而英美法系一般用非法证据。在我国，无证据能力的证据（非法证据）不是要排

---

① ［美］约翰·W. 斯特龙主编：《麦考密克论证据》，汤维建等译，中国政法大学出版社 2004 年版，第 325 ~ 326 页。

② ［美］约翰·W. 斯特龙主编：《麦考密克论证据》，汤维建等译，中国政法大学出版社 2004 年版，第 112 页。

除其进入法庭的资格，而是指不得作为定案根据（证据使用禁止）。但需要特别注意的是，非法证据≠不具有合法性的证据，不具有合法性的证据有很多种，并非都是非法证据（无证据能力的证据），并非都要排除，并非都不能作为定案的根据，有的可能属于瑕疵证据。这就是接下来要讨论的概念——瑕疵证据。

（二）瑕疵证据之内涵

瑕疵证据是指存在轻微违法情节（俗称“瑕疵”或“缺陷”）的证据，属于证据能力待定的证据，其是否具有证据能力，取决于其瑕疵能否得到补正或合理解释、说明，若能得到补正或合理解释、说明，则该证据即具有证据能力，可继续在后续程序中使用；若无法予以补正或合理解释、说明，则该证据即不具有证据能力，不得在后续程序中继续使用。补正是指对取证程序上的非实质性瑕疵进行补正；合理解释是指对取证程序的瑕疵作出符合常理及逻辑的解释。①

瑕疵证据是我国证据法中一个特有的概念。2010 年 6 月 13 日，最高人民法院、最高人民检察院、公安部、国家安全部、司法部联合发布了《关于办理刑事案件排除非法证据若干问题的规定》和《关于办理死刑案件审查判断证据若干问题的规定》，这两个规定在证据学上有一个重要的理论创新，即在非法证据的基础上，提出了“瑕疵证据”的概念。这一规定被 2012 年修改的《刑事诉讼法》所采纳，这标志着我国《刑事诉讼法》在立法上正式承认了瑕疵证据的概念。

瑕疵证据的本质特征在于其违法情节的轻微性，因为这种

---

① 参见孙谦主编：《〈人民检察院刑事诉讼规则（试行）〉理解与适用》，中国检察出版社 2012 年版，第 61 页。

违法情节的轻微性，使瑕疵证据具有法政策上的可容忍性，即只要能够通过“修补”（补正）或“稀释”（合理解释），消弭其违法性瑕疵，即可挽救该证据，使其具备证据能力。[①] 从证据能力角度来说，瑕疵证据是证据能力待定的证据，也可以说是证据能力有瑕疵的证据，是否需要排除，由裁判者进行裁量，从这个意义上说，属于相对禁止使用（相对排除）。

二、非法证据排除的标准及其与瑕疵证据的界限如何把握？

（一）国内观点

非法证据与瑕疵证据之间如何区分，法律上没有明确的规定，理论上的争议可谓眼花缭乱。特别是《刑事诉讼法》第56条针对书证、物证的排除规则设定的“可能严重影响司法公正”如何理解也是个难题。一种观点认为，以侵犯宪法赋予的公民基本权利的手段收集的证据，叫非法证据；而单单违反《刑事诉讼法》规定的程序收集的证据，但并未对公民的基本权利构成侵犯，称“有瑕疵的证据”。[②] 另一种观点认为，通过对《关于办理死刑案件审查判断证据若干问题的规定》和《关于办理刑事案件排除非法证据若干问题的规定》进行类型化分析后，指出“瑕疵证据”大都属于侦查人员通过轻微违法的方式所获得的证据，在收集证据过程中，侦查人员要么存在笔录记载上的失误，要么在收集证据的时间、地点、步骤、方式上存在技

---

① 参见万毅：《论瑕疵证据——以“两个〈证据规定〉”为分析对象》，载《法商研究》2011年第5期。

② 参见汪建成：《中国需要什么样的非法证据排除规定》，载《环球法律评论》2006年第5期。

术性违规。[①] 还有一种观点认为，所谓“瑕疵证据”，是指在法定证据要件上存在轻微违法情节（俗称“瑕疵”或“缺陷”）的证据，[②] 或者说属于侦查人员通过轻微违法的方式所获得的证据。[③] 问题是，何为轻微违法？实践中如何把握？陈瑞华教授提出了“四标准说”：(1) 取证手段是否侵犯了重大的权益。所谓“非法证据”，大都是侦查人员通过严重侵犯被告人合法权益的手段所获取的，而“瑕疵证据”的形成过程，虽然通常会存在一些技术性的违规情况，却没有发生较为严重的侵权现象。(2) 取证手段是否违反了实质性程序规范。通常情况下，可将较为重要的法律程序称为“实质性程序”，而将不重要的法律程序视为“技术性程序”或者“形式上的手续”。侦查人员一旦违背了“实质性程序”，所获取的证据就属于“非法证据”；相反，假如仅仅违反了一些“技术性程序”或者“形式上的手续”，所获取的证据就具有“瑕疵证据”的性质。所谓“实质性程序”，主要有以下三个方面的特征：一是体现了重要的司法制度、诉讼理念和程序原则；二是保护特定当事人的人身权利和诉讼权利；三是以禁止性规范或者义务性规范的形式，对侦查人员提出了明确的程序要求，并设立了专门的程序性法律后果。“技术性程序”通常属于对特定侦查行为在时间、地点、签名、见证、记录等方面所提出的技术性要求，带有形式上的法律手续的性质。侦查人员即便违反了这类程序规范，一般也未违背重大的诉讼

---

① 参见陈瑞华：《论瑕疵证据补正规则》，载《法学家》2012 年第 2 期。

② 参见万毅：《论瑕疵证据——以“两个〈证据规定〉”为分析对象》，载《法商研究》2011 年第 5 期。

③ 参见刘广三、马云雪：《瑕疵证据补正之探析》，载《中国刑事法杂志》2013 年第 3 期。

原则，不会侵害当事人的重要权利，更不会违反法律所设置的禁止性规范。(3) 采用某一证据是否违背程序正义，是否给司法程序本身造成了不公正。无论是刑讯逼供所得的被告人供述，还是以暴力、威胁手段获取的证人证言，一旦被法院采纳，就会对司法程序的公正性产生消极的影响。技术层面的程序瑕疵即便被法院采纳，也不足以对司法程序的公正性造成太大的影响。(4) 采用某一证据是否影响证据的真实性。①

刘广三教授提出了“三标准说”：(1) 取证手段是否直接侵犯犯罪嫌疑人的重大权益标准，比如，采用刑讯逼供等非法方法收集的犯罪嫌疑人、被告人供述和采用暴力、威胁等非法方法收集的证人证言、被害人陈述，应当予以排除，因为其侵害了当事人的重大权益。(2) 取证手段违反了技术性程序标准。所谓的技术性程序通常是指对于特定侦查行为在时间、地点、签名、见证记录方面所提出的技术性要求，具有法律手续的性质。对这类程序的违反，通常情况下不会违反刑事诉讼的重要规则，不会影响当事人的重要权利，同时也不会影响到程序正义。(3) 证据真实性标准。非法证据取证程序的违法性很可能直接影响该证据的真实性，法院一旦采纳该证据，就可能导致作出错误的事实认定。相反，瑕疵证据通常情况下违法情节并不严重，即使被法院采纳也不会影响证据的真实性。

在笔者看来，上述两种观点具有积极意义，但是，一方面从实践操作角度而言，难以操作；另一方面仅仅将非法证据限定为侵犯宪法性权利不够全面，也不符合我国的法律规定。根据我国《刑事诉讼法》及相关司法解释的规定，有些违反《刑

① 参见陈瑞华：《论瑕疵证据补正规则》，载《法学家》2012 年第 2 期。

事诉讼法》规定的程序收集的证据，即使没有侵犯公民在《宪法》上的基本权利却也可能作为非法证据排除。例如，在勘验、检查、搜查过程中提取、扣押的物证、书证，未附笔录或者清单，不能证明物证、书证来源的，不得作为定案的根据。但这却未必侵犯公民的宪法性基本权利。

（二）域外学说

非法证据排除的标准可谓世界难题。国外对非法证据排除的标准也是观点纷呈。

大陆法系的代表德国关于证据禁止的最大特色就是禁止使用禁止的类型及标准并非通过立法来解决，而是学说和判例的产物。[①] 德国关于证据使用禁止（排除）标准的学说主要有以下几种：（1）权利领域理论，主要观点是只有在法规是为被告利益而设，且被告之重要权利领域，而追诉机关违法取证侵害了被告的这个利益时，才产生证据使用禁止。（2）规范保护目的理论，认为违反法规而取得的证据能否适用，要回溯该项被违反之法规的规范目的，至于如何探求该法规目的有无禁止证据使用之意图，在方法上也有不同看法。若规范保护目的在于有利于发现真实，违反该规定则导致使用禁止，以确保裁判的正确性。若有关的保护目的因错误的证据收集已经无法再实现，则可容许该证据使用；但若使用该证据会使规范保护目的之损害进一步被扩大，则必须通过使用禁止阻止证据使用。（3）权衡理论，认为任何违反取证规范的证据，都要在个案中衡量，才能最终决定证据是否禁止使用，兼顾比例原则，权衡公权力机关

---

① 参见林钰雄：《德国证据禁止论之发展与特色》，载《律师杂志》1999 年第 232 期。

追诉利益和个人权利保护之必要性，至于权衡的因素有违反程序之严重程度（违法的证据收集越严重地侵犯了被告人或第三人的法权领域，则国家越不能以由此获取的证据为定案依据）、犯罪之轻重（相对于轻微犯罪而言，在严重犯罪中对程序错误适用证据禁止更为宽松）、导正侦查机关纪律之必要性、当事人保护之必要性等。目前，德国实务上的通说是权衡理论。[①]

英美法系的代表美国关于非法证据排除的理论基础，也存在促进结果的正确性、防止将来的违反（威慑理论）、司法廉政理论、对违法行为导致的错误的救济（救济理论）、权衡理论等争论。[②] 最主要的理论是司法廉政理论和威慑理论。司法廉政理论（Judicial Integrity，也可译为司法的正洁、司法的廉洁）的要旨为，若法院在审判中使用警察非法取得的证据，等于法院为政府非法行为背书，也等于宽容政府侵犯人民宪法权利，甚至间接鼓励政府的非法证据。威慑理论（吓阻警察的不法）认为证据排除法则的主要目的在吓阻警察将来的违法行为，以实现宪法第四修正案对公民权利的保障。[③]

经过半个多世纪的判例法发展，美国非法证据排除规则不仅在理论基础方面发生了实质性变化，该规则的适用范围也在不断受到限缩。“在过去 50 多年来，排除规则的宪法根基已经动摇，适用范围也被压缩了。”时至今日，权衡理论在美国非法

---

① 参见林钰雄：《干预处分与刑事证据》，北京大学出版社 2010 年版，第 190 ~ 195 页；［德］迈克尔·赫格曼斯：《德国刑事诉讼法中的证据使用禁止》，周婧译，载《证据科学》2016 年第 5 期。

② 参见［美］约翰·W. 斯特龙主编：《麦考密克论证据》，汤维建等译，中国政法大学出版社 2004 年版，第 315 ~ 318 页。

③ 参见王兆鹏：《美国刑事诉讼法》，台北，元照出版公司 2004 年版，第 27 ~ 28 页。

证据排除理论中占有重要位置。[①]

综观德、美两国的各种学说，我们可以得出两个基本结论：一是各种学说都面临过于抽象和难以操作的问题。例如，德国的规范保护目的，其明显的缺陷在于，终究未能区分各保护目的的重要程度以及损害该保护目的的严重程度，并因此必须在一定范围内权衡决定，到底是完全赞同还是拒绝证据使用禁止。[②] 无论是德国的权衡理论还是美国的权衡理论，都面临同样的问题。一方面作为权衡参数的这些因素之合理性存在问题；另一方面，权衡过程自身也招致了诸多批判，因为权衡过程在很大程度上是无序进行的，在方法论上几乎是不可理解的，并且它的结果由此或多或少是随机产生的。权衡过程的这些缺陷源于所需权衡之因素的种类和数量。如何权衡这些性质不同的因素使其总是可行地得出唯一的结果，这仍然是不得而知的。[③] 二是权衡理论成为两大法系的共同趋向，无论是德国的通说还是美国的通说，都越来越倾向于将排除、禁止奠定于权衡的基础之上，当然二者面临的共同问题是如何进行权衡。

三、“先形式后实质二步式审查法”如何运用?

本书的立足点是基于司法实践的需求，要找出一个“一招制敌”的可行方法，找出一个实践易于操作的科学“公式”。笔

---

① 参见吴宏耀：《美国非法证据排除规则的当代命运》，载《比较法研究》2015 年第 1 期。

② 参见［德］迈克尔·赫格曼斯：《德国刑事诉讼法中的证据使用禁止》，周婧译，载《证据科学》2016 年第 5 期。

③ 参见［德］迈克尔·赫格曼斯：《德国刑事诉讼法中的证据使用禁止》，周婧译，载《证据科学》2016 年第 5 期。

者结合从实践经验出发，与前沿理论对话，特别是吸收德、美两国的理论，提出“先形式后实质二步式审查法”。需要说明的是，在本书的第一版中笔者当时使用的表述是“形式与实质的二分说”，该观点和方法在实践中反复验证和打磨，并在全国各地演讲和授课过程中听取各界意见而不断完善，最终形成了第二版的“先形式后实质二步式审查法”。基本观点和方法没有根本性的变化，只是思路更加清晰、操作更加便捷，更易于理解和把握。先用图示的方法展示“先形式后实质二步式审查法”，然后再逐一阐述理论基础和操作方法。

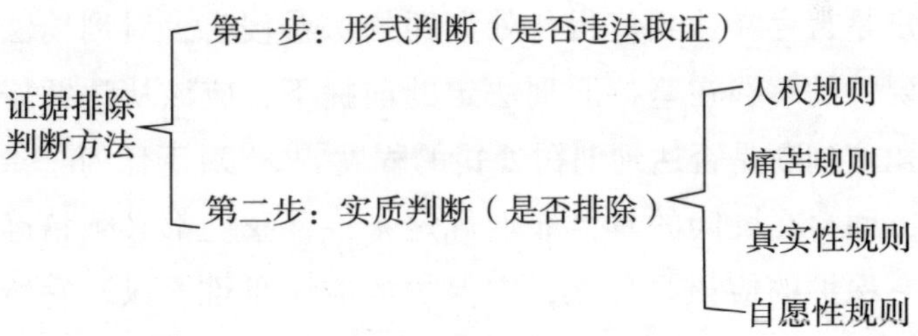

（一）第一步：形式判断

以证据能力三要件为指引进行形式审查。如前所述，证据能力的三要件分别为来源、过程、结果三个方面的合法性。我国《刑事诉讼法》及其司法解释、规范性文件对取证程序、证据能力的规定都可以归纳为对证据的来源、过程及结果的规范。对于证据能力的审查，首先针对证据的来源、过程、结果与《刑事诉讼法》及司法解释、规范性文件进行对照，从形式上判断有无违反相应的规定。如果一份证据的来源、过程、结果三个方面都符合规定、都不存在违反规定的地方，即具有证据能力，那么就无须进入第二步的实质判断；如果一份证据的来源、过程、结果的任何一个方面存在违反规定的情形，既可能是无证据能力的非法证据，也可能是证据能力待定的瑕疵证据，到底是非法证据还是瑕疵证据，就需要进入第二步的实质判断来决定。

（二）第二步：实质判断

人权（痛苦）规则+真实性（自愿性）为基准的实质判断。非法证据排除的根本标准、非法证据与瑕疵证据的根本界限必须要进行实质解释才能平息争论。刑法上的实质解释是以法益保护作为解释的基准，认为构成要件符合性的判断，是从实质上判定是否存在达到值得科处刑罚的法益侵害，对刑罚法规和构成要件的解释在坚持罪刑法定的前提下，应该从法益侵害的实质角度判断是否达到刑罚处罚的程度。[①]“对于任何一条在合法性方面存在疑问的具体罪刑规定来说，我们都必须精确地考察，它保护的应该是什么，它保护的应该是谁，以及它所抵御的又应该是什么。只有在这一分析结束的时候，我们才能认定，被法律犯罪化了的举动是否会对个人的自由发展，或者个人自由发展的社会条件造成损害。”[②] 刑法实质解释的基点在于刑法的目的是保护法益，犯罪的本质是侵害法益。

实质解释论对于刑法学来说，“就是对作为形式正义的刑法规范所蕴含的实质的刑事正义的追寻过程，对于实质正义的价值判断以科学方法来审查”。[③] 实质解释对于刑事诉讼法而言，

---

① 参见刘艳红：《走向实质解释的刑法学》，载《中国法学》2006年第5期。

② ［德］克劳思·罗科信：《对批判立法之法益概念的检视》，陈璇译，载《法学评论》2015年第1期。

③ 刘艳红：《实质刑法观》（第二版），中国人民大学出版社2019年版，第259页。

同样是探寻刑事诉讼法规范所蕴含的实质正义，这种实质正义就是实体真实与程序正义。《刑事诉讼法》是为了保障《刑法》实施的程序法，刑事诉讼程序的目的可能被赋予很多，但是核心的目的是实施刑法，为正义、公平的裁判提供基础，恢复社会和平，发现犯罪案件的真相。真实和公正是刑事诉讼的目的。[①] 简言之，刑事诉讼法的价值根基在于程序正义和实现实体真实。我国现行《刑事诉讼法》第 1 条和第 2 条对此也进行了明确规定，即“为了保证刑法的正确实施，惩罚犯罪，保护人民，保障国家安全和社会公共安全，维护社会主义社会秩序，根据宪法，制定本法”。“中华人民共和国刑事诉讼法的任务，是保证准确、及时地查明犯罪事实，正确应用法律，惩罚犯罪分子，保障无罪的人不受刑事追究，教育公民自觉遵守法律，积极同犯罪行为作斗争，维护社会主义法制，尊重和保障人权，保护公民的人身权利、财产权利、民主权利和其他权利，保障社会主义建设事业的顺利进行。”刑事诉讼要实现刑法惩罚犯罪保护法益的目的，就是查明真相，实现实体真实，但是由于司法证明的过程是运用证据证明已经发生过的事实，受客观条件的制约，追求真相不能不择手段，必须要符合程序正义的要求，因此，现代刑事诉讼法的两大价值目标就是程序正义和实体真实。包括证据在内的刑事诉讼法诸问题的实质解释应当以实体真实和程序正义作为基点，这与刑法的实质解释坚持实质的罪刑法定和法益保护是相辅相成的。非法证据排除标准、非法证据与瑕疵证据的界限也应当以实体真实和程序正义为实质解释的基准。

---

① 参见［德］托马斯·魏根特：《德国刑事程序法原理》，江溯等译，中国法制出版社 2021 年版，第 266～267 页。

1. 程序正义之非法证据排除标准。刑事诉讼为了实现刑法的惩罚目的和查明真相，需要赋予国家机关一些侦查、取证手段，但是不能为了实现真相而不择手段，程序正义是直接用来保障人性尊严的措施。[①] 从刑事诉讼的历史发展，可以发现，事实上，现代刑事诉讼的指导精神是人权保障思想，不论当事人主义还是职权主义，程序正当性具有优先指导的作用。[②] 程序正义根本要旨，在于通过一系列程序性规范来约束国家侦查和追诉犯罪的权力在正当的轨道上运转，以落实人权保障。为了澄清犯罪事实的真相，国家必须使用诸多的强制手段，而这些手段不可避免地将会严重干预可能的犯罪嫌疑人乃至其他第三人的审核权利，因此，作为法治国家的刑事诉讼法责无旁贷的任务，辩诉以一套诉讼规则来规制并厘清追诉程序中国家与个人之间的权利与义务的界限。一方面便利国家完成其追诉处罚的功能，另一方面提供个人有效的权利保护，以防范国家不合比例的过度干预。[③] 可见，人权保障是程序正义的核心所在。2017年6月27日，由最高人民法院、最高人民检察院、公安部、国家安全部、司法部联合发布《关于办理刑事案件严格排除非法证据若干问题的规定》的一句话就是“为准确惩罚犯罪，切实保障人权，规范司法行为，促进司法公正……”强调非法证据排除规则的目的是要“保障人权，规范司法行为，促进司法公

① 参见［德］克劳思·罗科信：《刑事诉讼法》，吴丽琪译，法律出版社2003年版，第5页。

② 参见柯耀程：《刑事程序理念与重建》，台北，元照出版公司2009年版，第17页。

③ 参见林钰雄：《刑事诉讼法》（上册），中国人民大学出版社2005年版，第8~9页。

正”，这体现了程序正义的要求。因此，取证违法程度达到侵害当事人的基本人权、导致当事人产生痛苦的，就属于违反程序正义的情形，由此取得的证据应当予以排除，禁止作为定案根据使用。据此，我们可以把程序正义视角的非法证据判断的实质标准分解为“人权规则”和“痛苦规则”。

（1）“人权规则”的含义就是采取的违法取证手段侵害当事人的基本人权的，应当作为非法证据排除，这里的基本人权就是宪法性基本人权，如身体、健康权等。采取刑讯逼供、变相肉刑、暴力、威胁的方法取证，以及非法限制人身自由的方法取证，由于侵害了当事人的基本人权，以此获取的证据应当排除。例如，《关于办理刑事案件严格排除非法证据若干问题的规定》第 2 条规定的“采取殴打、违法使用戒具等暴力方法或者变相肉刑的恶劣手段，使犯罪嫌疑人、被告人遭受难以忍受的痛苦而违背意愿作出的供述，应当予以排除”，第 3 条规定的“采用以暴力或者严重损害本人及其近亲属合法权益等进行威胁的方法，使犯罪嫌疑人、被告人遭受难以忍受的痛苦而违背意愿作出的供述，应当予以排除”，第 4 条规定的“采用非法拘禁等非法限制人身自由的方法收集的犯罪嫌疑人、被告人供述，应当予以排除”。

需要指出的是，“人权规则”不一定是专门针对口供、言词证据而言的，采取侵害人权的方式违法获取电子数据、书证、物证，如果不能合理解释、说明或补正的，也应当予以排除。例如，采取暴力非法侵入住宅的方式提取书证、采取对物证持有人殴打的方式提取物证的均因违反人权规则应予排除。《刑事诉讼法》第 56 条关于书证、物证设立的非法证据排除条件“可能严重影响司法公正”的实质解释也应当以程序正义和实体真实为基准。比如，下面这个案例：

【案例4：付某某、朱某某故意泄露国家秘密案】 被告人付某某伙同朱某某以牟利为目的，在全国一级建造师执业资格（以下简称一建考试）前，给参加考试的部分考生提供橡皮擦形状的无线电接收设备。同时安排杨某某、王某某等人在南京卫生学院、南京高等职业技术学校、金陵科技学院等多个考点周围架设无线电发送装置等作弊设备。在一建考试《专业工程管理与实务》等科目考试期间，付某某通过QQ非法获得相关考试“试题及答案”，后付某某、朱某某通过无线电向上述考点的多名考生发送。

该案中的QQ聊天记录是侦查机关在立案前进行监控时截获的，且没有审批手续。根据《刑事诉讼法》第150条规定，“公安机关在立案后，对于危害国家安全犯罪、恐怖活动犯罪、黑社会性质的组织犯罪、重大毒品犯罪或者其他严重危害社会的犯罪案件，根据侦查犯罪的需要，经过严格的批准手续，可以采取技术侦查措施”。该法第152条第1款又规定，“采取技术侦查措施，必须严格按照批准的措施种类、适用对象和期限执行。”《公安机关办理刑事案件程序规定》第264条进一步明确规定，“技术侦查措施是指由设区的市一级以上公安机关负责技术侦查的部门实施的记录监控、行踪监控、通信监控、场所监控等措施。技术侦查措施的适用对象是犯罪嫌疑人、被告人以及与犯罪活动直接关联的人员。”第265条第1款规定，“需要采取技术侦查措施的，应当制作呈请采取技术侦查措施报告书，报设区的市一级以上公安机关负责人批准，制作采取技术侦查措施决定书。”此案对被告人使用的社交软件QQ进行监控违反上述规定，案件适用范围姑且不谈，程序上不仅没有办理审批手续，而且监控是在立案之前实施的。那么，通过这种方式获取的QQ聊天记录这一电子数据，到底是非法证据还是瑕疵证据呢？有人认为，技术侦查措施获取的电子数据类似于书证、物证，是实物类证据，应该采取相对排除的原则，上述情况属于瑕疵证据，无须排除。笔者认为，这种观点是无法成立的。从实质标准上看，对公民的通讯工具进行监听、监控，这直接涉及公民基本的言论自由和隐私权，属于宪法性基本人权，滥用这种手段可能对司法机关办理案件的公正性以及国家形象造成严重损害。正如我国台湾地区学者林钰雄所言，“监听录音，是法治国的吗啡，虽然可能镇痛（打击犯罪），但也会上瘾（依赖监听破案），既是药，也是毒，剂量一旦过多时，法治国亦随之寿终正寝。守法的小市民，也要担心受监听吗？就法就理而言，监听当然最多只能针对嫌犯而为”。[①] 法律之所以规定技术侦查措施要在立案之后才能实施，就是要将监听监控等技术侦查措施的对象限定为犯罪嫌疑人及其密切相关的人，而不能是普通公民，否则，普通公民的自由将无法保障。法律之所以对技术侦查措施规定严格的审批程序，就是为了防止技术侦查措施的滥用。事实上，很多国家的技术侦查措施都需要中立的第三方审批，而非侦查机关自行审批，其目的就是防止滥用。比如，德国法律规定电话监听需要应事先向法官申请监听令，急迫情形下，检察官也可以发监听令，但是须在三日之内请求法官确认，否则自动失效，至于警察，完全无权签发关于监听的令状。我国的技术侦查措施审批权仍然在侦查机关，只不过“上提一级”由市一级公安机关负责人审批，这已经是最低限度的程序控制了，如果连这一点也被打折扣执行，那将违背最低

---

① 林钰雄：《刑事法理论与实践》，中国人民大学出版社2008年版，第302页。

限度的程序正义。因此，这个案例中通过技术侦查监控获取的QQ聊天记录，因违反相应规则，属于非法证据，应当予以排除，不得作为定案根据。[①] 事实上，在德国，违法监听取得的证据被禁止使用已成共识。[②] 我国最高人民法院相关负责人也指出，技术侦查措施只有在刑事立案后才能采取，故而，初查过程中采取上述侦查措施收集、提取的电子数据不具有合法性，应当依法排除。[③]

（2）"痛苦规则"的含义就是采取的违法取证手段可能导致当事人产生肉体或精神上痛苦的，作为非法证据排除。龙宗智教授认为这也正是联合国反酷刑公约对"酷刑"所设定的判断标准，因此也可以概括为"酷刑规则"。[④]《关于办理刑事案件严格排除非法证据若干问题的规定》第2、3条都强调"……使犯罪嫌疑人、被告人遭受难以忍受的痛苦而违背意愿作出的供述，应当予以排除。"需要特别指出的是，这里的痛苦既包括肉体上的痛苦，例如，暴力取证、刑讯逼供会导致肉体上的痛苦，也包括精神上的痛苦；又如，办案人员在办案过程中采用以对吸毒的犯罪嫌疑人称，只要认罪就可以为其提供毒品，那么当

---

① 上述案例，检察机关起诉时没有将这份QQ监控聊天记录作为指控依据，但是一审判决采纳了这份证据作为定案根据，并改变定性为非法获取国家秘密罪。检察机关认为这份QQ聊天记录是通过技术侦查获取的，但是技术侦查违反相关程序规定，属于非法证据，应当排除，不得作为定案根据，提出抗诉，获得二审改判。

② 参见林钰雄：《刑事法理论与实践》，中国人民大学出版社2008年版，第297页。

③ 参见周加海、喻海松：《〈关于办理刑事案件收集提取和审查判断电子数据若干问题的规定〉的理解与适用》，载《人民司法（应用）》2017年第28期。

④ 参见龙宗智：《我国非法口供排除的"痛苦规则"及相关问题》，载《政法论坛》2013年第5期。

其毒瘾发作，这样的引诱就会导致犯罪嫌疑人产生难以忍受的痛苦。这种情况获取的证据应当予以排除。同样，既包括采取使人痛苦的违法手段调取言词证据，也包括采取使人痛苦的手段获取书证、物证、电子数据等。再如，采取使人痛苦的手段逼迫他人交出物证、书证。反之，讯问或询问过程中带有轻微的诱导或引诱，既不会侵害其基本人权，也不会导致其精神或肉体上产生痛苦，就属于瑕疵证据，同时在不违反下文中的真实性规则和自愿性规则的情况下，只要能合理解释和说明，就可以不作为非法证据排除。

2. 实体真实之非法证据排除标准。实现实体真实蕴含两层含义：一是对无辜的被告，只有当裁判结果确认并开释无辜时，才是实现了实体真实；二是对真正的犯人，只有当裁判确认其犯罪事实并依照刑法施加处罚时，才是实现实体真实，所以实体真实的完整意义是“毋枉毋纵，开释无辜，惩罚犯罪”。这里力求发掘犯罪事实真相，既不容罪及无辜，也不许犯人逍遥法外的理念，到源于正义的理念，也是一种正义原则。① 案件事实真相的发现过程，是运用证据进行证明的过程，证据失真必然会误导真相的发现，这样既可能冤枉无辜之人，也可能放纵有罪之人。因为，为了实现实体真实，证据应当具有真实性，可能影响证据真实性的证据不具有证据能力，应当予以排除；同时，对于言词证据而言，可能违背自愿性的供述、证言、陈述也不具有证据能力，应当予以排除。这就是实体真实支配下的实质判断标准之第三项——真实性规则和第四项——自愿性规则。

---

① 参见林钰雄：《刑事诉讼法》（上册），中国人民大学出版社 2005 年版，第 7 页。

（1）真实性规则。我国《刑事诉讼法》第 50 条第 3 款规定，证据必须经过查证属实，才能作为定案的根据；最高人民法院《关于适用〈中华人民共和国刑事诉讼法〉的解释》第 71 条规定，证据未经当庭出示、辨认、质证等法庭调查程序查证属实，不得作为定案的根据。上述法律规定均强调把真实性作为证据能力的重要指标。对书证、物证、电子数据等客观性证据真实性的审查被称为“鉴真”。[①] 司法解释强调，书证、物证及电子数据没有来源的不得作为定案根据，或者来源有疑问而又不能作出合理解释的不得作为定案根据。表面上看，这些情况并不符合《刑事诉讼法》第 56 条关于物证、书证排除规则，其实，没有来源或来源不明的书证、物证其真实性无法保障，“可能严重影响司法公正的”，所以无证据能力。

需要特别指出的是，言词证据同样存在真实性审查问题，不具有真实性的言词证据也不具有证据能力，不能作为定案依据。我国《刑事诉讼法》第 125 条规定“询问证人，应当告知他应当如实地提供证据、证言和有意作伪证或者隐匿罪证要负的法律责任”，就是证言真实性的明确规定。即使言词证据的取证手段不违法，但该言词证据不具有真实性，依然不具有证据能力，如《最高人民法院关于适用〈中华人民共和国刑事诉讼法〉的解释》第 88、94 条规定的处于明显醉酒、中毒或麻醉状态而不能正常感知或正确表达的证人提供的证言，没有经过被告人核对确认的供述笔录，因为真实性无法保障，均无证据能力。再如，讯问未成年人，其法定代理人或者合适成年人不在场的，由于未成年人心智未成熟，作为犯罪嫌疑人被讯问时，

① 参见陈瑞华：《实物证据的鉴真问题》，载《法学研究》2011 年第 5 期。

心理压力大，没有法定代理人或者其他合适成年人在场，可能影响其供述的真实性，因此不具有证据能力。2021 年《最高人民法院关于适用〈中华人民共和国刑事诉讼法〉的解释》第 94 条第 4 项规定，讯问未成年人，其法定代理人或者合适成年人不在场的，被告人供述系非法证据，不得作为定案根据。但是，为什么第 90 条第 5 项规定，询问未成年人，其法定代理人或者合适成年人不在场的，属于瑕疵证据呢？这是因为，未成年证人、被害人相对于犯罪嫌疑人来说，其在被问话时的心理压力相对较小，真实性的影响较小，因此属于瑕疵证据。最高人民法院相关负责人就此指出，合适成年人参与未成年人刑事诉讼程序，具有监督讯问活动、抚慰未成年人的紧张情绪、帮助未成年人与讯问人员有效沟通等职能，对无法定代理人或者合适成年人在场的，无法保障被告人供述的真实性，故应直接强制性排除。而对于询问未成年证人，在法定代理人或合适成年人未到场情况下作伪证的可能性并不大，不宜绝对排除，宜认定为证人证言收集程序存在瑕疵，允许补正和合理解释为妥。[①] 可见，同样是法定代理人或其他合适成年人未到场，非法证据与瑕疵证据实质区别在于真实性规则。

（2）自愿性规则。自愿性规则的规制对象，既包括犯罪嫌疑人供述和辩解，也包括其他证人（含被害人、鉴定人等）的证言。犯罪嫌疑人、被告人的供述和辩解的自愿性规则来源于“自白任意性规则”。自白任意性规则就是被告之自白必须出于其自由意志才具有证据能力。自白任意性规则于 18 世纪滥觞于英国，至 19 世纪法国大革命及人权思想兴起后，趋于严格甚至

---

① 参见李少平主编：《最高人民法院关于适用〈中华人民共和国刑事诉讼〉的解释理解与适用》，人民法院出版社 2021 年版，第 214、218 页。

走向极端，当时对轻微程度之诱导行为所为之自白，也被认为非出于任意性，此种极端思想直到 19 世纪后半叶才渐趋缓和。时至今日，已成为英美法系和大陆法系公认的规则。自白任意性的理论基础有“虚伪排除说”“人权维护说”等。[①] 如果采取侵害人权的方式当然会同时违反人权规则和真实性规则；如果采取的违法取证手段不足以侵害人权但是影响真实性，依然不具有证据能力；如果采取的违法取证手段不足以侵害人权也不影响真实性，就属于瑕疵证据。例如，采取轻微的引诱、欺骗的手段取证，不会侵害人权，同时所取得的供述也不影响真实性，那么就属于瑕疵证据。[②] 由此可见，自愿性规则与人权规则并不完全重合，自愿性与真实性一样，其理论根基在于刑事诉讼法实体真实的价值目标，而人权规则的理论根基在于程序正义的价值目标。同样，自愿性规则与痛苦规则也并不完全重合，认为我国刑事诉讼是以痛苦规则代替自白任意性规则的观点[③]，是不能成立的。因为，有些违反自愿性获取的供述即使没有导致被告人产生难以忍受的痛苦，也可能无证据能力而被排除。

需要说明的是，自愿性规则与真实性规则之间也并非完全重合的关系，违反自愿性获取的供述，即使是真实的，也可能被排除。例如，对犯罪嫌疑人谎称其家人遭遇车祸，只有认罪才能见面，犯罪嫌疑人被迫供述，即使该供述与事实相符，也

---

① 参见张丽卿：《刑事诉讼制度与刑事证据》，中国检察出版社 2016 年版，第 114～116 页。

② 参见戴长林、刘静坤、朱晶晶：《〈关于办理刑事案件严格排除非法证据若干问题的规定〉的理解与适用》，载《人民司法（应用）》2017 年第 22 期。

③ 参见龙宗智：《我国非法口供排除的“痛苦规则”及相关问题》，载《政法论坛》2013 年第 5 期。

属于非法证据，应当予以排除。[①] “被告的自白具有证据能力的前提要件，乃该自白具备任意性及真实性，倘被告的自白非出于任意性，纵使该自白与事实相符，唯非属任意性的自白，仍无证据能力。”[②]

（三）“先形式后实质二步式审查法”操作注意事项

1. 要遵循先形式后实质的顺序。形式判断在先，实质判断在后，二者是递进关系。这是由证据取得禁止与证据使用禁止的关系所决定的，根据证据禁止理论的通说，证据取得禁止不等于证据使用禁止，也就是说，取证程序违法不一定由此取得的证据就无证据能力（非法证据排除）。第一步的形式判断，从证据能力的来源、过程、结果三个要件进行合法性审查，如果任何一个方面出现违反法律、法规、司法解释等规定，就属于证据取得禁止，但是要不要作为非法证据排除，还需要第二步的实质判断。

2. 要遵循择一关系而非“并列”关系。两个步骤中的权衡要素都是择一关系。首先，第一步的形式判断针对的证据能力三要件来源、过程、结果是择一关系，任何一个要件出现违反规定的情形，就要么是非法证据、要么是瑕疵证据，就需要进入第二步的实质判断来决定是否非法证据，而不是三个要件同时违反规定。其次，第二步的实质判断的四项规则——人权规则、痛苦规则、真实性规则、自愿性规则是择一关系。也就是

---

① 参见戴长林、刘静坤、朱晶晶：《〈关于办理刑事案件严格排除非法证据若干问题的规定〉的理解与适用》，载《人民司法（应用）》2017 年第 22 期。

② 陈天勋：《刑事诉讼法概要》，来胜文化事业有限公司 2015 年版，第 255 页。

说，只要违反其中任何一项规则就要作为非法证据排除，而不是同时违反四项规则才排除。如果经过第二步实质判断，并不违反这四项规则中的任何一项，而只是第一步形式判断中出现取证违法，就属于瑕疵证据。

3. 要采取优势证明标准。在进行第二步的实质判断时，是否违反人权规则、痛苦规则、真实性规则、自愿性规则，采取优势证明标准。这是由非法证据排除这样的程序性事实采取优势证明标准的基本原理所决定的。实践中，只要证据达到优势证明标准，可能存在违反这四项规则的情形，就要排除该证据。

四、"先形式后实质二步式审查法"依据何在？

"先形式后实质二步式审查法"从本书第一版提出至今，经实践检验是切实可行的，也符合后来各种司法解释和规范性文件的规定。这可以从理论依据、法律依据和实践依据三个角度证成。

首先，如前所述，从英美法系和大陆法系关于非法证据排除的基础理论看，权衡理论是共同的趋势。德国的权衡理论是通说，该观点的教义学基础最初由罗加尔（Rogall）提出，他认为权衡办法是法治国原则内在固有的行为方式与刑罚正义之间的紧张关系的解决之道，并要求针对个案需要区别对待进行权衡。实践中权衡的考量因素主要有五项：（1）违反程序规定的程序，越是严重侵害当事人的法权领域则越不能作为定案依据；（2）相关人员的保护需求；（3）犯罪的严重程度，越是严重的犯罪越难以排除非法证据；（4）证据是否通过合法途径也能获得，即所谓的假设替代干预；（5）证明犯罪事实的具体证据材料的重要性，对于举证而言越重要的证据，为了刑事追诉的利益，越难以被排除。[1] 我国台湾地区立法理由中列举的七大权衡因素包括：(1) 违背法定程序之情节；(2) 违背法定程序时之主观意图；(3) 侵害犯罪嫌疑人或被告权益之种类及轻重；(4) 犯罪所生危险或实害；(5) 禁止使用证据对于预防将来违法取得证据之效果；(6) 侦查人员如依法定程序有无发现该证据之必然性；(7) 证据取得之违法对被告诉讼上防御不利益之程度。[2] 这些因素概括起来都逃脱不了实体真实与程序正义、追诉犯罪与保障人权之间的平衡。

英美法系的代表美国，其权衡理论首要范例便是《联邦证据规则》第 403 条，本条确立了适用于绝大多数初审法院判决的排除规则：证据虽然具有相关性，但可能导致不公正的偏见、混淆争议或误导陪审团的危险大于该证据可能具有的价值时或者考虑到过分拖延、浪费时间或无须出示重复证据时，也可以不采纳。[3] 当然，威慑理论在美国证据法中具有重要地位，威慑理论的直接目的是吓阻警察将来的违法行为，但是根本目的还是保障人权，美国联邦最高法院在 United States v. Calandra 案中指出“证据排除法则的主要目的在吓阻警察将来的违法行为，以实现宪法增修条文第四条对人民的保障”。[4] 其权衡的因素也

---

① 参见［德］迈克尔·赫格曼斯：《德国刑事诉讼法中的证据使用禁止》，周婧译，载《证据科学》2016 年第 5 期。

② 参见林钰雄：《干预处分与刑事证据》，北京大学出版社 2010 年版，第 227 页注释 34。

③ 参见［美］埃莉诺·斯威夫特：《美国证据法的百年改革史：塞耶的胜利》，施鹏鹏、叶蓓译，载施鹏鹏主编：《现代刑事诉讼模式对话与冲突》，中国政法大学出版社 2021 年版，第 537 页。

④ 王兆鹏：《美国刑事诉讼法》，台北，元照出版公司 2004 年版，第 27 ~ 28 页。

没有超出实体真实和程序正义的范畴，如“误导陪审团”考虑的是实体真实，“不公正偏见”考量的是程序正义。

其次，从法律依据上来说，我国《刑事诉讼法》第52条与第56条的关系是证据取得禁止与证据使用禁止的关系。根据大陆法系的证据理论通说，证据取得禁止不等于证据使用禁止，也就是说，违法取证不等于非法证据排除，因此在非法证据排除的判断上，第一步先从形式上看取证行为是否违法，即使取证行为违法，也未必就作为非法证据排除，所以需要第二步的实质判断，从实质的角度衡量实质真实与程序正义、打击犯罪与保护人权，以决定有无证据能力，是非法证据还是瑕疵证据。

最后，从实践依据上来说，我国司法解释结合司法实践，对非法证据与瑕疵证据的区分，衡量的因素都可以归属于实体真实和程序正义，更具体地来说就是人权规则、痛苦规则、真实性规则和自愿性规则。例如，《最高人民法院关于适用〈中华人民共和国刑事诉讼法〉的解释》第114条规定，“电子数据具有下列情形之一的，不得作为定案的根据：（一）系篡改、伪造或者无法确定真伪的；（二）有增加、删除、修改等情形，影响电子数据真实性的；（三）其他无法保证电子数据真实性的情形。”这是把真实性规则作为电子数据无证据能力的标准。第123条第3项“采用非法拘禁等非法限制人身自由的方法收集的被告人供述”，应当予以排除，这是人权规则作为排除的根本标准；第123条第1项“采用殴打、违法使用戒具等暴力方法或者变相肉刑的恶劣手段，使被告人遭受难以忍受的痛苦而违背意愿作出的供述”，这里既有人权规则，也有痛苦规则，还有自愿性规则。实践中，还有很多司法解释未规定的，但违反这四项规则而取得的证据被排除的案例。比如，下面这个案例：

【案例5：杨某某、郑某某贩卖毒品案】2012年5月至8月，被告人杨某某贩卖毒品甲基苯丙胺8次，每次1袋，每袋重0.4克，共计3.2克。贩卖现场被抓获时从其衣兜内扣押该毒品13袋，重5.1克。合计贩卖甲基苯丙胺8.3克。获利7500元。被告人郑某某贩卖甲基苯丙胺3次，共计5袋，每袋重0.4克，合计2.0克。获利4300元。

被告人杨某某及其指定辩护人提出，被查获之前的贩毒数量，没有剔除包装袋的重量，应当以每袋0.4克计算。庭审中公诉人出示，公安机关2012年8月1日对被告人杨某某的讯问笔录，杨某某供述："我买回来41袋毒品坐火车回到家后，我买了一台小型的电子秤，把41袋毒品每袋打开，重新用电子秤秤量按每袋5分重量进行装袋，共51袋。51袋中除了吸食一部分外，我卖了38袋左右，剩下的在我今天卖货（毒品）交易时，被你们公安工作人员扣押了"，来支持指控。判决指出，该讯问笔录为对被告人杨某某的第一次讯问，形成的时间是2012年8月1日11时10分，至2012年8月1日16时30分，侦查员杨某1、记录员朱某某；而公安机关对杨某某的第四次讯问，形成的时间是2012年8月1日11时10分，至2012年8月1日17时30分，侦查员王某某、记录员朱某某。两次讯问时间上基本一致且是记录员朱某某同时在给两位侦查员记录。这两份笔录作为非法证据本院予以排除。[①]

非法证据排除原因是同一时间同一记录人员出现在两份讯问笔录中，如果无法合理解释，那么就可能存在其中一份笔录是伪造或直接复制，可能不是被告人本人的真实供述，根本标

---

① 参见黑龙江省讷河市人民法院刑事判决书（2015）讷刑再初字第1号。

准是违反真实性规则，故而排除。

第三节 派生证据禁止规则（毒树之果）

一、美国的“毒树之果”是什么？

美国联邦最高法院 1920 年在 Silverthorne Lumber Co. v. U. S 案的判决中首次提出了“毒树之果”理论。在这一案件中，联邦警察对被告人实施了非法搜查并扣押了一些文件。后根据这些文件中获得的信息，联邦大陪审团签发了命令被告人交出有关照片的传票。联邦最高法院认为，检察官不仅不能使用警察以非法搜查方式获得的文件，而且对于警察根据大陪审团的传票所获取的其他证据也不能采用做为指控的证据，排除规则应当适用所有已被宪法性侵权行为所污染的证据，这就是美国“毒树之果”规则的基本含义。由此可见，“毒树之果”一词中的“毒树”指的是采取非法方式收集到的刑事证据，而以该非法方式收集的证据为线索进而发现的第二手证据，是毒树结出的“果实”，才是“毒树之果”。例如，在刑讯逼供之下犯罪嫌疑人供述了作案工具的藏匿地点，然后通过合法手段取得该作案工具，就是“毒树之果”；如果是先通过刑讯逼供的方法获取口供，然后再用合法的讯问方法让犯罪嫌疑人将原口供重述一遍则仍然是非法证据本身而不是“毒树之果”。

需要特别注意的是，20 世纪 80 年代，美国对“毒树之果”的态度发生重大变化，先后确立了三个例外：稀释或者清洗污染规则、独立来源规则、最终或必然发现规则，在一定程度上“弃其树，吃其果”。英国 1984 年《警察与刑事证据法》第 76

条（4）规定，排除被告人供述这一事实并不影响从该供述中发现的其他证据的可采性，这实际上也是采取了“排除毒树，但食用毒树之果”的立场。

二、德国的“毒树之果”是什么？

在德国，关于“毒树之果”问题，理论与实践上均存有争议。在德国，“毒树之果”理论在学说上被称为“证据使用禁止之放射效力”。迄今为止，德国学说上对此并无定论，赞成、反对以及折中看法各有拥护者。在德国实务界也无定论，德国联邦最高法院于1980年的违反通讯秘密案中首度肯定了证据使用禁止有放射效力。本案因国家启动电话监听措施而获知犯罪信息，再根据该信息取得衍生证据，由于监听措施已经逾越了准许范围，因此德国联邦最高法院在权衡各种因素之后，判定本案中宪法性的秘密通讯权具有优位性，因而所得之犯罪信息及据此查获的证据不得使用。但是德国联邦最高法院同时说明，该项见解并不表示该院普遍肯定证据使用禁止有放射效力。果然，三年之后在一个违法监听的案件中，联邦最高法院以过度扩张放射效力将导致刑事追诉瘫痪为由，否定证据使用禁止的放射效力。1987年，在卧底线民案中，德国联邦最高法院再度以相同理由否定了证据使用禁止的放射效力。[①] 托马斯·魏根特教授认为，“毒树之果”通常会被法院认为是可以使用的证据，“这一结果并不奇怪，因为‘毒树之果’理论是建立在遏制原理（即认为非法证据排除的理论基础在于遏制和惩戒警察违法取证的行为——引者注）基础上的，而这一原理在德国的影响甚微。考虑到作为德国处理

---

① 参见林钰雄：《干预处分与刑事证据》，北京大学出版社2010年版，第219页。

证据排除问题基础的‘干净的手’原理，很难找到排除派生性证据的合理性”，因为“毒树之果”本身并没有被非法取证方法所污染。因此，“德国法院在‘平衡’的基础上（即权衡理论——引者注）仍然倾向于采纳派生性证据，他们认为如果排除这些证据则会对查明事实真相造成巨大的损害。”[①] 在法国，“毒树之果”交由庭审法官进行自由评价，而不会主动排除。[②]

下面这个著名的欧洲人权法院在“格夫根诉德国”案中所体现对“毒树之果”的“弃其树，食其果”立场可以说代表着一种国际趋势。

【案例6：格夫根诉德国案】2002年9月，格夫根绑架并杀害了一名11岁的男孩，后在取赎金时被捕。为了查明人质下落，警察对他进行了威胁。格夫根被迫供述了杀人藏尸的事实，并把警察带到了被害人尸体所在地。警察随后对尸体进行了勘验，并提取了有关物证。其间，格夫根的母亲聘请的律师曾试图与犯罪嫌疑人接触，但直到格夫根被从抛尸现场带回后才被允许会见。被告人在德国法兰克福地区法院初次听审时提出，其在侦查阶段受到的身体伤害和性虐待威胁违反了德国《刑事诉讼法典》（以下简称《刑诉法典》）第136条a款和《欧洲人权公约》第3条，由此申请法院终止诉讼程序或者至少基于暴力威胁的持续性影响而排除其在警察面前所做供述，并禁止使用从非法陈述中派生的实物证据。法庭经过审查，裁定排除了被告人在警察、检察官及法官面前做出的受到了非法取证手段“毒害”的所有陈述，但驳

---

① ［德］托马斯·魏根特：《德国刑事诉讼程序》，岳礼玲、温小洁译，中国政法大学出版社2004年版，第199页。

② 参见施鹏鹏：《口供的自由、自愿原则研究——法国模式及评价》，载《比较法研究》2017年第3期。

回了格夫根的其他申请。在之后的审判中，被告人承认绑架杀人，并在法庭上重新作了完整的供述。据此，并结合其他证据，初审法院以故意杀人罪和抢劫罪判处被告人终身监禁。

欧洲人权法院大审判庭指出，在格夫根案中，申诉人一开始拒绝交代罪行，但在受到持续十分钟的威胁讯问后供出了受害人尸体所在地，并在随后的讯问中详细讲述了作案经过。由此，法庭相信申诉人受到的威胁是实际和迫在眉睫的，它使申诉人感到极度恐惧和痛苦。但欧洲人权法院也仅仅对以违反《公约》第3条的方法获取的言词证据及通过酷刑获取的证据表明了绝对排除的鲜明态度，而对于以非人道或侮辱性待遇直接或间接获取的实物证据，则倾向于采用较为灵活的“比例检验”标准。根据该标准，对于不同性质的非法取证手段应予区别对待，以便为酷刑和非人道待遇提供“合乎比例”的救济：通过酷刑获取的证据自动排除，而通过非人道待遇获取的证据则要结合个案具体情况来处理。在格夫根案的国内审理阶段，法兰克福地区法院明确提出，违反《刑诉法典》第136条a款的侦讯行为不具有“远距离影响”，从而通过非法陈述获取的实物证据并不必然丧失证据能力，而是应当采用“权衡理论”来处理派生实物证据问题，亦即诉诸于个案中的利益衡量。大审判庭在评析申诉人与被申诉人主张、听取第三方意见并参酌第五分庭判决后最终裁决，申诉人虽然仍然可以声称是违反《公约》第3条行为的受害人，但他仅仅是受到了非人道的待遇，而且派生实物证据的使用并未影响审判的公正性。[①]

---

① 参见孙长永、闫召华：《欧洲人权法院视野中的非法证据排除制度——以“格夫根诉德国案”为例》，载《环球法律评论》2011年第2期。

因此，总体上看，各国关于对“毒树之果”的态度，在一定程度上“弃其树，食其果”成为一种大的走向。①

三、我国的“毒树之果”规则如何把握？

我国2012年《刑事诉讼法》修改过程中，并没有确立“毒树之果”规则，对那种由非法证据所派生出来的证据没有作出排除性的规定，可以说我国对“毒树之果”并非采取一概排除的立场，甚至在很大程度上承认“食其果”的立场。司法实践中，总体上可以在严格限制“毒树之果”的同时，在一定程度上采用“弃其树，食其果”的原则。这一点也得到了相关司法解释甚至是立法的认可。《最高人民法院、最高人民检察院、公安部、国家安全部、司法部关于办理死刑案件审查判断证据若干问题的规定》第34条规定，根据被告人供述提取到了隐蔽性很强的物证、书证，“且与其他证明犯罪事实发生的证据互相印证，并排除串供、逼供、诱供等可能性的，可以认定有罪”。根据该解释的规定，如果该被告人供述本身取得违法，但是根据其供述提取的隐蔽性很强的物证、书证，且与其他证据能够相互印证，则具有证据能力，可以作为定案根据。另外，《最高人民法院、最高人民检察院、公安部、国家安全部、司法部关于办理刑事案件排除非法证据若干问题的规定》第14条规定：“物证、书证的取得明显违反法律规定，可能影响公正审判的，应当予以补正或者作出合理解释，否则，该物证、书证不能作为定案的根据。”这一规定被2012年修改的《刑事诉讼法》所

---

①　参见李勇：《非法证据排除规则在中国的前途与运命》，载宋英辉、甄贞主编：《京师刑事诉讼法论丛》（第2卷），北京师范大学出版社2012年版，第61～69页。

吸收，只是将“可能影响公正审判”改为“可能严重影响公正审判”。根据上述规定，我国对物证和书证采取的是裁量排除，也就是非法取得的物证、书证并非一概排除，而是在可能严重影响公正审判且无法进行补正和合理解释的情况下，才予以排除。既然如此，即便将以非法证据为线索进而发现的第二手的物证、书证视为取得程序明显违反法律规定（取证禁止），也并不必然导致该物证、书证没有证据能力而被排除（使用禁止）。

第四节　私人取证如何适用禁止规则

按照法律规定，辩护人也可以向法庭出示相关证据，那么辩护人以非法手段取得的证据，是否要作为无证据能力的证据予以排除呢？如何排除呢？实践中，辩方贿买证言、暴力逼证、伪造证据等现象时有发生，甚至还出现通过记者以违法犯罪的方式“暗访”取证的事件，因此，很有必要探讨这个问题。

一、我国法理及司法解释关于该问题的规定如何理解？

《最高人民法院、最高人民检察院、公安部、国家安全部、司法部关于办理刑事案件排除非法证据若干问题的规定》第13条规定：“庭审中，检察人员、被告人及其辩护人提出未到庭证人的书面证言、未到庭被害人的书面陈述是非法取得的，举证方应当对其取证的合法性予以证明。对前款所述证据，法庭应当参照本规定有关规定进行调查。”根据上述规定，我们可以发现，检察人员也可以提出未到庭证人的证言笔录和书面陈述是非法取得，言下之意是辩方收集的证人的书面证言和被害人的书面陈述可以也应当适用非法证据排除规则，而且可以参照对公诉方提供的非法证据的调查程序进行调查。但是，《刑事诉讼法》第58条第2款规定，当事人及其辩护人、诉讼代理人有权申请人民法院对以非法方法收集的证据依法予以排除。这里的当事人是指被害人、自诉人、犯罪嫌疑人、被告人、附带民事诉讼的原告人和被告人。这样一来，《刑事诉讼法》既没有明确辩方收集的证据能否适用非法证据排除规则，也没有明确检察机关能否申请排除辩方收集的非法证据。据此，有人认为，“检察机关无权申请排除辩方违法收集的非法证据，换句话说，辩方证据不属于非法证据排除规则的适用对象，辩方收集的证据不适用非法证据排除规则”。[①]

笔者认为，上述规定中的非法证据排除规则与非法证据调查程序不能混为一谈。正确的理解应该是：其一，辩方提供的非法证据，公诉方不可以申请启动非法证据排除调查程序，也就是说这个非法证据排除调查程序的申请人限于当事人及其辩护人、诉讼代理人，而不包括公诉人。其二，辩方提供的非法证据可以在法庭调查中进行质证，公诉人可以针对辩方提供的非法证据提出质证意见，建议法庭不予采信。法庭经审查认为，辩方提供的证据，根据非法证据排除规则属于非法证据的，应当予以排除，不得作为定案根据。换言之，对于辩方提供的非法证据仍然适用非法证据排除规则，系非法证据的该排除也要排除，不得作为定案的根据，只不过公诉方不需要对辩方提供的证据申请启动非法证据排除调查程序，而是直接在法庭调查中通过举证、质证进行调查。

理由如下：首先，根据《刑事诉讼法》第50条和第55条

---

① 参见胡红军、王彪：《审判阶段非法证据排除的若干疑难问题》，载《法律适用》2014年第8期。

的规定，作为定案根据的任何证据必须是查证属实的、具有证据能力的证据。这不因取证主体不同而有所改变，不论是公安机关还是检察机关，抑或辩护律师，取得的证据要想成为定案根据都应当具有证据能力。其次，如果说非法证据排除规则不适用于辩方提供的证据，那么必然与《刑事诉讼法》第50、55条的规定相冲突。如果认可辩方提供的证据不适用非法证据排除规则，那么就会造成辩护人可以通过任何方式取证，而且取得的证据还不能作为非法证据排除，即使辩护人通过将证人打成重伤或杀死的方式获取的证言也能作为定案根据，岂不丧失基本的正义；辩护人通过抢劫的方式获取的物证也不能排除，岂不荒唐！最后，立法之所以没有将辩方提供的证据纳入非法证据排除调查程序的对象之中，是基于现实情况的考虑。因为在现实中，辩护人的取证手段有限，辩护人取得的证据数量也有限，而且其取得的证据一般都是抗辩性的证据，而非指控性的证据，完全能够在法庭调查中通过举证、质证的方式解决其证据能力问题，出于庭审效率的考虑，没有必要启动非法证据排除调查程序。当然，辩方证据排除的范围和规则如何界定则是另一个层面的问题，下文详述。

二、关于私人非法取证应否排除的理论依据如何？

不可否认，非法证据排除规则的初衷是为了防止公权力的滥用，但是这并不意味着辩方非法取得的证据就当然具有证据能力，不受非法证据排除规则的约束。辩方非法取得的证据是否适用非法证据排除规则问题，在理论上属于私人非法取证的证据能力问题。这原本就是个争议不断的理论问题，只不过国内对这个问题的研究较少。私人非法取证既包括私人受公权力委托或授意进行的取证活动，也包括私人自行的取证活动。本书讨论的是后者。

理论上关于私人不法取得的证据是否具有证据能力，历来有不应排除说、法律程序一元说、法益权衡理论等不同观点，世界各国做法也并不相同。[①] 作为大陆法系代表的德国，尽管证据禁止的主要对象是国家追诉机关的行为，但在这个前提下并非没有例外。"如果在审判时使用由于私人取得的证据，不论其来源如何，会独立地构成对个人权利的侵害，那么法院不得采纳该证据。例如，如果将秘密制作的私人谈话录音作为证据提交法庭……例如，通过酷刑或者剥夺自由所得到的书面供述。"[②] 在德国，私人不法取证是自主性证据使用禁止的发挥场域之一。[③]

英美法系一般采取不应排除说，但也并非绝对，"在任何情况下，如果不可采的证据或者对证据的调查引起了很大的偏见，单凭一个异议已不能消除偏见，那么反对方有权对这个证据提出质疑……即'以牙还牙'：反驳对方提出的不可采证据。"[④]

因此，那种认为辩方非法取证一律不排除在理论上是理所当然的观点，是站不住脚的；那种认为私人非法取证一概不排除是世界通例的论调，也是缺乏基本依据的。

我国《刑事诉讼法》第 43、52、54 条，分别规定审判人员、检察人员、侦查人员以及辩护律师的调查取证权，但是对

---

① 参见吴巡龙：《刑事证据法入门：第三讲——证据排除》，载《月旦法学教室》2007 年第 57 期。

② ［德］托马斯·魏根特：《德国刑事诉讼程序》，岳礼玲、温小洁译，中国政法大学出版社 2004 年版，第 200 页。

③ 参见王士帆：《证据禁止内涵》，载《月旦裁判时报》2021 年第 103 期。

④ ［美］约翰·W. 斯特龙主编：《麦考密克论证据》，汤维建等译，中国政法大学出版社 2004 年版，第 125 ~ 126 页。

于私人取证问题未作出明确规定，也就是说，对于私人取证既未允许也未明确禁止。但是这并不意味着辩护律师取证可以“乱来”，更不意味着辩方通过非法甚至犯罪手段获取的证据可以堂而皇之地作为定案根据，因为《刑事诉讼法》第50、55条规定，作为定案根据的任何证据必须经法定程序查证属实。这不因取证主体不同而有所改变。如果非法证据排除规则不适用于辩方提供的证据，则必然与《刑事诉讼法》第48、53条的规定相矛盾。或许会有人认为这个逻辑混淆了非法证据与应当排除的证据的差别。事实并非如此，这涉及非法证据排除是指不能作为定案根据还是指没有资格进入庭审程序的问题。如前所述，在英美法系，非法证据排除是指通过审前程序排除其进入法庭的资格；但大陆法系由于对证据的采纳和采信没有严格区分，而是采用证据禁止理论，所谓排除证据，就是不得作为定案根据，属于证据使用禁止，而不是排除其进入法庭的资格。我国《刑事诉讼法》中的非法证据排除，显然是指排除其作为定案根据，类似于证据使用禁止，而非指排除其进入法庭的资格，这一点应当没有任何争议（本书前文已论证过）。

或许，还有人会认为《最高人民法院、最高人民检察院、公安部、国家安全部、司法部关于办理刑事案件排除非法证据若干问题的规定》第13条规定的检察人员可以在庭审中提出辩方的非法证据问题，但2012年《刑事诉讼法》修改时却没有类似规定，而且还规定人民检察院应当对证据收集的合法性加以证明，2018年《刑事诉讼法》修改也未涉及这方面的内容，据此就推导出立法意图关于非法证据排除就是仅适用于公权力机关收集的证据。这种擅自揣测立法意图的主观解释方法并不科学。一方面，我国《刑事诉讼法》对私人非法取证是否适用非法证据排除规则没有明确规定已成学界共识，既然立法没有明确，就不能随意揣测立法意图；另一方面，这种观点忽略了体系解释的方法。我国《刑事诉讼法》第59条规定的“人民检察院应当对证据收集的合法性加以证明”，结合上下条文之间的关系进行解释，这个条文的意思显然是指控方需要对所提出的作为指控依据的证据合法性承担证明责任，这是“谁主张，谁举证”古老法则的应有之义，就此并不能推导出辩方的任何非法证据都可以在法庭上“自由驰骋”而不受任何限制。值得注意的是，我国《刑事诉讼法》第59条之后的第61条规定：“证人证言必须在法庭上经过公诉人、被害人和被告人、辩护人双方质证并且查实以后，才能作为定案的根据。法庭查明证人有意作伪证或者隐匿罪证的时候，应当依法处理。”该条规定显然包括了这样的情况：辩方提出的证人证言，控方有权提出质证意见，并查实后才能作为定案根据，如果法庭查明是辩方通过暴力逼迫证人作伪证，显然是要“依法处理”，予以排除，不得作为定案根据的。

综上可见，我国法律虽然对私人非法取证是否适用非法证据排除规则没有明确规定，但是并不意味着对辩方证据采取一律不排除的立场。全国人大法工委的李寿伟指出，从《刑事诉讼法》第56条的字面上看，该条规定似并未将非法证据的收集主体限于侦查机关等公权力机关。但结合《刑事诉讼法》第59条关于人民检察院的证明责任以及第57、175条关于人民检察院的调查核实、要求公安机关作出说明的规定，可以推出《刑事诉讼法》所规定的非法证据排除仅适用于公权力机关收集证据的结论。即便如此，基于证据收集的方法可能影响到证据的可信性等理由，对私人收集证据的过程也仍然存在需要质证的问题。[①]

三、辩方证据是否排除的标准在哪里?

辩方证据是否排除也应该采取权衡理论。事实上，辩方非法获取的证据不可能没有任何限制，值得研究的问题是，非法取证行为严重到何种程度才需要被排除。从这个意义上讲，争论辩方非法获取的证据是否适用排除规则意义不大，应该将争论的焦点转移到什么情况下辩方获取的证据需要被排除上来。正如美国大法官卡多佐所言，一方面，审判中排除非法取得之证据，会造成有罪者逍遥法外，而我们的社会希望犯罪应被抑制；另一方面，审判中不排除非法取得之证据，等于间接鼓励纵容私人非法取证，而我们的社会不希望私人傲慢地轻视法律违法取证时，证据排除与否，皆有危险。[②] 私人非法取证行为排除与否，需要在国家追诉利益和个人权利保护之间进行权衡，这可以借鉴我国台湾地区权衡理论以及德国的实践做法。结合我国的实际情况，建立私人不法取得证据分类排除机制：（1）以窃取、偷拍等和平方法获得的物证、书证，无须排除，而应当由司法机关进行调查核实；（2）以欺骗、引诱方式获取的言词证据，一般无须排除，但是欺骗、引诱的程度达到有导致虚假陈述之严重危险时应当排除；（3）以暴力、胁迫以及其他严重侵犯他人基本宪法性权利等违法犯罪方法获得的证据，应当排除。

---

① 参见李寿伟：《非法证据排除制度的若干问题》，载《中国刑事法杂志》2014 年第 2 期。

② 参见王兆鹏：《证据排除法则的相关问题》，载《刑事法杂志》1996 年第 3 期。

第三章　各类证据分解验证的操作方法

如前所述，证据能力三要件是分解验证的基本方法，就是从来源、过程、结果三个方面进行验证其证据能力。当然，从证据审查的角度来说，往往是采取“结果——过程——来源”倒置的方法来进行审查的。本章将对各类证据如何进行分解验证进行阐述。

第一节　物证和书证的分解验证

物证是以外部特征、物理属性发挥证明作用的物品或痕迹。一般表现为物品和痕迹，前者如刀、枪、棍、棒；后者如血迹、指纹等。书证是以其所表述的内容和思想来发挥证明作用的文件等书面材料，如发票、文件、档案材料等。

实践中，需要注意以下几个问题：（1）物证照片仍然是物证而非书证。事实上，物证照片只是物证的提取方式和表现形式而已。（2）手机通话记录、短信记录、微信聊天记录、QQ 聊天记录等，无论是以纸质打印件形式出现还是以照片截屏形式出现，均属于电子数据而非书证。（3）案发经过、情况说明到底是什么类型的证据？在大多数刑事案件的侦查过程中，侦查人员通常都会将“破案经过”“抓捕经过”“情况说明”等书面材料置入侦查案卷之中，使之成为侦查证据的组成部分。上述说明性质的材料尽管并没有表现为“笔录证据”的形式，却仍然属于侦查人员对特定侦查活动过程的说明。例如，“破案经过”属于侦查人员对侦查破获某一刑事案件全部过程的说明；“抓捕经过”则属于侦查人员对拘捕犯罪嫌疑人过程的补充说明；“赃款赃物发还情况”属于侦查人员向被害人、案发单位等发还赃款赃物情况的书面记录；“情况说明”，则属于侦查人员对其他侦查活动的过程所做的补充性情况的介绍或解释说明。对于侦查人员就特定侦查活动过程所做的这些证明材料，可以称之为“情况说明材料”。[①] 在刑事司法实践中，遇有被告方申请排除非法证据的场合，法庭有时也会责令公诉方调查核实有关案件情况，检察官则通常会责令侦查人员就一些有争议的侦查活动的合法性作出“情况说明”。对于侦查人员所出具的这类“情况说明”，公诉方会当庭予以出示和宣读，以说明侦查行为的合法性，反驳被告方的主张。当然，在法庭审判阶段，只有在应被告方的申请，法院启动非法证据排除程序之后，侦查人员才有可能应公诉方的要求，出具此类“情况说明”类材料。[②] 如本书概论中所言，“情况说明”系证据。如果一定要给它归

---

① 参见黄维智：《刑事案件中“情况说明”的适当定位》，载《法学》2007 年第 7 期；马党库：《刑事诉讼中情况说明之于定案根据》，载《人民司法》2012 年第 21 期；夏阳：《浅谈刑事案件中的“情况说明”》，载《西南政法大学学报》2013 年第 4 期。

② 参见陈瑞华：《论刑事诉讼中的过程证据》，载《法商研究》2015 年第 1 期。

类，可以认为它属于以文书之内容作为证据资料的类型，可归属于书证。

物证和书证属于实物性证据，如前所述，我国《刑事诉讼法》采取的是相对禁止（相对排除）或者说是裁量禁止（裁量排除）的原则。《刑事诉讼法》第56条规定，收集物证、书证不符合法定程序，可能严重影响司法公正的，应当予以补正或者作出合理解释；不能补正或者作出合理解释的，对该证据应当予以排除。是否“严重影响司法公正”由裁判者结合个案进行裁量。这种裁量排除的模式符合世界大多数国家的立法模式。英美法系中的英国和澳大利亚，大陆法系的代表德国均是如此。英国《警察与刑事证据法》第78条规定，法官综合考虑案件所有情形包括获取证据的情形，采纳该证据将严重影响诉讼公平性，对该证据应当排除。澳大利亚《证据法》规定，违反法律或者不当取得的证据，除非采纳的必要性大于排除的必要性，否则就应当予以排除。德国《刑事诉讼法》的主流观点和实践做法采取了个案裁量的原则。一般认为美国实行的是强制排除模式，但需要特别注意的是：（1）20世纪80年代后，非法证据排除规则设置了大量的例外，实际上是强制排除加例外的模式；（2）例外是通过判例发展出来的，实际案件处理中，如何适用例外也需要法官进行裁量，所以“所谓的强制排除加例外的模式，在实际效果上也近似裁量排除”。[①] 时至今日，在美国，“存在违反第四修正案的事实并不必然意味着就要排除由此获得的

---

① 戴长林、罗国良、刘静坤：《中国非法证据排除制度：原理·案例·适用》，法律出版社2016年版，第109~110页。

证据”已经得到大量判例支持。①

我国《刑事诉讼法》第56条规定的“可能严重影响司法公正”如何理解？《最高人民法院关于适用〈中华人民共和国刑事诉讼法〉的解释》第126条第2款规定，认定“可能严重影响司法公正”，应当综合考虑收集证据违反法定程序以及所造成后果的严重程度等情况。这里的“综合考虑”其实就是采取了“权衡理论”。如前所述，根据实质解释论，就是权衡实体真实与程序正义，从具体操作角度来说，就是实质上判断违法取证有无违反人权规则、痛苦规则、自愿性规则和真实性规则。

一、物证、书证来源如何分解验证？

1. 物证、书证来源的基本要求。物证、书证的来源至关重要，这直接涉及该物证和书证的证据能力，虽然《刑事诉讼法》对此没有明确规定，但是按照《最高人民法院关于适用〈中华人民共和国刑事诉讼法〉的解释》第86条的规定，“在勘验、检查、搜查过程中提取、扣押的物证、书证，未附笔录或者清单，不能证明物证、书证来源的，不得作为定案的根据。”该规定明确了物证、书证没有来源的不得作为定案根据，也就是说，没有来源的物证和书证没有证据能力而禁止使用。原因在于，没有来源的物证、书证，其真实性无法保障，违反了真实性规则，实质上“可能严重影响司法公正”。正如法国著名律师弗洛里奥所言，“有些文书资料不是伪造的，但是它的来源和成因十

---

① 参见吴宏耀：《美国非法证据排除规则的当代命运》，载《比较法研究》2015年第1期。

分可疑，当事人出示这样的资料，同样可以欺骗法官”。[①]

物证和书证的来源，实践中一般表现为勘验检查笔录、搜查笔录、扣押清单、调取证据通知书、调取证据清单等，通过这些文书来记录和反映这些物证、书证的来源。我们在审查物证、书证来源时需要重点审查这些文书。

2. 物证和书证的原始性问题。物证和书证的原始性审查，应当作为物证和书证来源合法性审查的重点内容。《最高人民法院关于适用〈中华人民共和国刑事诉讼法〉的解释》第82条对物证、书证的审查要点进行了规定，“物证的照片、录像、复制品或者书证的副本、复制件是否与原物、原件相符，是否由二人以上制作，有无制作人关于制作过程以及原物、原件存放于何处的文字说明和签名”。

在英美法系，有个著名的最佳证据规则。当代最佳证据规则可以表述如下：当证明一个文书（writing）时，如果其目的是证明该文书的术语，则除非在不可能的情况下，否则都应当出示该文书本身。[②]《美国联邦证据规则》规定：“除本证据规则或国会立法另有规定者外，为证明文书、录音或者照片之内容时，应当提供该文书、录音或照片的原件。”最佳证据规则的法理基础在于：复制件更有可能出现错误；原件不仅比副本可靠，而且通常还包含很多副本不包含的信息，如笔迹的特征、原本所用的纸张等。其适用范围如下：文书、照片与记录。实质理由在于保障真实性。

需要特别指出的是，美国的最佳证据规则的适用范围仅限

---

① ［法］勒内·弗洛里奥：《错案》，赵淑美、张洪竹译，法律出版社2013年版，第85页。

② 参见易延友：《最佳证据规则》，载《比较法研究》2011年第6期。

于文书、照片与记录，类似于我国的书证。与案件有关的实物，如果不属于文书、记录或照片，则不适用最佳证据规则。但是，我国《最高人民法院关于适用〈中华人民共和国刑事诉讼法〉的解释》对于物证和书证的原始性没有进行区别对待，第83条规定，“据以定案的物证应当是原物。原物不便搬运、不易保存、依法应当返还或者依法应当由有关部门保管、处理的，可以拍摄、制作足以反映原物外形和特征的照片、录像、复制品。必要时，审判人员可以前往保管场所查看原物。物证的照片、录像、复制品，不能反映原物的外形和特征的，不得作为定案的根据。物证的照片、录像、复制品，经与原物核对无误、经鉴定或者以其他方式确认真实的，可以作为定案的根据。”这意味着，物证以原物为原则，以照片、录像、复制品为例外，只有在“（1）原物不便搬运，（2）不易保存，（3）依法应当返还，（4）依法应当由有关部门保管、处理”这四种情况下才可以用照片、录像或复制件。但是，这一规定存在以下问题：（1）脱离司法实践的实际情况。实践中，大量的物证是以照片形式呈现的，即便不存在“原物不便搬运，不易保存，依法应当由有关部门保管、处理，或者依法应当返还”的情况，也是以物证照片形式存在的，只要照片能够客观反映物证的特征，作为定案根据并无问题。（2）误解了最佳证据规则，与最佳证据规则的法理基础不相符合。如前所述，最佳证据规则针对的是书证，而非物证。因为物证的证据能力关键在于来源可靠，与书证相比，物证并不像书证那样容易通过复制件进行伪造和篡改。这一点与书证是截然不同的。美国也没有对物证提出如此之高的要求。

在美国诉杜飞案中，杜飞被指控非法运输明知是盗窃的物品罪。控诉方的一名证人证实他从被告人杜飞那里购买了一辆汽车；一名FBI的工作人员证明他对汽车作了检查，并在车上发现了杜飞的指纹。被告人则传唤了3名证人，其中包括杜飞自己，作证证明杜飞是搭便车。尽管他也在公司的车上工作，但他并没有盗窃也没有运输该被盗车辆。当地警察和FBI都作证证明在车上搜出两个箱子，其中一个装有一件衬衫，上面有“D－U－F”字样。被告人反对，要求警察出示该衬衫。法庭没有支持被告人的反对，而是容许了该警察和FBI的证言。其理由是，从一般人的理解来看，印有水印字样的衬衫并不属于“文书”，从而不受“最佳证据规则”之约束。在普通法上，当一个证据是否属于“文书”发生争议时，法官应当根据最佳证据规则背后的政策法理进行衡量。本案中，印有“D－U－F”字样的衬衫上标记的字母相当简单，侦查人员很容易就能记住其特征，很少可能发生记忆的错误。况且本案也不是指控被告人非法持有某物，因此出示该衬衫原件的要求并不适用。①

关于书证的原始性问题，《最高人民法院关于适用〈中华人民共和国刑事诉讼法〉的解释》第84条规定，“据以定案的书证应当是原件。取得原件确有困难的，可以使用副本、复制件。对书证的更改或者更改迹象不能作出合理解释，或者书证的副本、复制件不能反映原件及其内容的，不得作为定案的根据。书证的副本、复制件，经与原件核对无误、经鉴定或者以其他方式确认真实的，可以作为定案的根据。”这项规定意味着：首先，书证以原件为原则。其次，例外情况只有一种，即“提取原件确有困难”。最后，即便不存在“提取确有困难”的情形，而提取的是书证的副本、复制件，经与原件核对无误、经鉴定

---

①　参见易延友：《最佳证据规则》，载《比较法研究》2011年第6期。

或者以其他方式确认为真实的，具有证据能力，可以作为定案的根据。司法实践中，大量的账目、发票是以复印件形式出现的。比如一个盗窃案件，被害人提供了被盗物品的发票，这个发票被害人要求原件自己保存，只给公安机关复印件，这严格来说算不上“提取原件确有困难”，但是实践中大多以复印件形式出现，只要是公安机关进行复印的，且注明来源、原件在何处以及与原件核对无异等，实践中并不会对其证据能力提出异议，该书证可以作为定案根据使用。

上述关于书证原始性的规定，基本上借鉴了美国最佳证据规则的内容，但是需要特别说明的是，美国的最佳证据规则也存在诸多例外情形，而我国上述司法解释对于例外情形的规定很不完善，不仅不符合我国司法实践的实际情况，也与美国相去甚远，甚至比美国要求的更加严格。正如美国大法官 Porter 指出的：“文书证据规则并不意味着一个人应当由于他不能控制的原因而丧失其实体上享有的权利；它仅仅意味着：只要一个人手中还有更加高级、更加可靠的证据或者他能够获得这样的证据，则他就不能仅提供较不高级或较不可靠的证据。因此，最佳证据规则并不要求在所有情况下都必须提交原件。”[①] 美国的最佳证据规则有以下例外情况：（1）当事人对副本或复制件无争议。美国《联邦证据规则》第 1003 条规定，除非其与原件的一致性发生问题，或者容许以复制件代替原件将导致对一方当事人不公正，复制件应当在原件获得容许的范围内具有可采性。美国学者认为，这一例外的法理基础在于这一例外的理论基础是，由于现代科技的发达，副本的不可靠性已经降低，因此，

---

① 参见易延友：《最佳证据规则》，载《比较法研究》2011 年第 6 期。

对于副本可能会存在不准确、不完整、不清晰的担心已经不复存在。[①]（2）原件已丢失或损毁，当然不能是恶意丢失或损毁原件，而且要尽到合理的搜索努力义务。（3）原件掌握在对方手中。这一例外如今已经一体适用于民事诉讼和刑事诉讼。如经济犯罪案件中，被告人拒不供述其罪证的文件原件存放在何处。（4）原件掌握在第三人手中。（5）官方记录。美国《联邦证据规则》第1005条规定，一个官方记录的内容，或者一个经由权力机构记录或者存档的文件，包括以任何形式编纂的资料，如果该复制件以与第902条相吻合的方式获得验证，或者经对两者进行比较后认定为与原件同一的证人作证证明，则该内容可以以复制件的形式获得证明。（6）其他例外。美国《联邦证据规则》规定，成册的文书、记录或照片如果不能在法庭上方便地检验，可以以图表、摘要或计算的方式出示。其原件或复制件应当可以获得以便进行检验或复制。对于卷帙浩繁的文书，原件要求并不适用。在普通法上，如果一个记载有文字或图片等信息的载体不便搬运，则该文书的证明也不受原件要求的约束。例如，1840年英国的一个判例规定，写在墙上的字迹的证明，不必出示该墙体本身。另外，《联邦证据规则》还规定，凡对方当事人的证言或者陈述或者书面自认，可用于证明该当事人出示的文书、记录或照片，而无需诉诸该文书、记录或照片的原件。[②]

因此，笔者认为，司法实践中对于书证的原始性问题，要把握以下几点：

（1）要对“提取原件确有困难”进行合理的解释，可以将

① 参见易延友：《最佳证据规则》，载《比较法研究》2011年第6期。

② 参见易延友：《最佳证据规则》，载《比较法研究》2011年第6期。

原件已丢失或损毁并尽到合理的搜索努力义务以及原件掌握在被告人手中而被告人拒不交出的情况，解释为“提取原件确有困难”。

（2）物证、书证的复制件（包括物证的照片、录像、复制品，书证的副本、复制件，下同），要有制作过程的说明。根据《最高人民法院关于适用〈中华人民共和国刑事诉讼法〉的解释》第86条规定，物证的照片、录像、复制品，书证的副本、复制件未注明与原件核对无异，无复制时间，或者无被收集、调取人签名的；物证的照片、录像、复制品，书证的副本、复制件没有制作人关于制作过程和原物、原件存放地点的说明，或者说明中无签名的，属于瑕疵证据，经补正或者作出合理解释的，才可以作为定案根据。这与该解释第83、84条的规定是一脉相承的，即“经与原件核对无误、经鉴定或者以其他方式确认真实的，可以作为定案的根据”，都是为了符合真实性规则。实践中，物证、书证复制件制作过程说明问题较多，存在大量没有制作过程说明的现象，法官、检察官、律师甚至对此习以为常。事实上，这影响到证据的真实性。

（3）官方记录的复印件以及成册的卷帙浩繁的文书，只要与原件核对无异，注明来源，应当按照“书证的副本、复制件，经与原件核对无误、经鉴定为真实或者以其他方式确认为真实的，可以作为定案的根据”适用。

二、物证、书证提取过程如何分解验证？

1. 物证、书证提取过程分解验证的基本要求：（1）物证、书证的收集程序、方式应当符合法律、有关规定。《刑事诉讼法》第56条规定，收集物证、书证不符合法定程序，可能严重影响司法公正的，应当予以补正或者作出合理解释；不能补正或者作出合理解释的，对该证据应当予以排除。《最高人民法院关于适用〈中华人民共和国刑事诉讼法〉的解释》第 82 条规定，对物证、书证应当着重审查其收集程序、方式是否符合法律、有关规定。该解释第 86 条第 3 款的规定，对物证、书证的收集程序有疑问，不能作出合理解释的，该物证、书证不得作为定案的根据。在审查过程中，先进行第一步形式审查，即物证、书证的收集过程的来源有无违反规定，如果违反规定是否需要排除就需要进行第二步的实质判断，实质判断的基本标准就是人权规则、痛苦规则、真实性规则、自愿性规则。（2）物证、书证在收集、保管、鉴定过程中不能受损或者改变，这是真实性规则的要求。《刑事诉讼法》第 141 条规定，对查封、扣押的财物、文件，要妥善保管或者封存，不得使用、调换或者损毁。《最高人民法院关于适用〈中华人民共和国刑事诉讼法〉的解释》第 82 条规定，对物证、书证应当着重审查物证、书证在收集、保管、鉴定过程中是否受损或者改变。

2. 无证搜查获取的物证、书证是否具有证据能力。物证、书证依附于侦查机关的搜查、扣押等侦查行为而获得。为防止搜查等强制性侦查手段的滥用，保护私权，各国一般实行令状主义。有证搜查是令状主义的基本表现形式。那么，在无证搜查的情况下，所获取的物证、书证是否具有证据能力呢？

我国《刑事诉讼法》第 138 条的规定，进行搜查，必须向被搜查人出示搜查证。但是与世界其他国家一样，也存在例外情形，《刑事诉讼法》第 138 条进一步规定，在执行逮捕、拘留的时候，遇有紧急情况，不另用搜查证也可以进行搜查。《公安机关办理刑事案件程序规定》第 224 条进一步对“紧急情况”进行了解释，即执行拘留、逮捕的时候，遇有下列紧急情况之一的，不用搜查证也可以进行搜查：（1）可能随身携带凶器的；

(2) 可能隐藏爆炸、剧毒等危险物品的；(3) 可能隐匿、毁弃、转移犯罪证据的；(4) 可能隐匿其他犯罪嫌疑人的；(5) 其他突然发生的紧急情况。可见，我国实行有证搜查为原则，无证搜查为例外。换言之，在有法定的“紧急情况”之下，无证搜查获得的证据不影响其证据能力。

问题在于，没有上述法定的“紧急情况”或者是否具有“紧急情况”不明的情况下，是否影响证据的能力，就会存在争议。比如，下面这个案例：

【案例7：陈某某故意杀人案】 原审一审、重审认定：被告人陈某某与被害人张某某（女）是同乡并曾经是男女朋友。两人原在陈某某租住的广州市天河区某处同居。2008年11月底，张某某向陈某某提出分手，并于同年12月初搬出单住。随后，张某某有了新男朋友，但仍与陈某某保持往来。2009年1月11日，在陈某某的建议下，刚到广州投靠陈某某的杨某和陈某某一起到天河区新塘街卫生服务中心开取了安定片。1月13日下午，张某某到陈某某的住处。陈某某和杨某一起去买菜回来做晚饭与张某某同吃。22时许，张某某因没有煤气洗热水澡而生气，并提出要离开。陈某某遂将张某某送回张某某的住处。在房间内，两人因故发生争执。陈某某用手捂住被害人张某某的口鼻并将其按倒在床上，致被害人张某某窒息死亡。随后，陈某某将一只布玩具放在侧卧的张某某胸前作双手环抱状并盖上被子。23时30分33秒，陈某某用张某某使用的飞利浦手机向自己留在住处的手机发出了一条要约出来吃宵夜的短信。在陈某某住处的杨某发现上述手机短信后，以为是陈某某发给自己的，即用该手机回复了短信称不去。之后，陈某某拿着张某某的小挂包及手机离开。离开时，陈某某在门外用张某某的钥匙锁上挂锁，并将钥匙从门上的小门扔进屋内，然后关上小门离开。在返回途中，陈某某将张某某的手机卡丢弃，并将张某某的手机及随身小挂包带回了自己住处。1月15日中午，张某某的父亲因无法联系上张某某而电话联系陈某某，并请求帮忙寻找。陈某某和杨某吃完午饭后动身前往张某某住处寻找。15时许，当杨某陪同陈某某开门进入张某某住处并发现张某某死亡后，随即报了警。随后，在接受公安机关调查询问时，陈某某谎称张某某使用的是一部新买的索爱手机。2月24日，公安机关在陈某某住处将其抓获，并缴回了张某某的小挂包（内有62.5元、银行卡、学生证、白色金属链及吊坠等）及手机等物品。原审一审法院于2012年1月10日作出（2010）穗中法刑一初字第20号刑事附带民事判决，认定被告人陈某某犯故意杀人罪，判处死刑，缓期2年执行，剥夺政治权利终身。判令被告人陈某某赔偿附带民事诉讼原告人丧葬费、死亡赔偿金、交通费、误工费等共计505,299.5元。宣判后，陈某某不服，提出上诉。广东省高级人民法院于2013年9月14日作出（2012）粤高法刑三终字第251号刑事附带民事裁定，以原判认定的事实不清，证据不足为由，裁定撤销原判，将本案发回重审。原审重审后，认定被告人陈某某犯故意杀人罪，判处死刑，缓期2年执行，剥夺政治权利终身。判令被告人陈某某赔偿附带民事诉讼原告人丧葬费、交通费、误工费等经济损失共计34,172.5元。宣判后，陈某某以原判认定事实不清，侦查阶段遭到刑讯逼供，侦查机关存在证据造假等问题，其没有实施杀人行为，不应承担赔偿责任为由提出上诉。其辩护人提出侦查机关存在无证搜查、审讯陈某某存在刑讯逼供、指事问供等违法行为，审讯录音录像不具有连贯性，书证造假，认定陈某某实施犯罪无法排除合理怀疑，不具备唯一性，请求宣告陈某某无罪。二审出庭检察员认为，本案在办理中确实存在程序上的疑点及瑕疵，导致证据上也存在疑问，认定陈某某构成故意杀人罪的证据相对薄弱；鉴定结论及现场勘验笔录证实在房间提取到的指纹经鉴定为陈某某所留，但该证据的证明力有限，因为陈某某经常出入该房间，而且案发后又到过此处，所以指纹鉴定意见的意义不大；陈某某实施杀人行为的动机不明，本案无法完全排除其他人实施杀人行为的可能性，请二审法院依法裁判。广东省高级人民法院审理认为，针对本案多项证据的证据能力及证明力存在的问题，在庭前依职权要求侦查机关进行补充侦查，最终仍无法完善证据，且在随后的法庭审理中依法排除了多项非法证据。鉴于此，广东省高级人民法院决定采纳广东省人民检察院的出庭意见，认为未被排除的证据已达不到认定上诉人陈某某构成犯罪的确实、充分的证明标准，无法排除合理怀疑，无法得出陈某某实施杀害张某某犯罪行为的唯一性结论。原判认定上诉人陈某某犯故意杀人罪的事实不清、证据不足，原公诉机关指控上诉人陈某某的犯罪不能成立。①

本案最终被判无罪的原因是多方面的，涉及很多非法证据，但是其中一个关于无证搜查的问题值得研究。在本案中，侦查人员于2009年2月24日对陈某某的租住处进行了搜查，有关搜查证、搜查笔录、扣押物品、文件清单上的日期均是2009年2月24日，唯独搜查证上被搜查人署名一栏中，被搜查人陈某某署名日期是2009年10月16日18时，陈某某署名的日期与该搜查证的日期相差了7个月20天。广东省高级人民法院吴海涛法

① 案例来源于吴海涛：《非法证据审查、处理的标准及原则》，载《人民司法》2016年第5期，本书在引用时将当事人真实姓名隐去。

官撰文《非法证据审查、处理的标准及原则——陈某某故意杀人案无罪判决的法理分析》（以下简称吴文）对此案的判决理由进行了剖析[①]，其中关于无证搜查问题的分析值得关注。吴文指出：

本案中，针对搜查是否合法的问题，法庭依法通知了参与搜查的二名侦查人员到庭作证，经检辩双方的交替质询后，二名侦查人员均无法对搜查证的日期与被搜查人署名的日期相差了 7 个月 20 天的疑问作出合理解释。其中一名侦查人员试图以当时与陈某某同住的证人杨某可能会隐匿、销毁罪证为由，证明当时无证搜查的合法性。然而，附卷的一份拘传证显示，侦查人员在实施搜查前就拘传了杨某，所以不存在杨某干扰取证的可能。搜查是法定的取证行为，必须经过侦查机关的负责人审查、批准，签发了搜查证后，搜查行为才具备合法性。侦查机关如要证明自己当时搜查的合法性，只需出示负责人签发的搜查证副页，只要副页上负责人署名的日期也是 2009 年 2 月 24 日，就有可能证明当时是持证搜查，其搜查行为合法。然而，出庭作证的二名侦查人员无法出示搜查证的副页，二人不能对搜查产生的多项证据材料出现的疑问做出合理解释，甚至其中一人的说明实际上已经承认了无证搜查的事实，检辩审三方对其搜查行为是否合法已了然于胸。合议庭确认了侦查人员构成非法搜查行为后，该搜查行为收集的物证并不当然属于非法证据。但合议庭判断，搜查证日期与被搜查人署名日期的不一致及被搜查人在二审庭审中的指证，不排除侦查人员在时隔近八

---

① 文章对证明标准、客观真实与法律真实、毒树之果等证据法基础概念有诸多误解，这里不再讨论，重点探讨无证搜查问题。参见吴海涛：《非法证据审查、处理的标准及原则》，载《人民司法》2016 年第 5 期。

个月后补办搜查证，把该搜查证的日期倒签至搜查当天，试图隐瞒真实取证过程的可能性。陈某某及其辩护人提出了侦查机关非法搜查、栽赃陷害的控告及排除非法证据的申请，导致合议庭无法判明上述搜查行为收集的物证的真实来源，而这些物证对定案具有关键的证明价值，侦查人员的上述行为动摇了物证的合法性根基，严重影响了合议庭对案件事实的准确认定。因此，合议庭认为无证搜查行为造成了严重的后果，参与搜查的二名侦查人员在二审庭审中均无法对以上问题做出合理的解释。鉴于此，除了陈某某本人无异议的二项物证之外，侦查机关搜查所收集的其他物证，认定属非法证据，予以排除。

这段论述透露了以下信息：（1）非法搜查行为收集的物证并不当然属于非法证据（无证据能力之证据）。这一点，吴文明确指出，“合议庭确认了侦查人员构成非法搜查行为后，该搜查行为收集的物证并不当然属于非法证据”。（2）对于无证搜查行为，侦查人员无法合理解释，并导致物证来源不明，是导致非法证据排除的根本原因。关于这一点，吴文指出，“合议庭判断……不排除侦查人员在时隔近八个月后补办搜查证，把该搜查证的日期倒签至搜查当天，试图隐瞒真实取证过程的可能性……导致合议庭无法判明上述搜查行为收集的物证的真实来源，而这些物证对定案具有关键的证明价值”。（3）对于双方无争议的物证，尽管系无证搜查所得，可以具有证据能力。吴文指出“除了陈某某本人无异议的二项物证之外，侦查机关搜查所收集的其他物证，认定属非法证据，予以排除”①，也就是说，二项无异议的物证没有作为非法证据排除。笔者认为，上述裁

① 参见吴海涛：《非法证据审查、处理的标准及原则》，载《人民司法》2016年第5期。

判观点是正确的，符合我国《刑事诉讼法》第 56 条关于物证、书证证据能力的观点，即收集物证、书证不符合法定程序，可能严重影响司法公正的，应当予以补正或者作出合理解释；不能补正或者作出合理解释的，对该证据应当予以排除。

无独有偶，2004 年 7 月，大洋彼岸的美国也发生过无证搜查引发巨大争议的案件。案情如下：

【案例 8：赫尔英案】2004 年 7 月，赫尔英（Herring）为取回被扣押车辆中的一些私人物品，驱车来到被扣押车辆所在地乔治亚州南部的科菲县。科菲县的侦查人员马克·安德森获悉赫尔英要来该县，遂要求该县警察局负责司法令状的职员桑迪·波普检索一下该县的数据库，看是否有针对赫尔英的尚未执行的逮捕令状。经电脑检索，科菲县数据库里没有安德森想要的逮捕令状。安德森让波普再查一查附近的戴尔县是否有针对赫尔英的尚未执行的逮捕令状。于是，波普给戴尔县警察局负责司法令状的职员打了个电话，请她帮助检索一下戴尔县的数据库有没有安德森想要的逮捕令。后者检索后告诉波普，赫尔英曾因一项重罪指控没有出庭应诉被批准逮捕，该逮捕令状尚未执行。安德森闻讯，要求对方传真一份逮捕令状的复印件过来。这时候，赫尔英已经离开了科菲县警察局。于是，拿到逮捕令状的复印件后，安德森和科菲县警察局副局长开车追上赫尔英，勒令他停车，并根据戴尔县传真过来的逮捕令对赫尔英实施了逮捕。通过对赫尔英及其汽车进行附带搜查，他们在赫尔英的衣服口袋里发现了一些毒品“冰毒”（甲基苯丙胺），并在赫尔英卡车驾驶座位底下找到一把手枪。与此同时，戴尔县负责司法令状的警察局职员摩根试图寻找这份针对赫尔英的逮捕令原件，但怎么也找不到。于是，她打电话给戴尔县巡回区法院的法院书记官办公室，后者告诉她，该令状事实上早已经撤销了。摩根立即将这一消息告诉了波普，波普赶快将这一消息通知安德森。但为时已晚，尽管前后只有短短15分钟左右的时间，安德森已经对赫尔英实施了搜查并发现了上述违禁物品。之后，赫尔英受到了以下两项指控：非法持有“冰毒”；身为重罪犯罪人而持有枪支。在审判中，赫尔英以据以搜查的逮捕令状事实上早已撤销为由，要求法院认定该搜查行为违法，并动议排除这些“冰毒”和手枪。联邦地区法院拒绝了赫尔英的动议。相反，地区法院认为，由于执行逮捕的警察出于善意、根据该逮捕令状依然有效的信念实施了逮捕并由此搜查发现了这些毒品和枪支，因此，将排除规则适用于此类情形不会产生吓阻今后再次发生类似错误的威慑作用。同时，地区法院还认定，造成这一信息错误的是戴尔县警察局的职员，而不是科菲县警察局的职员。最后，陪审团判决两项指控成立，赫尔英被判27个月的监禁刑。

在上诉程序中，赫尔英提出上诉的主要理由是，认为地区法院初审判决拒绝排除证据是错误的。第十一巡回区法院维持了初审判决，认为尽管本案中的搜查活动侵犯了赫尔英的第四修正案权利，但是，是否必须排除由此获得的证据则是属于另外的问题。2008年2月20日，美国联邦最高法院批准了赫尔英的调卷令申请，并于10月7日就本案听取了口头辩论。最后，最高法院以5∶4的微弱多数作出了维持原判的判决，认为如果执法官员根据其他司法辖区的记录相信某司法令状依然有效并据此实施了逮捕，即使随后发现由于后一司法辖区警察局的过失行为致使其提供的该司法令状依然有效的信息是错误的，依然可以根据排除规则的善意例外，在控方举证阶段使用由此获得的那些证据。

美国时任首席大法官罗伯茨代表多数派撰写了本案的判决意见。大法官罗伯茨认为本案的核心问题是：在双方均承认构成违反第四修正案的前提下，是否应当适用排除规则？对此，他首先明确了两个基本观点。第一，根据埃文斯案的判决，尽管第四修正案保障个人享有不受不合理搜查扣押的权利，但是，该修正案并“没有明确规定，违反该项修正案获得的证据必须予以排除”。第二，根据柯兰卓案的判决，作为一项司法创制的规则，排除规则“旨在通过其威慑效果保障第四修正案权利”。因此，大法官罗伯茨认为，存在违反第四修正案的事实并不必然意味着就要排除由此获得的证据。事实上，排除证据“一直以来都是我们最后诉诸的手段，而非我们的第一反应”。据此，他指出，排除规则并非个体享有的一项权利；相反，先例表明，只有在排除规则“能够产生显而易见威慑后果”时，才会适用。而且，由此产生的威慑利益必须大于由此付出的成本。他进一步指出，“排除规则旨在威慑故意或满不在乎的违法行为以及严重的过错行为（deliberate，reckless，or grossly negligent conduct)，或者，适用于一再诱发或导致体制性过错行为的情形”，而不应适用于因“个别的、不具直接因果关系的警察过错(isolated and attenuated policenegligence)”。因此，“为了适用排除规则，警察行为必须具备以下条件：必须是基于相当程度的故意（sufficiently deliberate)，以至于排除证据能够产生具有实质意义的威慑作用；而且，必须具有相当程度的可责性（sufficiently culpable)，以至于司法系统值得为了威慑而付出这样的代价”。在本案中，由于导致赫尔英被捕的记录错误是一项并不严重的、并非故意为之的错误，因此，据此尚不足以产生排除证据的效果。不过，联邦最高法院同时警告说，这并不“意味着，对于警察部门造成的任何记录错误，都可以免受排除规则的制裁……如果在维持司法令状系统方面警察部门已经表现出一种草率的态度（be reckless），或者，为了给以后的错误逮捕行为提供口实而故意伪造错误的记录，那么，根据我们的判例法，只要此类违法行为导致了第四修正案违法行为，毫无疑问应当排除由此获得的证据"①。

上述美国的判例，也透露出以下信息：（1）违法取证并不必然导致非法证据排除。即便是在美国，侦查活动侵犯了宪法第四修正案的权利，也未必就必然导致非法证据排除。对此，第十一巡回区法院维持了初审判决并指出，"尽管本案中的搜查活动侵犯了赫尔英的第四修正案权利，但是，是否必须排除由此获得的证据则是属于另外的问题"。大法官罗伯茨指出，"尽管第四修正案保障个人享有不受不合理搜查扣押的权利，但是，该修正案并没有明确规定，违反该项修正案获得的证据必须予以排除"，"存在违反第四修正案的事实并不必然意味着就要排除由此获得的证据"。（2）侦查人员的过错程度是影响非法证据排除的重要因素。大法官罗伯茨认为"必须是基于相当程度的故意"，"排除规则旨在威慑故意或满不在乎的违法行为以及严重的过错行为"，而不应适用于因"个别的、不具直接因果关系的警察过错"。（3）威慑理论在美国的司法实践中具有重要影响力。大法官罗伯茨指出，排除非法证据的重要条件是"以至于排除证据能够产生具有实质意义的威慑作用；而且，必须具有相当程度的可责性（sufficiently culpable），以至于司法系统值得

---

① 吴宏耀：《美国非法证据排除规则的当代命运》，载《比较法研究》2015年第1期。

为了威慑而付出这样的代价”。[①]

对比上述中美两个判例，本书认为，对于无证搜查问题需要把握以下几点：

首先，无证搜查并不必然导致非法证据排除。无证搜查只是影响证据能力的因素，但并不直接导致证据能力丧失。即便是在美国，无证搜查与非法证据排除二者之间也不能画等号，即使存在违反美国宪法第四修正案的事实也并不必然意味着就要排除由此获得的证据。实践中，很多人动辄主张排除非法证据，动辄以“美国怎样怎样”为理由，其实是一种误解。从法律层面上，我国《刑事诉讼法》和相关司法解释并没有规定无证搜查的物证和书证就一定需要排除。对于无证搜查问题包括对待整个非法证据排除制度问题，我们既不能保守过度，也不能矫枉过正。我们应该清楚，正如美国大法官罗伯茨所说的，排除证据“一直以来都是我们最后诉诸的手段，而非我们的第一反应”，“排除规则并非个体享有的一项权利”。[②]

其次，无证搜查获取的证据是否需要排除的判断标准，第一步形式判断，无证搜查是违反法律规定的；第二步实质上判断，无证搜查获取的证据是否有证据能力，需要从人权规则、痛苦规则、真实性规则、自愿性规则角度进行判断。从本案来看，其实是搜查证日期倒签的问题，与那种无搜查证擅自侵入住宅、强行进入当事人隐私空间进行搜查是不同的，前者并不违反人权规则，后者明显违反人权规则，正因为如此，在陈某

---

① 吴宏耀：《美国非法证据排除规则的当代命运》，载《比较法研究》2015 年第 1 期。

② 吴宏耀：《美国非法证据排除规则的当代命运》，载《比较法研究》2015 年第 1 期。

某案件中，判决对于双方无争议的物证，尽管系无证搜查所得，也没有作为非法证据予以排除。这种搜查证日期倒签，尽管不违反人权规则，但是可能会影响搜查过程及搜查物证的真实性，因此判决认为“不排除侦查人员在时隔近八个月后补办搜查证，把该搜查证的日期倒签至搜查当天，试图隐瞒真实取证过程的可能性……导致合议庭无法判明上述搜查行为收集的物证的真实来源”。也就是说，因违反真实性规则而排除。

三、物证、书证结果如何分解验证？

形成的物证、书证结果的合法性验证重点审查以下方面：（1）物证的照片、录像、复制品或者书证的副本、复制件是否与原物、原件相符，是否由二人以上制作，复制件有无注明与原件核对无异，有无复制时间，或者有无被收集、调取人签名、盖章的；有无制作人关于制作过程以及原物、原件存放于何处的文字说明和签名；（2）经勘验、检查、搜查提取、扣押的物证、书证，是否附有相关笔录、清单，笔录、清单是否经侦查人员、物品持有人、见证人签名，没有物品持有人签名的，是否注明原因；物品的名称、特征、数量、质量等是否注明清楚；（3）书证有无更改或者更改迹象。

上述问题，很多属于瑕疵，但是这些瑕疵如果不注意分解审查验证，如果不能合理解释和说明，就可能发展为非法证据。《最高人民法院关于适用〈中华人民共和国刑事诉讼法〉的解释》第86条第2款规定，物证、书证的收集程序、方式有下列瑕疵，经补正或者作出合理解释的，可以采用：（1）勘验、检查、搜查、提取笔录或者扣押清单上没有调查人员或者侦查人员、物品持有人、见证人签名，或者对物品的名称、特征、数量、质量等注明不详的。（2）物证的照片、录像、复制品，书证的副本、复制件未注明与原件核对无异，无复制时间，或者无被收集、调取人签名的。（3）物证的照片、录像、复制品，书证的副本、复制件没有制作人关于制作过程和原物、原件存放地点的说明，或者说明中无签名的。一般来说，可用以下两种方式来体现制作过程说明：一是在照片或复印件上注明与原件核对无异、原件存放在何处、制作时间、制作人等，并签字盖章；二是制作单独的制作过程说明或情况说明来记载上述内容。（4）有其他瑕疵的。上述这些问题，根据“先形式后实质二步式审查法”，从第一步形式判断角度来说，均违反了司法解释的规定；从第二步实质判断角度来说，如果不能合理解释，违反人权规则、痛苦规则、真实性规则、自愿性规则，则需要进行排除。例如，书证的复印件，没有制作说明，拒不补正或者无法补正和说明，导致无法判断是否与原件一致，影响其真实性，那么就应当作为非法证据排除。

第二节　言词证据的分解验证

言词证据又称口头证据，是以自然人的言词陈述为载体的证据形式，包括犯罪嫌疑人或被告人的供述和辩解、被害人陈述、证人证言。实践中的亲笔供（证）词、悔过书等均属于言词证据，而非书证。“证人的错误证言和嫌疑人的虚假供述是导致错误判决的两大主因”①。因此，言词证据的分解验证至关重要。

---

① ［美］吉姆·佩特罗、南希·佩特罗：《冤案何以发生——导致冤假错案的八大司法迷信》，苑宁宁等译，北京大学出版社2012年版，序言第3页。

讯问、询问同步录音录像是否属于证据、属于什么证据存在争议。争议表现在：同步录音录像是否是证据？关于这个问题，争论来源最高人民法院和最高人民检察院。2013 年，最高人民法院刑事审判庭第二庭《关于辩护律师能否复制侦查机关讯问录像问题的批复》，该批复认为“侦查机关对被告人的讯问录音录像已经作为证据材料向人民法院移送并已在庭审中播放，不属于依法不能公开的材料，在辩护律师提出要求复制有关录音录像的情况下，应当准许”。2014 年 1 月 27 日，最高人民检察院法律政策研究室作出《关于辩护人要求查阅、复制讯问录音、录像如何处理的答复》，认为讯问犯罪嫌疑人录音、录像不是诉讼文书和证据材料，属于案卷材料之外的其他与案件有关的材料，辩护人未经许可，无权查阅和复制。并认为 2012 年《刑事诉讼法》第 38 条规定，辩护律师自人民检察院对案件审查起诉之日起，可以查阅、摘抄、复制本案的案卷材料，录音录像不属于案件的案卷材料，而是案卷以外的其他与案件有关的材料，《刑事诉讼法》和有关司法解释并未授权辩护人查阅、摘抄、复制。因此需要由人民检察院根据案件情况决定。同时也指出，根据《刑事诉讼法》第 56 条和《人民检察院刑事诉讼规则（试行）》第 74 条、第 75 条，在人民检察院审查起诉阶段，辩护人对讯问合法性提出异议，申请排除以非法方法收集的证据，并提供相关线索或者材料的，可以在人民检察院查看（听）相关录音录像。对涉及国家秘密、商业秘密、个人隐私或者其他犯罪线索的内容，人民检察院可以对讯问录音录像的相关内容作技术处理或者要求辩护人保密。在人民法院审判阶段，人民法院调取讯问犯罪嫌疑人录音录像的，人民检察院应当将讯问录音录像移送人民法院，必要时，公诉人可以提请法庭当庭播放相关时段的录音录像。但辩护人无权自行查阅、复制讯问犯罪嫌疑人录音录像。

笔者认为，（1）同步录音录像是证据。根据《刑事诉讼法》第50条的规定，可以用于证明案件事实的材料，都是证据。讯问（询问）的同步录音录像本质上就是犯罪嫌疑人的供述、被害人或证人的证言，因此在属性上，同步录音录像属于证据，应当得到认可。（2）同步录音录像属于言词证据。我国《刑事诉讼法》第50条2款规定，证据包括：物证，书证，证人证言，被害人陈述，犯罪嫌疑人、被告人供述和辩解，鉴定意见，勘验、检查、辨认、侦查实验等笔录，视听资料、电子数据。上述八类中并没有同步录音录像，但是这并不意味着同步录音录像就不是证据。如前所述，同步录音录像是记录讯问和询问的载体，在这一点上，与讯问笔录和询问笔录，没有本质差别，因此，同步录音录像仍然属于言词证据，在证据类型上，分别属于犯罪嫌疑人（被告人）供述和辩解、被害人陈述、证人证言。需要特别说明的是，同步录音录像不属于视听资料、电子数据。这些记录侦查人员讯问犯罪嫌疑人过程的录音录像资料，尽管在形式上具有视听资料、电子数据的属性，但在所发挥的证明作用方面，却与那些旨在证明特定犯罪构成要件事实的录音录像资料有着实质的区别。（3）关于辩护律师能否阅看、复制问题，笔者认为，同步录音录像依附于言词证据笔录，在内容上应当与言词证据保持一致，性质上相同，律师既然能够复制、查阅言词证据笔录，那么理论上，就应当能够复制、查阅同步录音录像。既然敢于对相关当事人的讯问、询问进行同步录音录像，就应当有勇气让律师查阅，即便录音录像真的有问题，藏着掖着也没有必要。事实上，同步录音录像只有在被告方对侦查人员讯问犯罪嫌疑人过程的合法性提出质疑的时候，才会被作为证据使用。被告方假如不提出这种质疑，侦查人员所制作的这些录音录像一般不会发挥较大的证明作用。既然如此，现有的司法解释和最高司法机关的批复之间并没有本质性的矛盾，可以采用以下方法来把握和处理：

其一，审查起诉阶段，辩护人提出非法证据排除的请求并提供相应线索，要求查阅、复制录音录像的，除涉及国家秘密、商业秘密等法定情形的，应当允许。《人民检察院刑事诉讼规则》第76条规定，对于提起公诉的案件，被告人及其辩护人提出审前供述系非法取得，并提供相关线索或者材料的，人民检察院可以将讯问录音、录像连同案卷材料一并移送人民法院。最高人民法院、最高人民检察院、公安部、国家安全部、司法部、全国人大常委会法制工作委员会《关于实施刑事诉讼法若干问题的规定》第19条规定，人民检察院、人民法院可以根据需要调取讯问犯罪嫌疑人的录音或者录像，有关机关应当及时提供。这意味着同步录音录像虽然不是必须随案移送，但是在辩护人或被告人提出异议的时候，应当提供，既然可以提供，那么原则上就可以查阅、复制。

其二，审判阶段，对于人民检察院已经移送和提交给法院的录音录像，辩护人可以查阅、复制。《人民检察院刑事诉讼规则（试行）》第77条规定，在法庭审理过程中，被告人或者辩护人对讯问活动合法性提出异议，公诉人可以要求被告人及其辩护人提供相关线索或者材料。必要时，公诉人可以提请法庭当庭播放相关时段的讯问录音、录像，对有关异议或者事实进行质证。需要播放的讯问录音、录像中涉及国家秘密、商业秘密、个人隐私或者含有其他不宜公开内容的，公诉人应当建议在法庭组成人员、公诉人、侦查人员、被告人及其辩护人范围内播放。因涉及国家秘密、商业秘密、个人隐私或者其他犯罪线索等内容，人民检察院对讯问录音、录像的相关内容作技术处理的，公诉人应当向法庭作出说明。既然可以当庭播放，那么除涉及国家秘密等特定情形外，就没有理由限定辩护人复制、查阅。

令人欣慰的是，本书第二版修订时，《最高人民法院关于适用〈中华人民共和国刑事诉讼法〉的解释》（以下简称《解释》）第54条明确规定："对作为证据材料向人民法院移送的讯问录音录像，辩护律师申请查阅的，人民法院应当准许。"起草人对该规定进行进一步解读，与本书观点一致：（1）根据刑事诉讼法第40条的规定，辩护律师自人民检察院对案件审查起诉之日起，可以查阅本案的案卷材料。对于移送人民法院的录音录像，无论是否已经在庭审中举证质证，无论是直接用于证明案件事实还是用于证明取证合法性，均应当属于案卷材料的范围。基于此，本条未再限定为"已在庭审中播放"。而且，移送的证据材料，对诉讼参与人应当是公开的。特别是，在公开审理的案件中举证、质证的相关证据材料，包括录音录像在内，由于不少案件要进行庭审直播，人民群众均可观看、下载。此种情形下，再以"防止录音录像广泛传播"为由禁止辩护律师查阅讯问录音录像，于理不合。即使讯问录音录像涉及国家秘密、个人隐私、商业秘密，辩护律师为行使辩护权，也是可以查阅的。而且，《解释》第55条对此已作充分考虑，专门规定了保密和不得违反规定泄露、披露案件信息、材料的相关问题。（2）较之一般证据材料，讯问录音录像确实具有一定特殊性。特别是作为证明取证合法性的录音录像，可能涉及侦查办案的策略方法，也可能涉及其他关联案件和当事人隐私，一律允许复制，恐难以控制传播面以及一旦泄露可能带来的影响。从实践来看，允许查阅，即可以满足辩护律师的辩护需要，充分保障其权益。基于此，本条明确为"辩护律师申请查阅的，人民法院应当准许”，即对于查阅申请应当一律准许，但对复制未再作明确要求。（3）本条规定的“讯问录音录像”，不限于作为证据材料移送人民法院的“侦查录音录像”，也包括作为证据材料向人民法院移送的相关监察调查过程的录音录像。《人民检察院刑事诉讼规则》第76条规定：“对于提起公诉的案件，被告人及其辩护人提出审前供述系非法取得，并提供相关线索或者材料的，人民检察院可以将讯问录音、录像连同案卷材料一并移送人民法院。”第263条第2款规定：“对于监察机关移送起诉的案件，认为需要调取有关录音、录像的，可以商监察机关调取。”当然，如果相关监察调查过程的录音录像未移送人民法院的，自然不属于可以查阅的范围。[①]

一、言词证据来源如何分解验证？

言词证据只能来源于自然人，单位或法人不能成为言词证据的来源，既包括被询问人、被讯问人，也包括询问人、讯问人。关于言词证据来源的审查及分解验证，有以下几个问题值得注意：

（一）关于证人的作证资格问题

《刑事诉讼法》第62条规定，凡是知道案件情况的人，都有作证的义务。生理上、精神上有缺陷或者年幼，不能辨别是非、不能正确表达的人，不能作证人。《最高人民法院关于执行〈中华人民共和国刑事诉讼法〉若干问题的解释》第88条进一步规定，处于明显醉酒、中毒或者麻醉等状态，不能正常感知

① 参见李少平主编：《〈最高人民法院关于适用《中华人民共和国刑事诉讼法》的解释〉理解与适用》，人民法院出版社2021年版，第183～184页。

或者正确表达的证人所提供的证言，不得作为证据使用。至于这里的不能辨别是非、不能正确表达，如何判断？笔者认为，一般而言，这是个常识判断问题，能否正确表达、能否辨别是非通过询问或交叉询问就可以进行判断。1998 年《最高人民法院关于适用〈中华人民共和国刑事诉讼法〉的解释》第 57 条曾经规定“对证人能否辨别是非，能否正确表达，必要时可以进行审查或者鉴定”，但是在司法实践中出现动辄申请对证人进行监督的现象，“不但是对证人的人格侮辱，而且还会由于无人愿意接受这种有辱人格的鉴定而拒绝作证，而且对于证人是否具有作证能力，可以通过通知证人出庭接受询问予以判断”，所以新的司法解释删除该条内容。① 当然，对于一些关键证人，能否辨别是非、能否正确表达确实存在重大争议的，也可以通过鉴定来解决。

需要特别指出的是，对于生理上、精神上有缺陷，认知和表达存在一定困难，但是尚未丧失正确认知和正确表达能力而作的证言，并非一概不具有证据资格。在得到其他证据印证的情况下，可以作为定案的根据。②

（二）证人的年龄并非决定该证人是否具有作证资格的关键

我国《刑事诉讼法》没有关于证人最低年龄的规定，原因在于作证的能力不取决于年龄。实践中，辩护人经常会提出

---

① 参见胡云腾等：《〈关于适用《中华人民共和国刑事诉讼法》的解释〉理解与适用》，载中华人民共和国最高人民法院刑事审判第一、二、三、四、五庭主办：《刑事审判参考》（2012 年第 5 集 · 总第 88 集），法律出版社 2013 年版，第 100 页。

② 参见陈瑞华：《刑事证据法学》，北京大学出版社 2012 年版，第 122 页。

"某证人是未成年人或者是儿童，其证言不能作为定案根据"的观点。这种观点是错误的。我国《刑事诉讼法》并未禁止未成年人或儿童作证，关键是看其作证时的认知和表达能力。在美国也是如此，依照美国法律规定，年龄不是决定儿童有无作证资格的决定性因素，儿童的作证能力多数由法官听证后裁决，听证过程中主要判定儿童是否具有作证能力，包括是否认识作证需要讲真话的能力，只要法官裁决该儿童具有作证能力，则任何年龄段的儿童均允许作证。① 德国《刑事诉讼法》也没有规定儿童作证的最低年龄，而是规定每个人都可以作证，只有那些无法理智地表达或者交流的人，才可以不作证，儿童的作证能力"取决于儿童个别的发育状况和待证对象的性质"。②

（三）醉酒的人提供的言词证据是否具有证据能力

【案例9：曹某某危险驾驶案】公安机关移送审查起诉认定的事实：2017年8月25日0时许，犯罪嫌疑人曹某某酒后驾驶×××号牌的小型轿车，在某市某区怡某路口东侧路边的停车位挪车时，与张某某驾驶的电动车发生碰擦。经检验，曹某某酒精含量为228.0mg/100ml，达到醉酒后驾驶机动车的标准。曹某某承认当天喝酒，但是称没有驾驶车辆，而是张某某驾驶电动车撞到自己的汽车上。

该案的主要证据如下：（1）车辆照片显示轮胎有擦伤痕迹、电动车前部有擦伤、破损痕迹。（2）张某某证言："2017年8月25日0时10分许，我驾驶电动车沿某某街由东向西准备回上

① 参见何家弘主编：《外国证据法》，法律出版社2003年版，第179页。

② ［德］托马斯·魏根特：《德国刑事诉讼程序》，岳礼玲、温小洁译，中国政法大学出版社2004年版，第168页。

班的地点给电动车充电，在行驶至靠近某某路时，从路边停车位开出一辆车子，没有打转向灯，我没有注意到，结果电动车前轮撞到汽车左前轮。然后我就摔倒了。大约二三十秒左右驾驶员从驾驶座下来，他讲我是碰瓷，他的车子没事，我的车子也没事，就把车子倒回去了。我就让他带我到医院看病，他不愿意，然后我就报警了。”（3）物证检验报告书，曹某某血样中检出乙醇含量为228mg/100ml。（4）警察到达现场时，发现汽车停在原车位。（5）警察到达现场时的执法记录仪记录了犯罪嫌疑人曹某某醉酒状态以及与警察的对话，称自己喝酒了，承认挪车，但没有撞到被害人，称被害人是“碰瓷”、讹诈。（6）犯罪嫌疑人随后被带到公安机关，酒未醒的状态下做了第一次供述，承认酒后挪车。（7）此路段没有监控录像。（8）犯罪嫌疑人于次日醒酒后一直到2017年9月26日共计4次供述，均称去车里拿东西，没有开车，被被害人讹诈。

上述案件能否认定犯罪嫌疑人曹某某的危险驾驶行为，争议很大。对犯罪嫌疑人不利的证据：（1）被害人的陈述；（2）车辆撞击痕迹；（3）执法记录仪记录的犯罪嫌疑人的供述以及到公安机关后的第一次供述。对犯罪嫌疑人有利的证据：（1）警察到达现场后车辆停在原车位，未提取到移动痕迹证据，该路段没有监控录像，也无其他证人；（2）醒酒后的供述；（3）执法记录仪记录的犯罪嫌疑人供述以及到达公安机关的第一次供述均是醉酒状态下。

这里就涉及醉酒状态下言词证据的证据能力问题，也就是执法记录仪记录的犯罪嫌疑人醉酒状态下的供述以及到达公安机关醉酒状态下的第一次供述，如果具有证据能力可以作为定案根据，那么该供述得到被害人陈述、车辆撞击痕迹以及血液酒精检测报告的印证，危险驾驶的行为事实可以认定；反之，如果上述供述没有证据能力，那么此案的证据处于存疑状态。

笔者认为，明显处于醉酒状态下的无论是证人、被害人还是犯罪嫌疑人，其提供的言词证据都因来源问题导致违反真实性和自愿性规则而不具有证据能力。理由如下：

首先，明显处于醉酒状态下的言词证据其真实性和自愿性均受到影响。醉酒即急性乙醇中毒，又叫生理性醉酒（这里不讨论病理性醉酒），一般分为兴奋期、共济失调期和昏睡期。乙醇会对大脑活动产生抑制作用，并直接损害人的大脑，从而导致辨认和控制行为能力削弱。典型的临床表现是：步态不稳、感知迟钝、动作笨拙、言语含糊、语无伦次、视物模糊及重影，并可有恶心、呕吐等，严重者可能出现昏迷甚至死亡。因此，这种情况下其供述的真实性和自愿性均受到严重影响。民间所谓"酒后吐真言"既不能绝对，更不科学。所谓的"酒后吐真言"其实是一种失控、失态的表现，其说出了可能正常状态下不会说的话（民间有"酒壮怂人胆"的说法），但未必这些话就一定是客观、真实的。同时，在酒精的作用下，提供言词证据的人，其供与不供、说与不说的自由选择权受到影响，也就是自愿性受到影响。

其次，刑法中的原因自由行为理论不能作为证据能力的依据。或许有人会想到我国《刑法》第 18 条第 4 款规定"醉酒的人犯罪，应当负刑事责任"。但是，这个规定并不能作为醉酒的人提供言词证据可以具有证据能力的依据。刑法上的这一规定在理论上称为"原因自由行为"，是指具有责任能力的行为人，故意或过失使自己一时陷入丧失或尚未完全丧失责任能力的状态，并在该状态下实施了符合构成要件的行为，使自己陷入丧失或尚未完全丧失责任能力状态的行为，称为原因行为；在该状态下实施的构成要件行为，称为结果行为。由于行为人可以自由决定自己是否陷入上述状态，故称为原因自由行为。但是，从刑法的角度，根据责任主义的原理，即“行为与责任同时存在”的原则，既然行为人在实施构成要件行为时，没有责任能力，又怎么能追究刑事责任呢？为此刑法理论提出了间接正犯构造说、正犯行为说、相当原因说、例外说等各种理论。[①] 其实质就是出于预防犯罪的需要，为这种“实施行为时没有责任能力也要处罚”的现象寻找根据和理由。这一理论，承认醉酒的人责任能力丧失或降低，实体法上为了处罚该行为而煞费苦心提出各种理论，恰恰说明在证据法层面，醉酒已经直接影响到证据能力。

最后，从司法解释的规定来看。《最高人民法院关于适用〈中华人民共和国刑事诉讼法〉的解释》第 88 条规定，“处于明显醉酒、中毒或者麻醉等状态，不能正常感知或者正确表达的证人所提供的证言，不得作为证据使用。”有人提出，这里是针对证人证言，不能套用到犯罪嫌疑人、被告人的供述上。这种观点不值一驳，犯罪嫌疑人、被告人供述与证人证言、被害人陈述，在证据属性上都属于言词证据，其证据规则并无二致。不能说醉酒的犯罪嫌疑人、被告人供述有证据能力而醉酒的证人证言没有证据能力；同样，也不能说醉酒的证人证言没有证据能力而醉酒的被害人陈述有证据能力。这一点可以从《最高人民法院关于适用〈中华人民共和国刑事诉讼法〉的解释》第 143 条的规定看出，该条第 1 项规定“下列证据应当慎重使用，有其他证据印证的，可以采信：（一）生理上、精神上有缺陷，对案件事实的认知和表达存在一定困难，但尚未丧失正确认知、

---

① 参见张明楷：《刑法学》（上）（第 5 版），法律出版社 2016 年版，第 306 ~ 310 页。

表达能力的被害人、证人和被告人所作的陈述、证言和供述”。该条对生理上和精神上有缺陷的被害人、证人和被告人所作的陈述、证言和供述均要求“慎重使用”，只有在尚未丧失正确认知和表达能力且有其他证据印证的情况下才能采信。反之，如果完全丧失正确认知和表达能力则不能采信，这与第 88 条规定的“明显醉酒……状态，不能正常感知或者正确表达的证人所提供的证言，不得作为证据使用”是一致的。至于这里的“明显”“不能”如何判断，应当坚持医学标准和法学标准相结合。一般而言，达到法律所规定的醉酒的标准，并在临床上表现出语无伦次、步态不稳等症状的，应当认定为明显醉酒和不能正常感知、正确表达。结合上述案例，血液中酒精含量达到 228mg/100ml，远远超过 80mg/100ml 的醉酒标准，录像中显示其说话已经语无伦次，应当认定为明显醉酒且不能正常感知和正确表达，其供述不具有证据能力，不得作为定案根据。再结合本案其他证据，案件事实处于存疑状态，应当存疑不起诉。

（四）证人与被告人之间存在利害关系是否影响证据能力？

虽然《最高人民法院关于适用〈中华人民共和国刑事诉讼法〉的解释》第 87 条，提示审判人员对证人证言应当着重审查的内容的第 3 项就是“证人与案件当事人、案件处理结果有无利害关系”，但这只是针对证明力而非证据能力进行的规定。实践中，动辄以证人与被害人或被告人有利害关系而要求排除证据的观点是错误的，严重混淆了证据能力和证明力的概念。英美法系历史上曾将诉讼当事人和与诉讼结果有直接利害关系的人的证词排除掉，但是时至今日，“当事人和与诉讼结果有利害关系的人的不适格规则几乎完全被摒弃”[①]。

（五）关于侦查人员的证人资格问题

实践中，有观点认为侦查人员作为侦查取证的人员，对于案件有强烈的追求定罪判刑的意愿，因此，侦查人员的证言不能作为定案根据。但是，这种观点是值得怀疑的。比如，下面这个案例：

【案例10：梁某盗窃案】 两名反扒民警和一名协警在南京市建邺区某公交站牌附近执行反扒任务时，看见犯罪嫌疑人梁某扒窃了被害人刘某装在裤子口袋内的手机一部（经鉴定，价值人民币900元）。两名反扒民警和一名协警上前准备抓捕，犯罪嫌疑人梁某见状扔下手机就跑，跑出200米后，被抓获。到案后，梁某拒绝承认扒窃手机的事实，被害人当时没有发觉手机被窃的过程，也没有其他证人看见扒窃过程。只有两名反扒民警和一名协警的证言能够证明扒窃过程。

对于上述案件，有观点认为直接证明扒窃过程的只有两名反扒民警和一名协警，但是这三人均属于侦查人员，不能作为证人，因此，不能认定犯罪嫌疑人梁某的盗窃事实。

我们认为，这种观点是错误的。事实上，这种观点既与刑事诉讼理论相悖，也与我国《刑事诉讼法》的规定不符。首先，从法律和司法解释的规定上看。2010年最高人民法院、最高人民检察院、公安部、国家安全部、司法部印发的《关于办理刑事案件排除非法证据若干问题的规定》首次确立了侦查人员出

---

① ［美］约翰·W. 斯特龙主编：《麦考密克论证据》，汤维建等译，中国政法大学出版社2004年版，第139页。

庭作证，就证据的合法性进行作证，这赋予了侦查人员对侦查行为合法性进行作证的地位和资格。上述五部门出台的《关于办理死刑案件审查判断证据若干问题的规定》规定，被告人及其辩护人提出自首的事实及理由，以及提出有协助抓获同案犯的事实和理由，但是证明材料不全的，法庭应要求有关机关提供证明材料，或者要求侦查人员出庭作证。2012 年修改后的《刑事诉讼法》不仅确认了上述规定，还进一步规定，侦查人员就其在执行职务时目击的犯罪情况，可以作为证人出庭作证。2018 年修改《刑事诉讼法》时没有涉及这方面的内容。根据上述规定，侦查人员作为证人可以分为三种：作为“定罪事实提供者”的证人、作为“量刑事实提供者”的证人和作为“程序事实提供者”的证人。[①] 其中第一种作为“定罪事实提供者”的证人，也就是“侦查人员就其在执行职务时目击的犯罪情况”，“与普通证人一样，侦查人员在作证方面也要经历感知、记忆和储存等几个环节”，“再通过书面提交证言或者亲自出庭作证，将其所了解的案件事实表达出来”。[②] 与普通言词证据一样，需要对其来源、过程、结果的合法性进行审查，需要与其他证据对比印证其证明力。其次，从司法实践的情况看。实践中，关于犯罪嫌疑人、被告人的到案情况，往往会涉及自首问题，侦查人员一般会出具“到案经过”“情况说明”，或者以提供证言的形式，来证明其到案情况以及是否成立自首。如果认为侦查人员不能作为证人，那么实践中侦查人员所出具的“情况说明”“到案经过”“抓获经过”岂不是都不具有证据资格了?！最后，从刑事诉讼法理的角度看，理论上证人可以就其目

① 参见陈瑞华：《刑事证据法学》，法律出版社 2012 年版，第 188 ~ 191 页。

② 参见陈瑞华：《刑事证据法学》，法律出版社 2012 年版，第 188 页。

击、感知的事实作证。既然警察目击、感知了案件事实，理论上就可以作证。我们不否认，侦查人员与案件具有一定的利害关系，但是这种利害关系只是影响其证言的证明力，而且对证明力的影响程度也需要进行具体分析判断，不能不分青红皂白地将其排除在证人之外。在排除陷害、诬告、制作假案等可能性及真实性有保障的情况下，侦查人员的证人不应该受到歧视。结合前述案例，如果没有证据表明两名反扒民警和一名协警具有陷害的可能性，所证明的扒窃过程和被害人丢失手机的时间、地点等细节能够印证，侦查人员的证言完全可以作为定案根据。

（六）关于单人提审问题

在对言词证据来源的验证过程中，还需要对讯问人、询问人进行审查，这是言词证据来源的重要内容。

关于讯问犯罪嫌疑人的侦查人员人数问题。《刑事诉讼法》第118条规定，讯问犯罪嫌疑人必须由人民检察院或者公安机关的侦查人员负责进行。讯问犯罪嫌疑人的时候，侦查人员不得少于二人。

关于询问证人、被害人的人数问题。对于询问证人、被害人的侦查人员是否不少于二人，《刑事诉讼法》没有明确。《公安机关办理刑事案件程序规定》也没有规定，而《人民检察院刑事诉讼规则》第192条规定，询问的时候，检察人员不得少于二人。

实践中，如果讯问犯罪嫌疑人的时候，或者询问证人、被害人时，只有一名侦查人员，或者一名侦查人员带领一名实习生或协警、辅警等不具有办案资格的人员，该如何处理？

我们通过“先形式后实质二步式审查法”来进行判断。第一步从形式上判断，单人提审违反了相关规则，证据能力三要件中来源出现了问题，要么是非法证据，要么是瑕疵证据。到底是非法证据还是瑕疵证据，接下来进行第二步的实质判断，有无违反人权规则、痛苦规则、真实性规则和自愿性规则。显然，不能直接说单人提审一定违反这四项规则，因此，这种情况属于瑕疵证据，也就是证据能力待定的证据。既不能“一刀切”作为非法证据排除，也不能一概认为具有证据能力。实践中出现的单人提审问题，如果不违反人权规则、痛苦规则、真实性规则和自愿性规则，那么可以作为定案根据，具备证据能力，具体来说，下列情形是具有证据能力的：(1) 犯罪嫌疑人、证人、被害人本人对其供述、陈述的内容及记录没有异议，表示认可。(2) 讯问、询问过程合法，没有刑讯逼供、暴力、威胁取证等行为。(3) 有同步录音录像或其他证据证明笔录记载内容的真实性。如果不具有上述条件，也不能合理解释和说明，不能排除单人提审过程中有刑讯逼供等行为导致违反人权规则、痛苦规则的情形，也不能确保言词证据的真实性和自愿性，则应当予以排除。这样的处理，符合司法实践和证据法理论，符合立法目的，具有妥当性。

首先，从理论和立法目的上来说。违法取证不等于非法证据排除，证据取得禁止不等于证据使用禁止。法律法规要求二名以上侦查人员的目的是确保“讯问过程的安全性以及讯问记录的客观性”①。因此，对于实践中出现单人提审问题，如果其讯问过程安全性和记录客观性有保障的情况下，这种单人提审不会影响证据能力。

其次，从相关司法解释来看。《最高人民法院关于适用〈中华人民共和国刑事诉讼法〉的解释》第 90 条对证人证言的瑕疵

① 张军主编：《刑事证据规则理解与适用》，法律出版社 2010 年版，第 168 页。

做了规定，“询问笔录反映出在同一时段，同一询问人员询问不同证人的”，经补正或者作出合理解释的，可以采用；不能补正或者作出合理解释的，不得作为定案的根据。这一规定就是单人提审的典型表现形式，该解释认为属于瑕疵证据。最高人民法院法官的观点也是如此，认为这种询问程序和方式等方面存在的瑕疵，“反映出询问工作未能完全按照法律和相关规定进行，不够认真细致。由于上述瑕疵只是影响证人证言取得的合法性，并未在实质上影响到证人证言的真实性，如果一概予以排除，则不利于案件事实的准确认定……如果经由有关办案人员进行补正或者作出合理的解释，弥补证人证言收集程序和方式存在的瑕疵，就能够确保证人证言取得的合法性和内容的真实性，进而能够作为证据使用。如果办案人员不能补正或者作出合理解释，不能确保其真实性，法官就应当将该证人证言予以排除”①。

二、言词证据取得过程如何分解验证？

证人证言和被害人陈述取得过程的验证，需要重点审查以下方面：询问证人是否个别进行；首次询问时是否告知证人有关作证的权利义务和法律责任；询问未成年证人时，是否通知其法定代理人或者有关人员到场，其法定代理人或者有关人员是否到场；证人证言有无以暴力、威胁等非法方法收集的情形；询问聋、哑人，有无提供通晓聋、哑手势的人员；询问不通晓当地通用语言、文字的证人，有无提供翻译人员。根据《最高人民法院关于适用〈中华人民共和国刑事诉讼法〉的解释》第

---

① 张军主编：《刑事证据规则理解与适用》，法律出版社 2010 年版，第 168 页。

89 条的规定，询问证人没有个别进行的；询问聋、哑人，应当提供通晓聋、哑手势的人员而未提供的；询问不通晓当地通用语言、文字的证人，应当提供翻译人员而未提供的，均不具有证据能力，不得作为定案根据。根据《刑事诉讼法》第 56 条规定，采用暴力、威胁等非法方法收集的证人证言、被害人陈述，应当予以排除。

对犯罪嫌疑人、被告人供述取得过程的验证需要重点审查以下方面：（1）首次讯问时是否告知被告人有关权利和法律规定。根据《最高人民法院关于适用〈中华人民共和国刑事诉讼法〉的解释》第 95 条规定，首次讯问笔录没有记录告知被讯问人有关权利和法律规定的属于瑕疵证据，经补正或者作出合理解释的，可以采用；不能补正或者作出合理解释的，不得作为定案的根据。因为未告知权利，并不直接违反人权规则、痛苦规则、真实性规则和自愿性规则，因此属于可补正的瑕疵证据。（2）讯问过程中有无刑讯逼供、变相刑讯逼供。根据《刑事诉讼法》第 56 条规定，采用刑讯逼供等非法方法收集的犯罪嫌疑人、被告人供述，应当予以排除。违反人权规则、痛苦规则、真实性和自愿性规则，因此予以排除。（3）讯问聋、哑的或者不通晓当地通用语言、文字的犯罪嫌疑人，有无通晓聋、哑手势的人或翻译。根据《最高人民法院关于适用〈中华人民共和国刑事诉讼法〉的解释》第 94 条规定，讯问聋、哑人，应当提供通晓聋、哑手势的人员而未提供的；讯问不通晓当地通用语言、文字的被告人，应当提供翻译人员而未提供的，不具有证据能力，不得作为定案根据。实质原因在于未提供翻译的笔录，难以真实反映犯罪嫌疑人的供述，违反真实性规则，因此无证据能力。（4）讯问人的身份、人数以及讯问方式。（5）讯问未成年被告人时，是否通知其法定代理人或者有关人员到场，其法定代理人或者有关人员是否到场。2021 年《最高人民法院关于适用〈中华人民共和国刑事诉讼法〉的解释》第 94 条增加规定，讯问未成年人，其法定代理人或者合适成年人不在场的被告人供述不得作为定案根据。（6）犯罪嫌疑人被送交看守所羁押以后，讯问是否在看守所内进行。（7）传唤、拘传持续的时间有无超过 12 小时；案情特别重大、复杂，需要采取拘留、逮捕措施的，传唤、拘传持续的时间有无超过 24 小时；有无以连续传唤、拘传的形式变相拘禁犯罪嫌疑人的情形，传唤、拘传犯罪嫌疑人有无保证犯罪嫌疑人的饮食和必要的休息时间。（8）对于可能判处无期徒刑、死刑的案件或者其他重大犯罪案件，有无对讯问过程进行录音或者录像。

（一）刑讯逼供、暴力、威胁等非法方法收集的言词证据中的争议问题

刑讯逼供问题不管是在中国，还是在世界都是一个值得关注的问题。“尽管对警察的教育训令十分严格，但某些警察还是使用暴力”。“事实上，常常是真正的罪犯在被审讯时可能会保持冷静，而无辜的人一看到警械，从第一个问题起就支持不住了。”① 我国《刑事诉讼法》第 56 条规定，采用刑讯逼供等非法方法收集的犯罪嫌疑人、被告人供述和采用暴力、威胁等非法方法收集的证人证言、被害人陈述，应当予以排除。这意味着只要采取刑讯逼供、暴力威胁的方式获取的言词证据就要排除，没有自由裁量的余地。

1. 刑讯逼供如何理解？联合国《禁止酷刑和其他残忍、不

---

① ［法］勒内・弗洛里奥：《错案》，赵淑美、张洪竹译，法律出版社 2013 年版，第 61、140 页。

人道或有辱人格的待遇或处罚公约》第 1 条列举的手段包括暴力、精神折磨、使用药品或催眠以及其他不人道的方法获取的犯罪嫌疑人供述和证言证言。我国最早对刑讯逼供进行规定的司法解释是《最高人民检察院关于渎职侵权犯罪案件立案标准的规定》，该解释列举了刑讯逼供的行为包括：以殴打、捆绑、违法使用械具等恶劣手段逼取口供；以较长时间冻、饿、晒、烤等手段逼取口供，严重损害犯罪嫌疑人、被告人身体健康的行为。2012 年《最高人民法院关于适用〈中华人民共和国刑事诉讼法〉的解释》第 95 条规定，使用肉刑或者变相肉刑，或者采用其他使被告人在肉体上或者精神上遭受剧烈疼痛或者痛苦的方法，迫使被告人违背意愿供述的，应当认定为《刑事诉讼法》第 54 条规定的"刑讯逼供等非法方法"。2021 年《最高人民法院关于适用〈中华人民共和国刑事诉讼法〉的解释》第 123 条修改了这种下定义的方式，而是以列举的方式规定"采用殴打、违法使用戒具等暴力方法或者变相肉刑的恶劣手段，使被告人遭受难以忍受的痛苦而违背意愿作出的供述"应当予以排除。2012 年最高人民检察院《人民检察院刑事诉讼规则（试行）》第 65 条第 2 款规定，刑讯逼供是指使用肉刑或者变相使用肉刑，使犯罪嫌疑人在肉体或者精神上遭受剧烈疼痛或者痛苦以逼取供述的行为。但是 2019 年的《人民检察院刑事诉讼规则》在第 66 条中删除了第 2 款的规定，而是在第 67 条中采取列举的方式规定"采用殴打、违法使用戒具等暴力方法或者变相肉刑的恶劣手段，使犯罪嫌疑人遭受难以忍受的痛苦而违背意愿作出的供述"应当予以排除。最高人民法院在 2013 年出台了《关于建立健全防范刑事冤假错案工作机制的意见》，该文件第 8 条第 1 款规定，采用刑讯逼供或者冻、饿、晒、烤、疲劳审讯等非法方法收集的被告人供述，应当排除。这里的"冻、饿、晒、烤、疲劳审讯”其实就是变相刑讯逼供，值得注意的是，这里明确将“疲劳审讯”规定为刑讯逼供的手段之一。

从上述规定可以看出，一方面，对刑讯逼供下定义是很困难的，正因为如此，司法解释或规范性文件一度采取下定义的方式，又一度改为列举的方式。另一方面，当我们无法定义一个事物是什么的时候，至少我们可以列举什么是这个事物。一般而言，刑讯逼供包括以下情形：（1）使用暴力导致肉体疼痛的方法，即“肉刑”；（2）使用冻、饿、晒、烤、疲劳审讯等“软暴力”导致精神痛苦的方法，即“变相肉刑”。

2. 暴力、威胁如何理解？《刑事诉讼法》第56条针对犯罪嫌疑人、被告人供述的非法证据排除使用的表述是“刑讯逼供等非法方法”；而针对被害人和证人的非法证据排除使用的表述是“采用暴力、威胁等非法方法”，那么这里的“暴力、威胁”与前面的刑讯逼供是何关系？如何理解这里的“暴力、威胁”呢？

在2012年《刑事诉讼法》修改之前，1998年《最高人民法院关于执行〈中华人民共和国刑事诉讼法〉若干问题的解释》和1999年最高人民检察院《人民检察院刑事诉讼规则》并未做上述区分。到2010年《最高人民法院、最高人民检察院、公安部、国家安全部、司法部关于办理刑事案件排除非法证据若干问题的规定》对证人证言和被害人陈述分开表述为“暴力、威胁等非法方法”，2012年《刑事诉讼法》修改时沿用了这一做法，2018年《刑事诉讼法》修改时未涉及此内容。

笔者认为，2012年《刑事诉讼法》修改时区分进行规定，在语言规范和立法技术上来说是可取的，因为刑讯逼供逼取的是口供，而口供专指犯罪嫌疑人、被告人的供述，所以刑讯逼供对应于犯罪嫌疑人、被告人的供述；证人和被害人提供的言词证据分别叫“证人证言”和“被害人陈述”，所以，暴力、威胁对应的是证人证言和被害人陈述。二者对应在刑法中的罪名，分别是刑讯逼供罪和暴力取证罪。因此，进行区分规定只是语言规范和立法技术问题，其实在实质内涵上，暴力、威胁与刑讯逼供并无多大差别。这一点从《最高人民检察院关于渎职侵权犯罪案件立案标准的规定》中关于暴力取证罪的规定可以找到直接依据，该规定指出，暴力取证是指以殴打、捆绑、违法使用械具等恶劣手段逼取证人证言。这与刑讯逼供罪中对肉刑的界定一致。那么对于被害人、证人使用冻、饿、晒、烤、疲劳审讯的变相肉刑获得的证人证言和被害人陈述是否需要排除呢？笔者认为，与对犯罪嫌疑人、被告人刑讯逼供一样，都属于暴力的范畴，从实质解释的角度来说，都是侵害当事人的人权，导致当事人产生痛苦，可能违背其自愿性而作出了可能影响真实性的供述，也就是违反人权规则、痛苦规则、真实性规则和自愿性规则，因此无证据能力，应当排除。

需要特别说明的是“威胁”。《刑事诉讼法》第56条关于犯罪嫌疑人和被告人供述排除的规定中没有列举“威胁”，而在关于证人证言和被害人陈述排除的规定中列举了“威胁”。这意味着，对证人和被害人进行威胁的要作为非法证据排除，但是如果侦查人员对犯罪嫌疑人进行威胁取供是否要作为非法证据排除呢？笔者认为，对于威胁问题，应该从以下几个方面把握：

（1）这里的威胁不是一般性的威吓、呵斥、教训，而是要达到与刑讯逼供和暴力相当的程度，也就是从实质上达到违反人权规则、痛苦规则、真实性或自愿性规则。实践中，一看到威胁就主张非法证据排除的观点是错误的。最高人民法院也表达了这样的观点，戴长林等在《中国非法证据排除制度：原理·案例·适用》一书中指出，“对于讯问中一般性的威吓、呵斥，由于程度轻微，不足以迫使犯罪嫌疑人违背意愿供述，并不构成威胁”[①]。从理论上来说，犯罪嫌疑人和被害人只要被抓获、进入办案场所，就会受到一种心理压力，严格来说也是一种威胁，显然不能“一刀切”将威胁取证一概排除。国外对于威胁取供的排除也有需要达到一定的程度规定。英国1990年埃莫森案件中，警察在讯问时提高嗓门说脏话，并表现出不耐烦、很生气的态度，法院认为这种做法并不构成威胁。在1992年斯利格案中，法官考虑到被告人作为经验丰富的银行家，其智商和情商都很高，警察对其严厉讯问并非其不能承受，据此认定不构成威胁。在德国，警察对犯罪嫌疑人说，如其不配合将会面临长期监禁，如果法律规定确实如此，则不构成威胁，但如果法律并无这样规定，是不真实的，则构成带有欺骗性质的威胁。[②] 戴长林等提出作以下两方面限定：其一，威胁的范围可以限定为以暴力或非法损害本人及其近亲属合法权益进行威胁的方法；其二，威胁的程度可以限定为使其遭受难以忍受的痛苦而违背意愿作出供述的程度。[③] 笔者认为，上述两方面限定是妥当的。

（2）达到与暴力、刑讯逼供程度相当的威胁无论是针对证人、被害人还是犯罪嫌疑人、被告人，只要在实质上违反人权规则、痛苦规则、真实性规则或自愿性规则，就均属于无证据

---

① 戴长林、罗国良、刘静坤：《中国非法证据排除制度：原理 · 案例 · 适用》，法律出版社2016年版，第92页。

② 参见戴长林、罗国良、刘静坤：《中国非法证据排除制度：原理 · 案例 · 适用》，法律出版社2016年版，第93页

③ 参见戴长林、罗国良、刘静坤：《中国非法证据排除制度：原理 · 案例 · 适用》，法律出版社2016年版，第93页。

能力的证据，不能作为定案根据。“由于在威胁下区别不出无辜与犯罪”[①]，因此，达到一定程度的威胁无论是针对犯罪嫌疑人、被告人还是针对被害人、证人，其效果都是一样的。

2017 年 6 月 27 日起实施的《关于办理刑事案件严格排除非法证据若干问题的规定》第 3 条规定：采用以暴力或者严重损害本人及其近亲属合法权益等进行威胁的方法，使犯罪嫌疑人、被告人遭受难以忍受的痛苦而违背意愿作出的供述，应当予以排除。2021 年《最高人民法院关于适用〈中华人民共和国刑事诉讼法〉的解释》第 123 条就是采取了上述立场。

3. “等非法方法”如何理解？《刑事诉讼法》第 56 条规定，采用刑讯逼供等非法方法收集的犯罪嫌疑人、被告人供述和采用暴力、威胁等非法方法收集的证人证言、被害人陈述，应当予以排除。这里的“等非法方法”应当按照同类解释的原则进行把握。

首先，不能将所有讯问、询问不规范、违法的方法都纳入这里的“等非法方法”而动辄作为非法证据排除。

其次，按照同类解释原则，这里的“等非法方法”需要达到与暴力、刑讯逼供相当的程度，在实质上违反人权规则、痛苦规则、真实性规则或自愿性规则。最高人民检察院组织编写的《〈人民检察院刑事诉讼规则（试行）〉的理解与适用》作为权威代表最高司法机关立场的观点也指出，“其他方法是指违法程度和对犯罪嫌疑人的强迫程度与刑讯逼供或者暴力、威胁相当而迫使其违背意愿供述的方法，应当从是否严重损害程序公正、损害证据的客观真实性两个方面综合审查判断，对于存在

---

① ［法］勒内·弗洛里奥：《错案》，赵淑美、张洪竹译，法律出版社 2013 年版，第 62 页。

轻微程序违法、经其他证据印证、犯罪嫌疑人的供述具有客观真实性，不应作为非法言词证据予以排除”。[①] 比如，非法限制人身自由获取的犯罪嫌疑人供述、证人证言、被害人陈述，在实质上侵害当事人基本人权，也会导致当事人不堪忍受而做出不真实的供述和陈述，就应当属于这里的“等非法方法”，不具有证据能力，不得作为定案根据。令人欣慰的是，本书第一版之后，相关司法解释采取了与本书一样的立场，2017 年 6 月 27 日实施的《关于办理刑事案件严格排除非法证据若干问题的规定》第 4 条、2021 年《最高人民法院关于适用〈中华人民共和国刑事诉讼法〉的解释》第 123 条第 3 项均规定，采用非法拘禁等非法限制人身自由的方法收集的被告人供述，应当予以排除。比如，下面这个案例：

【案例 11：王某新受贿案】 被告人王某新在担任清原满族自治县某镇党委书记期间、清原满族自治县某局局长期间，利用职务便利，多次非法收受 32.4 万元的现金，为他人谋取利益。原审法院望花区人民法院经审理认为：被告人王某新身为国家工作人员，利用自身职务上的便利，非法收受他人合计 32.4 万元的现金，为他人谋取利益，其行为已构成受贿罪，判处有期徒刑 10 年，并处没收财产 20 万元；违法所得 5 万元，依法追缴，上缴国库。王某新以侦查机关取证违法，一审法院在没有依法排除非法证据的情况下采信公诉机关指控犯罪的证据，对上诉人定罪量刑错误为由提出上诉。二审经审理查明，侦查机关在没有出具任何法律手续采取强制措施的情况下，将王某

---

① 孙谦主编：《〈人民检察院刑事诉讼规则（试行）〉理解与适用》，中国检察出版社 2012 年版，第 60、63 页。

新羁押在抚顺市人民检察院审讯室，其非法限制王某新人身自由取得的供述材料以及侦查机关在调取证人证言时，制作的多份笔录出现了同一时间、同一名侦查人员对不同地点的证人同时进行询问和同一时间、同一名侦查人员在同一地点对不同证人同时进行询问的情况，公诉机关不能举证证明被告人口供取得的合法性，及证明同一时间、同一名侦查人员对不同地点的证人同时进行询问和同一时间、同一名侦查人员在同一地点对不同证人同时进行询问的真实性，故对非法证据予以排除。[①]

笔者认为，检察机关将王某新羁押在抚顺市人民检察院审讯室，时间超过法定的传唤时间，在没有合法的强制措施的情况下进行的讯问，属于非法限制人身自由期间取得的供述，这种限制人身自由的方法从实质上侵害了当事人的基本人权，与疲劳审讯、刑讯逼供一样违反人权规则。更何况，很多笔录出现了同一时间、同一名侦查人员对不同地点的证人同时进行询问的情况，且公诉机关不能合理解释，因此，应当认为其供述不具有证据能力，应当作为非法证据排除。当然，实践中，如果超出传唤12小时的时间很短，比如半小时以内，期间保证了必要的休息和饮食，没有其他违法情形，其程度并未达到与刑讯逼供相当程度的使当事人承受无法忍受的痛苦，应当认为仅仅是瑕疵证据，如果在这个半小时内做出的供述与其他证据能够相互印证，无必要作为非法证据排除。下面这个案例更为典型：

【案例12：被告人黄某某受贿案】被告人黄某某在担任宁

---

① 参见邱忠翠：《侦查机关非法限制人身自由取得的证据不能作为定案依据》，载中国法院网，http：//www. chinacourt. org/article/detail/2016/02/id/1808958. shtml。

夏某管理处长及某供水公司副总经理期间，利用职务上的便利收受干股231，769元、索贿10万元。开庭审理前，被告人及辩护人提出，办案单位未经合法传唤手续，于2012年1月9日至13日将被告人黄某某传唤至银川市人民检察院，近90个小时没有休息，在有高血压和心脏病的情形下，不让吃药，连续做了7份讯问笔录。公诉机关解释称被告人黄某某隐瞒了人大代表的身份，从而导致银川市人民检察院向人大报批延迟，但没有对黄某某刑讯逼供。银川市西夏区人民法院认为，银川市人民检察院于2012年1月9日至13日传唤被告人的时间违反了《刑事诉讼法》的相关规定，期间收集的被告人供述应依法排除。[①]

根据《刑事诉讼法》的规定，传唤持续时间不得超过12小时，案情特别重大、复杂，需要采取拘留、逮捕措施的，传唤持续的时间不得超过24小时，并不得以连续传唤的方式变相拘禁犯罪嫌疑人。公诉机关解释说明称："被告人隐瞒了人大代表的身份，导致向人大报告延迟。"但是该解释显然不能成立，在报批的同时如果拘留期限已经到了，就应当先释放被告人，待人大报告手续履行完毕后，再依法进行拘留或逮捕。本案中，非法羁押90余个小时，严重侵害当事人基本人权，并可能导致口供的真实性受到影响，属于与刑讯逼供具有相当性的"等非法方法"，应当认为在此期间的供述不具有证据能力，不得作为定案根据。

4. 刑讯逼供与获取的供述、暴力威胁取证与获取的证言是否有因果关系的要求？笔者认为，根据《刑事诉讼法》第56条

---

① 参见戴长林、罗国良、刘静坤：《中国非法证据排除制度：原理·案例·适用》，法律出版社2016年版，第288～292页。

的规定，刑讯逼供、暴力威胁取证行为与犯罪嫌疑人（被告人）供述、证人证言及被害人陈述之间应当具有因果关系时，才涉及非法证据排除。也就是说，需要排除的供述应当是因为通过刑讯逼供得到的，需要排除的证人证言、被害人陈述是因为侦查人员实施了暴力威胁行为而获取的。这也是刑讯逼供和暴力取证的本来含义，刑讯逼供这一术语本身就要求“刑讯”与“逼供”之间存在因果关系，同样，暴力威胁取证也要求“暴力威胁”与“取证”之间存在因果关系。对此，戴长林等指出，“如果犯罪嫌疑人到案后拒不认罪，当侦查人员出示相关证据后，才放下侥幸心理供认所犯罪行，此时讯问已经结束，办案人员因对犯罪嫌疑人不满等而对其进行暴力殴打，此种情况下，由于犯罪嫌疑人的供述系自愿作出，与办案人员的暴力行为没有因果关系，因此，办案人员的暴力行为虽然构成酷刑，但却不能认定为刑讯逼供，不能据此排除相应的供述”。这种情况就属于典型刑讯行为与获取口供之间没有因果关系。戴长林等还进一步举例说“如果办案人员在犯罪嫌疑人到案后先对其进行暴力殴打，并警告犯罪嫌疑人必须如实回答办案人员的提问，即使办案人员随后并未紧接着讯问，而是隔一段时间再进行讯问，但由于该行为已经对犯罪嫌疑人造成恐惧心理，犯罪嫌疑人因为担心再次遭到暴力殴打而不得不在随后的讯问中供认所犯罪行，此种情况下，该有罪供述与先前的暴力殴打行为之间存在因果关系”，由此取得的供述应当予以排除。①

5. 刑讯逼供、暴力、威胁是否有程度上的要求？《最高人民法院关于适用〈中华人民共和国刑事诉讼法〉的解释》第123

① 参见戴长林、罗国良、刘静坤：《中国非法证据排除制度：原理·案例·适用》，法律出版社2016年版，第81页。

条规定，“采用殴打、违法使用戒具等暴力方法或者变相肉刑的恶劣手段，使被告人遭受难以忍受的痛苦而违背意愿作出的供述”应当予以排除。从上述规定可以看出，刑讯逼供需要两个程度方面的限定：一是在肉体上或精神上遭受剧烈疼痛或者痛苦；二是迫使被告人违背意愿供述。对此，戴长林等指出，“有必要合理限定刑讯逼供的程度，即采用暴力方法或者体罚虐待方法，使犯罪嫌疑人、被告人遭受难以忍受的痛苦而违背意愿作出供述的，才属于刑讯逼供，由此取得的供述应当予以排除……并非采用此类方法收集的供述都要予以排除”。① 对此，陈光中教授主编的《非法证据排除规则实施问题研究》一书中也指出，实践中，要区分非法取证与不文明司法的行为，有的案件，犯罪嫌疑人在接受讯问时被侦查人员打了耳光或者踢了几脚，但这种轻微暴力显然并未达到使犯罪嫌疑人违背意愿供述的程度，检察机关一般认为这不属于刑讯逼供，而是归于不文明审讯的范畴，通常会口头向侦查机关提出纠正意见，一般认为这种处理是可以接受的。②

（二）关于欺骗、引诱获得的言词证据是否排除的问题

2010年《最高人民法院、最高人民检察院、公安部、国家安全部、司法部关于办理刑事案件排除非法证据若干问题的规定》第1条规定，“采用刑讯逼供等非法手段取得的犯罪嫌疑人、被告人供述和采用暴力、威胁等非法方法取得的证人证言、

① 参见戴长林、罗国良、刘静坤：《中国非法证据排除制度：原理·案例·适用》，法律出版社2016年版，第81页。

② 参见陈光中主编：《非法证据排除规则实施问题研究》，北京大学出版社2014年版，第14页。

被害人陈述，属于非法言词证据。”对于欺骗、引诱所获证据是否排除语焉不详。2012 年《刑事诉讼法》修改时，对这个问题规定得很有意思，耐人寻味。2012 年《刑事诉讼法》第 50 条保留了原来的规定，即“严禁刑讯逼供和以威胁、引诱、欺骗以及其他非法方法收集证据”，只是在此基础上增加了一句“不得强迫任何人证实自己有罪”。但是，在第 54 条规定非法证据排除时，又规定“采用刑讯逼供等非法方法收集的犯罪嫌疑人、被告人供述和采用暴力、威胁等非法方法收集的证人证言、被害人陈述，应当予以排除”，这里没有明确说要排除引诱、欺骗取得的言词证据。2018 年《刑事诉讼法》修改时未涉及此内容，只是把条文顺序分别改为第 52 条和第 56 条。

其实，这两个条文分别属于证据取得禁止和证据使用禁止，德国证据禁止理论通说认为，证据取得禁止不等于证据使用禁止，也就是说，非法取得并不一定导致由此取得的证据无证据能力而被排除。如此看来，诱供、欺骗获取的言词证据未必一概排除。有人会说不是有个“等”字吗？但是，既然 2012 年修改《刑事诉讼法》时在第 50 条中写了“引诱、欺骗”，那么在第 54 条中写上在立法技术上也并不难，不写也并未节约多大的立法资源。这到底是立法者有意为之还是无意疏漏？

笔者认为，绝非立法者无意疏漏。此问题在《刑事诉讼法》修改过程中就有过争议，一些报刊还组织卞建林、何家弘、陈卫东等学者就引诱、欺骗获取言词证据是否作为非法证据排除进行过讨论。① 陈光中教授也认为，修改后的《刑事诉讼法》规定的非法言词证据排除分两类：一为“采取刑讯逼供等非法方

---

① 参见秦莹：《欺骗取证：问题之源与立法取舍之争》，载《检察日报》2012 年 2 月 27 日，第 3 版。

法收集的犯罪嫌疑人、被告人供述”；二为“采取暴力、威胁等非法方法收集的证人证言、被害人陈述”。这表明被告人供述的排除范围仅限于采取“刑讯逼供”或相当于“刑讯逼供”的非法方法所取得的口供。至于通过引诱、欺骗等方法获得的言词证据则不属于排除的范畴。①

笔者认为，对于引诱、欺骗获得的言词证据并非一律排除，需要具体分析，具体对待。之所以认为不能一律排除，这是因为：一是引诱、欺骗获取言词证据并不侵害当事人基本的权利，不具有严重危害人权的违法程度，不一定违反人权规则。二是一般来说基于某种诱因说出来的一般是其真实的意思表示，不会误导案件事实，不一定违反真实性规则。三是实践中无法进行盘问技巧与诱供、骗供之间的区分，特别是受贿案件、毒品案件等证据具有“一对一”特点，区分盘问技巧与诱供之间的差别难度更大。四是国外对引诱、欺骗获取的言词证据也并非一概排除，我们既不能盲目守旧，更不能矫枉过正。我们来看非法证据排除规则的“模范生”美国的情况。那种认为诱供在美国都是要作为非法证据排除的观点，其实是19世纪前的“古董”观点。在19世纪前早期的自愿法则特别强调“许诺”这种诱供导致证据不可采，甚至将在今天看来“对于可能存在的利益而言无伤大雅的东西在当时被认为是自动玷污了随后的供认”。② 但是，在亚利桑那州诉福米兰特案中，美国联邦最高法院指出，早期的用语提出了一项严格的规则，即承诺使供认非

① 参见刘金林等：《刑诉法大修“探秘”》，载《检察日报》2012年5月14日，第5版。

② ［美］约翰·W. 斯特龙主编：《麦考密克论证据》，汤维建等译，中国政法大学出版社2004年版，第295页。

自愿，但其未能提供当前用以判断供认在联邦宪法上的自愿性的标准。作为替代，美国联邦最高法院要求支持法院在判断被告人供认的自愿性时将承诺作为环境状况整体中的一部分。换言之，承诺仅仅作为评判自愿性的一个因素而已。很多州的法院认识到“在此类案件中根本的问题是向嫌疑人做出的承诺或类似的陈述是否妨碍了嫌疑人作出自愿和理性的供认决定”。[①] 那么骗供在美国又如何呢？“从可获得的很少一点判例法来看，普通法上的自愿性看来如果不能说完全，也是在很大程度上把欺骗的证据视为与可采性不具有关联。”[②] 联邦最高法院的态度又如何呢？在弗雷泽案中，警察虚假地告诉弗雷泽，他的一个同伙罗尔斯已经被拘捕并且已经供认不讳。关于这个骗供问题，“联邦最高法院几乎是不假思索地否决了对其后产生的供认的冲击”，认为“警方虚假传达了罗尔斯所作陈述的事实尽管是有关联性的，但照我们看来不足以使在其他方面为自愿的供认而不可采纳。”[③] 在美国州一级的司法实践中，欺骗取证几乎不会被作为非法证据排除，2014 年 9 月 13 日至 23 日，由熊秋红等 3 名刑诉法学者和 4 名辩护律师所组成的中国代表团受美国国务院“国际访问者”项目官员的邀请，赴美国专门就非法证据排除规则的实践运作进行了考察，考察的地点包括美国首都华盛顿特区、新罕布什尔州的康科德、华盛顿州的西雅图三个城市，

① ［美］约翰·W. 斯特龙主编：《麦考密克论证据》，汤维建等译，中国政法大学出版社 2004 年版，第 296 页。

② ［美］约翰·W. 斯特龙主编：《麦考密克论证据》，汤维建等译，中国政法大学出版社 2004 年版，第 297 页。

③ 转引自［美］约翰·W. 斯特龙主编：《麦考密克论证据》，汤维建等译，中国政法大学出版社 2004 年版，第 298 页。

考察的方式为分别与律师、检察官、法官、警察、学者进行座谈和访谈，观摩非法证据排除的听审程序以及参观相关机构，考察结果表明："在讯问方式上，警察可骗人、但不可威胁，通过威胁手段所获证据原则上将被排除"[①]。作为英美法系的另一个重要代表，英国对于引诱和欺骗的立场也并非如某些人想象得那般严格适用非法证据排除规则，英国《警察与刑事证据法》规定，真实性有保障且不会导致不公正审判的前提下，可以采纳欺骗获得的嫌疑人供述。五是联合国《禁止酷刑和其他残忍、不人道或有辱人格的待遇或处罚公约》第1条列为禁止的取证手段也不包括诱供，而只是暴力、精神折磨、使用药品或催眠以及其他不人道的方法获取的犯罪嫌疑人供述和证言证言。诱供、欺骗尚且够不上"不人道"。[②]

当然，这也并不是说所有的引诱、欺骗获取的言词证据一律都不排除，而是需要从实质上考量有无违反人权规则、痛苦规则、真实性规则和自愿性规则。当然，引诱欺骗，一般不会违反人权规则，最可能违反的是痛苦规则、自愿性规则和真实性规则。具体来说：

一是考量引诱和欺骗的程度，当其严重到使被讯问人、被询问人感受到痛苦不得不供述时，或者影响到其自由选择供与不供、说与不说的意志时，应当排除，也就是违反痛苦规则或者自愿性规则；反之，如果没有影响到其供述、陈述与否的选

---

① 熊秋红：《美国非法证据排除规则的实践及对我国的启示》，载《政法论坛》2015年第3期。

② 参见李勇：《非法证据排除规则在中国的前途与命运——以两高三部〈非法证据排除规定〉为切入点》，载宋英辉、甄贞主编：《京师刑事诉讼法论丛》（第2卷），北京师范大学出版社2012年版，第64～65页。

择自由意志时则无需排除，程度较轻的引诱、欺骗获取口供，使嫌疑人受意识牵引、精神满足或产生虚假认识的方法获取其供述，此类方法，不具备使犯罪嫌疑人“肉体上或精神上剧烈疼痛或痛苦”的特征，难以纳入非法证据排除范围。[①] 美国一些法院的判例也采取了类似的立场，如果欺骗、引诱导致“嫌疑人本来可以在是供认还是保持沉默之间作出理性的选择，但该欺骗扭曲了嫌疑人的选择，从而压制了嫌疑人的意志”，该供认将是不可信的。[②] 结合下面这个案例进一步阐述：

【案例 13：刘某受贿案】 犯罪嫌疑人刘某系某市某区拆迁办主任，在拆迁过程中，被拆迁户庄某请求刘某在拆迁补偿方面给予照顾。后被拆迁户庄某先后三次给予刘某好处费 25 万元。检察机关经初查后对刘某进行立案侦查，在前两次讯问中刘某拒不承认收受庄某好处费的事实，庄某在前两次询问中也不承认送钱给刘某。在第三次讯问中，侦查人员问刘某家里还有哪些人，有什么牵挂。刘某想到了自己 70 多岁的老母亲，不禁潸然泪下。侦查人员从讯问录像中截屏了一张刘某流泪的照片。后又对庄某进行询问，将刘某流泪的照片给庄某看，庄某看了照片后，沉默十余分钟，内心经过激烈斗争，以为刘某是因为悔罪而流泪，心想“既然刘某自已都承认了，我已经无必要为其死扛到底”，于是将送钱给刘某的经过和盘托出。侦查人员拿到庄某的证言，加之前期掌握的大量拆迁资料等书证，刘某在证据面前最终承认了全部犯罪事实。

---

① 参见龙宗智：《我国非法口供排除的“痛苦规则”及相关问题》，载《政法论坛》2013 年第 5 期。

② 参见［美］约翰·W. 斯特龙主编：《麦考密克论证据》，汤维建等译，中国政法大学出版社 2004 年版，第 298 页。

对于上述案例，有人认为庄某的证言是通过一张流泪的照片这一欺骗手段获取的，应当作为非法证据排除；有人认为，有一定的欺骗成分，但这不属于非法证据。笔者认为，上述案例中庄某的证言不属于非法证据，无需排除，可以作为定案根据。侦查人员将流泪的照片给行贿人庄某看，并没有对庄某施加进一步的压力，庄某之所以如实陈述是因为猜测受贿人已经供述、悔罪，自己再负隅顽抗已不值得，因此选择如实陈述，这种选择显然是经过深思熟虑、权衡利弊之后做出的理性抉择，侦查人员的策略和方法并没有导致其无法进行自由选择。这种情况的欺骗取证，既没有侵害当事人的人权，也没有导致当事人痛苦和违反自愿性，因此不属于非法证据。

二是通过经验法则，以及通过与其他证据的印证来考察其言词证据的真实性。引诱和欺骗的程度导致被讯问人、被询问人提供的言词证据不真实时，因违反真实规则，就需要作为非法证据排除。最高人民检察院编写的《新刑事诉讼法理解与适用》也采取了类似立场，认为“在司法实践中，‘引诱’、‘欺骗’的含义特别是标准难以界定，与侦查讯问中的讯问技巧、策略有时很难区分，如果将这些讯问方法都认为非法，将导致大量口供被排除，给侦查工作带来较大冲击，因此，对此问题应当根据具体案件做出具体判断和处理。如果采用引诱、欺骗的方法严重侵犯了被讯问人的人身权利，使得犯罪嫌疑人、被告人被迫作出供述，并且严重损害了口供的客观真实性的，应当予以排除”。[①] 美国有些法院判例也采取类似的标准，他们认为“受谎言或诡计的引诱而做出的供认并非不可采纳，除非所

---

① 童建明主编：《新刑事诉讼法理解与适用》，中国检察出版社 2012 年版，第 82 页。

用方法被认定为造成了不真实的供认或触犯了正当程序”。[①] 如何判断是否违反真实性规则呢？一是根据经验法则，被告口供必须符合自然经验法则和逻辑规则。例如，被告供称徒手杀害一名比他强壮的受害人，则此口供的真实性有待于侦查人员进一步核实。所作的供述应亲身感知，而不得推理所得。例如，被告声称将受害人推入河中，进而推断受害人应溺水而亡。此供述系被告推理所得，应审慎审查。又如，被告供称向药店购买砒霜以毒杀受害人。鉴于被告并无能力辨别药剂真伪，故侦查人员应进一步进行鉴定。被告应动机纯正，供述并无其他不当利益，如陷害他人、隐藏更严重的罪行、保护真正有罪的第三人等，对此，侦查人员应一步分析被告是否存在其他利益诉求或作伪证的动机。二是要通过其他证据的印证来审查其是否具有真实性。比如，下面这个案例：

【案例 14：席某受贿案】 某医院院长席某利用药品采购的职务便利，先后多次收受医药销售代表给予的回扣 300 余万元。检察机关立案后，进行多次讯问，席某均拒绝供述，并称“其做人做事一向坚持党的优良传统，那就是实事求是，自己从来没有拿过医药代表的回扣”，并教育侦查人员办案也要实事求是。后经向医院其他工作人员了解，席某平时有句口头禅就是“实事求是”，在各种场合都是“实事求是”不离口。后侦查人员让席某自己写一个悔过书，席某说：“没什么好悔过的，实事求是”。侦查人员说：“既然如此，你就写‘实事求是’也行”。于是，席某写下“实事求是”四个字，并签名捺手印。侦查人

① 参见［美］约翰·W. 斯特龙主编：《麦考密克论证据》，汤维建等译，中国政法大学出版社 2004 年版，第 298 页。

员拿到这份“悔过书”之后，找到同在席某所在医院工作的其情人姚某，姚某看到这份“悔过书”，那字体及签名均确是席某亲笔所写，内心复杂，思考良久，猜测席某应该是让自己实事求是说出实情，于是把其知道的关于席某收受回扣的事情一五一十都说了出来。然后侦查人员再去讯问犯罪嫌疑人席某，席某全部供认了犯罪事实。

对于这个案例，有人认为侦查人员用“悔过书”骗取犯罪嫌疑人的情人姚某的证言，属于欺骗取证，应当作为非法证据排除；有人认为姚某是自己陈述的，证言合法有效，可以作为定案根据。笔者认为，姚某的证言尽管具有欺骗或引诱的成分，但是可以作为定案根据，不应当作为非法证据排除。一方面，姚某的陈述是其权衡利弊，基于其自身理性思考的自由选择，不违反自愿性；另一方面，其陈述内容具有真实性，姚某作为其情人，不会轻易出卖情夫，根据一般的经验法则，其陈述不违背常理，且其陈述内容也得到医药代表的证言以及药品采购单据等书证的印证。同时，也不存在侵害人权或导致其痛苦的问题。

司法实践中，以下情况不宜作为非法证据予以排除：（1）类似于“如实交代，可以从轻、从宽处理”“如实供述，可以取保候审”“如实供述可以向检察院建议从轻”“如实供述可以在量刑建议中建议法院从轻处罚”，等等，这种承诺、许诺、引诱并不构成非法证据排除。因为这些“通常被描述的对讲真话的劝诱，即断定供认会导致更加宽大的处理，或甚至表明作为对供认的回报，某警官将‘尽其所能’或者‘什么都好说’，这些被认定为并不构成承诺。即便是认定了承诺的存在，证据也许不能令人满意地证明嫌疑人倚仗它而决定供认”。[①] 以上承诺不违反自愿性规则。(2) 嫌疑人主动提出来如果其供述，能否给其从轻处罚或者取保候审。这种情况一般认为不影响证据的证据能力，因为“被告的主动性表明，承诺的效果不至于在方式或程度上对被告的决断造成如此大的损害而必然使得供认为非自愿”[②]，也不影响自愿性规则。

写到这里，一定会有人提出，按照上述标准，是不是所有欺骗、引诱取得的言词证据都不需要作为非法证据排除呢？答案是否定的，关键还是要从实质上判断有无违反人权规则、痛苦规则、真实性规则、自愿性规则。比如，下面这个案例：

【案例 15：吴某某受贿案】 犯罪嫌疑人吴某某系某市开发区建设指挥部渣土管理部主任，行贿人郝某系某渣土运输公司负责人。犯罪嫌疑人吴某某到案后多次供述称只记得收受郝某给予的好处费三笔，共计 3 万元，其他的事实一开始说记不起来，后来干脆说没有。侦查人员经调查，查获行贿人郝某的一个记账本，记账本上有大量给相关国家工作人员行贿的记录，大到现金上万元，小到一只烤鸭，一箱水果，一件衬衫，并有详细的时间、地点、人物。侦查人员在多次讯问吴某某无效的情况下，把郝某的记账本拿给吴某某看，让他按照记账本上的内容交代，于是吴某某就对着记账本一笔一笔交代，共计交代了 17 万元的受贿事实。

---

① ［美］约翰 · W. 斯特龙主编：《麦考密克论证据》，汤维建等译，中国政法大学出版社 2004 年版，第 296 页。

② ［美］约翰 · W. 斯特龙主编：《麦考密克论证据》，汤维建等译，中国政法大学出版社 2004 年版，第 296 页。

上述案例中，吴某某除了受贿 3 万元之外的供述能否作为定案根据，争议重大，一种观点认为，尽管具有诱导的成分，但郝某的记账本是物证，具有客观性，吴某某没有受到逼供，是其自行供述的，可以作为定案根据。另一种观点认为，吴某某受到诱供，已经影响到其供述的真实性，应该作为非法证据排除。

笔者认为，吴某某的供述应该作为非法证据排除，不能作为定案根据。理由如下：其一，让犯罪嫌疑人对着记账本供述与出于自己的意志自由进行供述是完全不同的，因而违反真实性规则；其二，犯罪嫌疑人的供述真实性已经受到严重影响，犯罪嫌疑人到案后就供述称其他的不记得了，后来对着记账本的供述还是不是其真实记忆存疑，这与前述案例中明明是其受贿而故意隐瞒，在基于一定诱因或欺骗因素之下说出“原本不想说”的内容不同，这个案例则是说出了“原本就不记得的内容”；其三，记账本是行贿人郝某自行记录的，不是由会计等第三人记录，尽管系书证，但是其证明内容与郝某的证言并无实质不同；其四，郝某的记账本的内容本身真实性存在疑问，因为按照一般的经验法则，不可能行贿一只烤鸭、一件衬衣，很有可能是其自己占有而向其所在公司进行虚报。经调查，行贿人郝某为何要详细记录行贿的情况，其回答说：因为公司是其和另外一个人合伙开的，要向公司报账，年底两人要分红。这样看来，郝某故意将自己的消费记账为向他人行贿是完全有可能的。基于以上内容，犯罪嫌疑人吴某某在诱供情况下的供述，因违反自愿性和真实性规则，应当予以排除，不能作为定案根据。

实践中，对于一些多笔事实的盗窃、零星贩卖毒品、多次容留他人吸毒、多次受贿等案件，由于次数较多，时间比较模糊，如果是先证后供，且存在诱供和骗取取供的情形，要特别加以小心，严格按照上述标准进行权衡是否需要排除。对于一些明显是嫌疑人不记得或记不清甚至不是其所为的，而通过引诱或者欺骗嫌疑人按照事先已经取得的被害人陈述或证人证言进行“对口型”，影响到证据真实性的，该排除的要排除。司法实践中，对于以下诱供需要考虑作为非法证据排除：对于承诺只要供认就撤案或者不追究刑事责任的情况，这样的引诱程度会影响到嫌疑人供述的自愿性。这一点在美国也是有广泛共识的，“为回报供认而给予公诉的完全豁免权的承诺或者相似的做法将导致由此而生的供认为非自愿”，同样，“对于最为严重的犯罪不再追诉的承诺具有相同的效果”，虚假的承诺会导致被作为非法证据而排除的风险加大。①

对于被害人和证人的引诱获取的言词证据，也应该按照人权规则、痛苦规则、真实性规则、自愿性规则从实质上判断是否具有证据能力，比如，下面这个案例：

【案例16：李某某强奸案】2013年7月14日晚，被告人李某某与被害人陈某某（13周岁，初中一年级学生）在福建省泉州市丰泽区泉秀路某超市溜冰场认识。当晚，陈某某称不想回家，被告人李某某就谎称自己有两间租房，让陈某某到其租住处过夜。后陈某某随被告人李某某一起到了丰泽区某社区某出租房，后二人发生性关系。次日下午，被告人李某某乘出租车将陈某某送回其父母住处附近。7月30日，陈某某父母得知其女儿被奸淫后即向公安机关报案，8月5日被告人李某某被抓获

① 参见［美］约翰·W. 斯特龙主编：《麦考密克论证据》，汤维建等译，中国政法大学出版社2004年版，第296页

归案。被害人在侦查阶段共有三次陈述。第一份陈述在报案当天，被害人陈某某在该份笔录中称："李某某用阴茎插入其阴道，并在其阴道内左右摇摆、转圈圈、抽插……后又将手指伸入其阴道内乱动，又将他的阴茎插入阴道内摇来摇去……"第二次陈述是在医院检查其处女膜完整后所做的，其称"不清楚李某某的阴茎有无插入其阴道内"。第三次陈述是针对是否明知被害人是幼女的内容，没有涉及性关系内容。在审查起诉阶段，公诉人询问被害人"既然没有性方面的知识，为何在侦查机关作那样的陈述？"被害人陈某某回答："在公安机关做笔录时，对某些方面不懂得如何形容和表达，公安人员用他们的语言问我是不是那样，我不知道怎么说，就用点头表示。"①

从被害人陈述的前两次笔录看，第一次详细描写了性行为的过程，而第二次笔录称记不清楚有无插入，在审查起诉阶段说受到公安机关的诱导。而且，第一次笔录中，被害人对性行为的描述超出其年龄以及没有性经验的认识范围，不符合常理。加之，未成年人身心不成熟，容易受到诱导。可见，被害人陈某某的第一次询问可能受到了引诱，而且这种引诱已经对证据的真实性产生影响，在性器官有无插入问题上存在重大矛盾。二审法院认为，第一份笔录存在引诱，应予排除，第二份、第三份与审查起诉阶段公诉人的询问笔录相互印证，不需要排除。在该案例的裁判理由中，判决书指出："对采用引诱方法收集的言词证据，要区分情形认真审查其证据能力和证明力。对于采用以非法利益进行引诱的方法收集犯罪嫌疑人、被告人供述，

---

① 参见戴长林、罗国良、刘静坤：《中国非法证据排除制度：原理·案例·适用》，法律出版社2016年版，第273页。

可能严重影响司法公正的，有关供述应当作为非法证据予以排除。对于采取诱导性发问的方式收集的被害人陈述，因诱导性发问极易导致言词证据失真，因此，应当结合其他证据审查被害人陈述的客观真实性。如果由此取得的被害人陈述与其他证据存在矛盾，或者无法得到其他证据印证，不能确认其客观真实性的，不得将之作为定案根据。”① 这就是根据真实性规则从实质上判断证据能力。

（三）犯罪嫌疑人被送交看守所后，出所讯问是否一概排除

《刑事诉讼法》第118条规定，犯罪嫌疑人被送交看守所羁押以后，侦查人员对其进行讯问，应当在看守所内进行。如果侦查人员将犯罪嫌疑人带出看守所进行讯问，那么该讯问笔录是否有证据能力，是否需要排除？我们来根据“先形式后实质二步式审查法”进行判断。

首先，从第一步形式判断来看，犯罪嫌疑人被送交看守所羁押以后，侦查人员带出所讯问肯定是违法的。根据《刑事诉讼法》第118条规定，犯罪嫌疑人被送交看守所羁押以后，侦查人员对其进行讯问，应当在看守所内进行。出所讯问直接违反《刑事诉讼法》的上述规定，属于违法取证。对于出所辨认、鉴定等不属于法律禁止的对象。《人民检察院刑事诉讼规则》第186条第2款规定：“因辨认、鉴定、侦查实验或者追缴犯罪有关财物的需要，经检察长批准，可以提押犯罪嫌疑人出所，并应当由两名以上司法警察押解。不得以讯问为目的将犯罪嫌疑人提押出所进行讯问。”

---

① 参见戴长林、罗国良、刘静坤等：《中国非法证据排除制度：原理·案例·适用》，法律出版社2016年版，第277页。

其次，违法取证与无证据能力不能直接画等号，是否具有证据能力，是否需要作为非法证据排除，还要看第二步的实质判断，从实质上判断这种违法取证有无违反人权规则、痛苦规则、真实性规则或自愿性规则。《刑事诉讼法》这一条的立法目的就是为了确保讯问过程的合法性，防止出所讯问时进行刑讯逼供等非法取证行为的发生，因为在看守所有相应的管理制度来防止这些情形的发生。因此，对于出所讯问的笔录要区分以下情况：（1）犯罪嫌疑人、被告人对出所讯问没有提出异议，表示认可，排除刑讯逼供等违法情形，且与其他供述相互印证的，这样就排除了违反人权规则、痛苦规则、真实性规则或自愿性规则的可能性，因此可以作为定案根据。（2）犯罪嫌疑人、被告人对出所讯问提出异议，但是有同步录音录像等能够证明讯问过程没有非法取证行为，且能合理解释和说明出所进行讯问的原因的，可以作为定案根据。（3）犯罪嫌疑人、被告人提出出所讯问过程中受到刑讯逼供等非法取证行为，但是侦查机关、检察机关不能提供讯问录音录像等证据证明取证合法性的，因不能排除刑讯逼供可能性，应当作为非法证据排除。《人民法院办理刑事案件排除非法证据规程（试行）》（法发〔2017〕31号）也采取了这样的立场，其第26条规定："经法庭审理，具有下列情形之一的，对有关证据应当予以排除：……（三）侦查机关除紧急情况外没有在规定的办案场所讯问，现有证据不能排除以非法方法收集证据的；（四）驻看守所检察人员在重大案件侦查终结前未对讯问合法性进行核查，或者未对核查过程同步录音录像，或者录音录像存在选择性录制、剪接、删改等情形，现有证据不能排除以非法方法收集证据的；（五）其他不能排除存在以非法方法收集证据的。"用下面这个案例进一步说明：

【案例17：冯某某故意伤害案】 2012年7月18日，被告人冯某某带被害人黄某某和叶某某、林某某等人到海南省万宁市后安镇一个水田里捕鱼。19日凌晨捕鱼结束后，被告人冯某某叫黄某某洗鱼，黄某某不同意，二人发生争吵。冯某某恼怒，右手持砖头击打黄某某头部，又用脚踢黄某某下阴部。次日12时发现被害人黄某某死亡。经鉴定黄某某系头部遭受外力作用致颅骨骨折与原发性脑干损伤死亡。被告人冯某某在庭审中辩称公安机关限制其睡眠，对其刑讯逼供。2012年8月1日10时20分将被告人带出看守所，直到8月2日17时15分才将其送回看守所，期间进行了三次讯问，这三次讯问均为有罪供述，但是此前并不认罪，而且在审查起诉阶段又重新翻供。

此案，海南省人民检察院第一分院以被告人冯某某犯故意伤害罪向海南省第一中级人民法院提起公诉。海南省第一中级人民法院经审理认为，侦查机关取证过程中存在违法羁押和审讯的情形，且长达数日限制被告人睡眠时间，足以使被告人作出违背其意志的供述，公诉机关对审判前供述取得的合法性未能提供证据证明。因此，审判前的有罪供述不能作为定案根据，又没有其他证据证明被害人的受伤死亡与被告人存在直接关联，事实不清，证据不足，指控罪名不成立。一审宣判后，海南省人民检察院第一分院提出抗诉，海南省高级人民法院经审理后认为原判决事实不清，证据不足，发回重审。海南省第一中级人民法院重审后认为，不能排除被告人冯某某审判前的有罪供述为采用非法方法获取，被告人冯某某的有罪供述不能作为定案根据，也缺乏其他证据证明其行为导致被害人死亡，认为指控被告人冯某某故意伤害罪的事实不清，证据不足，宣告被告人冯某某无罪。①

这个案件，侦查机关 2012 年 8 月 1 日 10 时 20 分将被告人冯某某提押出看守所，在 18 时 15 分讯问被告人冯某某前，这长达 8 个小时的时间段内，没有任何侦查活动的书面记录，也无法对这个时间段内的侦查行为作出合理解释，加之被告人称受到刑讯逼供，其在此之前没有供述，其后翻供，无其他证据印证其有罪供述。因此，在出所期间内所做的供述应当不能作为定案根据，基于两方面的原因：其一，将犯罪嫌疑人带出看守所讯问，在出看守所这个时间段内，被告人提出刑讯逼供的辩解，但是公安机关没有给出合理解释；其二，被告人在被带出看守所期间进行了三次讯问，这三次讯问均为有罪供述，但是此前并不认罪，而且在审查起诉阶段又重新翻供，又无其他证据印证。这样看来，一方面不能排除刑讯逼供的可能性（优势证明标准），违反人权规则；另一方面其供述的真实性已经受到影响，违反真实性规则，因此应当作为非法证据予以排除。

（四）关于重复自白问题

《刑事诉讼法》第 56 条规定，“采用刑讯逼供等非法方法收集的犯罪嫌疑人、被告人供述和采用暴力、威胁等非法方法收集的证人证言、被害人陈述，应当予以排除”。司法实践中对这样种情况存在争议：犯罪嫌疑人在侦查阶段某一次讯问中受到刑讯逼供，其以后的历次供述是否都应当予以排除，还是限于受到刑讯逼供的那一次讯问应当排除。例如，犯罪嫌疑人在公

---

① 戴长林、罗国良、刘静坤：《中国非法证据排除制度：原理 · 案例 · 适用》，法律出版社 2016 年版，第 280 页。

安机关派出所讯问时受到刑讯逼供，但是后来关押在看守所期间的多次讯问中并没有受到刑讯逼供，以及在审查起诉阶段公诉人提审时也没有受到刑讯逼供。上述各个阶段的供述是实行“一排到底”全部作为非法证据予以排除，仅以当庭供述为定案根据；还是实行“适时排除”，即仅排除在公安派出所受到刑讯逼供时的供述？这就是重复性自白的证据能力问题。

关于重复性自白的证据能力问题，各国做法不一。英国《警察与刑事证据法》规定，相关人员的言行导致某次供述不具有可采性，这意味着后续通过法定程序收集的供述可能因此受到污染，而被排除。但是，实践中，后续通过法定程序收集的供述是否受到之前非法讯问的污染取决于个案的具体情况。在1994年的伍德案中，英国上诉法院指出，法官需要审查最初非法讯问是否清除最初非法讯问的影响。2002年的兴格勒顿案中提出了“二步式审查标准”：第一步，导致先前供述被排除的非法讯问情形是否具有根本性和持续性；第二步，后续讯问是否充分保障被告人权利，促使其能够明智且独立地选择重复最初的供述、撤回最初供述或者保持沉默。在该案中，法院认为最初非法讯问不具有持续性，被告人有充分理由和机会决定是否重复最初供述，因此后续供述不应排除。与英国司法实践相似的是，日本对于重复性自白是否具有证据能力，取决于第一次供述和后续供述的关联性。

2017年6月27日起施行的《关于办理刑事案件严格排除非法证据若干问题的规定》第5条规定：“采用刑讯逼供方法使犯罪嫌疑人、被告人作出供述，之后犯罪嫌疑人、被告人受该刑讯逼供行为影响而作出的与该供述相同的重复性供述，应当一并排除，但下列情形除外：（一）侦查期间，根据控告、举报或者自己发现等，侦查机关确认或者不能排除以非法方法收集证据而更换侦查人员，其他侦查人员再次讯问时告知诉讼权利和认罪的法律后果，犯罪嫌疑人自愿供述的；（二）审查逮捕、审查起诉和审判期间，检察人员、审判人员讯问时告知诉讼权利和认罪的法律后果，犯罪嫌疑人、被告人自愿供述的。”2021 年《最高人民法院关于适用〈中华人民共和国刑事诉讼法〉的解释》第 124 条采取了同样的规定。

如何理解和适用上述规定呢？对于重复性自白既不能绝对地“一排到底”，也不能绝对地“全部使用”，应当结合个案，实质地判断先前非法讯问对后续讯问的影响，判断重复自白在何种情况下违反人权规则、痛苦规则、真实性规则和自愿性规则，何种情况下不违反这些规则。由于后续的讯问不存在再次刑讯逼供的问题，因此主要是判断痛苦规则、真实性规则、自愿性规则。具体来说，需要考虑以下几个因素：其一，先前非法讯问的程度，是否足以影响到后续讯问；其二，后续讯问的程序及权利告知等是否可以保障其自由选择重复以往供述；其三，讯问主体更换、诉讼阶段变化等是否足以对先前非法讯问产生“阻断效应”；其四，与其他证据能否形成印证以确保其真实性。

1. 重复自白如果受到先前刑讯逼供的影响，而违反痛苦规则、真实性或自愿性规则的，应当予以排除。先前的讯问过程中，采用刑讯逼供方法，因违反人权规则等，当然要作为非法证据排除。之后的供述即使没有再次刑讯逼供，但是如果没有相应的措施阻断先前刑讯逼供造成的心理影响，导致犯罪嫌疑人因担心再次受到酷刑而供述，这样的供述既存在因担心再次受到酷刑而产生心理痛苦，也因此担心而影响供述的自愿性，进而影响到供述的真实性，因违反痛苦规则、真实性规则、自愿性规则，该口供应予以排除。

2. 重复自白如果采取措施阻断了先前刑讯逼供的影响，而在实质上不违反痛苦规则、真实性规则或自愿性规则的，不予排除。《关于办理刑事案件严格排除非法证据若干问题的规定》第5条和《最高人民法院关于适用〈中华人民共和国刑事诉讼法〉的解释》第124条，之所以将“更换主体”“转移阶段”作为重复自白排除的例外，就是因为“更换主体”“更换阶段”能够产生“阻断效应”。也就是说，犯罪嫌疑人再次受到酷刑的担忧被阻断了，这样就使后来的供述是在无痛苦和自愿的情况下进行的，如果也得到其他证据的印证，真实性也有保障，这样就不违反痛苦规则、自愿性规则、真实性规则，该口供就具有证据能力，可以作为定案根据。当然，控方应当承担这种阻断效应的证明责任。德国证据法大师密特麦尔就此指出，如果在停止使用强制手段后，被告完全有自由重新进行供述，则应区分对待：如果被告系因担心再次受到酷刑而坚持原有供述，则口供应予以排除。但如果可证明先前的强制行为已对被告的精神不产生影响，被告的有罪供述系自愿作出，则可以不排除。在后一种情况下，检控方应证明：侦查人员的行为完全排除了被告再次受到酷刑的疑虑；被告进行供述时意志自由，未有恐惧情绪；以及口供所包含的细节完整，为其他证据所印证。[①] 这种“阻断效应”从实质上来说，就是看采取的“更换主体”“转移阶段”确保后来的讯问不违反人权规则、痛苦规则、自愿性规则、真实性规则。如果“更换主体”“转移阶段”，并未在实质上起到“阻断效应”，后续的口供依然要作为非法证据予以排除。例如，如果有证据表明，侦查人员在实施刑讯逼供或者

---

① 参见施鹏鹏：《跨时代的智者——密特麦尔证据法学思想述评》，载《政法论坛》2015年第5期。

威胁方法时，曾经警告犯罪嫌疑人不得在检察官面前翻供，虽然此后检察官讯问时并未采用非法方法，但因为先前的非法讯问继续影响犯罪嫌疑人的自愿性，因此，即使犯罪嫌疑人继续作出供述，同样在禁止使用之列。①

3. “告知诉讼权利和认罪的法律后果”的实质解释。前述司法解释对重复自白规定的两个例外“更换主体”“转移阶段”，都设立了“告知诉讼权利和认罪的法律后果”的条件，如何理解这一条件呢？这同样需要实质解释，也就是从实质上判断“告知诉讼权利和认罪的法律后果”有无对“阻断效应”产生作用，也就是对确保后续供述不违反痛苦规则、真实性规则、自愿性规则产生作用。例如，在审查起诉阶段，检察官忘记“告知诉讼权利和认罪的法律后果”，但是犯罪嫌疑人理解检察官的客观义务，也信任检察官，不存在担心检察官对其刑讯逼供，那么这就属于告知程序瑕疵，不影响口供的证据能力；反之，如果在侦查阶段，更换办案单位，新的侦查人员也“告知诉讼权利和认罪的法律后果”，但是有证据证明犯罪嫌疑人见到侦查人员惶恐不安，依然可能作为非法证据排除。比如，下面这个案例：2016 年 11 月某日，被告人李某轩与吕某（另案处理）电话约定由吕某提供海洛因 700 克用于贩卖，每克价格 330 元。同年 11 月 27 日，吕某安排被告人杨某某乘坐飞机，将装有毒品的行李箱从昆明带到合肥新桥机场，交给被告人彭某某。当日 12 时许，彭某某乘车至安徽省临泉县城关镇与李某轩见面，二人在前往李某轩家时，被民警当场抓获，查获海洛因 703.4 克。安徽省阜阳市中级人民法院一审庭审中，李某轩对贩卖毒品行

① 参见林钰雄：《刑事诉讼法》（上册），中国人民大学出版社 2005 年版，第 176 ~ 177 页。

为供认不讳，对公诉机关当庭出示的其侦查阶段有罪供述没有异议。阜阳市中级人民法院作出（2017）皖12刑初46号刑事判决，被告人李某轩犯贩卖毒品罪，判处死刑，缓期2年执行，剥夺政治权利终身，并处没收个人全部财产。李某轩上诉承认原判认定其贩卖毒品的基本事实，对原判采信的其本人有罪供述也没有异议，但提出2016年11月27日被抓获后，遭到侦查人员刑讯逼供及原判量刑过重等上诉理由。①

这里涉及被告人当庭重复自白的证据能力问题。判决指出，根据《关于办理刑事案件严格排除非法证据若干问题的规定》第5条第2项规定，审查逮捕、审查起诉和审判期间，检察人员、审判人员讯问时告知诉讼权利和认罪的法律后果，犯罪嫌疑人、被告人自愿供述的，不受原来刑讯逼供的影响。即使不具备前述条件，例如，告知的诉讼权利存在瑕疵，但只要能够切断与之前刑讯逼供的影响，当庭供述确出于自愿，则同样不存在合法性问题。因此，只要被告人自愿确认侦查期间的供述，即使属于庭前供述的重复性供述，所转化形成的当庭供述也不存在合法性问题。本案中，被告人李某轩在一审庭审过程中被告知了申请排除非法证据的权利和其他诉讼权利，也获得了律师帮助，其认罪及确认侦查阶段有罪供述真实性出于自愿，不受先前的侦查行为的影响，由此形成的当庭供述具有合法性。②

---

① 李继轩贩卖毒品案，安徽省高级人民法院（2017）皖刑终字第278号刑事判决书。

② 同上。

（五）犯罪嫌疑人、被告人、证人的程序性权利未得到保障情况下取得的供述是否具有证据能力

1. 首次讯问没有告知犯罪嫌疑人相关权利和法律规定是否影响供述的证据能力？《刑事诉讼法》第120条第2款规定，侦查人员在讯问犯罪嫌疑人的时候，应当告知犯罪嫌疑人如实供述自己的罪行可以从宽处理。如果侦查人员没有履行该项规定的告知义务，是否会导致该份口供排除呢？

笔者认为，上述情况下取得的供述只是瑕疵证据而不是非法证据。根据“先形式后实质二步式审查法”，第一步形式判断，未告知肯定是违反法律规定，影响证据能力的要件；接下来就是第二步实质判断，审查有无在实质上影响人权规则、痛苦规则、真实性规则和自愿性规则。没有履行告知程序不存在侵害犯罪嫌疑人基本人权和导致犯罪嫌疑人产生痛苦的问题，所以关键是判断真实性规则和自愿性规则。因此，只要能够合理解释和说明没有告知的原因，并在审查后得知没有告知并未影响到其供与不供的选择权，以及供述的真实性，就可以作为定案根据。因为这种情况在实质上并未侵犯犯罪嫌疑人的基本人权而导致其遭受难以忍受的痛苦，也没有影响了供述的自愿性和真实性。这一点也得到司法解释的确认，《最高人民法院关于适用〈中华人民共和国刑事诉讼法〉的解释》第95条明确规定，讯问笔录有下列瑕疵，经补正或者作出合理解释的可以采用，其中第3项就是“首次讯问笔录没有记录告知被讯问人有关权利和法律规定的”。可见，该解释明确将首次讯问未告知相关权利和法律规定的证据界定为瑕疵证据，经过补正或者合理解释的，可以作为定案根据。

同样，对证人、被害人未履行告知程序的取得的证言和陈

述也属于瑕疵证据。根据《刑事诉讼法》第 125、127 条的规定，询问证人、被害人应当告知他应当如实提供证据、证言和有意作伪证或者隐匿罪证要负的法律责任。对于司法实践中，未履行这些告知程序的，属于瑕疵证据，如果能合理解释和说明，不影响证据的自愿性和真实性，可以作为证据使用；如果不能合理解释，不能确保其自愿性和真实性，则作为非法证据排除。①

2. 侵犯犯罪嫌疑人、被告人的律师会见权获得的供述是否具有证据能力？侦查机关和司法机关必须保障犯罪嫌疑人、被告人获得律师帮助的权利，应当确保律师合法的会见权，不得任意限制律师会见。侵犯律师会见权的，在第一步的形式判断上，是违法行为。但是否排除由此获得的供述，则需要第二步的实质判断。由于会见权不属于当事人基本人权，也不存在导致痛苦，关键在于真实性规则和自愿性规则。对于侵犯犯罪嫌疑人、被告人的律师会见权获得的供述，如果在讯问过程其他方面是合法的，权利义务告知也是完备的，不会影响到其供述自由的选择权和供述内容的真实性，那么应当属于瑕疵证据，经过合理解释和说明的，可以作为定案根据。因为，未获得律师会见的情况下，只要侦查机关对犯罪嫌疑人、被告人的讯问过程是合法的，其供述的自愿性得到充分保障，那么有无律师会见不会导致真实性受到影响。更何况，还有很多案件并没有委托辩护律师，其供述在合法取得的情况下，证据能力并不受影响。上述立场符合我国的司法实践和法律规定。从比较法的角度来说，上述立场也具有普遍性。英国 1984 年《警察与刑事

① 参见张军主编：《刑事证据规则理解与适用》，法律出版社 2010 年版，第 149 页。

证据法》第 58 条规定，被羁押人员有权尽快与律师进行私下咨询。如果拒绝犯罪嫌疑人会见律师，那么犯罪嫌疑人的供述是否排除呢？英国上诉法院认为，违反第 58 条规定拒绝犯罪嫌疑人会见显然会对程序公正带来不利影响，但法院必须在每个案件中审查是否严重到要排除供述的程度。通常适用以下规则进行判断：（1）对于轻微的违法行为，或没有导致不公平和证据不可信的违法行为，对相应的供述不予排除。例如，在 Donford 案中，上诉法院认为可根据被告在询问过程中所作回答和他以前的记录，得出律师在场并不增加犯罪嫌疑人对权利的了解的结论，于是尽管有违反第 58 条规定的行为，法官行使自由裁量权采纳询问笔录的做法是正确的。（2）重大的和实质性的违法行为，通常但不是必定会导致供述被排除。①

（六）关于传闻证据法则的误读与清理

传闻证据法则来源于英美法系，其与直接言词原则具有紧密的关系。因为我们并未在立法上确立起严格的直接言词原则，所以我国《刑事诉讼法》并未规定传闻证据法则。什么是传闻证据法则？我国如何进行借鉴？这是一个现实的问题。

1. 原则与例外。正如我国台湾地区学者林钰雄教授所言“传闻法则也可以说是被误解比被了解远多的证据法则”，很多人对传闻证据法则存在较多的误解，甚至在美国“连法学院的学生和执业律师都常常在传闻问题上犯错……只要记住以下两件事情，你就可以将你的传闻知识组织起来：第一，‘传闻’是一种可能不得认许作为证据使用（即无证据能力）的证据资料；

① 参见［英］理查德·梅：《刑事证据》，王丽、李贵方等译，法律出版社 2007 年版，第 283～284 页。

第二，传闻排除法则有许许多多的例外”。[1]

一般认为，传闻法则是在法院面前没有经过反询问的言词证据，用法庭陈述笔录或法庭外以供述他人为内容的供述，来证明原陈述内容的事实的真实性。[2] 一般分为两种：（1）法庭内传闻证人之供述。传闻证人是指并未亲身经历，仅间接转述他人所见所闻之供述，传闻证人即使亲自出庭作证，其所为之供述也是传闻证据。（2）法庭内供述证据之替代品。证人以书面证言笔录替代其出庭作证，这种书面笔录即为传闻证据。[3] 前者属于传言听到的证据，称为言词的传闻证据；后者属于书面的传闻证据。不同国家和法系传统，对传闻证据的排除规则是不同的，即便是英美法系采取彻底的传闻排除法则，也会有各种各样的例外。例如，英国有五个公认的例外：（1）与“已形成的事实”原则相关的例外；（2）死者生前的陈述；（3）先前审判中的证据；（4）公共文件中的陈述；（5）具有公共性质的已出版作品。[4] 在日本，一般认为传闻法则来源于保障反询问权，所以在可信的保障反询问权代替手段的前提下，允许传闻证据，包括法官面前笔录（如法官询问证人笔录、询问其他案件的笔录、审判笔录）、检察官面前笔录、司法警察面前笔录、被告人供述的代用文书（记载被告人自己写成的内容，如日记、备忘

---

① 林钰雄：《刑事诉讼法》（上册），中国人民大学出版社 2005 年版，第365～366 页。

② 参见［日］田口守一：《刑事诉讼法》，张凌、于秀峰译，中国政法大学出版社 2010 年版，第 308 页。

③ 参见林钰雄：《刑事诉讼法》（上册），中国人民大学出版社 2005 年版，第370～371 页。

④ 参见［英］理查德·梅：《刑事证据》，王丽、李贵方等译，法律出版社 2007 年版，第 238 页以下。

录等）。另外，还有三种情况也不适用传闻法则：（1）询问证人笔录等，已经给予反询问的机会的；（2）根据当事人的同意或协商，当事人放弃反询问权的；（3）没有必要对被告人的自己供述提出反询问的。[①] 美国传闻法则的例外更多，比如对方当事人的承认、本能陈述、出于医疗诊断或治疗目的的陈述、对过去的回忆录、正规保存的记录、公共记录和报告、在先前的听证或者另外诉讼中的证言、临终陈述等。[②] 在美国的司法实践中，当事人提出传闻证据绝大部分被认为是例外可容许之证据，以传闻证据法则排除证据反而是极少数情形，所以美国证据法学者 Weinstein 曾有名言"在允许传闻证据的大海中，传闻排除法则有如一座孤独的小岛"。Smith 也直言："我认为任何需要三十二个例外来规范其运作的法则根本已经不成为法则。"在此种情形下，"传闻法则已成为例外，而例外容许才是真正的原则"。[③] 所以，传闻证据法则本质上具有"原则排斥"与"例外容许"两个面向，传闻证据法则的真正关键点和难点在于一系列的例外。

2. 传闻证据与传来证据。我国刑事诉讼通说一直存在传来证据的概念。与传闻证据不同，传来证据是与原始证据相对应的证据分类方法。原始证据是凭借第一手证明材料而证明事实的证据。传来证据是间接来源于案件事实的证据，也即经过转

---

① 参见［日］田口守一：《刑事诉讼法》，张凌、于秀峰译，中国政法大学出版社 2010 年版，第 312 页以下。

② 参见［美］约翰·W. 斯特龙主编：《麦考密克论证据》，汤维建等译，中国政法大学出版社 2004 年版，第 505 页以下。

③ 林钰雄：《刑事诉讼法》（上册），中国人民大学出版社 2005 年版，第 367 页。

述、传抄、复制的第二手以下的证据。[①] 我国的传来证据范围更广，它既可以适用于证人证言、被告人的供述和辩解等言词证据，也可以适用于物证、书证、视听资料等实物证据，如书证的副本、复制件就属于传来证据。由此可见，传来证据与传闻证据的区别在于以下两点：（1）传闻证据仅限于言词证据，但传来证据包括实物证据；（2）传闻证据包括未到庭的证言笔录，非亲自到庭都是传闻证据，但是除非是从他人处听说，否则即使是证言笔录也是原始证据。根据我国刑事诉讼通说理论和实践通行观点，转述他人的证言属于传来证据，不能作为认定案件事实的依据，书证、物证应当是原件，复制件、副本、物证照片是传来证据需要原件一致才能作为定案根据。

3. 传闻证据引入的理性立场。我国很多学者对传闻证据法则的介绍存在诸多误解和误导，给人的印象似乎是传闻证据就是要排除的证据，而对诸多的例外情况有意无意地很少提及。其实，传闻证据法则与无罪推定原则不同，并非具有普世性。我国台湾地区学者林钰雄指出，“传闻法则并非普世价值或各文明法治国家所共同承认的证据原则（与无罪推定原则、疑罪惟轻原则等不同），而是如陪审团制度一样附随在特定的历史传统、文化背景及审判构造底下的诉讼机制。即便是累积数百年以上实务经验、案例与学说的英美法，传闻法则在法庭运作的争议不断、立法改革或废止的声浪也甚嚣尘上”。美国学者 McCormick 预测，就长远的眼光来看，传闻法则终将消失，美国将会与欧洲主要国家一样，接受传闻证据并评估其证明力。学者

① 参见陈一云主编：《证据学》，中国人民大学出版社 1991 年版，第 186～187 页。

们几乎一致认为“普通法传闻法则的未来是罪有应得地暗淡”。[①]我国台湾地区当初引入传闻证据法则，或许正如我们今天一样是为了改变口供中心主义，“借此来匡正台湾法固有的‘被告’侦讯笔录（尤其是非任意性自白!）”问题，但这根本就是一个误解，因为被告侦讯自白笔录根本就不受传闻证据法则限制，如美国联邦证据法将其定义为非传闻证据，有的普通法判例将其列为传闻法则的例外。[②]

作为大陆法系典型代表的德国采用直接言词原则而不采用传闻证据法则，将传闻证据法则的部分合理因素如庭外证言笔录的证据能力问题纳入证据禁止规则之中。我国并无真正意义上的传闻证据法则，完全可以参照德国的模式，没有必要先确立传闻证据法则再规定若干例外。否则，不仅不能解决问题，反而徒增更多的麻烦。我国台湾地区的做法就是经验教训，林钰雄指出，我国台湾地区立法不先看听，就贸然采行，而且还想以简简单单几条立法去继受并操作这套法则，令人殊难想象……回头看台湾新法的传闻法则，一言以蔽之，最大缺失在于：不但不能解决真正的问题，反而制造更多的问题。[③]

需要特别说明的是，直接言词原则也是有例外的。任何一个国家都不能对所有进入刑事程序的案件全面彻底贯彻直接言词原则，这是很多学者有意无意中误导的。美国 90% 以上的案

---

① 林钰雄：《刑事诉讼法》（上册），中国人民大学出版社 2005 年版，第 377 页。

② 参见林钰雄：《刑事诉讼法》（上册），中国人民大学出版社 2005 年版，第 378 页。

③ 参见林钰雄：《刑事诉讼法》（上册），中国人民大学出版社 2005 年版，第 377～378 页。

件以辩诉交易的形式结案，真正通过陪审团程序，证人出庭作证以直接言词形式展示证据的案件不到10%。在美国，大约95%的被告人作出有罪答辩，“很多人相信，如果废除辩诉交易，整个刑事司法制度都会崩溃”。[①] 我国台湾地区立法上规定，起诉审查程序、简式审判程序、简易判决处刑程序、强制处分审查程序，均不适用直接言词原则。对于我国而言，如果不从立法层面进行繁简分流，所有案件按照统一标准要求做到直接言词原则，所有证人、被害人出庭，那是不切实际的。对于我国而言，直接言词原则应该从普通程序开始，对于简易程序、速裁程序等认罪认罚的案件应作为例外。

（七）没有法定代理人或者合适成年人在场的未成年犯罪嫌疑人、被告人供述与未成年的证人证言的证据能力问题

《刑事诉讼法》第281条规定，对于未成年人刑事案件，在讯问和审判的时候，应当通知未成年犯罪嫌疑人、被告人的法定代理人到场。无法通知、法定代理人不能到场或者法定代理人是共犯的，也可以通知未成年犯罪嫌疑人、被告人的其他成年亲属，所在学校、单位、居住地基层组织或者未成年人保护组织的代表到场，并将有关情况记录在案。询问未成年被害人、证人适用前述规定。

根据“先形式后实质二步式审查法”，无论是未成年的犯罪嫌疑人、被告人还是未成年的证人，没有法定代理人或者合适成年人在场的，都违反了《刑事诉讼法》的规定，至于是否要因此而排除其供述、证言、陈述，则应进行实质判断。由于这

---

① ［美］安吉娜·J. 戴维斯：《专横的正义：美国检察官的权力》，李昌林、陈川陵译，中国法制出版社2012年版，第45页。

样的违反程序性规定不存在侵犯基本人权或导致痛苦，主要就是判断真实性和自愿性。

本书第一版认为，不能“一刀切”地都作为非法证据排除，能够补正、合理解释和说明的，可以作为定案根据；不能补正或者合理解释说明的，作为无证据能力之证据排除。理由如下：首先，违反《刑事诉讼法》规定的取证行为并不一定都导致非法证据排除，这一点前文已经充分论述过。其次，是瑕疵证据还是无证据能力之证据的实质标准在于违法程度有无导致当事人基本人权受到侵害，有无产生与刑讯逼供、暴力取证等程度相当的难以忍受的痛苦，导致供述的自愿性和真实性受到影响。法定代理人或其他合适成年人未到场未必一定能达到这种程度。最后，立法上之所以要求讯问、询问未成年人时有法定代理人或其他合适成年人在场的目的，是为了防止未成年人对告知的权利不理解或者容易受到侦查人员的诱导，所以《刑事诉讼法》第281条规定“到场的法定代理人或者其他人员认为办案人员在讯问、审判中侵犯未成年人合法权益的，可以提出意见……”如果能够通过录音录像证明询问、讯问过程合法，或者在法定代理人或其他法定代理人在场的情况下向该未成年人核对确认此前的笔录，可以作为定案根据。

最高人民法院在2012年《关于适用〈中华人民共和国刑事诉讼法〉的解释》中也采取了上述立场，认为这种情况不宜直接将未成年的被告人供述、证人证言不作为定案根据，“而应当视为存有瑕疵，允许补正或者作出合理解释”。[①] 但是，最高人

① 胡云腾等：《〈关于适用《中华人民共和国刑事诉讼法》的解释〉理解与适用》，载中华人民共和国最高人民法院刑事审判第一、二、三、四、五庭主办：《刑事审判参考》（2012年第5集·总第88集），法律出版社2013年版，第100、102页。

民法院在2021年《关于适用〈中华人民共和国刑事诉讼法〉的解释》作了一些改变，就是采取对未成年的犯罪嫌疑人、被告人与未成年的证人进行区别对待的立场，这多少有点让人匪夷所思。该解释第90条规定："证人证言的收集程序、方式有下列瑕疵，经补正或者作出合理解释的，可以采用；不能补正或者作出合理解释的，不得作为定案的根据……（五）询问未成年人，其法定代理人或者合适成年人不在场的。"也就是说，询问未成年证人，其法定代理人或者合适成年人不在场的，该证言属于瑕疵证据。起草人就此作出说明，认为"询问未成年证人时法定代理人或合适成年人未到场的，违反了《刑事诉讼法》相关规定，但考虑未成年证人的证言对认定案件事实具有重要作用，且在法定代理人或合适成年人未到场情况下作伪证的可能性并不大，不宜绝对排除，宜认定为证人证言收集程序存在瑕疵，允许补正和合理解释为妥"。[①] 但是，第94条又规定："被告人供述具有下列情形之一的，不得作为定案的根据：……（四）讯问未成年人，其法定代理人或者合适成年人不在场的。"也就是说，讯问未成年人，其法定代理人或者合适成年人不在场的，该供述要作为非法证据予以排除。起草人就此作出说明，认为"合适成年人制度基于儿童最大利益原则和国家亲权理论而设立，是国家刑事司法制度对未成年人诉权的一种特殊保护。合适成年人参与未成年人刑事诉讼程序，具有监督讯问活动、抚慰未成年人的紧张情绪、帮助未成年人与讯问人员有效沟通等职能。《刑事诉讼法》第281条已经明确规定，对于未成年人刑事案件，在讯问和审判的时候，是'应当'而非'可以'通

---

① 李少平主编：《〈最高人民法院关于适用《中华人民共和国刑事诉讼法》的解释〉理解与适用》，人民法院出版社2021年版，第214页。

知法定代理人、合适成年人到场。因此，对无法定代理人或者合适成年人在场的未成年被告人供述，取证程序严重违反法律强制规定，无法保障被告人供述的真实性，故应直接强制性排除”。①

这种区别对待的理由是相互矛盾的。首先，未成年证人的证言，没有法定代理人、合适成年人在场，之所以不用作为非法证据排除，是因为“未成年证人的证言对认定案件事实具有重要作用”，这混淆了证明力与证据能力，对认定案件事实有重要作用的证据很多，如果这个证人证言是暴力取证得来的，不能因为“对认定案件事实具有重要作用”就不排除。其次，称“《刑事诉讼法》第281条已经明确规定，对于未成年人刑事案件，在讯问和审判的时候，是‘应当’而非‘可以’通知法定代理人、合适成年人到场”。这理由也较难以理解。《刑事诉讼法》第281条规定的对未成年证人、被害人，询问时法定代理人、合适成年人在场也是“应当”。《刑事诉讼法》第281条第5款，“询问未成年被害人、证人适用第一款、第二款、第三款的规定”。另外，《刑事诉讼法》中规定“应当”的情况很多，也并未一概排除，这显然是混淆了证据取得禁止和证据使用禁止。比如，《刑事诉讼法》第120条第2款规定：“侦查人员在讯问犯罪嫌疑人的时候，应当告知犯罪嫌疑人享有的诉讼权利，如实供述自己罪行可以从宽处理和认罪认罚的法律规定。”这里用的也是“应当”。但是，最高人民法院《关于适用〈中华人民共和国刑事诉讼法〉的解释》第95条规定，“首次讯问笔录没有记录告知被讯问人有关权利和法律规定的”属于瑕疵证据，

---

① 参见《刑事诉讼法解释》起草小组：《〈关于适用刑事诉讼法的解释〉的理解与适用》，载《人民司法》2021年第7期。

经补正或者作出合理解释的可以采用。最后，称未成年的证人证言“在法定代理人或合适成年人未到场情况下作伪证的可能性并不大”，而未成年犯罪嫌疑人法定代理人或合适成年人未到场情况下“无法保障被告人供述的真实性”。上述并没有阐述二者对证据的真实性影响有何差别。

如何解决这一问题呢？从理论上来说，《最高人民法院关于适用〈中华人民共和国刑事诉讼法〉的解释》的规定欠妥；从实务的角度来说，作为有效力的司法解释，应当从实质解释的角度具体适用。因这样的程序性权利不涉及人权规则和痛苦规则，主要是真实性规则和自愿性规则，具体来说，一是没有法定代理人或者合适成年人在场的未成年犯罪嫌疑人、被告人供述，原则上应作为非法证据排除。这是因为，一方面，未成年人心智不成熟，容易受到诱导和外部环境干扰，而影响其供述的真实性；另一方面，犯罪嫌疑人、被告人的这一特定诉讼身份，对于未成年人来说，本身就是一种强大的心理压力和心理暗示，可能会导致其供述的自愿性和真实性受到影响。当然，如果这个未成年犯罪嫌疑人的身体、心理和社会阅历，以及讯问时录音录像反映出的神态等证据，足以证明没有法定代理人或合适成年人在场对其供述的自愿性和真实性不会造成影响，也能合理解释没有法定代理人或合适成年人在场的理由（例如，新冠疫情期间的深夜，办案单位又处于中高风险地区，其法定代理人在外地，无法前往；其他合适成年人也被禁止进入中高风险地区）那么也未必一定作为非法证据排除。二是没有法定代理人或者合适成年人在场的未成年证人证言（包括被害人陈述）未必一概不作为非法证据排除。相对于犯罪嫌疑人的诉讼角色对未成年人的心理压力来说，未成年证人和被害人的心理压力要小一些，从这个角度来说，没有法定代理人或合适成年人在场的证言和陈述，一般作为瑕疵证据。但是，如果具体案件中，未成年证人特别是被害人，在没有法定代理人、合适成年人在场的情况下，从询问录音录像上能够明显看出，证人、被害人处于惶恐之中，甚至胡言乱语，这样的证言、陈述就不能作为定案根据，应当予以排除。

三、言词证据结果如何分解验证？

言词证据结果合法性验证，直接体现为对言词证据笔录的分解验证。实践中，从结果验证的角度来说，言词证据笔录主要存在以下问题：（1）讯问、询问笔录的制作、修改要符合法律、有关规定，如修改的地方需要被询问人、被讯问人捺印确认；（2）被询问人、被讯问人需要对笔录内容进行核对，确认签字捺印；（3）记录要素不全问题，如起始时间、签名、提押证填写规范等；（4）笔录记录不实问题，被告人回答的内容与笔录记载内容不一致；（5）复制笔录问题，电子笔录有利有弊，复制笔录现象严重；（6）讯问（询问）录音录像问题。

（一）关于核对确认笔录问题

《最高人民法院关于适用〈中华人民共和国刑事诉讼法〉的解释》第94条规定，被告人讯问笔录没有经被告人核对确认的，不得作为定案的根据；第89条规定，证人的书面证言没有经证人核对确认的，不得作为定案的根据。上述规定，需要结合实质解释的原理进行理解，核对笔录问题，不涉及人权规则、痛苦规则，主要涉及自愿性规则和真实性规则。司法解释这么规定的原因是未对笔录核对、确认，就难以保证笔录中记载的内容是否是该证人、犯罪嫌疑人或被告人自愿、真实所做的陈述、供述，也就是无法保证记载内容的真实性和自愿性，因此不能作为定案根据。实践中，核对确认的基本表现形式是当时对笔录进行签字、捺印，但是对“核对确认”要进行实质解释，不仅要看形式上有无签字、捺印，更要审查没有签字、捺印的原因，特别是要注意审查实质上有无核对确认。例如，犯罪嫌疑人实际上已经核对确认过笔录，但是签字时写下“以上笔录，你已看过，和我说的一样”“以上笔录我已看过，和你说的一样”“以上笔录你已看过，和你说的一样”……这其实只是犯罪嫌疑人在书写时人称转化造成笔误，只要实际上核对确认或者向其宣读确认过，不影响真实性规则，就不影响证据能力。

根据实质解释的原理，对于以下情况则不能直接作为非法证据排除：（1）被告人系文盲，无法签字，只能捺印。只要有证据表明笔录向其宣读并经其确认，即不影响证据能力。（2）被告人故意拒绝签字或捺印。只要笔录实质上已经核对确认过，在笔录上注明被告人拒绝签字的情况，即使拒绝签字也不影响证据能力。如果对上述两种情况作为非法证据排除，就会导致文盲、故意不签字的人逃避法律追究。最高人民法院的意见是，前一种情况下，被告人捺印即可；后一种情况下，有相关见证人见证，或者有录音录像证明，或者在笔录中注明即可。[①] 这也有司法解释的依据，《最高人民法院关于适用〈中华人民共和国刑事诉讼法〉的解释》第652条规定，诉讼参与人未签名、盖章的，应当捺指印。当事人拒绝签名、盖章、捺指印的，办案人员应当在诉讼文书或者笔录材料中注明情况，有见证人见证或者有录音录像证明的，不影响相关诉讼文书或者笔录材料的

---

① 参见胡云腾等：《〈关于适用《中华人民共和国刑事诉讼法》的解释〉理解与适用》，载中华人民共和国最高人民法院刑事审判第一、二、三、四、五庭主办：《刑事审判参考》（2012年第5集·总第88集），法律出版社2013年版，第102页。

效力。我国的上述规定和处理原则，与德国也是一致的。在德国，犯罪嫌疑人作出的任何陈述都应当记录在书面笔录中，笔录应当向犯罪嫌疑人宣读，并由犯罪嫌疑人签名，如果其拒绝签名，应将他拒绝的理由记录在案。[①]

（二）关于同步录音录像问题

1. 应录而未录的问题。《刑事诉讼法》第123条规定，一般案件可以对讯问过程进行录音或录像；对于可能判处无期徒刑、死刑或其他重大犯罪案件应当录音或录像。录音或录像应当全程进行，保持完整。2020年《公安机关办理刑事案件程序规定》第208条规定，“讯问犯罪嫌疑人，在文字记录的同时，可以对讯问过程进行录音录像。对于可能判处无期徒刑、死刑的案件或者其他重大犯罪案件，应当对讯问过程进行录音录像。”与2012年《公安机关办理刑事案件程序规定》相比，把“录音或者录像”改为“录音录像”。一方面，是因为现代电子技术发展，录音录像设备基本上都是同时具备录音且录像的功能，实践中也都是录音且录像；另一方面，司法解释或规范性文件作出高于法律的要求，对保护被告人权利更为有利，法理上并无问题。《监察法》第41条第2款规定：“调查人员进行讯问以及搜查、查封、扣押等重要取证工作，应当对全过程进行录音录像，留存备查。”可见，《监察法》的要求更高，也就是说，监察机关办理的案件，不分案件类型，一律“应当”录音录像。

实践中，应当录音录像而未录的供述笔录证据能力如何把握？

---

① 参见［德］托马斯·魏根特：《德国刑事程序法原理》，江溯等译，中国法制出版社2021年版，第14页。

首先，这种取证行为本身肯定是违法的，这是“先形式后实质二步式审查”的第一步形式审查，但是违法取证不等于非法证据排除（证据使用禁止），是瑕疵证据还是无证据能力的证据，还需要进行第二步实质审查。

其次，根据第二步实质审查的人权规则、痛苦规则、真实性规则、自愿性规则，对照该标准，显然该录音录像而未录的，属于瑕疵证据。讯问同步录音录像的目的是确保讯问的规范和内容的真实和自愿，在讯问过程规范、内容真实且自愿的情况下，即便没有同步录音录像，也只是证据瑕疵，能够补正或者合理解释说明的，可以作为定案根据。只有不能补正或合理解释说明进而影响到供述的真实性和自愿性时，才存在非法证据排除问题。比如，应当录音录像而未录，且不能排除讯问过程中刑讯逼供等非法讯问之嫌疑，导致讯问笔录真实性和自愿性受到影响时，就需要作为非法证据排除。这一点也得到司法解释的认可，《最高人民法院关于建立健全防范刑事冤假错案工作机制的意见》规定，“除情况紧急必须现场讯问以外，在规定的办案场所外讯问取得的供述，未依法对讯问进行全程录音录像取得的供述，以及不能排除以非法方法取得的供述，应当排除”。这个规定为应当依法录音录像而未录的非法证据排除设置了前提条件：要么是在办案场所外讯问，要么是不能排除以非法方法取得供述。《最高人民法院关于全面推进以审判为中心的刑事诉讼制度改革的实施意见》第 24 条第 2 款明确规定：对于法律规定应当对讯问过程录音录像的案件，公诉人没有提供讯问录音录像，或者讯问录音录像存在选择性录制、剪接、删改等情形，现有证据不能排除以非法方法收集证据情形的，对有关供述应当予以排除。《最高人民法院人民法院办理刑事案件排除非法证据规程（试行）》第 26 条规定，“经法庭审理，具有下列情形之一的，对有关证据应当予以排除：……（二）应当对讯问过程录音录像的案件没有提供讯问录音录像，或者讯问录音录像存在选择性录制、剪接、删改等情形，现有证据不能排除以非法方法收集证据的……”可见，这些司法解释，都是将排除与否的实质依据建立在非法取证（人权规则）和影响录音录像删改等（真实性规则）基础之上。

2. 录音录像与笔录不一致的问题。实践中，笔录内容与录音录像不一致的情况很多，如何处理？以前出现过两种错误做法：一是一旦不一致就主张非法证据排除，将笔录和录音录像都排除的情况是存在的。这无异于将孩子与洗澡水一起给倒了。二是实质内容是一致的，仅以部分内容不一致就主张非法证据排除。正确的做法是应当进行实质解释，一方面，要审查这种不一致是否属于内容上的实质性不一致，如果只是技术性的不一致，就不影响证据能力。例如，笔录内容和录音录像表达的意思和内容是一致，只是表述方式不同。另一方面，当实质性内容不一致时，当然采纳能真实反映被告人供述的材料，也就是说，当实质内容有差异时，采纳录音录像，因为录音录像更能真实反映被告人的供述。《最高人民法院关于全面推进以审判为中心的刑事诉讼制度改革的实施意见》第24条也采取了这样的立场：法庭对证据收集的合法性进行调查的，应当重视对讯问过程录音录像的审查。讯问笔录记载的内容与讯问录音录像存在实质性差异的，以讯问录音录像为准。《最高人民法院人民法院办理刑事案件排除非法证据规程（试行）》第22条第4项再次重申了上述立场：“讯问录音录像与讯问笔录的内容是否存在差异。对与定罪量刑有关的内容，讯问笔录记载的内容与讯问录音录像是否存在实质性差异，存在实质性差异的，以讯问录音录像为准。”

3. 同步录音录像常见问题。实践中，同步录音录像存在以下十大类型的问题，这些问题中，有的属于非法证据，如刑讯逼供型、无中生有型；有的属于瑕疵证据，如单人讯问型等。

（1）无中生有型。所谓无中生有型就是讯问笔录中记载的犯罪嫌疑人供述的某些内容，在讯问录音录像中没有对应的内容。换言之，犯罪嫌疑人在讯问过程中没有讲过相关内容，但是在讯问笔录中却有记录。比如，明某、吕某故意伤害案，吕某的讯问笔录中记载了其与明某事先预谋的内容，但是对应的讯问录音录像中吕某根本没有做出这样的供述。此时应当以录音录像为准，笔录因缺乏真实性而予以排除。（2）自问自答型。众所周知，讯问笔录的典型特征是“问答式”，也就是由侦查人员提问，犯罪嫌疑人回答，呈现出“一问一答”的模式。但是，实践中个别案件的讯问录音录像则会出现由侦查人员“自问自答”的现象。有的是将答案包含在问题中，在犯罪嫌疑人还没有回答时，就由侦查人员回答，再向犯罪嫌疑人确认“是”与“否”，在得到犯罪嫌疑人肯定性确认后，直接将侦查人员回答的话作为犯罪嫌疑人的供述予以记录。这种情况，如果笔录内容符合犯罪嫌疑人本人的意思表示，真实性和自愿性得到保障，就属于瑕疵证据；如果不能保障供述的真实性和自愿性，则予以排除，如讯问录音录像中犯罪嫌疑人从头到尾都没有说什么话，只是在点头，偶尔说“是”，但是讯问笔录长达数页，显然是由侦查人员自问自答形成的笔录，如果犯罪嫌疑人不认可该笔录则予以排除。（3）单人讯问型。《刑事诉讼法》第118条中规定，讯问犯罪嫌疑人的时候，侦查人员不得少于二人。但是实践中，单个侦查人员讯问的情况时有发生。有些案件，虽然讯问笔录上记录的是两名侦查人员，也有两名侦查人员签名，但是讯问录音录像中却显示系单个侦查人员在讯问。如前所述，这属于瑕疵证据，如果能合理解释，真实性和自愿性得以保障，可以作为定案根据；如果不能合理解释和说明，在实质上违反真实性和自愿性规则，则予以排除。（4）掐头去尾型。《刑事诉讼法》第123条第2款规定，录音或者录像应当全程进行，保持完整性。但实践中，一些案件的讯问录音录像要么没有开头，要么没有结尾，要么是既没有开头也没有结尾。比较突出的问题在于讯问开始时的权利告知以及讯问结束的核对笔录，没有进行录音录像，这属于瑕疵证据。（5）文不对题型。《公安机关办理刑事案件程序规定》第205条规定，侦查人员应当将问话和犯罪嫌疑人的供述或者辩解如实地记录清楚。实践中，出现个别案件的讯问笔录中记录的内容与录音录像中犯罪嫌疑人供述的意思相反或文不对题。如录音录像中“问：是不是啊？答：不是。”但是讯问笔录中记载的内容却是“问：是不是啊？答：是的。”这属于违反真实性规则，应当予以排除。（6）训斥威吓型。《刑事诉讼法》第52条规定，讯问过程中严禁以威胁的方法收集证据。同样，带有侮辱、辱骂等色彩的训斥也是违反法律规定的。实践中，经常会在讯问笔录中看到“教育十分钟”等字样，但是与讯问的录音录像对照，就会发现一些案件中所谓的“教育”实际上是训斥威吓，甚至是侮辱、辱骂。如果训斥威吓的程度达到侵害人权，进而导致痛苦，影响真实性和自愿性的，应当作为非法证据排除；如果是轻微的训斥则属于瑕疵证据。（7）指供诱供型。实践中，程度轻微的引诱讯问与讯问策略难以区分，但是一些案件诱供程度强烈，会影响到证据的真实性以及被讯问人供与不供的自愿性，因此需要审查录音录像进行甄别。比如，一些多笔犯罪事实的案件，尽管笔录中记载了犯罪嫌疑人关于每笔事实的详细过程，但是审查讯问录音录像就会发现，其实犯罪嫌疑人对其中的某些事实根本就不记得，而是侦查人员根据其他证人证言、被害人陈述引导犯罪嫌疑人进行的供述，其真实性必然大打折扣；有的甚至是让犯罪嫌疑人对照其他证言内容进行供述，这属于“指供”，真实性受到影响，应作为非法证据予以排除。（8）概括总结型。如前所述，讯问笔录应当如实记录，忠实于原话。但是实践中，很多侦查人员习惯于按照自己的语言习惯和理解来概括、总结犯罪嫌疑人的供述并予以记录。有时这样的总结概括是难免甚至是必要的，如果能够真实反映供述内容，则具有证据能力。但是有些记录用词明显与犯罪嫌疑人的身份、文化程度不相符。将笔录与讯问录音录像对比就会发现，这种概括总结型的笔录往往词不达意甚至歪曲原意，特别是关于犯罪故意、目的、动机的供述，一字之差，意思就相去甚远，这样如果影响到真实性，则予以排除。（9）时空错乱型。时空错乱型分为两种情况：一是讯问笔录内容很多，但是讯问录音录像的时间很短，不可能在这么短的时间内形成如此多的笔录。这种现象产生的原因在于，侦查人员复制以往的笔录，讯问时走过场，很多内容没有讯问，但却将以往的讯问笔录内容复制过来。二是讯问笔录内容很少，但是讯问录音录像的时间却很长，不可能在这么长的时间内形成如此少的笔录。这种现象产生的原因可能在于，犯罪嫌疑人拒不供述，侦查人员“久攻不下”，双方僵持纠缠，侦查人员自认为大部分讯问内容对定案没有意义，因此没有对谈话内容如实记录，导致讯问时间很长而笔录内容却很少。实践中，还出现录音录像显示讯问了十几个小时，而只形成半页纸笔录的情况。上述两种情况，都属于没有如实记录讯问内容。对于此类情况，要从实质上判断有无影响真实性和自愿性，有无违反人权规则和痛苦规则。（10）刑讯逼供型。讯问录音录像的重要功能之一就在于防止刑讯逼供。因为有录音录像，侦查人员当然不敢轻易在“镜头”之下“大打出手”，一般不可能出现“边打边录”的情形。但是谁又能保证不会出现“先打后录”“先录后打”的情形呢？所以，通过审查录音录像来观察被讯问人身体有无明显伤痕等异常情况，表情、神态是否自然放松，是否处于恐惧、极度不安的状态就显得至关重要。如果存在这些情况，则作为非法证据予以排除。

第三节　鉴定意见的分解验证

鉴定意见就是专业人士对专业问题作出的专业判断。它是以书面文件的形式记录的专家意见，是专业人士提供的一种主观判断材料。也正因如此，有学者认为，鉴定意见可以归入言词证据的范围。① 但是，鉴定意见与证人证言、鉴定人与证人仍然存在一定的差别。他们之间的差别除了鉴定有专门的知识和经验之外，更为重要的在于“鉴定人是在犯罪发生以后才被任命的，而且他对案件的了解全部来源于其执行任务的过程。因此鉴定人通常可以替换，而证人对过去事件的了解是独一无二的，因此不可替换”。② 我国《刑事诉讼法》将鉴定意见作为一种独立的证据类型。鉴定意见根据其所鉴定的对象和鉴材的不同，主要分为法医类鉴定、物证类鉴定、声像资料鉴定。法医类鉴定又可以分为法医病理鉴定、法医临床鉴定、法医精神鉴定、法医物证鉴定、法医毒物鉴定；物证类鉴定可以分为文书

① 参见陈瑞华：《刑事证据法学》，北京大学出版社 2012 年版，第 94 页。

② ［德］托马斯·魏根特：《德国刑事诉讼程序》，岳礼玲、温小洁译，中国政法大学出版社 2004 年版，第 178 页。

鉴定、痕迹鉴定和微量鉴定；声像资料鉴定则包括对录音带、录像带、光盘、图片等载体上记录的声音、图像信息的真实性、完整性及其所反映的情况过程所进行的鉴别，或者对于记录的声音、图像中的语言、人体、物体所作出的种类或同一性认定。①

2012 年《刑事诉讼法》修改之前，使用的是“鉴定结论”一词，修改后改为“鉴定意见”。这一修改更加科学地表达了这一种类证据的本质特征。因为“结论”具有唯一性，而“意见”则仅仅属于一种证据材料，不能当然地作为认定事实的“结论”，而是需要对其证据能力和证明力进行全面的审查判断。因此，鉴定意见的证据能力不是绝对的。“绝大多数鉴定人是凭着技能和良心完成任务的。在很多情况下，他们的工作会使真相大白。但是他们也会出错，而他们的错误将带来严重后果。法官和陪审员一样，总是信赖地采纳鉴定人结论，认为那纯粹是技术问题，而不去注意检查鉴定人的工作。然而，鉴定错了，裁判就会发生错误，这是肯定无疑的。”②

一、鉴定意见来源如何分解验证?

1. 鉴定主体问题。由于鉴定意见是专家性意见，因此其鉴定主体必须是专业人员。需要重点审查鉴定机构和鉴定人是否具有法定资质；鉴定人是否存在应当回避的情形。根据《最高人民法院关于适用〈中华人民共和国刑事诉讼法〉的解释》第

---

① 参见陈瑞华：《刑事证据法学》，北京大学出版社 2012 年版，第 112 ~ 113 页。

② ［法］勒内·弗洛里奥：《错案》，赵淑美、张洪竹译，法律出版社 2013 年版，第 137 页。

98 条规定，鉴定机构不具备法定资质，或者鉴定事项超出该鉴定机构业务范围、技术条件的；鉴定人不具备法定资质，不具有相关专业技术或者职称，或者违反回避规定的，不得作为定案根据。这是因为没有专业资质，无法保障鉴定意见的真实性，因违反真实性规则而作为非法证据排除。

关于鉴定人资质问题，司法实践中，经常存在这样的争议，即没有列入司法行政部门鉴定机构名录中的鉴定意见是否影响其证据能力？司法实践中，没有纳入司法行政部门鉴定机构名录的主要包括以下几种：（1）公、检、法内设的鉴定机构。市级以上的公安机关、检察机关和法院一般都有司法鉴定中心，法院内设的鉴定机构在 2005 年《全国人民代表大会常务委员会关于司法鉴定管理问题的决定》之后逐步撤销。这些司法鉴定中心有专业人员，也是经过有关部门验收的专业机构。但是，在很多地方并未纳入司法行政部门的名录中，这其中的原因涉及公安、司法机关与司法行政部门的协调问题、管理费用等问题。这些鉴定机构特别是公安机关的鉴定机构在司法实践中承担着大量案件的鉴定，如毒品鉴定、伤情鉴定、死亡原因鉴定、毒物鉴定等。司法实践中，经常有律师提出，公安机关的鉴定机构没有在司法行政部门公布的鉴定机构名录中，又是侦查机关自己的鉴定机构，因此鉴定意见应当作为非法证据排除。（2）价格鉴定。目前，涉案财物的价格鉴定都是由物价部门的价格鉴定中心进行鉴定的。物价部门的价格鉴定中心也不在司法行政部门的鉴定机构名录之中。（3）野生动物植物的鉴定。目前涉及野生动植物的鉴定一般是由森林公安司法鉴定中心进行鉴定，但是涉及野生动植物的鉴定机构同样没有被纳入司法行政部门的鉴定机构名录中。（4）司法会计、工程造价等涉及工程、不动产的鉴定，一般是由会计师事务所、工程建设咨询类的公司进行鉴定，这类鉴定机构大多也都没有被纳入司法行政部门的鉴定名录。（5）食品、药品犯罪案件中涉及食品、药品等鉴定，实践中一般由食品药品监督管理部门及其所属的监测机构进行鉴定。这些机构也没有被纳入司法行政鉴定机构名录中。（6）文物、珠宝、艺术品的鉴定。实践中，这类案件一般由文物部门及其所属机构进行鉴定，有的是文物部门与物价部门联合进行鉴定，有的是物价部门邀请相关专家进行价格鉴定。这些鉴定机构并没有被纳入司法行政部门的鉴定机构名录中。（7）烟草鉴定。涉及假烟及烟草专用设备的案件，对这些物品的真假、价格等事项的鉴定，由烟草管理部门进行鉴定。这些更不可能纳入司法行政部门的鉴定机构名录。（8）出版物的鉴定，对于非法出版物的鉴定，实践中是由新闻出版部门进行鉴定。（9）赌博机的鉴定。实践中，是由公安机关进行认定的。（10）注册商标等知识产权以及计算机犯罪案件中的专业问题鉴定。（11）事故调查报告。事故调查报告中有关事故原因分析等内容，如火灾事故调查报告中对起火原因、起火点的分析，这些内容在实际上是专业人士对专业问题作出的专业判断，本质上属于鉴定意见。2021 年《最高人民法院关于适用〈中华人民共和国刑事诉讼法〉的解释》第 101 条规定：有关部门对事故进行调查形成的报告，在刑事诉讼中可以作为证据使用；报告中涉及专门性问题的意见，经法庭查证属实，且调查程序符合法律、有关规定的，可以作为定案的根据。

对于上述问题，需要把握以下几个方面：

首先，鉴定实行类别登记、备案制，并非所有的鉴定都纳入司法行政部门的名录，也并非没有纳入的都不具有证据能力。2005 年《全国人民代表大会常务委员会关于司法鉴定管理问题的决定》第 2 条第 1 款明确规定，“国家对从事下列司法鉴定业务的鉴定人和鉴定机构实行登记管理制度：（一）法医类鉴定；（二）物证类鉴定；（三）声像资料鉴定；（四）根据诉讼需要由国务院司法行政部门商最高人民法院、最高人民检察院确定的其他应当对鉴定人和鉴定机构实行登记管理的鉴定事项”。[①]其中法医类鉴定，包括法医病理鉴定、法医临床鉴定、法医精神病鉴定、法医物证鉴定和法医毒物鉴定；物证类鉴定，包括文书鉴定、痕迹鉴定和微量鉴定；声像资料鉴定，包括对录音带、录像带、磁盘、光盘、图片等载体上记录的声音、图像信息的真实性、完整性及其所反映的情况过程进行的鉴定和对记录的声音、图像中的语言、人体、物体作出种类或者同一认定。该决定只是列举规定“下列”司法鉴定业务实行登记管理制度，也就是说，法律并不是要求当前所有的司法鉴定业务都实行登记管理制度。该决定第 7 条第 1 款进一步规定，侦查机关根据侦查工作的需要设立的鉴定机构，不得面向社会接受委托从事司法鉴定业务。这说明侦查机关根据侦查工作需要可以设立鉴定机构。公安部在全国人大常委会出台上述文件后，发布了《关于贯彻落实〈全国人民代表大会常务委员会关于司法鉴定管理问题的决定〉进一步加强公安机关刑事科学技术工作的通知》（公通字〔2005〕19 号），认为《决定》所指的司法鉴定机构和司法鉴定人，是指在诉讼中面向社会提供司法鉴定服务的鉴定

---

① 2016 年 1 月最高人民法院、最高人民检察院、司法部联合印发了《关于将环境损害司法鉴定纳入统一登记管理范围的通知》，2015 年 12 月司法部、环境保护部联合印发了《关于规范环境损害司法鉴定管理工作的通知》，就环境损害司法鉴定实行统一登记管理和规范管理环境损害司法鉴定工作作出明确规定。这是自 2005 年《全国人民代表大会常务委员会关于司法鉴定管理问题的决定》施行以来，就“其他应当对鉴定人和鉴定机构实行登记管理的鉴定事项”作出的唯一具体规定。

人和鉴定机构。公安机关所属的鉴定机构和鉴定人不属于《决定》规定的“司法鉴定机构”和“司法鉴定人”的范畴，不在司法行政机关登记之列。在中央政法委的协调下，2008 年通过了《关于做好司法鉴定机构和司法鉴定人备案登记工作的通知》，明确规定公安机关所属的鉴定机构、鉴定人员实行公安机关自行审核、管理，司法行政部门备案登记，鉴定机构向社会公告，鉴定人向所属部门通报。最终保留了侦查机关的内设鉴定机构，但是必须接受省级司法行政部门的审核登记。应当说，如此决定充分结合了当前中国实际。

其次，从鉴定意见到鉴定结论的变迁，决定了其性质属于专家意见。《全国人民代表大会常务委员会关于司法鉴定管理问题的决定》第 1 条也规定，司法鉴定是指在诉讼活动中鉴定人运用科学技术或者专门知识对诉讼涉及的专门性问题进行鉴别和判断并提供鉴定意见的活动。《刑事诉讼法》第 146 条也规定，为了查明案件事实，需要解决专门性问题的时候，应当指派、聘请有专门知识的人进行鉴定。司法行政管理部门的登记只是一种管理手段，其本身并不能决定鉴定人及其机构是否具有专门知识。不能仅以未纳入司法行政部门的登记为由而否定其证据能力。2019 年 7 月 22 日《最高人民法院办公厅关于北京市司法局就登记管理的鉴定机构均进入北京法院专业机构名册意见的复函》（法办函〔2019〕604 号）指出，实践中一些地方司法行政管理部门突破法律授权，对四类外鉴定事项进行登记，造成鉴定管理混乱。全国人大常委会法工委建议督促地方司法行政部门立即停止办理四类外鉴定机构鉴定人登记管理。2018 年 12 月 5 日，司法部办公厅发布了《关于严格依法做好司法鉴定人和司法鉴定机构登记工作的通知》（司办通〔2018〕164 号），要求各地司法行政机关推进四类外鉴定人鉴定机构规范整改工作，对没有法律依据，拟申请从事四类外鉴定的机构和人员，一律不予登记，对已登记从事四类外鉴定的鉴定机构鉴定人，要依法坚决注销登记。《最高人民法院办公厅关于北京市司法局就登记管理的鉴定机构均进入北京法院专业机构名册意见的复函》还就人民法院对外委托名册问题进行了阐述：《人民法院对外委托司法鉴定管理规定》（法释〔2002〕8 号）和《最高人民法院对外委托鉴定、评估、拍卖等工作管理规定》（法办发〔2007〕5 号）规定，人民法院委托鉴定工作实行对外委托名册制度。对外委托名册只是人民法院开展委托鉴定工作的使用名单，并非行政许可，没有进入人民法院对外委托名册的各类社会中介机构，仍然可以接受公安、检察、行政机关、当事人等社会各界的委托，并不影响其执业。上述文件进一步说明，司法行政管理部门的登记只是一种管理手段，不能以没有纳入司法行政部门的登记为由而否定其证据能力。

再次，司法实践中很多专业技术问题，司法行政部门不可能全部预见而都纳入登记范围。如前所述的食药品、计算机、知识产权等新型犯罪案件中都涉及大量的科学技术和专业知识，而司法实践又需要对其中的专门性问题进行鉴定，但是没有相应登记的司法鉴定机构，这时相关专业机构出具的检验报告，虽然形式上并非严格的鉴定意见，但是具有鉴定意见的属性，本质上是专业人员对专业问题作出的专业判断。这一点也得到相关司法解释的确认，2012 年的《最高人民法院关于适用〈中华人民共和国刑事诉讼法〉的解释》第 87 条第 1 款规定，“对案件中的专门性问题需要鉴定，但没有法定司法鉴定机构，或者法律、司法解释规定可以进行检验的，可以指派、聘请有专门知识的人进行检验，检验报告可以作为定罪量刑的参考。”2021 年《最高人民法院关于适用〈中华人民共和国刑事诉讼法〉的解释》第 100 条第 1 款规定，“因无鉴定机构，或者根据法律、司法解释的规定，指派、聘请有专门知识的人就案件的专门性问题出具的报告，可以作为证据使用”。通过对比可以看出，原来规定的“可以作为定罪量刑的参考”被修改为“可以作为证据使用”，进一步明确了其鉴定意见的证据属性。按照相关起草人的说法，修改的主要理由是，在司法实践中，大量的关于专门性问题的报告被用于证明案件事实，有些还被用于证明与定罪量刑直接相关的构成要件的事实，发挥着与鉴定意见同等重要的作用。[①] 2011 年 9 月 1 日起施行的《最高人民法院、最高人民检察院关于办理危害计算机信息系统安全刑事案件应用法律若干问题的解释》第 10 条规定：“对于是否属于刑法第二百八十五条、第二百八十六条规定的‘国家事务、国防建设、尖端科学技术领域的计算机信息系统’、‘专门用于侵入、非法控制计算机信息系统的程序、工具’、‘计算机病毒等破坏性程序’难以确定的，应当委托省级以上负责计算机信息系统安全保护管理工作的部门检验。司法机关根据检验结论，并结合案件具体情况认定。”2017 年 1 月 1 日起施行的《最高人民法院、最高人民检察院关于办理环境污染刑事案件适用法律若干问题的解释》第 14 条规定：“对案件所涉的环境污染专门性问题难以确定的，依据司法鉴定机构出具的鉴定意见，或者国务院环境保护主管部门、公安部门指定的机构出具的报告，结合其他证据作出认定。”

需要研究的是，上述司法解释中的检验报告与鉴定意见是什么关系？有人认为，鉴定意见系《刑事诉讼法》第 50 条规定

---

① 参见喻海松：《刑事诉讼法修改与司法适用疑难解析》，北京大学出版社 2021 年版，第 162 页。

的法定证据种类，而检验报告系司法解释根据刑事案件的办案需要而规定的可以作为参考的证据材料，只能作为定罪量刑的参考，而不是作为事实认定的依据。[①] 笔者认为，这里的检验报告在本质上属于鉴定意见。其一，从理论上说，鉴定意见在本质上就是专业人员按照专业知识对专门问题作出的认定意见，在这一点上，鉴定意见与检验报告没有差别。其二，无论是鉴定意见还是检验报告，都不具有当然的证据能力，都需要裁判者根据案件的具体情况及其他证据进行审查判断，从这个意义上说，二者对案件事实的认定和定罪量刑的作用是一致的。其三，试图通过“认定事实的依据”和“定罪量刑的参考”作为二者的区分标准是没有意义的。《最高人民法院、最高人民检察院关于办理危害计算机信息系统安全刑事案件应用法律若干问题的解释》第 10 条使用的表述是“司法机关根据检验结论，并结合案件具体情况认定”。也就是说，检验报告可以作为事实认定的依据。《最高人民法院、最高人民检察院关于办理环境污染刑事案件适用法律若干问题的解释》第 14 条规定：“对案件所涉的环境污染专门性问题难以确定的，依据司法鉴定机构出具的鉴定意见，或者国务院环境保护主管部门、公安部门指定的机构出具的报告，结合其他证据作出认定。”实际上已经将鉴定意见和检验报告赋予同等意义。

最后，从应然的角度来说，将鉴定机构及其人员纳入统一管理确有必要，对于规范鉴定程序，确保鉴定质量具有重要意义，但是要想将实践中所有类别的鉴定全部纳入司法行政部门的统一管理之中尚需一定的过程。

---

① 参见喻海松：《环境资源犯罪实务精释》，法律出版社 2017 年版，第 159、161 页。

2. 关于商家“鉴定”问题。知识产权案件中的商标，是一种无形资产，具有巨大的经济利益，商标权利人为了维护其商标和商标的利益，会投入大量的技术进行防伪，如中华香烟在紫外线灯照射下有编码，一些名牌手表机芯有特殊工艺，还有很多产品有防伪技术，这些防伪技术只有商标权利人知道，并且是作为商业秘密的，一般的鉴定人员无法知悉，如果都知悉了，那就不叫防伪技术了。所以只能由被害单位来鉴别。那么，被害单位“鉴定”的证据属性如何界定呢？比如，《刑事审判参考》第 860 号案例顾某、张某峰销售假冒注册商标的商品案：Hello Kitty 为三丽鸥股份有限公司在中国境内依法注册的商标，在注册商标有限期内即 2009 年 10 月，三丽鸥公司授权上海博邦知识产权服务有限公司作为全权代表，向有关机构投诉任何侵犯其在中国境内注册的商标的行为事宜，在各级法院、官方各有关当局及其职能机关接洽办理各项必要事宜，代表其对所要采取的行动提供一切帮助，并有权代表其对侵权嫌疑物品进行真伪鉴定，出具书面鉴定意见。

被告人顾某，张某峰系夫妻关系，2006 年 2 月两人经商议后，由顾某用张某峰的身份信息在淘宝网上注册账户 gujuan216@yahoo. com. cn，对应的支付宝银行卡为张某峰开设的牡丹灵通卡。2008 年 7 月至 2010 年 12 月，顾某、张某峰为谋取非法利益，明知是假冒三丽欧公司 Hello Kitty 品牌的各类商品，仍向他人购入后用上述账户在淘宝网上开设网店“娟子家的凯蒂”对外进行销售。其间，顾某负责采购及销售，并雇用店员在网上与买家进行交易，张某峰负责部分货物的运输。2010 年 10 月至 12 月，顾某又向具有涉案商标合法授权的广州市康兴文体贸易商行和上海藤仓服务有限公司购买了 Hello Kitty 品牌的商品 393 件，交易金额分别达人民币 3901 元和 13,288 元。根据支付宝公司提供的顾某的支付宝账号的全部记录，将其中作为卖家和商品名称包含 Hello Kitty 字样的记录筛选出，与公安机关网络安全部门根据顾某提供的“娟子家的凯蒂”的淘宝旺旺 ID 账号和密码登录淘宝网导出的交易记录进行逐一比对，将交易记录中涉及无商标的商品、其他商标的商品以及包含于扣押商品中不侵犯 Hello Kitty 商标权的商品的交易金额均予以扣除，再扣除藤仓公司与康兴商行销售给顾某的金额 17,189 元的商品按照被告人供述加价 10% 后售出的金额，两被告销售假冒 Hello Kitty 品牌的商品金额合计为 325,550. 08 元。

2010 年 12 月 28 日上海市公安局浦东分局在浦东新区康桥镇康桥路抓获顾某、张某峰，并当场查获 74 种 1428 件涉嫌假冒 Hello Kitty 品牌的商品。在审理阶段，法院通过结合实物进行核查，排除非商标法意义上的使用商标的商品外，尚有 12,101 件侵权商品，按照“娟子家的凯蒂”网店实际销售的相同商品的最低价格以及顾某确认营利金额计算，价值 73,060. 22 元。案发后，经上海博邦知识产权服务有限公司鉴别上述查获商品均为假冒三丽鸥公司 Hello Kitty 注册商标的商品。

上海市浦东新区人民法院认为被告人顾某、张某峰，以营利为目的，违反商标管理法规，未经商标权人许可销售明知是假冒的注册商标的商品，销售金额巨大，其行为构成销售假冒注册商标的商品罪。一审宣判后被告人不服向上海市第一中级人民法院提出上诉，上诉的理由为上海博邦知识产权有限公司是三丽鸥公司的诉讼代表人，与被告人有利害关系且不具有鉴定资质，根据司法解释的规定，应当委托有鉴定资质的鉴定机构进行鉴定，请求改判无罪。上海市第一中级人民法院经审理认为，上海博邦知识产权服务有限公司出具的书面《鉴定情况说明》并非刑事诉讼中的鉴定意见，其内容为被害单位的辨认，其证据属性应当归类于《刑事诉讼法》中的被害人陈述，本案中除上海博邦知识产权服务有限公司出具的《鉴定情况说明》外，相关证人证言、顾某在淘宝网上的通信记录以及有罪供述，均证实二人销售的 Hello Kitty 商品绝大多数是假冒商品，故对上海博邦知识产权服务有限公司出具的《鉴定情况说明》予以采纳，维持原判，驳回上诉。[①]

裁判观点表达了三方面的意见：其一，商标权利人出具的鉴定文本属于被害人陈述而非鉴定意见。商标权利人在侵犯商标权刑事犯罪案件中，处于被害人地位，其就假冒商品或者商标所作的真伪辨别属于被害人陈述而非鉴定意见。其二，对商标权利人出具的鉴定文本的证据效力应当综合审查。商标权利人的鉴定意见具有当然的证明效力。商标能够为商标权利人带来经济利益，并且商标知名度越高，带来的经济利益越大。商标权利人为了维护其商标和商品不受侵害，往往会投入较大的维护成本，其中包含一定的技术要素，如茅台酒和中华烟都具有通过在紫外线灯下观察相关部位，以鉴别商品真伪的技术手段。值得注意的是，这类鉴别手段通常只有商标权利人掌握，并且秘而不宣。因为一旦为公众所知悉，势必会被犯罪分子利用以制造高仿真产品，损害商标权利人利益。在认定涉案商品真伪的问题上，商标权利人出具的鉴定意见具有当然的证明效力，除非有相反证据予以推翻。其三，客观存在的利害关系在一定程度上对证据效力产生消极影响。众所周知，被害人容易受到各种主客观因素的影响而出现虚假或者失真陈述。从主观因素的影响分析，被害人惩处被告人的愿望普遍强烈，案件的

---

① 参见中华人民共和国最高人民法院刑事审判第一、二、三、四、五庭主办：《刑事审判参考》（2013 年第 3 集 · 总第 92 集），法律出版社 2014 年版，第 22 页。

处理结果与被害人存在直接利害关系，可能被害人因受心理感受、个人情绪等主观因素影响而有意夸大其词，导致陈述不实。从客观方面分析，言词证据的形成是一个相当复杂的过程，一般要经过感知、记忆、陈述三个阶段，在这三个阶段可能会因外在环境的影响而出现失真，使言词证据所反映的案件事实与客观真实情况不符。在侵犯商标权刑事犯罪案件中，商标权利人是被害人，其与被告人的利害关系是客观存在的，并且基于言词证据的特性，商标权利人出具的鉴定意见有可能会出现虚假、失真的情况。特别是对于受托从事商业维权的机构，由于维权成效直接与其业绩评价、经济收益挂钩，不能断然排除受托鉴定人夸大其词，将正品商品作为假冒商品认定的可能性。因此，对该类鉴定文本的内容不能照单全收，而应当结合其他证据综合认证。①

上述裁判观点，虽然对证据能力、证明力、证据效力等概念表述不够严谨，但表达的基本立场是妥当的。实践中，应当从以下几个方面把握：

（1）商家“鉴定”实质上并非专业机构的专业人员对专业问题作出的专业判断，而是被害单位对自己商品真伪的辨认。这与被害人对自己失窃的物品有何特殊标记和特征本质上是一样的。因此，在证据属性上，应当归类于被害人陈述。

（2）商家“鉴定”的证据能力。既然商家“鉴定”是被害人陈述，那么只要证据能力来源、过程、结果的要件符合法律规定，实质上也不违反人权规则、痛苦规则、真实性规则、自愿性规则，就具有证据能力。第一步形式上判断商家“鉴定”

---

① 参见中华人民共和国最高人民法院刑事审判第一、二、三、四、五庭主办：《刑事审判参考》（2013 年第 3 集 · 总第 92 集），法律出版社 2014 年版，第 22 页。

的来源、过程、结果是否合法；第二步实质上判断是否违反人权规则、痛苦规则、真实性规则、自愿性规则，具体到此类知识产权案件而言关键是判断真实性规则。经过这两个步骤审查，没有问题的，就具有证据能力。2005 年国家工商行政管理总局商标局在给浙江省工商局回复的《关于查处商标侵权违法案件中商标注册人鉴定商品效力问题的请示》中也采取了这样的立场，即“在查处商标违法行为过程中，工商行政管理机关可以委托商标注册人对涉嫌假冒注册商标商品及商标标识进行鉴定，出具书面鉴定意见，并承担相应的法律责任。被鉴定者无相反证据推翻该鉴定结论的，工商行政管理机关将该鉴定结论作为证据予以采纳”。

（3）商家“鉴定”的证明力需要结合其他证据印证。证明力是具有证据能力的证据对证明案件事实的作用和价值，这与证据能否作为定案根据的证据能力是不同的概念。在侵犯商标权刑事犯罪案件中，商标权利人是被害人，与案件有直接的利害关系，因此证明力会受到影响，需要结合其他证据印证进行判断，但这与证据的证据能力是两回事。

3. 检材来源问题。检材有没有来源和提取经过记录；检材的来源、取得、保管、送检是否符合法律、有关规定，与相关提取笔录、扣押物品清单等记载的内容是否相符；检材是否充足、可靠。根据最高人民法院《关于适用〈中华人民共和国刑事诉讼法〉的解释》第 98 条规定，送检材料、样本来源不明，或者因污染不具备鉴定条件的；鉴定对象与送检材料、样本不一致的，不得作为定案根据。其实质原因在于影响鉴定意见的真实性（科学性）。比如，下面这个案例检材来源即存在问题：

【案例18：陶某强奸案】2013年5月14日22时许，被害人徐某沿建邺区江心洲的葡园路由南往北步行回家途中，被告人陶某将其推倒在葡萄地里，采取掐颈部等暴力手段对被害人徐某实施强奸。

案发后，公安机关带被害人去医院进行身体检查，被害人因害羞，坚持不让医生对其阴道提取生物样本，后被害人自行到卫生间用棉签在阴道处提取检材。公安机关将该检材送检，经检验，样本中有被告人的精液。对于强奸案件而言，被害人阴道提取生物样本是一个医学专业行为，对于提取的深度、提取过程中防止体外污染等均有规范性要求。此案中，被害人自行提取，已经直接影响到真实性的认定，因为难以确定提取到的被告人的精液是在阴道内还是阴道外，该鉴定意见仅能证实被告人射精在被害人身上，无法确定是否强奸既遂（插入说），加之被告人翻供称自己系强奸未遂，在这种情况下，只能按照有利于被告的原则认定为强奸未遂。实践中，财产性犯罪需要对财物进行价格鉴定，物价部门有时仅根据被害人陈述进行价格鉴定，这是不能作为定案根据使用的，应当有实物或购买凭证等证明物品的品牌、型号、购买日期等作为检材来源。实践中还存在事后补开收据的情况，如果没有原始记录等印证，同样不能作为鉴定依据。

当然，也不是说只要来源有瑕疵就一定不具有证据能力，关键还是要从实质上判断有无违反人权规则、痛苦规则、真实性规则、自愿性规则。对于鉴定意见来说，主要是审查该瑕疵是否侵害当事人的基本人权，是否影响到鉴定的真实性（对于鉴定意见的专业属性而言，真实性往往体现为科学性）。比如下面这个德国证据禁止的基础性案例：

【案例19：德国醉酒开车肇事案】 甲因涉嫌醉酒开车肇事，被警察乙带到医院强制验血。但抽取血液者并非医生，而是护士。该血液检测报告可否作为证据使用？①

强制抽血与搜查、扣押、身体检查一样属于强制处分，具有相应的规范要件。按照德国法律的规定，抽取犯罪嫌疑人的血液，只能由医师为之。违反上述规定，属于违反证据取得之禁止规定，但是违反证据取得禁止的规定，是不是就一定导致证据使用之禁止的效果呢？在德国，对于强制处分要件的违反效果，几乎都未特别规定是否禁止使用的问题，多半取决于学说与判例。对于上述案例，尽管由护士提取血液，但是只要能够证明护士提取血液是规范操作的，提取的血液没有受到污染，那么就不影响该血液检测报告的证据能力。我国《刑法修正案（八）》增设了危险驾驶罪，将醉酒驾驶作为犯罪行为规定在危险驾驶罪中。近年来，司法实践中醉酒危险驾驶案件越来越多，成为第一大罪名。一些律师针对血液检测报告进行了精密化的研究和辩护，这是值得肯定的，但是也出现了很多误解，一旦发现血液提取过程存在瑕疵，就主张非法证据排除；而很多公诉人和法官对此也误解重重，要么是一味地反对排除该证据，要么是盲目地同意排除。比如，实践中，有人提出抽取血液时没有见证人签字或者没有见证人，因此认为血液鉴定无证据能力，申请非法证据排除，主张无罪。这种观点是不能成立的，抽血时没有见证人并不当然导致血液鉴定无证据能力而要作为非法证据排除。实践中，这类案件血液是在医院由医生提取的，

---

① 参见林钰雄：《干预处分与刑事证据》，北京大学出版社2010年版，第180页。

此时的见证人有无并不会左右血液提取本身的真实性，不影响证据能力。再如，醉酒危险驾驶案件中，强制抽血属于行政强制措施，当时没有办理审批手续，事后补办或者事后补办不及时。有人主张行政强制行为违法，所以其提取的血液属于“毒树之果”，应当作为非法证据排除而主张无罪。这种观点也是错误的，醉酒型危险驾驶案件一般都是现场随机查获，具有偶然性，随意执法查处也具有随机性，这不同于一般的刑事案件案发后，接到报案后启动侦查程序进行侦查。因此，现场执法、事后补办审批手续的现象难以避免。事后补办审批手续，即使补办不及时，也只是证据取得程序瑕疵，这种程序瑕疵所提出的物证血液，即便是“毒树之果”，这个“果”也未必不可以使用。只要血液抽取行为规范，血液没有受到污染，不违反真实性，就不影响证据能力。

二、鉴定意见过程如何分解验证？

鉴定意见过程的合法性验证需要重点审查以下方面：（1）鉴定程序是否符合法律有关规定。（2）鉴定的过程和方法是否符合相关专业的规范要求。鉴定方法是否存在技术标准，是国家标准还是行业标准？是专业领域标准还是司法鉴定标准。比如，精神病鉴定就没有司法鉴定标准，而是一个精神障碍的医学诊断标准。根据《最高人民法院关于适用〈中华人民共和国刑事诉讼法〉的解释》第98条的规定，鉴定程序违反规定的，鉴定过程和方法不符合相关专业的规范要求的，不得作为定案根据。违反鉴定程序、鉴定过程和方法不符合专业要求会导致鉴定意见不真实、不科学，违反真实性规则。

三、鉴定意见结果如何分解验证？

鉴定意见结果的分解验证重点审查以下方面：鉴定意见的

形式要件是否完备；是否注明提起鉴定的事由、鉴定委托人、鉴定机构、鉴定要求、鉴定过程、鉴定方法、鉴定日期等相关内容；是否由鉴定机构加盖司法鉴定专用章并由鉴定人签名、盖章。根据《最高人民法院关于适用〈中华人民共和国刑事诉讼法〉的解释》第98条规定，鉴定文书缺少签名、盖章的，不得作为定案根据。

问题是，缺少签名、盖章如果经合理解释和说明，只是忘记签名或盖章，重新补正后能否作为定案根据呢？笔者的回答是肯定的。首先，从实质解释的角度看。对于《最高人民法院关于适用〈中华人民共和国刑事诉讼法〉的解释》第98条规定的缺少签名、盖章应当作实质解释。从实质解释的角度来说，之所以规定鉴定文书缺少签名、盖章予以排除，是因为实践中出现一些鉴定，特别是文物、字画等鉴定，委托机关给鉴定人施加压力要求出具带有倾向性的鉴定意见，鉴定机构迫于压力出具了鉴定意见，但是拒绝签名、盖章。这种情况下，之所以不签名、盖章是因为其出具的鉴定意见真实性（科学性）是有问题的，这种情况就因违反真实性规则而不具有证据能力，予以排除。但是，实践中还有一些情况是因为一时疏忽，只要能合理解释和补正，在确保鉴定意见真实性（科学性）的前提下，可以恢复其证据能力。其次，从体系解释的角度看，鉴定意见与书证、物证一样采取的是相对排除模式，而非决定排除模式。实践中还有一些检验报告、事故调查报告、价格认证、鉴定机构内部的规范性文件等，要么没有鉴定人签名，要么没有鉴定机关盖章，这种情况下，只要真实性（科学性）有保障，也不影响其证据能力，《最高人民法院关于适用〈中华人民共和国刑事诉讼法〉的解释》第100、101条也明确规定此类证据可以作为鉴定意见使用，具有证据能力。另外，还需要审查鉴定意见是否及时告知或按规定告知当事人。对于没有或不及时告知当事人的，是否影响证据能力呢？笔者认为，鉴定意见告知是为了保障当事人的知情权和申请重新鉴定权，没有告知或告知不及时的属于瑕疵证据。

第四节　笔录证据的分解验证

笔录证据是指侦查人员对勘验、检查、辨认、侦查实验等收集、提取证据过程所作的书面记录。1979 年《刑事诉讼法》中的笔录证据仅指勘验、检查笔录，2012 年修改时增加规定了“辨认笔录”和“侦查实验笔录”。最高人民法院、最高人民检察院、公安部、国家安全部和司法部于 2010 年 6 月 13 日联合发布的《关于办理死刑案件审查判断证据若干问题的规定》，第一次将搜查笔录、扣押清单和提取笔录列为证据种类。最高人民法院于 2012 年发布的《关于适用〈中华人民共和国刑事诉讼法〉的解释》，也对这三类证据的运用问题确立了相应的规则。根据上述解释，物证、书证、视听资料、电子数据的来源以及收集过程，都需要由相关的搜查笔录、扣押清单、提取笔录加以证明。陈瑞华教授据此认为：笔录证据并不仅仅局限于上述四种证据形式，有关司法解释还将“搜查笔录”、“扣押清单”以及“提取笔录”等列入其中。《刑事诉讼法》和前述司法解释主要列举了七种“法定”的笔录证据，也就是勘验笔录、检查笔录、辨认笔录、侦查实验笔录、搜查笔录、扣押清单以及提取笔录。这些笔录证据与特定的侦查行为相对应，是对勘验、检查、辨认、侦查实验、搜查、扣押、提取证据等侦查活动过程所做的记录。通常来说，这些笔录证据所记载的内容包括以下几方面：一是参加有关侦查活动的人员，包括侦查人员、被调查人、见证人等；二是展开勘验、检查、搜查、辨认等活动的时间和地点；三是对勘验、搜查、辨认、侦查实验等侦查活动过程的记录；四是对勘验、辨认、侦查实验等侦查活动所制作的图表，或者制作的照片或录像；五是所获取的有关物证、书证、视听资料、电子数据的清单或者目录等。办案人员在调查取证过程中所制作的这些书面记录，具有过程证据的属性。例如，在实物证据的调查取证过程中，侦查人员可以形成勘验笔录、检查笔录、搜查笔录、扣押清单、提取笔录等；在言词证据的取证过程中，侦查人员则可以形成辨认笔录、侦查实验笔录等。很显然，相对于实物证据和言词证据这些“结果证据”，各类笔录证据具有“过程证据”的性质。[①]

一、勘验、检查笔录如何分解验证?

现场勘验的主要功能之一就是收集证据，是刑事案件侦查的起点和基础，而勘验、检查笔录的作用主要在于证明勘验、检查过程中所收集的证据的合法性。勘验针对的是场所；检查针对的是人身。实践中，很多证据来源出现问题就是因为勘验、检查工作没有做到位，而且一旦错过就不可补救。《最高人民法院关于适用〈中华人民共和国刑事诉讼法〉的解释》第103条规定：“勘验、检查笔录存在明显不符合法律、有关规定的情形，不能作出合理解释的，不得作为定案的根据。”

1. 来源合法性验证

（1）勘验、检查的主体问题。勘验、检查应当由侦查人员

---

① 参见陈瑞华：《论刑事诉讼中的过程证据》，载《法商研究》2015年第1期。

进行，必要时可以聘请有专门知识的人在侦查人员的主持下进行，对妇女的身体检查，应当由女工作人员或者医师进行。《刑事诉讼法》第 128 条规定，侦查人员对于与犯罪有关的场所、物品、人身、尸体应当进行勘验或者检查。在必要的时候，可以指派或者聘请具有专门知识的人，在侦查人员的主持下进行勘验、检查。《刑事诉讼法》第 132 条规定，为了确定被害人、犯罪嫌疑人的某些特征、伤害情况或者生理状态，可以对人身进行检查，可以提取指纹信息，采集血液、尿液等生物样本。检查妇女的身体，应当由女工作人员或者医师进行。

这里需要特别说明的是，对于血液等生物样本的采集人员，《公安机关办理刑事案件程序规定》与《人民检察院刑事诉讼规则》的规定有所不同，《公安机关办理刑事案件程序规定》第 213 条规定，侦查人员可以自行提取、采集与案件有关的痕迹、物证、生物样本等，也可以指派专业人员进行，具体规定如下："侦查人员对于与犯罪有关的场所、物品、人身、尸体应当进行勘验或者检查，及时提取、采集与案件有关的痕迹、物证、生物样本等。在必要的时候，可以指派或者聘请具有专门知识的人，在侦查人员的主持下进行勘验、检查。"实践中，公安民警作为侦查人员提取血液等生物样本的情况屡见不鲜。但《人民检察院刑事诉讼规则》第 199 条第 2 款规定，采集血液等生物样本应当由医师进行。那么这是不是意味着，公安机关办理的刑事案件可以由侦查人员采集生物样本，而检察机关自行侦查的案件，必须由医师采集？

笔者认为，问题的关键不是谁采集，而是采集的程序是否规范，在实质上是否违反真实性规则。按照《刑事诉讼法》的规定，侦查人员可以进行勘验检查，在必要的时候，可以指派或者聘请具有专门知识的人，在侦查人员的主持下进行勘验、检查。实践中，如果不涉及技术问题，侦查人员采集并无问题，比如，提取尿液，只要用于提取的工具、样本的保存符合规范的要求，确保不受污染，并不需要太多的专业技术，一律要求只能由医生提取是不妥当的；如果涉及专业技术问题，需要有技术人员或者医生采集的，可以指派技术人员或医生采集。至于《人民检察院刑事诉讼规则》规定血液等生物样本应由医师进行，实践中检察机关自行侦查的案件，即使不是由医生采集的生物样本，只要能合理解释和说明采集过程规范，没有受到污染等影响到样本的真实性，不影响证据能力，就可以作为定案根据。比如，下面这个案例：

【案例20：徐某甲滥伐林木案】2015年4月25日，被告徐某甲为美化自家院落，安排本公司员工徐某乙组织、雇佣民工至本市江宁区某集体山林将防火林道旁的8棵朴树挖走（蓄积共计6.6立方米），运至徐某甲自家的院子里种植。本案中，对于被砍伐树木的蓄积测算，需要对现场进行勘验，并对被砍伐树木的直径进行测量。

此案中，辩护人提出，对滥发林木的现场勘验及对被砍伐树木的直径进行测量勘验，应当由森林公安机关的专业人员测量，地方公安机关作为勘验、测量的主体违法，应当作为非法证据排除。笔者认为，本案中，公安人员作为合法的侦查主体，根据《刑事诉讼法》的规定，侦查人员可以进行现场勘验。对于砍伐树木的数量以及直径的测量，并不涉及太多的专业技术问题，只要在勘验现场详细记录砍伐树木的数量，对树木直径进行测量，并对每一棵树桩测量过程进行照片拍摄，在真实性、客观性有保障的情形下，不影响证据能力，可以作为定案根据。同样，环境污染类案件中，侦查人员也可以提取污染物样本，关键是提取样本要规范、专业。《最高人民法院、最高人民检察院关于办理环境污染刑事案件适用法律若干问题的解释》第 12 条第 2 款明确规定，公安机关可以单独提取污染物样品。

（2）关于勘验、检查人员的人数问题。《刑事诉讼法》对参与勘验、检查的侦查人员的人数并无明确规定，《公安机关办理刑事案件程序规定》第 215 条规定，公安机关对案件现场进行勘查，侦查人员不得少于二人。实践中，一般从事现场勘验的不会只有一人，但可能会出现一名侦查人员带领一名辅警或协警的情况。

笔者认为，这属于瑕疵证据，在能够合理解释和说明勘验、检查过程合法、规范，不影响真实性的情况下，具有证据能力。根据《最高人民法院关于适用〈中华人民共和国刑事诉讼法〉的解释》第 103 条的规定，只有在勘验、检查笔录存在明显不符合法律、有关规定的情形，且不能作出合理解释，才不得作为定案的根据。最高人民法院法官也认为属于瑕疵证据，勘查主体不适格、未依法回避等情形，应当由相关人员作出合理的解释或者说明，而并非一概排除。①

2. 过程合法性验证

（1）持证勘验、检查问题。《刑事诉讼法》第 130 条规定，侦查人员执行勘验、检查，必须持有人民检察院或者公安机关的证明文件。

（2）见证人问题。2012 年《公安机关办理刑事案件程序规定》第 210 条中规定："勘查现场时，应当邀请与案件无关的公

---

① 参见胡云腾等：《〈关于适用《中华人民共和国刑事诉讼法》的解释〉理解与适用》，载中华人民共和国最高人民法院刑事审判第一、二、三、四、五庭主办：《刑事审判参考》（2012 年第 5 集 · 总第 88 集），法律出版社 2013 年版，第 215 页。

民作为见证人。”2020年修改的《公安机关办理刑事案件程序规定》第215条，删除了见证人的规定，仅保留了“公安机关对案件现场进行勘查，侦查人员不得少于二人。”但是，在第216条中又规定：“勘查现场，应当拍摄现场照片、绘制现场图，制作笔录，由参加勘查的人和见证人签名。对重大案件的现场勘查，应当录音录像。”这里提到了见证人签字。《最高人民法院关于适用〈中华人民共和国刑事诉讼法〉的解释》第102条第1项规定：“对勘验、检查笔录应当着重审查以下内容：（一）勘验、检查是否依法进行，笔录制作是否符合法律、有关规定，勘验、检查人员和见证人是否签名或者盖章”。如何解决这一问题呢？首先，《刑事诉讼法》并没有规定勘验必须要有见证人，而修改后的《公安机关办理刑事案件程序规定》也删除了应当有见证人的规定，因此，从“先形式后实质二步式审查法”的第一步形式审查，勘验没有见证人并不直接违反规定，因此，连瑕疵证据都算不上，这跟以往是截然不同的。当然，从保障勘验的真实性角度来说，有见证人显然更好，所以规定有见证人的情况下见证人要签字。其次，从第二步实质判断的角度来说，即使有见证人，如果勘验的真实性受到影响，也依然可能作为非法证据排除。

（3）强制检查的审批问题。《公安机关办理刑事案件程序规定》第217条第2款规定，犯罪嫌疑人拒绝检查、提取、采集的，侦查人员认为必要的时候，经办案部门负责人批准，可以强制检查、提取、采集。《刑事诉讼法》第131条规定，对于死因不明的尸体，公安机关有权决定解剖，并且通知死者家属到场。《公安机关办理刑事案件程序规定》第218条规定，为了确定死因，经县级以上公安机关负责人批准，可以解剖尸体，并且通知死者家属到场，让其在解剖尸体通知书上签名。死者家属无正当理由拒不到场或者拒绝签名的，侦查人员应当在解剖尸体通知书上注明。对身份不明的尸体，无法通知死者家属的，应当在笔录中注明。

2008 年 10 月 22 日《公安部关于正确执行〈公安机关办理刑事案件程序规定〉第一百九十九条的批复》（公复字〔2008〕5 号）规定：“一、根据《公安机关办理刑事案件程序规定》第一百九十九条的规定，死者家属无正当理由拒不到场或者拒绝签名、盖章的，不影响解剖或者开棺检验，公安机关可以在履行规定的审批程序后，解剖尸体；但应当认真核实死者家属提出的不到场或者拒绝签名、盖章的理由，对于有正当理由的，应当予以妥善处理，争取家属的配合，而不能简单地作为无正当理由对待。二、对于重大、疑难、复杂的案件，可能引起争议的案件，或者死者家属无正当理由拒不到场或者拒绝签名、盖章的案件，为确保取得良好的社会效果，公安机关在进行尸体解剖、开棺检验、死因鉴定时，应当进行全程录音录像，商请检察机关派员到场，并邀请与案件无关的第三方或者死者家属聘请的律师到场见证。”

虽然该批复的颁布时间在 2012 年《刑事诉讼法》修改之前，但依然可以参照适用。2012 年修订后的《公安机关办理刑事案件程序规定》改为第 213 条，2020 年修订后的《公安机关办理刑事案件程序规定》改为第 218 条。2020 年修订后的《公安机关办理刑事案件程序规定》第 218 条的内容是：“为了确定死因，经县级以上公安机关负责人批准，可以解剖尸体，并且通知死者家属到场，让其在解剖尸体通知书上签名。死者家属无正当理由拒不到场或者拒绝签名的，侦查人员应当在解剖尸体通知书上注明。对身份不明的尸体，无法通知死者家属的，应当在笔录中注明。”上述新旧《公安机关办理刑事案件程序规定》内容并无变化，只是表述上略有差异。

（4）现场、物品、痕迹等是否伪造、有无破坏；人身特征、伤害情况、生理状态有无伪装或者变化等。补充进行勘验、检查的，是否说明了再次勘验、检查的原由，前后勘验、检查的情况是否矛盾。当这些情况影响真实性时，应当作为非法证据予以排除。

3. 结果合法性的验证。勘验、检查笔录的结果合法性审查需要注意以下方面：（1）记录内容是否齐全，与提取的证据是否吻合。实践中存在一些现场勘验、检查走过场，该提取的证据没有提取；已经提取的证据该记录的没有记录，导致物证来源存疑。（2）形式要件是否规范。勘验、检查人员和见证人是否签名或者盖章；勘验、检查笔录是否记录了勘验、检查的事由，勘验、检查的时间、地点，在场人员、现场方位、周围环境等，现场的物品、人身、尸体等的位置、特征等情况。（3）文字记录与实物或者绘图、照片、录像是否相符。《公安机关办理刑事案件程序规定》第 216 条规定，勘查现场，应当拍摄现场照片、绘制现场图，制作笔录，由参加勘查的人和见证人签名。对重大案件的现场勘验，应当录音录像。《公安机关办理刑事案件程序规定》第 217 条第 4 款规定，检查的情况应当制作笔录，由参加检查的侦查人员、检查人员、被检查人员和见证人签名。被检查人员拒绝签名的，侦查人员应当在笔录中注明。换言之，拒绝签名的不影响检查笔录的证据能力，只需要在笔录中注明即可。

上述情况大多属于瑕疵证据，如果能够合理解释和说明，可以具有证据能力，但是经分解验证，勘验、检查笔录存在明显不符合法律、有关规定的情形，不能作出合理解释或者说明的，不得作为定案的根据。比如，下面这个案例：

【案例21：蔡某破坏生产经营案】2011年12月13日17时许和2011年12月16日22时许，犯罪嫌疑人蔡某为泄愤报复，携带事先准备的菜刀和锯子，先后两次至被害人李某的葡萄地，将李某家的200余棵葡萄树从根部砍、锯断。经鉴定，被蔡某毁坏的葡萄树的市场价格为人民币24,140元。

此案在侦查过程中，公安机关分别对2011年12月13日、12月16日的两次案发现场进行勘验，经分解验证发现：（1）2011年12月13日的勘验笔录，没有记录被砍葡萄树的数量，属于内容不全。由于破坏生产经营罪的成立需要达到一定数额标准，换言之，只有损失达到一定的数额才构成犯罪。因此，被砍葡萄树的数量就是现场勘验中最为重要的要素，没有记录数量，直接影响了价格鉴定的依据是否合法有效。（2）2011年12月16日的现场勘验笔录，没有勘验人、见证人签字，也没有勘验单位印章。这属于形式要件不全。其中第一个问题，直接影响到证据的真实性，违反真实性规则，应当作为非法证据排除。

二、辨认笔录如何分解验证?

辨认笔录是在侦查人员主持之下通过对当事人的询问，就其对辨认对象观察判断情况所作回答的一种书面记录。由于受辨认人对事件的感知、对细节的记忆、表达等因素的影响，其可靠性比较脆弱，如果辨认错误可能对案件判断产生误导作用，实践中，一般都是作为辅助证据来使用。美国一些学者的实证研究表明："1989年至2004年美国总共作出340个改判无罪裁决，在64%的改判无罪裁决中，涉及至少一个目击证人的错误辨认结论。在几乎90%的强奸案件中，以及一半左右的杀人案件中，涉及至少一个目击证人的错误辨认结论。”① 我国缺乏这方面的实证数据，但是一些典型错案中有辨认错误的因素，如佘某林案中，被害人亲属的尸体辨认笔录、聂树斌案中路人的辨认笔录。辨认笔录的这种特性决定了需要加强对其证据能力的审查。2012 年，在《刑事诉讼法》修改过程中，正式将辨认笔录作为一种证据种类归入笔录证据。辨认笔录的分解验证往往不受重视，但是实践中辨认笔录形式化、虚化现象严重，合法性问题多且隐蔽。

1. 来源合法性验证。（1）辨认不是在侦查人员主持下进行的，不得作为定案根据。这一点在《最高人民法院关于适用〈中华人民共和国刑事诉讼法〉的解释》第 105 条中有明确的规定。实质原因在于辨认作为一种专业性的侦查活动，具有技术性和专业性，实践中如果不是侦查人员主持而是保安、协警等人员主持辨认，会影响辨认结果的真实性，违反真实性规则，因而无证据能力。

（2）关于见证人问题。辨认时是否需要见证人，《刑事诉讼法》没有明确规定。《公安机关办理刑事案件程序规定》第 262 条，“对辨认经过和结果，应当制作辨认笔录，由侦查人员、辨认人、见证人签名”。《人民检察院刑事诉讼规则》第 225 条规定：“几名辨认人对同一被辨认对象进行辨认时，应当由每名辨认人单独进行。必要时，可以有见证人在场。”从上述规定可以看出，见证人并非辨认笔录的必备要件。从理论上来说，只要主持辨认的人是合法的侦查人员，辨认过程合法规范，有无见证人不会影响辨认的真实性，也不会侵害当事人的基本人权。

---

① ［美］萨缪尔·格罗斯等：《美国的无罪裁决——从 1989 年到 2003 年》，刘静坤译，载《中国刑事法杂志》2006 年第 6 期。

因此，实践中，在其他辨认程序合法的情况下，即使没有见证人也不影响其证据能力。

2. 过程合法性验证。辨认过程要遵循以下规则：询问前置规则、辨前回避规则、禁止暗示规则、混杂辨认规则。

（1）询问前置规则：《人民检察院刑事诉讼规则》第 224 条规定，在辨认前，应当向辨认人详细询问被辨认对象的具体特征，避免辨认人见到被辨认对象，并应当告知辨认人有意作虚假辨认应负的法律责任。虽然《公安机关办理刑事案件程序规定》中没有类似规定，但是笔者认为这一点还是非常重要的，事实表明，若在辨认前对辨认人进行责任告知，辨认错误的比例相对降低，若事先未作警告，辨认错误的比例则升高。

（2）辨前回避规则。辨前回避规则是指辨认前不能使辨认人见到辨认对象。一旦辨认人事先见到辨认对象将会受到诱导，容易形成先入之见，从而使后续的辨认程序沦为形式。《人民检察院刑事诉讼规则》第 224 条规定，避免辨认人见到被辨认对象；第 226 条规定"不得在辨认前向辨认人展示辨认对象及其影像资料"。《公安机关办理刑事案件程序规定》第 260 条也规定"不得在辨认前向辨认人展示辨认对象及其影像资料"。由于这个程序规则直接影响辨认的真实性，违反该规则的辨认不具有证据能力，应当作为非法证据排除。对此，《最高人民法院关于适用〈中华人民共和国刑事诉讼法〉的解释》第 105 条明确规定，辨认前使辨认人见到辨认对象的的辨认笔录，不得作为定案根据。实质原因就是违反真实性规则。

（3）禁止暗示规则。禁止暗示规则是指禁止在辨认前给予辨认人任何暗示，否则直接影响辨认的真实性。严格来说，对于辨认应该实行"双盲原则"，就是"在对照片和人员现场列队辨认的过程中，不知情主持（通常称为双盲管理）要求无论是列队的主持者还是证人都不知道谁是嫌疑人。这就排除了由主持者传达影响即便是细微影响的可能性——这种影响是不是口头的、故意的在所不问，同时也避免了以后审判中在法庭上对该影响的责难。此外，它还避免了在记录证人的确定程度时所带有的任何偏见”。[①] 《人民检察院刑事诉讼规则》第 226 条和《公安机关办理刑事案件程序规定》第 260 条均规定，辨认时，不得给辨认人任何暗示。《最高人民法院关于适用〈中华人民共和国刑事诉讼法〉的解释》第 105 条明确规定，辨认中给辨认人明显暗示或者明显有指认嫌疑的，不得作为定案的根据。实质原因就是经过暗示的辨认笔录影响真实性，违反真实性规则，因此无证据能力。实践中，违反禁止暗示规则的辨认笔录较多，侦查人员反复给予各种暗示的情况屡见不鲜，这是需要重点分解验证的。美国联邦最高法院在 Wade 案中指出：“对进行辨认的证人进行不当暗示所造成的影响可能比其他因素更容易引发司法错误……这种影响所导致的司法错误可能比其他各种因素总共导致的错误还多……暗示可能有意和无意地以各种形式表现出来。当证人并未仔细观察到案件事实时，其受到暗示影响的可能性最大，犯罪嫌疑人被错误地认定为犯罪行为人的危险性也最大。”[②]

（4）个别辨认规则。当多人针对同一辨认对象进行辨认时，为避免相互干扰而影响辨认的真实性，应当个别进行。个别辨认是减少信息交叉污染的重要保障。《公安机关办理刑事案件程

---

① ［美］吉姆·佩特罗、南希·佩特罗：《冤案何以发生——导致冤假错案的八大司法迷信》，苑宁宁等译，北京大学出版社 2012 年版，第 204 页。

② ［美］布莱恩·福斯特：《司法错误论：性质、来源和救济》，刘静坤译，中国人民公安大学出版社 2007 年版，第 136 页。

序规定》第 259 条、《人民检察院刑事诉讼规则》第 225 条均规定，几名辨认人对同一辨认对象进行辨认时，应当由辨认人个别进行。实践中，如果出现没有进行个别辨认的，因影响证据的真实性，属于无证据能力的证据，应当作为非法证据排除。这一点也得到《最高人民法院关于适用〈中华人民共和国刑事诉讼法〉的解释》第 105 条的确认，该规定明确指出，辨认活动没有个别进行的，不得作为定案根据。

（5）混杂辨认规则。混杂辨认规则是指被辨认对象应当混杂在特征类似的其他陪衬对象中进行。这里面包括人的辨认和照片的辨认。人的辨认，应当实行“列队辨认”。《公安机关办理刑事案件程序规定》第 260 条规定，辨认时应当将辨认对象混杂在特征相类似的其他对象中。辨认犯罪嫌疑人时，被辨认的人数不得少于七人。《人民检察院刑事诉讼规则》第 226 条规定，辨认犯罪嫌疑人，被辨认的人数不得少于七人。实践中，对犯罪嫌疑人的混杂辨认采取列队辨认的方式，即让犯罪嫌疑人与其他陪衬对象站成一列供被害人、证人或其他犯罪嫌疑人辨认。“‘成列指证’的目的，即在防止‘一对一指证’可能有的强烈暗示性。”[①] 照片、物品的辨认，也实行照片混杂辨认。《公安机关办理刑事案件程序规定》第 260 条规定，辨认犯罪嫌疑人时，被辨认的人数不得少于七人；对犯罪嫌疑人照片进行辨认的，不得少于十人的照片。辨认物品时，混杂的同类物品不得少于五件；对物品的照片进行辨认的，不得少于十个物品的照片。对场所、尸体等特定辨认对象进行辨认，或者辨认人能够准确描述物品独有特征的，陪衬物不受数量的限制。《人民

① 王兆鹏：《美国刑事诉讼法》，北京大学出版社 2005 年版，第 430 页。

检察院刑事诉讼规则》第 226 条规定也有类似规定。陪衬物或照片应当与被辨认对象具有相似性，特征明显差异可能对辨认人造成暗示而影响辨认真实性的，不具有证据能力。比如，下面这个案例：

【案例 22：阿里木盗窃案】犯罪嫌疑人阿里木于 2015 年 7 月 17 日在某公交站台扒窃被害人手机一部。后被当场抓获。公安机关让在场证人对犯罪嫌疑人进行辨认，并制作了辨认笔录。

本案中的辨认笔录，公安机关实行照片辨认，用了 12 张照片进行混杂辨认，但是这 12 张照片中，只有阿里木一人是维吾尔族，其他的均为汉族。由于汉族与维吾尔族面貌特征差异明显，在 12 张照片中只有一个特征明显不同的维吾尔族，而此人正是本案犯罪嫌疑人，这样无疑给了辨认人强烈的暗示，这样的混杂辨认已经失去意义，形同虚设，可能影响到辨认的真实性，不能作为定案根据。

3. 结果合法性验证。主要审查验证辨认笔录及其照片等附件记载是否真实、规范，辨认笔录的制作是否符合有关规定，比如时间记载是否准确、签名是否缺漏等。很多辨认笔录的证据能力问题，都是从结果的分解验证倒推出来的，很多虚假的辨认笔录也可以通过结果的分解验证寻找线索，所以辨认笔录的结果合法性的分解验证非常重要。比如，下面这个案例：

【案例 23：肖某等开设赌场案】2016 年 1 月以来，被告人肖某伙同他人经营某电子游戏室，为了谋取利益，肖某购置具有赌博功能的电子游戏机三台（共计 24 个机位）供他人赌博使用。2016 年 3 月 19 日，公安机关查获上述赌博机，并将肖某当场抓获。

此案，公安机关让被告人肖某对案发现场进行了辨认，并对参与赌博的赌客进行了辨认，制作了辨认笔录。承办检察官对辨认笔录进行审查时发现，辨认笔录所附的照片中，被告人肖某穿短袖夏装，这与被抓获时间 3 月的天气存在矛盾，因为南京 3 月的天气较为寒冷，需要穿棉衣。经调查查明，公安机关是 6 月补作的辨认笔录，并故意将时间倒签为 3 月 19 日。这种证据涉嫌造假，违反真实性规则，不得作为定案根据，应当予以排除。

三、侦查实验笔录如何分解验证？

侦查实验是指侦查人员为了确定和判明与案件有关的、对案件侦破或证实犯罪有重要意义的某一事实或现象是否存在，或者在某种情况下能否发生或怎样发生，而模拟案件原有条件或参照案件发生时的条件，将该事实或现象实验性地重新加以演示再现的一种侦查活动。侦查实验笔录是侦查实验结论的具体表现形式，是侦查人员按照法定的程序和格式制作的，用于描述和证明实验过程中发生的具有法律意义的事实状况的书面记录。2012 年《刑事诉讼法》修改时，将以往实践中已经使用却难以归类的侦查实验笔录正式确立为笔录证据的一种。2018 年修改《刑事诉讼法》时没有涉及此内容。“侦查实验不可能将原来的事实或现象完全彻底地反映出来，它只能证明某一事实或现象发生或存在的可能性，而不是必然性，因而所得出的结果不可能与原来的完全一样。任何侦查实验结果都不能单独作为侦查中认定或否定某一事实或现象的依据，但却有非常重要的参考价值。只有在实验结果能够和其他证据相互印证时，这些结果才有可能成为认定案件某一事实或现象的根据。”[①] 我国《刑事诉讼法》立法和司法解释对于侦查实验的程序性规范较少，这给其证据能力审查带来一定的困难。

1. 来源合法性验证。《刑事诉讼法》第 135 条规定：“为了查明案情，在必要的时候，经公安机关负责人批准，可以进行侦查实验。侦查实验的情况应当写成笔录，由参加实验的人签名或者盖章。侦查实验，禁止一切足以造成危险、侮辱人格或者有伤风化的行为。”《公安机关办理刑事案件程序规定》第 221 条进一步明确规定，“为了查明案情，在必要的时候，经县级以上公安机关负责人批准，可以进行侦查实验。”实践中，如果侦查实验没有经县级以上公安机关负责人审批，在来源合法性上是存在问题的。笔者认为，这种情况属于瑕疵证据，也就是证据能力待定，这与技术侦查措施是不同的，原因在于技术侦查措施涉及公民的基本人权，未经审批而实施的违反人权规则。侦查实验审批手续不规范，如果能够进行补正或者合理解释说明的，可以作为定案根据，比如，因公安机关负责人在外地出差，由电话口头汇报，事后补办审批手续等，就属于可以合理解释和说明；如果不能补正或者合理解释说明的，则不能作为定案根据。

2. 过程合法性验证。

（1）相似性规则。实验结论的科学性依赖于侦查实验条件的相似性，因此，对实验结论可靠性的审查重点是，侦查实验条件与事件发生时的条件是否具有实质上的相似性以及在存在差异情况下，该差异是否会影响实验结论的可靠性。这是侦查

---

① 张玉镶、文盛堂：《当代侦查学》（第 3 版），中国检察出版社 2010 年版，第 285 页。

实验的基本原则、基本规则，也是证据能力实质审查的真实性规则在侦查实验证据中的体现。换言之，真实性规则在侦查实验证据体现为相似性规则。作为一种模拟实验或者情景再现措施，实验条件与事件发生时的条件越相近，得出的实验结果就越可靠。如实验场所的一致性、实验工具的同一性、实验环境的相似性、实验主体的同质性等。当然，这种相似性是实质的相似性，也不是要求形式上完全一致，而是容许一定的差异，“实质上的类似并不要求条件完全相同，而只是要求类似的程度将确保实验的结果具有证明力。”[①] 《最高人民法院关于适用〈中华人民共和国刑事诉讼法〉的解释》第106条规定，“对侦查实验笔录应当着重审查实验的过程、方法，以及笔录的制作是否符合有关规定。”第107条规定，“侦查实验的条件与事件发生时的条件有明显差异，或者存在影响实验结论科学性的其他情形的，侦查实验笔录不得作为定案的根据。”这一规定其实是将“实验条件相似”确立为侦查实验笔录是否具有证据能力的判断规则。可由下面案例进行阐述：

【案例24：格铁某某盗窃案】2013年5月14日凌晨，被告人格铁某某攀爬进入南京市鼓楼区某公司内，未窃得财物。2013年5月26日凌晨，被告人格铁某某至南京市建邺区某空调专卖店，绞开一楼防盗窗栏后钻入室内，窃得二楼财务室桌上的人民币3500元，并将财务室保险箱自二楼推落至一楼打开，后格铁某某返至二楼窃得一只棕色皮包，将保险箱内的现金窃走。

---

① ［美］约翰·W. 斯特龙主编：《麦考密克论证据》，汤维建等译，中国政法大学出版社2004年版，第392页。

此案中，现有证据监控录像以及指纹鉴定均能证明被告人格铁某某进入专卖店、推下保险柜、窃取皮包。问题是窃取了保险柜中多少现金？被害人称有22万元，被告人格铁某某承认打开了保险柜，但称柜子内没有现金。为查明被告人从保险柜内窃取的现金数额，公安机关做了一个侦查实验：找一个与被盗皮包同型号的皮包，将现金塞进包内。经实验，可以塞入25万元人民币。这个侦查实验需要重点验证以下问题：一是从时空条件上看，皮包与被盗皮包的伸缩性是否一致、空间大小是否一致，这直接影响实验的结果。二是从实验结论科学性的角度看，皮包最多能装25万元的百元面值人民币，与当时包内是否装入了22万元百元面值的人民币之间有无必然联系。从上述两个方面看，该侦查实验笔录都存在问题。因此，该侦查实验笔录不能作为认定被盗现金数额的依据。

下面这个案例的侦查实验笔录是值得肯定的。

【案例25：亓某等盗窃案】2013年10月5日，被告人亓某伙同王某、钟某至南京市建邺区某跆拳道馆，钟某望风，王某、亓某进入馆内窃得空调铜管（两根铜芯，直径分别为16毫米和6毫米）。后销赃得款人民币300余元，王某、亓某、钟某各分得人民币100元。

这个案件存在的问题是，被盗空调铜管的价值。铜管的型号、直径已经查明，但长度存在疑问。被害人陈述称铜管线是半年前买了后装上去的，近期因为准备搬家把铜管拆了下来放在地上，铜管长度大概22米多；销售方周某（某五金建材店个体户）能够证明铜管的直径和规格型号，也能够证明半年前去安装过，但不记得铜管的长度；被害人事后找销售方补开了发票，发票上记载长度22.5米；价格鉴定意见根据22.5米的长度鉴定价格为3202元。可以确定的是，事后补开的发票和鉴定意见上记载的铜管长度不能采信，因为事后补开发票上记录的长度是根据被害人要求而作出的，这与被害人陈述关于铜管的长度是同一个证据，得不到其他证据的印证，属于单方证据、孤证。为确定铜管的长度，公安机关进行了侦查实验：从案发现场三楼楼顶原空调外机放置处，将金属锥体系在软绳上由烟道坠下拉至空调内机放置处，将绳子另端系扣标记，考虑铜管的材质因素在实际安装中会有弯曲，绳子系扣标记处至椎体之间的距离就是空调铜管长度的最小值（最有利于被告人），侦查员将绳子取下对其测量，软绳系扣标记处至锥体之间的长度为18.9米（经鉴定，价值人民币2689元）。这个侦查实验按照最有利被告人的距离测算，结合被害人陈述，可以作为定案根据。

（2）禁止性规则。我国《刑事诉讼法》和相应的司法解释，对于侦查实验过程的规定过于原则，目前只是规定“禁止一切足以造成危险、侮辱人格或者有伤风化的行为”，相关的具体规范处于空白状态。至于何谓“足以造成危险、侮辱人格或者有伤风化”没有具体的规定，亦未对出现损害后果后的责任承担做出明确规定，这可能导致在具体操作中缺乏统一的标准和规范。实践中，一般包括以下方面：①禁止进行危险或危害后果的侦查实验，如跳楼行为、为了确定使用某种毒物后会发生何种中毒症状或者以证明作案凶器能够使被害人身体上出现锐器伤而在被害人身上做实验等。②禁止进行有伤风化或侮辱人格的侦查实验，比如涉及性犯罪的无法进行侦查实验。③禁止公开一些涉及国家秘密、商业秘密或当事人隐私的实验。④涉及少数民族风俗习惯禁忌的不能进行侦查实验。

（3）反复试验规则。一般而言，侦查实验应当反复多次进行，不能仅靠一次实验结果便作为肯定或者否定待检事实或现象的依据。一是对出现的某种现象采用同样的方法反复多次地进行；二是对已出现的某种现象变换多种方法反复进行。在侦查实验过程中，客观条件的变化或某种偶然因素的巧合，都可能影响到实验的结果。为了正确评价客观条件的变化对实验结果可能产生的影响，发现因条件的不同而出现的差异，从中分析辨别真伪，在侦查实验中必须进行反复实验，既要在同一条件下多次进行又要变换条件反复进行，以排除不相关因素对实验的干扰，克服偶然性情况对实验结论的影响，保证实验结果的可靠性。

3. 结果合法性验证。侦查实验结果合法性的验证，主要针对两个方面：一是侦查实验笔录的制作。《刑事诉讼法》第 135 条第 2 款规定，“侦查实验的情况应当写成笔录，由参加实验的人签名或者盖章”。从结果的角度，要审查有无签名、盖章，笔录记录是否完整、规范。二是在有录像的情况下，对录像资料合法性的审查。2012 年《公安机关办理刑事案件程序规定》第 216 条第 2 款规定，“必要时，应当对侦查实验过程进行录音或者录像”。2020 年《公安机关办理刑事案件程序规定》删除了录音录像的规定。但是实践中，为确保侦查实验的真实性，一般会进行录音录像。如果有录音录像的，对录像的完整性、内容的真实性要进行审查验证，特别是要对录音录像内容与笔录内容的一致性进行验证。

第五节　电子数据的分解验证

科技的进步，特别是计算机、互联网科技的进步在持续地改变人们的生活方式，“大数据”时代已经来临。这种社会大变革已经对诉讼证明、事实认定产生重大影响，集中表现为电子证据时代的来临。正如达玛斯卡所言，“科学将持续地改变生活，事实认定的伟大变革摆在了所有司法制度面前”，“在为法院判决提供事实认定结论方面，常识和传统的证明方法就遭遇了科学数据的竞争”。① 2012 年我国《刑事诉讼法》修改时，顺应时代潮流，将电子数据与视听资料并列在立法上作为独立的证据种类予以确立。

一、电子证据与电子数据、视听资料是什么关系？

1. 电子证据与电子数据。《刑事诉讼法》第 50 条第 2 款使用“电子数据”的表述而没有使用“电子证据”，这纯属语法问题，使用“电子数据”并不意味着立法上将电子数据与电子证据区别对待。原因在于我国《刑事诉讼法》第 50 条第 2 款的表述是：“证据包括：（一）物证；（二）书证；（三）证人证言；（四）被害人陈述……（八）视听资料、电子数据。”从上述表述看，立法将电子数据作为证据的类型之一，也就是“证据包括电子数据”。如果立法上表述为“电子证据”，那么《刑事诉讼法》第 50 条第 2 款的意思就变成了“证据包括电子证据”“证据是电子证据”，这显然属于语义杂糅、循环定义。同样，对于其他证据类型来说也是如此，比如“鉴定意见”是证据的一种，我们可以说“证据包括鉴定意见”，我们也可以将鉴定意见称之为“鉴定意见证据”，但是立法上不能表述为“证据包括鉴定意见证据”；再如“被害人陈述”我们可以称为“被害人陈

① ［美］米尔建 · R. 达马斯卡：《漂移的证据法》，李学军等译，中国政法大学出版社 2003 年版，第 201、210 页。

述证据”，但不能在立法上表述为“证据包括被害人陈述证据”；物证、书证我们可以称为“物证、书证证据”，但是不能在立法上表述为“证据包括物证、书证证据”；勘验、检查、辨认笔录我们可以称为“笔录证据”，但是在立法上不能表述为“证据包括勘验、检查、辨认笔录证据”。反过来，立法上使用“证据包括电子数据”，我们就可以将电子数据称为“电子数据证据”，或者直接简称为“电子证据”。如此看来，电子数据就是电子数据证据，电子数据也就是电子证据。[①] 二者本质上是相同的。

2. 电子证据与视听资料。我国《刑事诉讼法》第50条将电子数据与视听资料并列为第八类证据，那么二者之间是什么关系呢？有学者认为，视听资料是以录音、录像、电子计算机或其他高科技设备所存储的信息证明案件事实情况的资料；而电子数据是以电子形式存在的，用作证据使用的一切材料及其派生物。[②] 还有学者认为，视听资料是以录像带、录音带等设备存储的声音或者图像证明案件事实的证据；电子证据是以储存在计算机及网络中的以计算机语言编码而成的文字、图形、图像、动画、视频、音频等数据来证明案件事实的证据。[③] 王爱立等认为，视听资料是指载有与案件相关内容的录像、录音材料等；电子数据是指与案件事实有关的电子邮件、网上聊天记录、电子签名、访问记录等电子形式的证据。[④]

---

① 因此，本书在同等意义上使用“电子数据”与“电子证据”。

② 参见徐静村主编：《刑事诉讼法学》（第三版），法律出版社2012年版，第132页。

③ 参见樊崇义主编：《2012刑事诉讼法：解读与适用》，法律出版社2012年版，第76页。

④ 参见王爱立、雷建斌主编：《〈中华人民共和国刑事诉讼法〉释解与适用》，人民法院出版社2018年版，第91页。

笔者认为，视听资料属于广义上的电子证据，换言之，视听资料实际上也属于广义的电子数据的范畴。[①] 有人甚至认为取消视听资料这类证据是解决实务中电子数据与视听资料混淆的根本途径。[②]

首先，从理论上看，视听资料大多也是以电子的形式作为载体的，具有电子数据的属性，特别是随着数码技术的普及，很多录音录像本身就是电子产品。

其次，从国际上看，录音录像资料原本就属于电子证据的范畴。国际上，电子数据形态较为广泛，包括电子、数字、电磁或光信号、微型胶卷等形式。视听资料在国际及域外也属于电子数据的范畴，甚至还包括传真、电报。联合国国际贸易法委员会制定的《电子商务示范法》第2条规定，“数据信息”是指通过电子手段、光学手段或类似手段生成、发送、接受或储存的信息，它包括但不限于电子数据交换（EDI）、电子邮件、电报、电传或传真。2005年《联合国国际合同使用电子通信公约》沿用了这一定义。美国《1999年统一电子交易法》将电子信息定义为“有关具有电子、数字、磁性、无线、光质、电磁或类似性能的科技”。我国台湾地区“电子签章法”规定，电子文件是指文字、声音、图片、影像、符号或其他资料，以电子或其他以人之知觉无法直接认识之方式，所制成足以表示其用意之记录，而供电子处理之用者。

再次，《刑事诉讼法》第50条第2款之所以将视听资料与电子数据并列，纯属立法上的注意规定。注意规定是与法律拟

---

① 因此，本节的标题使用电子数据，是广义上的电子数据。

② 参见杜鸣晓：《论电子数据与视听资料之混淆》，载《上海政法学院学报（法治论丛）》2015年第1期。

制相对应的立法技术，前者是提示司法者注意；后者是一种特别规定。因为1996年我国《刑事诉讼法》规定了视听资料这个证据类型，2012年修改时如果直接将视听资料删除而仅规定电子证据，可能会导致司法人员误认为视听资料不是法定的证据类型。为了保持立法的延续性，在增加规定电子证据的同时保留了视听资料以提醒司法者注意。这一点也得到最高司法机关的确认，最高人民检察院编写的《新刑事诉讼法理解与适用》指出，“将‘视听资料’修改为‘电子数据’。这样修改的理由是更加全面，使这类证据能够涵盖所有的电子证据。因为视听资料是指能够通过人的视觉、听觉来感知的录音录像材料，它只是电子证据的一种”。[①]

最后，从司法实践来看，对视听资料与电子数据进行区分并无必要。无论是法律文书还是庭审举证、质证，都会把视听资料和电子数据放在一起，不会刻意区分哪些是视听资料哪些是电子数据，况且大量的视频、监控录像都是数码的，公安机关以数字化的DVD光盘进行刻录，无法区分其到底属于视听资料还是电子数据。传统意义上的胶卷、胶片、磁带等视听资料越来越被数字化所取代，更为重要的是，二者的取证规范相同。

但是，最高人民法院误解了上述立法意图，在制定《关于办理刑事案件收集提取和审查判断电子数据若干问题的规定》时采取了将电子数据与视听资料截然分割的立场，将以数字化形式存储的音视频资料界定为电子数据，将以模拟信号存储的磁带、录像带等音视频资料界定为视听资料。也就是说电子数

---

① 童建明主编：《新刑事诉讼法理解与适用》，中国检察出版社2012年版，第72页。

据和视听资料都包括音视频资料，前者是以数字化信号存储，后者是以模拟信号存储。[①]《关于办理刑事案件收集提取和审查判断电子数据若干问题的规定》第 1 条对电子证据是这样界定的：电子数据是案件发生过程中形成的，以数字化形式存储、处理、传输的，能够证明案件事实的数据。电子数据包括但不限于下列信息、电子文件：（一）网页、博客、微博客、朋友圈、贴吧、网盘等网络平台发布的信息；（二）手机短信、电子邮件、即时通信、通讯群组等网络应用服务的通信信息；（三）用户注册信息、身份认证信息、电子交易记录、通信记录、登录日志等信息；（四）文档、图片、音视频、数字证书、计算机程序等电子文件。这个司法解释对电子证据采用了概括加列举的方式进行定义，需要把握以下几点：一是电子数据强调是数字化的电子文件，而以模拟信号存储的磁带、录像带等音视频属于视听资料。二是强调电子证据是在“案件发生过程中形成的”，《关于办理刑事案件收集提取和审查判断电子数据若干问题的规定》第 1 条第 3 款进一步明确“以数字化形式记载的证人证言、被害人陈述以及犯罪嫌疑人、被告人供述和辩解等证据，不属于电子数据”，这就可以看出，强调“案件发生过程中”就是为了将案件发生后形成的证人证言、被害人陈述以及犯罪嫌疑人、被告人供述和辩解等电子化的言词证据排除在外。当然，这里的“案件发生过程中”不单指刑法中的实行行为，还包括预备甚至是预备之前的一些与案件有关的证据。这样看来，以数字化形式存在的视听资料是电子数据，以胶带、磁带等形式存在的视听材料才是视听资料。但是，这种区分对

① 参见周加海、喻海松：《〈关于办理刑事案件收集提取和审查判断电子数据若干问题的规定〉的理解与适用》，载《人民司法（应用）》2017 年第 28 期。

于司法实践来说，实际意义不大。因为在当今大数据、智能化的网络时代，实际发生的案件一般不可能存在以胶片、磁带等模拟信号存储的证据材料。因此，以数字信号和模拟信号来区分电子数据和视听资料在理论上和实践上都是不值得提倡的。

二、电子证据、视听资料是否适用《刑事诉讼法》第56条？

我国《刑事诉讼法》第56条规定，“采用刑讯逼供等非法方法收集的犯罪嫌疑人、被告人供述和采用暴力、威胁等非法方法收集的证人证言、被害人陈述，应当予以排除。收集物证、书证不符合法定程序，可能严重影响司法公正的，应当予以补正或者作出合理解释，不能补正或者作出合理解释的，对该证据应当予以排除”。一般认为，上述规定对非法获取的言词证据和非法收集的物证、书证，分别确立了绝对排除和相对排除的规则。实践中，对于不符合法定程序收集的电子证据是否以及如何排除呢？有人认为，电子证据如果非法收集，并可能严重影响司法公正的，应当排除；也有人认为，电子数据不是书证，也不是物证，因此不适用《刑事诉讼法》第56条的规定；还有人认为，《刑事诉讼法》的立法表述不严谨，建议将《刑事诉讼法》第56条中“物证、书证”修改为“实物证据”，从而将电子数据也归入实物证据之中。[①]

笔者认为，电子证据当然适用非法证据排除规则。我国《刑事诉讼法》第50、55条规定，作为定案根据的任何证据必须经法定程序查证属实。这一规定适用于所有的证据类型，除

---

① 参见王春蕾：《非法证据排除规则是否适用于电子数据》，载《检察日报》2013年4月9日，第3版。

了《刑事诉讼法》第56条规定的非法言词证据和非法物证书证之外，其他的鉴定意见、笔录证据、电子证据、视听资料等只要作为定案根据就必须经法定程序查证属实，违反法定程序且严重影响司法公正的都涉及非法证据排除问题。这一点也得到相关司法解释的确认，《最高人民法院关于适用〈中华人民共和国刑事诉讼法〉的解释》第109、110条规定，视听资料、电子数据有篡改、伪造的情形，无法确定真伪的，不得作为定案根据。

那么，电子证据如何适用非法排除规则呢？是实行相对排除，还是绝对排除呢？2014年11月7日，《检察日报》专门编发了一组正反方争鸣的文章。一种观点认为，电子证据应适用非法证据排除规则，可以根据电子数据取证的违法程度、内容是否真实可靠、是否可以补正、是否损坏司法公正等，实行相对排除；另一种观点认为，电子证据具有易变性、依赖性、易取得等特征，其真实性不仅受客观因素影响，还与取证人的主观倾向密切相关，可信度较低，且容易侵犯公民个人隐私，与言词证据非常相似，对于通过非法活动获取的电子数据应当一律排除，“在收集电子数据的程序方面尚未制定明确的法律和技术规范，如果承认非法获取的电子数据可有限制地排除，那非法获取电子数据的活动将越来越猖獗，势必严重威胁到个人隐私、人权等”，因此，对非法获取的电子数据应一律排除。①

笔者认为，电子证据应该采取相对排除的规则，换言之，应当与书证、物证采取相同的排除规则。

首先，电子证据是人们从事某种活动留下的电子痕迹，这

---

① 参见李晓佩、王延虎：《非法获取的电子数据应否一律排除》，载《检察日报》2014年11月7日，第3版。

种痕迹具有客观性，能够客观反映案发当时的情况。比如，一些毒品犯罪案件中，被告人被当场查获大量毒品，但是拒绝交代上家（毒品来源）和下家（毒品拟销售对象），侦查机关通过调取被告人的短信、微信聊天记录，发现被告人与上下家均有明确的表达贩卖的意思表示，这样的电子证据具有客观性，是当时被告人从事犯罪活动所留下的电子痕迹。

其次，电子证据具有书证和物证相类似的属性，均属于实物类证据。书证和物证都是行为留下的书面和实物痕迹，而电子证据留下的是电子痕迹，都是客观性的痕迹，只是表现形式不同而已。比如，电子邮件与书面信件，只是表现形式不同而已，二者对案件事实的证明作用在本质上没有差异。当今已经没有多少人还用书面信件联络了，因时代的发展已由电子邮件代替了传统的书面信件。同样，书面合同与电子合同在民事法律上已经获得了同等的法律地位和效力。正因如此，才有了将电子证据视为“新书证”的“新书证说”。我国台湾地区“民事诉讼法”第363条规定了电子证据“文书规定之准用”。《日本民事诉讼法》第231条也采用了电子证据准用书证为新书证说的规定。

前述案例4付某某、朱某某故意泄露国家秘密案中，被告人付某某某通过QQ非法获得相关考试“试题及答案”，后付某某、朱某某通过无线电向上述考点的多名考生发送。该案中的QQ聊天记录这一电子证据是侦查机关在此案立案前进行监控的，且没有审批手续。根据我国《刑事诉讼法》和司法解释规定，监听监控等技术侦查措施只能用在特定类型的案件上，且需要在立案后进行，并经市一级公安机关负责人审批，审批手续应当附卷。笔者认为，此案未经正当程序而通过技术手段对公民的通讯工具进行监听监控，这直接涉及公民基本的言论自由和隐私权，已经涉及宪法性权利，可能对司法机关办理案件的公正性以及国家形象造成严重损害，属于实质性、严重的程序违法，应当作为非法证据排除。

三、电子证据、视听资料如何分解验证?

（一）电子证据、视听资料来源的分解验证

1. 提取人问题。2016 年 10 月 1 日起施行的《最高人民法院、最高人民检察院、公安部关于办理刑事案件收集提取和审查判断电子数据若干问题的规定》（以下简称《电子证据规定》）第 7 条规定，收集、提取电子数据，应当由二名以上侦查人员进行。对于视听资料来说，原则上应该参照上述规定执行。需要说明的是，这里要求二名以上侦查人员，与前述勘验、检查、辨认等侦查行为类似，《刑事诉讼法》并没有规定法定的人数。事实上，《刑事诉讼法》第二章所规定的各种侦查方法，只有讯问犯罪嫌疑人时规定“侦查人员不得少于二人”，其余的侦查方法并无法定人数要求。关于这一点，龙宗智教授认为，要求电子证据提取主体是二名以上侦查人员未充分反映现实情况与工作需要，亦可能与相关制度相冲突，难以一体遵循，“一律要求由二名以上侦查人员进行，不太符合侦查实践情况及现实需要。因为电子数据取证，有不同的方式，也可能有不同取证阶段。对于计算机等电子数据载体，首先需要实施搜查、扣押等取得性措施，然后才是数据提取的技术行为。但有些取证行为，并无载体取得行为，而直接进入数据提取，如‘在线提取电子数据’等，那么是否每一种类型的电子数据取证，均需两名以上侦查人员实施，否则就不合法，不无疑问。而且，日常刑事侦查活动中的电子数据取证，大量由并非技术人员的刑事

侦查部门的刑事警察实施，这些刑警难以应对取证中的技术问题，需要技术人员协助。”① 龙教授进一步提出建议，“搜查、扣押、提取电子数据载体的获得性取证行为，应当要求有两名以上侦查人员；而对可能需要具备必要技术能力的取证行为，则可借鉴《刑事诉讼法》的规定，实行侦查人员与专业技术人员相配合的取证方法。此时，并不要求必须有‘二名以上侦查人员’。不过，第七条、第二十四条的规定，在一种情况下可能是适用的，即侦查人员同时也是技术人员，具备电子数据收集、提取的技术能力。如公安机关所属网络安全保卫部门的侦查人员，即网络警察。”②

笔者认为，龙教授的建议是中肯的，但是，从司法实践的角度来说，既然《电子证据规定》中要求二名以上侦查人员，司法实践中就应当遵循上述规定。实践中，技术人员除临时聘请外，都是侦查人员与技术人员身份重合，因为公安机关已经成立了专门的网络警察。

实践中出现二名人员中其中一人不具有侦查人员资格或者只有一名侦查人员提取的电子数据是非法证据还是瑕疵证据呢？按照“先形式后实质二步式审查法”进行判断，第一步形式判断，这个情况是违反司法解释的取证行为，在证据能力三要件的来源上存在问题；第二步实质判断其是否违反人权规则、痛苦规则、真实性规则和自愿性问题，如果排除暴力取证等违反人权规则、痛苦规则、自愿性规则的情况下，提取的电子数据

---

① 龙宗智：《寻求有效取证与保证权利的平衡——评“两高一部”电子数据证据规定》，载《法学》2016 年第 11 期。

② 龙宗智：《寻求有效取证与保证权利的平衡——评“两高一部”电子数据证据规定》，载《法学》2016 年第 11 期。

真实性没有受到影响，那就是瑕疵证据，只要能合理解释，就可以作为定案根据。事实上，《电子证据规定》也没有明确将其作为非法证据排除，根本原因在于这种情况从实质上既不会影响证据的真实性，也不会侵害当事人的人权。

2. 关于调取通知书、来源说明。《电子证据规定》第 13 条规定，调取电子数据应当制作调取证据通知书，注明需要调取电子数据的相关信息，通知电子数据持有人、网络服务提供者或者有关部门执行。根据《最高人民法院关于适用〈中华人民共和国刑事诉讼法〉的解释》第 108 条规定，对视听资料应当着重审查的内容的第一项就是“是否附有提取过程的说明，来源是否合法”。第 110 条强调对电子数据是否真实应当着重审查电子数据的来源等情况。这一点与书证、物证一样，不能证明证据来源的，违反真实性规则，因此不得作为定案根据，应当予以排除。

3. 初查电子证据的证据能力问题。《电子证据规定》第 6 条规定：“初查过程中收集、提取的电子数据，以及通过网络在线提取的电子数据，可以作为证据使用。”所谓初查就是侦查机关在立案之前对可能存在的犯罪所进行的初步调查。我国《刑事诉讼法》并没有规定初查程序，但是最高人民检察院、公安部分别在《人民检察院刑事诉讼规则》和《公安机关办理刑事案件程序规定》中对初查予以规定，上述这两个文件对于初查过程中收集的证据如何使用没有明确的规定。《电子证据规定》第 6 条首次明确了“初查过程中收集、提取的电子证据”具有刑事证据资格。[1]

---

① 参见喻海松：《网络犯罪二十讲》，法律出版社 2018 年版，第 135 页。

需要特别指出的是，这里的“可以作为证据使用”与“可以作为定案根据使用”是两个截然不同的概念。“可以作为证据使用”只是表明可以不经过转化进入刑事诉讼；“可以作为定案根据使用”是指证据能力，即定案根据的资格。“可以作为证据使用”的证据并不必然具有证据能力，并不必然可以作为定案根据，有无证据能力，还是需要审查。比如，在初查阶段使用暴力取得的证据，当然没有证据能力，不能作为定案根据使用。因此，《电子证据规定》第6条的规定并不意味着初查过程中收集的电子证据不需要受《刑事诉讼法》及其配套司法解释关于取证规范的限制而一律具有证据能力。事实上，《人民检察院刑事诉讼规则》《公安机关办理刑事案件程序规定》等诸多司法解释和规范性文件，对初查阶段的调查手段都进行了限制和规范，即初查中只能使用任意性调查措施，而不能使用强制性调查措施。[①] 虽然《电子证据规定》并未就任意性调查措施和强制性调查措施进行区分，但是，一方面，从法理上来说，由于初查阶段采取强制性侦查措施违反了《刑事诉讼法》的基本规定。因为初查属于刑事立案之前，在刑事立法之前，涉案人还不是法律意义上的犯罪嫌疑人，属于普通公民，而普通公民的人身、财产权利不受侵害，这是宪法的规定。因此，在初查阶段对当事人采取强制性侦查措施，侵害当事人的基本权利，在实质上违反人权规则，取得的证据无证据能力，应当作为非法证据排除。另一方面，从体系解释的角度来说，既然此前的相关司法解释和规范性文件已经明确将强制性侦查措施排除在初查的手段之外，《电子证据规定》没有理由突破以往的规定。因此，

① 详见本章第九节。

《电子证据规定》第 6 条并不意味着在初查中可以采取强制性调查措施来收集电子证据，也不意味着初查中采取强制性调查措施收集的电子证据就理所当然具有证据能力，对于违法采取强制性调查措施收集的电子证据依然不能作为定案根据。《电子证据规定》起草人对此也有明确的意见："需要特别注意的是，强制侦查措施、技术侦查措施只有在刑事立案后才能采取，故而，初查过程中采取上述侦查措施收集、提取的电子数据不具有合法性，应当依法排除。"①

4. 电子证据的"毒树之果"问题。"毒树之果"中的"毒树"指的是采取非法方式收集到刑事证据，而以非法证据为线索进而发现的第二手证据，是毒树结出的"果实"，才是"毒树之果"。我国《刑事诉讼法》对书证、物证采取相对排除的原则，也就是说，非法取得的物证、书证并非一概排除，而是在可能严重影响公正审判且无法进行补正和合理解释的情况下，才予以排除。既然如此，即便将以非法证据为线索进而发现的第二手的物证、书证视为取得程序明显违反法律规定，也并不必然导致该物证、书证被排除。电子证据与物证、书证具有同质性，应该采取与物证、书证相同的排除规则。

有人结合美国的"卡茨案"讨论电子证据的"毒树之果"问题。该案的基本案情是：联邦探员在没有令状的情况下，在被告人卡茨经常使用的电话亭外安装了电子窃听装置以监听其电话内容，在后来的审判中控方将监听得到的谈话录音作为指控被告人犯罪的证据。联邦最高法院判决认为，非法监听获得

---

① 周加海、喻海松：《〈关于办理刑事案件收集提取和审查判断电子数据若干问题的规定〉的理解与适用》，载《人民司法（应用）》2017 年第 28 期。

录音证据违反宪法第四修正案，应当予以排除。[①] 但是，这个案例并非典型的“毒树之果”问题，而是电子证据来源非法性问题，取证程序严重违法且侵害公民基本人权，不属于非法获取第一手证据之后据此取得的二手证据。

（二）电子证据、视听资料过程的分解验证

1. 无损规则：由于电子数据有易损坏、易篡改的特性，所以要求获取时，不能对原文件作任意改动或损坏。《电子证据规定》第 5 条规定，对作为证据使用的电子数据，“应当采取以下一种或者几种方法保护电子数据的完整性：（一）扣押、封存电子数据原始存储介质；（二）计算电子数据完整性校验值；（三）制作、封存电子数据备份；（四）冻结电子数据；（五）对收集、提取电子数据的相关活动进行录像；（六）其他保护电子数据完整性的方法。”

这里有几个问题需要进一步说明：（1）电子数据原始存储介质问题。电子数据原始存储介质是指电子数据的存储载体，是具备数据信息存储功能的电子设备、硬盘、光盘、优盘、存储卡、记忆棒、存储芯片等。《电子证据规定》第 29 条对此进行了说明。（2）完整性校验值问题。完整性校验值是电子数据中的计算机专业术语，即哈希（Hash）函数，这种函数是将任意长度的输入数字串，映射成一个较短的定长的输出数字串。这种输出字符串也被称为数字摘要或数字指纹。哈希函数的特点是输入数字串与输出数字串具有唯一的对应关系。只要哈希（Hash）值不变，就能够证明提交给法庭的电子数据未经改变。

---

① 参见郑曦、刘玫：《非法证据排除规则在监听证据中的运用——以美国法为蓝本的考察》，载《证据科学》2012 年第 6 期。

《电子证据规定》第 29 条对此进行了说明，完整性校验值是指为防止电子数据被篡改或者破坏，使用散列算法等特定算法对电子数据进行计算，得出的用于校验数据完整性的数据值。实践中，侦查机关应当在第一时间计算完整性校验值，并在笔录中注明。当需要验证电子数据是否完整、是否被增加、删除、修改时，便可以采用同一算法对电子数据再计算一次，将两次所得的值进行比较，如果一致则电子数据没有发生变化，如果不一致则证明电子数据发生了变化。（3）冻结电子数据问题。这个术语系首次出现。电子数据冻结是在大数据、云计算时代新出现的问题。随着云计算、大数据技术的发展，电子数据数量大到惊人，难以提取，有的电子数据存储在云系统或者大型在线系统中，无法或不便提取，给侦查工作带来极大的困扰。为适应新的实践需要，针对云计算、大数据环境下电子数据取证的问题，《电子证据规定》第 11、12 条规定了电子数据冻结。《电子证据规定》第 11 条规定："具有下列情形之一的，经县级以上公安机关负责人或者检察长批准，可以对电子数据进行冻结：（一）数据量大，无法或者不便提取的；（二）提取时间长，可能造成电子数据被篡改或者灭失的；（三）通过网络应用可以更为直观地展示电子数据的；（四）其他需要冻结的情形。"如何进行冻结呢？一般采用以下方法：计算电子数据的完整性校验值；锁定网络应用账号；其他防止增加、删除、修改电子数据的措施。根据《电子证据规定》第 12 条第 1 款的规定，冻结电子数据，应当制作协助冻结通知书，注明冻结电子数据的网络应用账号等信息，送交电子数据持有人、网络服务提供者或者有关部门协助办理。解除冻结的，应当在三日内制作协助解除冻结通知书，送交电子数据持有人、网络服务提供者或者有关部门协助办理。

违反无损性规则，影响到电子数据的真实性，违反真实性规则的作为非法证据排除。《电子证据规定》第28条规定，“电子数据具有下列情形之一的，不得作为定案的根据：（一）电子数据系篡改、伪造或者无法确定真伪的；（二）电子数据有增加、删除、修改等情形，影响电子数据真实性的；（三）其他无法保证电子数据真实性的情形。”这里强调不得作为定案根据的关键性理由是违反真实性规则。

值得注意的是，违反无损性规则的电子数据都应当作为非法证据排除吗？并非如此，关键还是要从实质上审查有无真实性规则。《电子证据规定》起草人指出，“电子数据发生增加、删除、修改的，并不必然导致其不真实，例如：为了使部分损坏的视频文件能够正常播放，在视频文件的文件头增加某些信息；为了查看乱码电子文档，修改文档文件头的某些字节；或者为了打开部分损坏的电子图片，对文件错误的字节进行修改（通常修改的数据很少，目的是正常展示图片，不会影响图片的内容）。”① 换言之，即使电子数据发生了增、删、改，或者哈希函数值变化，也要从实质上审查发展改变的原因，有无导致证据的真实性受到影响，当违反真实性规则时才作为非法证据排除。

2. 原始性规则。因为受英美法系最佳证据规则的影响，电子证据的原件问题引起广泛争议。最佳证据规则要求除法律另有规定外，应该提交该文书、记录或照片的原件。但是，电子数据具有“虚拟性”，必须借助一定设备输出、呈现出来才能为人类感知，呈现或输出的到底是原件还是副本呢？如果严格坚

---

① 周加海、喻海松：《〈关于办理刑事案件收集提取和审查判断电子数据若干问题的规定〉的理解与适用》，载《人民司法（应用）》2017年第28期。

持最佳证据规则——只有原件才能作为证据，则电子数据证据就会遇到难以克服的困难。刘品新教授梳理了世界上电子证据原件的五大理论：功能等同法、拟制原件说、混合标准说、复式原件说、结合打印说。①

笔者认为，可以采用功能等同说，理由如下：首先，功能等同说是国际上通行的观点。这一观点是由联合国国际贸易法委员会（以下简称贸法会）率先提出来的。联合国《电子商务示范法》第8条第1款规定："（1）如法律要求信息须以其原始形式展现或留存，倘若情况如下，则一项数据电文即满足了该项要求：（a）有办法可靠地保证自信息首次以其最终形式生成，作为一项数据电文或充当其他用途之时起，该信息保持了完整性；和（b）如要求将信息展现，可将该信息显示给观看信息的人。"依照此规定，只要某一数据电文具有完整性且可显示，则被认为满足法律有关原件的要求。其次，我国《电子签名法》第5条规定：符合下列条件的数据电文，视为满足法律、法规规定的原件形式要求：一是能够有效地表现所载内容并可供随时调取查用；二是能够可靠地保证自最终形成时起，内容保持完整、未被更改。但是，在数据电文上增加背书以及数据交换、储存和显示过程中发生的形式变化不影响数据电文的完整性。这是典型的采取了"功能等同说"的立场。在司法实践中，直接源于电子数据的打印输出物或其他可感知的输出物，只要能够准确反映电子数据的内容，即视为电子数据原件。最后，鉴于电子证据的特殊性，从某种意义上讲，并不存在"原始电子

① 参见刘品新：《论电子证据的原件理论》，载《法律科学（西北政法大学学报）》2009年第5期。

数据”，而只有“原始存储介质”的概念。[①] 一般可以将电子数据分为随原始存储介质移送的电子数据和无法移送原始存储介质的情况下通过其他存储介质予以收集的电子数据。只要确保其数据的完整性，在功能上等同于原件。实践中，主要通过完整性校验值来确保数据的完整性。完整性校验值即哈希（Hash）函数。这种函数是将任意长度的输入数字串，映射成一个较短的定长的输出数字串。这种输出字符串也被称为数字摘要或数字指纹。哈希函数的特点在于输入数字串与输出数字串具有唯一的对应关系；输入数字串中任何变化会导致输出数字串也发生变化；从输出数字串不能够反求出输入数字串。只要 Hash 值不变，就能够证明提交给法庭的电子数据未经改变。

因此，对于电子证据来说，原始性规则实际上指的是存储介质的原始性问题。《电子证据规定》确立了“以收集原始存储介质为原则，以直接提取电子数据为例外，以打印、拍照、录像等方式固定为补充”规则。《电子证据规定》第 8 条第 1 款规定：“收集、提取电子数据，能够扣押电子数据原始存储介质的，应当扣押、封存原始存储介质，并制作笔录，记录原始存储介质的封存状态。”第 8 条第 2 款、第 3 款对如何提取和封存原始存储介质进一步做了具体规定：“封存电子数据原始存储介质，应当保证在不解除封存状态的情况下，无法增加、删除、修改电子数据。封存前后应当拍摄被封存原始存储介质的照片，清晰反映封口或者张贴封条处的状况。”“封存手机等具有无线通信功能的存储介质，应当采取信号屏蔽、信号阻断或者切断

---

① 参见胡云腾等：《〈关于适用《中华人民共和国刑事诉讼法》的解释〉理解与适用》，载中华人民共和国最高人民法院刑事审判第一、二、三、四、五庭主办：《刑事审判参考》（2012 年第 5 集 · 总第 88 集），法律出版社 2013 年版，第 105 页。

电源等措施。”

但是，实践中电子数据的原始介质有多种形式，特别是在大数据时代，一律要求提取原始介质不具有可能性。所以，《电子证据规定》第9条和第10条规定了一些例外情况。主要包括以下情况：（1）原始存储介质不便封存的。比如，网络服务器一般采取集中存储的方式，数据量极大，而且封存后导致相关单位、行业工作无法进行，这种情况就属于不便封存。（2）提取计算机内存数据、网络传输数据等不是存储在存储介质上的电子数据的。《电子证据规定》第9条第3款专门规定，为进一步查明有关情况，必要时，可以对远程计算机信息系统进行网络远程勘验。进行网络远程勘验，需要采取技术侦查措施的，应当依法经过严格的批准手续。（3）原始存储介质位于境外的。《电子证据规定》第9条第2款特别规定，对于原始存储介质位于境外或者远程计算机信息系统上的电子数据，可以通过网络在线提取。（4）其他无法扣押原始存储介质的情形。（5）由于客观原因无法或者不宜依据第8、9条的规定收集、提取电子数据的，可以采取打印、拍照或者录像等方式固定相关证据，并在笔录中说明原因。实践中存在既不能扣押原始存储介质，又不能提取电子数据的情形。比如，阅后即焚（Snapchat）照片分享应用软件用户拍照、录制视频、添加文字和图画，发送给自己在该应用上的好友，文件在打开后，只有10秒钟寿命，随后便自动删除。国内这种阅后即焚类App越来越多。这种情况下，无论是介质还是数据都无法提取。还有一些大型工业控制系统，无法导出数据，也不能将整个系统扣押，因这样会影响生产经营。这些情况，可以采取打印、拍照或者录像等方式固定相关证据，并在笔录中说明原因。

3. 电子数据检查（分析）规则。电子证据不同于传统的物证、书证，传统的物证、书证可以直接展示用于证明案件事实，但是电子证据很多需要进行恢复、分析、解密等。所以，《电子证据规定》第 16 条第 1 款规定，“对扣押的原始存储介质或者提取的电子数据，可以通过恢复、破解、统计、关联、比对等方式进行检查。必要时，可以进行侦查实验”。这就是电子证据的检查规则（分析规则）。该规则的基本要求是对电子数据的分析、检查须在不改动内容和属性的条件下进行。对此，《电子证据规定》第 16 条第 2 款进一步规定：“电子数据检查，应当对电子数据存储介质拆封过程进行录像，并将电子数据存储介质通过写保护设备接入到检查设备进行检查；有条件的，应当制作电子数据备份，对备份进行检查；无法使用写保护设备且无法制作备份的，应当注明原因，并对相关活动进行录像。”第 3 款中规定：“电子数据检查应当制作笔录，注明检查方法、过程和结果，由有关人员签名或者盖章。”

4. 见证人规则。《电子数据规定》第 15 条第 1 款规定：“收集、提取电子数据，应当根据刑事诉讼法的规定，由符合条件的人员担任见证人。由于客观原因无法由符合条件的人员担任见证人的，应当在笔录中注明情况，并对相关活动进行录像。”根据该规定，收集和提取电子数据时，一般应当有见证人在场进行见证，只有“由于客观原因无法由符合条件的人员担任见证人”的例外情况下，可以没有见证人。如同书证物证的搜查一样，如果没有见证人，也只是瑕疵证据，在能够补正或者合理解释说明，确保证据的真实性的情况下，可以作为定案根据。

（三）电子证据结果的分解验证

1. 提取笔录的审查。根据《电子证据规定》第 14 条的规定，对电子证据结果的分解验证，要重点审查有无制作电子数据提取笔录，笔录内容是否完整，应当记录案由、对象、内容、收集、提取电子数据的时间、地点、方法、过程，并附电子数据清单，注明类别、文件格式、完整性校验值等，要由侦查人员、电子数据持有人（提供人）签名或者盖章；电子数据持有人（提供人）无法签名或者拒绝签名的，应当在笔录中注明，由见证人签名或者盖章。有条件的，应当对相关活动进行录像。2021 年《最高人民法院关于适用〈中华人民共和国刑事诉讼法〉的解释》吸收了上述内容。实践中，如果是公安机关网警部门提取的，都会有相应的电子数据勘验、检查笔录、提取笔录等，内容较为全面，能够涵盖《电子证据规定》中所要求的要素。但公安机关基层派出所办理的一些案件有时会有例外情形，如盗窃、毒品、诈骗等案件中提取的手机微信聊天记录、手机短信聊天记录、网上购物电子记录、手机通话记录及截屏照片等，这些电子数据的提取，要么是没有制作提取经过说明，要么是提取经过说明要素不全。提取笔录是证明电子数据真实性的重要载体，没有提取笔录难以说明电子数据的来源，也难以说明提取过程的合法性，特别是当电子数据从复制拷贝而来的时候，就会直接影响到电子数据的真实性。如果没有提取笔录，又没有补正或合理解释说明，违反真实性规则，应当作为非法证据排除。笔者曾设计了一个提取经过笔录的模板，效果良好，这里一并展示供参考使用。

电子数据提取笔录

时间：＿＿＿＿＿＿＿＿＿＿＿＿＿＿＿＿＿＿＿＿＿＿＿＿＿

地点：＿＿＿＿＿＿＿＿＿＿＿＿＿＿＿＿＿＿＿＿＿＿＿＿＿

案由：＿＿＿＿＿＿＿＿＿＿＿＿＿＿＿＿＿＿＿＿＿＿＿＿＿

提取人（制作人）：姓名：＿＿＿＿＿＿＿单位：＿＿＿＿＿＿

原始介质持有人：姓名：＿＿＿＿＿＿＿年龄：＿＿＿＿＿＿＿

工作单位：＿＿＿＿＿＿＿＿＿＿＿＿＿＿＿＿＿＿＿＿＿＿＿＿＿＿

住址：＿＿＿＿＿＿＿＿＿＿＿＿＿＿＿＿＿＿＿＿＿＿＿＿＿

原始介质存放地（如果没有提取原始介质需填此项）：＿＿＿

＿＿＿＿＿＿＿＿＿＿＿＿＿＿＿＿＿＿＿＿＿＿＿＿＿＿＿＿＿＿

见证人：姓名：＿＿＿＿＿＿＿年龄：＿＿＿＿＿＿工作单位：＿＿＿＿

住址：＿＿＿＿＿＿＿＿＿＿＿＿＿＿＿＿＿＿＿＿＿＿＿＿＿

电子数据的规格、类别、文件格式：＿＿＿＿＿＿＿＿＿＿

提取过程及方法：＿＿＿＿＿＿＿＿＿＿＿＿＿＿＿＿＿＿

……

提取人（制作人）（签名）
盖章
持有人（签名）：
见证人（签名）：

附件：（电子数据的光盘、打印件等）

2. 检查笔录的审查。如前所述，因电子证据的特殊性，有时需要进行分析和检查，因此从结果分解验证的角度来说，对检查笔录也要进行审查，根据《电子证据规定》第 16 条第 3 款的规定，要着重审查电子数据检查有无制作笔录，有无注明检查方法、过程和结果，是否有有关人员签名或者盖章。进行侦查实验的，有无制作侦查实验笔录，有无注明侦查实验的条件、经过和结果，参加实验的人员有无签名或者盖章。这些一般属于瑕疵证据，可补正和解释说明。

3. 对存储介质的审查。根据《电子证据规定》第 22、23 条规定，重点审查以下内容：（1）是否移送原始存储介质；在原始存储介质无法封存、不便移动时，有无说明原因，并注明收集、提取过程及原始存储介质的存放地点或者电子数据的来源等情况；（2）电子数据是否具有数字签名、数字证书等特殊标识；（3）电子数据的收集、提取过程是否可以重现；（4）电子数据如有增加、删除、修改等情形的，是否附有说明；（5）电子数据的完整性是否可以保证；（6）原始存储介质的扣押、封存状态。

根据《电子证据规定》第 27 条的规定，电子数据的收集、提取程序有下列瑕疵，经补正或者作出合理解释的，可以采用；不能补正或者作出合理解释的，不得作为定案的根据：（1）未以封存状态移送的；（2）笔录或者清单上没有侦查人员、电子数据持有人（提供人）、见证人签名或者盖章的；（3）对电子数据的名称、类别、格式等注明不清的；（4）有其他瑕疵的。

4. 手机短信、微信等聊天记录、通话清单、电子邮件等打印件或截屏照片是书证还是电子数据？实践中，很多案件证据中有手机短信、微信、QQ 聊天记录、电子邮件的截屏照片或打印件。很多人习以为常地将这些截屏照片、打印件归入书证，很多裁判文书也将其列为书证。其实，这是错误的。这些均是在案件发生过程中以电子数据形式形成的证据，系电子数据，无论是截屏照片还是打印件抑或存入优盘、光盘，均是其载体而已，不改变其证据性质。

第六节　技术侦查证据的分解验证

2012 年《刑事诉讼法》在第二编第八节增加规定了技术侦查措施。在此之前，实践中公安机关在一些毒品案、重大案件中会采取技术措施、诱惑侦查等手段进行侦查，但获取的证据材料不能直接作为认定案件事实的证据。正如有人曾形象地指出道，技术侦查在实践中遭遇两种尴尬局面：一是“能作不能说”，技术侦查的操作只有公安机关的内部规定，不能对外；二是“作了也白作”，由于技术侦查没有得到立法认可，因此技术侦查获取的证据不能直接作为证据使用，而必须经过“转化”。[①] 这样的现状，既妨碍技术侦查作用的发挥，更容易侵犯人权。2012 年修改《刑事诉讼法》时增加了技术侦查措施的规定，一方面使通过技术侦查措施取得的证据获得了合法地位，另一方面也设定了诸多限制，对技术侦查措施进行严格规范。根据 2012 年《刑事诉讼法》第二编第八节的规定，可以分为真正意义上的技术侦查措施和特殊侦查措施。

一、真正意义上的技术侦查措施有哪些？

真正意义上的技术侦查措施主要是指跟踪、监控、监听、

---

① 参见罗旭红、李文燕：《有组织犯罪与秘密侦查法制化》，载《深圳大学学报（人文社会科学版）》2007 年第 4 期。

监视等侦查措施。[①] 根据公安部《公安机关办理刑事案件程序规定》第264条的规定，技术侦查包括记录监控、行踪监控、通信监控、场所监控等。《刑事诉讼法》第150—152条对技术侦查措施进行了以下规范：（1）公安机关在立案后，对于危害国家安全犯罪、恐怖活动犯罪、黑社会性质的组织犯罪、重大毒品犯罪或者其他严重危害社会的犯罪案件，根据侦查犯罪的需要，经过严格的批准手续，可以采取技术侦查措施。人民检察院在立案后，对于利用职权实施的严重侵犯公民人身权利的重大犯罪案件，根据侦查犯罪的需要，经过严格的批准手续，可以采取技术侦查措施，按照规定交有关机关执行。追捕被通缉或者批准、决定逮捕的在逃的犯罪嫌疑人、被告人，经过批准，可以采取追捕所必需的技术侦查措施。（2）批准决定应当根据侦查犯罪的需要，确定采取技术侦查措施的种类和适用对象。批准决定自签发之日起三个月以内有效。对于不需要继续采取技术侦查措施的，应当及时解除；对于复杂、疑难案件，期限届满仍有必要继续采取技术侦查措施的，经过批准，有效期可以延长，每次不得超过三个月。（3）采取技术侦查措施，必须严格按照批准的措施种类、适用对象和期限执行。侦查人员对采取技术侦查措施过程中知悉的国家秘密、商业秘密和个人隐私，应当保密；对采取技术侦查措施获取的与案件无关的材料，必须及时销毁。采取技术侦查措施获取的材料，只能用于对犯罪的侦查、起诉和审判，不得用于其他用途。公安机关依法采取技术侦查措施，有关单位和个人应当配合，并对有关情况予以保密。

---

① 实践中最常见的误区是认为技术侦查就是用“用现代技术特别是计算机技术进行侦查”。

分解验证时，重点审查技术侦查措施的范围和审批程序：

1. 案件范围。真正意义上的技术侦查措施仅适用于以下案例：（1）危害国家安全犯罪、恐怖活动犯罪、黑社会性质组织犯罪、重大毒品犯罪或其他严重危害社会的犯罪案件。这里的其他严重危害社会的犯罪案件，根据公安部《公安机关办理刑事案件程序规定》第263条的规定，包括以下几种：故意杀人、故意伤害致人重伤或者死亡、强奸、抢劫、绑架、放火、爆炸、投放危险物质等严重暴力犯罪案件；集团性、系列性、跨区域性重大犯罪案件；利用电信、计算机网络、寄递渠道等实施的重大犯罪案件，以及针对计算机网络实施的重大犯罪案件；其他严重危害社会的犯罪案件，依法可能判处七年以上有期徒刑的。（2）检察机关（未来可能会修改为监察委员会）侦查的重大贪污贿赂侵权案件。（3）追捕被通缉或逮捕在逃的犯罪嫌疑人、被告人。

2. 审批程序。根据《刑事诉讼法》及公安部《公安机关办理刑事案件程序规定》，真正意义上的技术侦查措施需要严格审查以下审批程序：（1）市一级公安局负责人审批；（2）必须是立案之后；（3）技术侦查措施的适用对象是犯罪嫌疑人、被告人以及与犯罪活动直接关联的人员；（4）采取技术侦查措施收集的材料作为证据使用的，采取技术侦查措施决定书应当附卷。审批程序和立案之后这两点限制是保障技术侦查措施在法治轨道上运转的重要“刹车”。“监听录音，是法治国的吗啡，虽然可能镇痛（打击犯罪），但也会上瘾（依赖监听破案），既是药，也是毒，剂量一旦过多时，法治国亦随之寿终正寝。守法的小市民，也要担心受监听吗？就法就理而言，监听当然最多只能针对嫌犯而为。”[①] 之所以规定技术侦查措施必须在立案之后，就是要将监听监控等技术侦查措施的对象限定为犯罪嫌疑人，防止侵犯普通公民的自由。之所以强调技术侦查措施的审批程序就是为了防止技术侦查措施的广泛滥用。立案之前，意味着涉案人员不是犯罪嫌疑人，只是普通公民，针对普通公民实施监听、监控等技术侦查，侵害人权，在实质上违反人权规则，应当作为非法证据排除。《关于办理刑事案件收集提取和审查判断电子数据若干问题的规定》起草人指出，技术侦查措施只有在刑事立案后才能采取，即使是在初查阶段，收集、提取的数据也不具有合法性，应当依法排除。[②]

事实上，很多国家的技术侦查措施需要中立的第三方审批，而非侦查机关自行审批，目的就是防止滥用，如德国规定，电话监听需要事先向法官申请监听令，急迫情形下，检察官也可以签发监听令，但是须在三日之内请求法官确认，否则自动失效，至于警察完全无权签发关于监听的令状。我国的技术侦查措施审批权仍然在侦查机关，只不过“上提一级”即由市一级公安机关负责人审批，这已经是最低限度的程序控制了，如果连这一点也被打折扣执行，那将违背最低限度的正义。在德国，违法监听取得的证据被禁止使用已成共识。这里举两个案例。一个案例是警察未向法官申请监听令，就直接监听犯罪嫌疑人的电话，从而获得了有罪证据。这个案件中，根据当时的情况，如果警察向法官申请监听令状，法官应该会同意并签发令状。尽管如此，法院仍然认为警察规避法律规定，违法在先，禁止

---

① 林钰雄：《刑事法理论与实践》，中国人民大学出版社 2008 年版，第 302 页。

② 参见周加海、喻海松：《〈关于办理刑事案件收集提取和审查判断电子数据若干问题的规定〉的理解与适用》，载《人民司法（应用）》2017 年第 28 期。

将该证据作为判决的基础。另一个案例是，警察取得了法官签发的监听令状，但是受监听人通话完毕后未将电话挂好，以至于在住宅内的谈话全部被监听到，警察因而获得其他有罪的证据。此案，德国最高法院以后面的监听违反法定要件和人性尊严以及人格权为由，禁止其作为裁判根据的证据。此案受到德国学界广泛赞誉，德国学者 Amelung 称该判例“乃迈向‘监视国’的休止符”。[①] 因此，违反立案之后的规定或未经审批而实施的技术侦查所获取的证据，因为侵害当事人基本的宪法性权利，可能严重危及司法公正，不具有证据能力，应当作为非法证据排除。

这里再次回顾一下前面分析过的案例 4 付某某、朱某某故意泄露国家秘密案。被告人付某某通过 QQ 非法获得全国一级建造师执业资格考试“试题及答案”，后付某某、朱某某通过无线电向上述考点的多名考生发送。该案中的 QQ 聊天记录是侦查机关在立案前进行监控截获的，且没有审批手续。那么，通过这种方式获取的 QQ 聊天记录这一电子数据到底是非法证据还是瑕疵证据呢？有人认为，技术侦查措施获取的电子数据类似于书证、物证，是实物类证据，应该采取相对排除的原则，上述情况属于瑕疵证据，无需排除。笔者认为，这种观点是无法成立的。从形式标准看，这种侦查行为严重违反《刑事诉讼法》关于使用技术侦查措施的程序规定，这些程序限制是保障技术侦查措施在法治轨道上运转的重要制度设计；从实质标准上看，对公民的通讯工具进行监听、监控，这直接涉及公民基本的言论自由和隐私权，属于基本人权，滥用这种手段可能对

---

① 林钰雄：《刑事法理论与实践》，中国人民大学出版社 2008 年版，第 297 页。

司法机关办理案件的公正性以及国家形象造成严重损害，违反人权规则，应当予以排除。

二、特殊侦查措施有哪些?

这里的特殊侦查措施，是指《刑事诉讼法》第153条规定的隐匿身份侦查和控制下交付。《刑事诉讼法》第153条规定："为了查明案情，在必要的时候，经公安机关负责人决定，可以由有关人员隐匿其身份实施侦查。但是，不得诱使他人犯罪，不得采用可能危害公共安全或者发生重大人身危险的方法。对涉及给付毒品等违禁品或者财物的犯罪活动，公安机关根据侦查犯罪的需要，可以依照规定实施控制下交付。"

通说认为，隐匿身份包括贴靠侦查（接近侦查对象获取犯罪情报和证据）、诱惑侦查（机会型引诱）、卧底侦查三种，是打入犯罪内部进行秘密侦查的措施。从打入犯罪内部的程度来说，卧底最深、诱惑次之，贴靠最浅。控制下交付是指侦查机关在发现非法或可疑的交易物品后，在对物品进行秘密监控的情况下，允许非法或可疑物品进行流转，从而查明犯罪事实，抓获犯罪人的一种侦查措施。

在对特殊侦查措施取得的证据的合法性分解验证时需要重点审查以下几点：

1. 特殊侦查措施需要公安机关负责人决定和审批。根据《公安机关办理刑事案件程序规定》的规定，特殊侦查措施需要县级以上公安机关负责人决定和审批。

2. 不得诱使他人犯罪。这里的不得诱使他人犯罪，在实际上排除了犯意引诱的合法性。诱惑侦查一般分为机会型诱惑侦查和犯意型诱惑侦查。对于机会型诱惑侦查（包括数量引诱）不影响案件的定性和量刑，基本上没有争议。争议的焦点在于犯意引诱。对此，美国学术界和司法界有过长期的争议，并已经形成“陷阱之法理”的理论和判例。美国联邦最高法院也肯定了基于“陷阱”的被告人的无罪抗辩。在日本司法实践中，既有对犯意诱惑侦查中的被诱惑者不以犯罪论处的判例，也有不影响被诱惑者罪责成立的判例，理论界则更是众说纷纭。我国理论界和实践界同样存在较大争议。但是对于毒品案件，司法实践界一直以来默许甚至公开承认犯意引诱的合法性。关于毒品案件，最高人民法院先后发布过两个座谈会纪要，一个是2000年4月4日发布的《全国法院审理毒品犯罪案件工作座谈会纪要》（简称《南宁会议纪要》）；另一个是2008年12月1日发布的《全国部分法院审理毒品犯罪案件工作座谈会纪要》（简称《大连会议纪要》）。先后两个会议纪要对于犯意引诱型诱惑侦查对毒品犯罪案件定罪量刑影响的规定有一定程度的变化。《南宁会议纪要》规定：“对具有这种情况（指犯意引诱）的被告人，应当从轻处罚”；《大连会议纪要》规定：“对因‘犯意引诱’实施毒品犯罪的被告人，根据罪刑相适应原则，应当依法从轻处罚。”比如，下面这个案例：

【案例26：周某贩卖毒品案】2009年11月4日，公安机关根据线索获悉犯罪嫌疑人周某有毒品犯罪嫌疑，遂安排特情人员装扮成购买毒品的人，与犯罪嫌疑人周某联系购买冰毒（甲基苯丙胺）3克。犯罪嫌疑人周某前往交易地点打算进行交易时，被守候的警察抓获，当场从其驾驶的车辆内查获甲基苯丙胺63.32克。周某称毒品是买来自己吸食的，周某的尿检结果呈甲基苯丙胺类阳性。未查实周某有贩卖毒品给其他人的事实。

本案中公安机关实施了诱惑侦查。此案中，没有证据证明周某以前贩毒，无法证明周某具有贩卖毒品的意图，周某辩称其持有的毒品是用来自己吸食的，且尿检呈甲基苯丙胺阳性，因此，现有证据只能认定属于犯意诱惑。在2012年《刑事诉讼法》修改前，毒品犯罪的犯意引诱不影响定罪，只影响量刑，这是司法实践广为接受的观点。[①] 但是，笔者认为，在2012年修改后的《刑事诉讼法》（2018年修改《刑事诉讼法》时未涉及此内容）明确规定隐匿身份侦查不得诱使他人犯罪也即已经明确禁止了犯意引诱，因此，即使是毒品犯罪案件中也不得使用犯意引诱的方法。这种侦查措施诱使他人犯罪侵犯了当事人在宪法上的基本人权，违反人权规则，犯意引诱所得的证据不具有证据能力，应当依法排除，不得作为定案的根据。

3. 不得采用可能危害公共安全或发生重大人身危险的方法。在危害公共安全和人身安全的情况下，侵犯的也是基本权利，违反人权规则，所获取的证据无证据能力，禁止使用，不得作为定案根据。

4. 控制下交付主要针对涉及给付毒品等违禁品或者财物的犯罪活动，需要县级公安机关负责人批准。批准的文书应当附卷。比如，下面这个案例：

【案例27：王某伪造事业单位印章罪】 南京市某派出所民警在巡逻过程中发现路边电灯杆上印有制售假证的小广告，该民警向派出所负责人汇报后，决定安排民警杨某隐匿身份以购买假证的名义抓捕犯罪嫌疑人。2013年7月26日该民警拨打了小广告上的电话，接电话的犯罪嫌疑人王某称可以办各种假证。杨某称要办三张居民身份证，并约定200元一张。2013年7月

---

① 参见李勇：《犯意引诱对毒品犯罪定性有何影响?》，载《检察日报》2010年7月4日，第3版。

28 日 16 时许，民警杨某应约在某地铁站门口见面，犯罪嫌疑人王某将三张伪造好的居民身份证交给杨某并收取人民币 600 元，王某被当场抓获。犯罪嫌疑人王某到案后交代，2013 年 7 月 26 日曾以人民币 180 元的价格为金某伪造了一本高等学校毕业证书，公安机关据此侦查找到购买假证的金某，并扣押了伪造高等学校毕业证书。

这个案件中，公安机关通过诱惑侦查的方式，抓捕了犯罪嫌疑人，并据此查获了物证：伪造的居民身份证。继而又根据犯罪嫌疑人王某的供述，侦查到其伪造高等学校毕业证书的事实。这里的诱惑侦查，属于特殊侦查措施。犯罪嫌疑人王某贴小广告宣传制售假证，公安机关据此隐匿身份进行引诱侦查，属于典型的机会引诱，不存在犯意引诱或者说不存在诱使他人犯罪。因为犯罪嫌疑人王某通过张贴广告已经表露出犯罪意图，民警隐匿身份提出购买假证，只是提供一个机会。问题的关键在于审批程序问题，仅仅只有公安派出所负责人的决定，而没有经县级公安机关负责人审批决定，这样收集而来的物证，即三张伪造的居民身份证是属于瑕疵证据还是非法证据呢？公安机关根据犯罪嫌疑人的供述和线索进而侦查收集到的伪造的高等学校学历证书是合法证据还是瑕疵证据抑或非法证据呢？这直接涉及犯罪嫌疑人王某是被定伪造事业单位印章罪一罪，还是伪造事业单位印章罪与伪造居民身份证罪数罪并罚。由于隐匿身份侦查属于广义上的技术侦查，带有监控的色彩，很容易侵犯隐私，而隐私权是基本人权，也正因为如此，各国《刑事诉讼法》对于技术侦查和特殊侦查措施都有严格的程序限制。上述案例的审批程序违法，从形式角度看，违反审批程序；从实质的角度看，侵害了当事人的基本权益，违反人权规则，因此，应当将侦查人员在审批程序违法情况下所采取的诱惑侦查而收集到的关于伪造居民身份证的证据，作为非法证据予以排除，但是对于公安机关继而通过犯罪嫌疑人王某的供述侦查得到的其伪造高等学校学历证书的证据，类似于“毒树之果”，是可以食用的，具有证据能力。因此，可以认定王某犯伪造事业单位印章罪。①

第七节　监察委员会调查的证据之分解验证

《监察法》已于 2018 年 3 月 20 日通过并实施，作为一部新的法律，其与《刑事诉讼法》之间的关系如何？监察委调查取得的证据适用什么样的证据规则？其证据能力如何分解验证？

笔者曾提出“程序二元、证据一体”②，该观点得到理论界和实践界的广泛认同，已经成为通说。③ 从狭义的角度来说，程

---

① 尽管高等学校学历证书上的事业单位印纹不是印章本身，但这并不影响认定伪造事业单位印章罪，对此，2001 年 7 月 5 日《最高人民法院、最高人民检察院关于办理伪造、贩卖伪造的高等院校学历、学位证明刑事案件如何适用法律问题的解释》规定，对于伪造高等院校印章制作学历、学位证明的学位，应当依照刑法第 280 条第 2 款的规定，以伪造事业单位印章罪定罪处罚。明知是伪造高等院校印章制作的学历、学位证明而贩卖的，以伪造事业单位印章罪的共犯论处。

② 该节相关内容曾以《〈监察法〉与〈刑事诉讼法〉衔接问题研究——“程序二元、证据一体”理论模型之提出》为题发表于《证据科学》2018 年第 5 期（人大复印报刊资料《诉讼法学、司法制度》2019 年第 4 期全文转载了此文）。

③ 参见苗生明、张翠松：《职务犯罪案件监检衔接问题研究》，载《国家检察官学院学报》2019 年第 3 期；朱孝清：《刑事诉讼法与监察法衔接中的若干争议问题》，载《中国刑事法杂志》2021 年第 1 期；姚莉：《〈监察法〉第 33 条之法教义学解释——以法法衔接为中心》，载《法学》2021 年第 1 期。

序和证据是两个不同的概念，具有相对独立性。程序的本来含义是指事情进行的先后顺序，也指工作的步骤。[①] 刑事诉讼意义上的程序就是诉讼行为的步骤和运行方式，以公正和效率为理论基础，以追求公正为根本趣旨；证据是指用来证明待证事实的材料，以认识论为理论基础，以追求真相为根本趣旨。例如，公安机关采取扣押措施、监察委员会采取留置措施，这里的扣押行为和留置行为本身属于程序问题；公安机关通过扣押行为取得的物证，监察委员会留置后获取的被调查人的口供就属于证据。立足于程序与证据的相对独立性，回到《监察法》与《刑事诉讼法》的衔接问题上来，即便监察委员会的调查程序仅适用《监察法》而不适用《刑事诉讼法》，但是在其调查过程中所形成的证据仍然必须符合《刑事诉讼法》的要求。“程序二元、证据一体”正是建立在程序与证据区分基础之上，“程序二元”是就监察程序与刑事诉讼程序而言的，如监察立案与刑事立案不同，监察留置与刑事逮捕或拘留不同；“证据一体”是指无论是监察调查过程中形成的证据，还是案件移送到检察机关之后补充调查形成的证据，抑或检察机关自行补充侦查形成的证据，其证据的证据能力和证明力规则都是统一的，不因职务犯罪的特殊性而另创一套独立的证据规则。

一、什么是程序二元？

监察程序与刑事诉讼程序的二元独立性主要体现在以下方面：首先，在机构性质定位上，监察机关与司法机关是二元并列的。修改后的《宪法》和新通过的《监察法》已经在立法上

① 参见李行健主编：《现代汉语规范词典》，外语教学与研究出版社、语文出版社 2014 年版，第 169 页。

明确将监察委员会界定为“监察机关”，区别于行政权与司法权，是一项独立的权力，并由独立的监察机关行使，与人民法院的审判权和人民检察院的检察权相互并列，具有专属性和独立性。其次，监察调查程序与刑事诉讼程序是二元并立的。监察委员会调查和处置案件是国家监察机关依据《监察法》对公职人员职务违法犯罪所进行的独立调查、处置程序；刑事诉讼是公安机关、检察机关和审判机关依照《刑事诉讼法》进行的刑事追诉程序。监察委员会执行的是《监察法》，公安机关、检察机关和审判机关执行的是《刑事诉讼法》。因此，监察调查程序与刑事诉讼程序是二元独立的，这是立法的现实，也是实践的现状。

二、什么是证据一体？

如前所述，监察委员会的调查程序与刑事诉讼侦查、审查起诉等程序是二元独立的。这种程序二元对于职务违法、违纪案件来说，并不存在衔接问题，对于其中的职务犯罪案件，最终要接受检察机关的审查和审判机关的审判，而无论是检察机关的审查还是审判机关的审判，都是建立在证据基础之上的，证据的标准和要求适用的都是《刑事诉讼法》，在证据上，两种程序如何衔接呢？有人提出可能会有以下几种方式可供选择：一是适用《刑事诉讼法》；二是由《监察法》规制；三是由《刑事诉讼法》和《监察法》共同规范。[①] 有学者提出创设独立的监察取证

① 参见纵博：《监察体制改革中的证据制度问题探讨》，载《法学》2018 年第 2 期。

规范，并且规则的水平要至少不低于《刑事诉讼法》。[①]

笔者认为，创设独立的监察取证规范的观点不具有可行性和妥当性。首先，与以审判为中心的诉讼制度改革不相吻合。以审判为中心的要义之一就在于证据要求、证据规则、证明标准等向审判阶段看齐。人民法院审理刑事案件依据的是《刑事诉讼法》，不可能另创一套监察证据规范。其次，创设独立的监察取证规范将导致法律之间的不协调。《监察法》第33条第2款规定，“监察机关在收集、固定、审查、运用证据时，应当与刑事审判关于证据的要求和标准相一致。”既然要求与刑事审判关于证据的要求和标准相一致，如果再独创一套取证规范，不仅与《监察法》的规定相矛盾，也与《刑事诉讼法》作为国家刑事审判的唯一法律依据相矛盾。富勒提出了程序自然法应当具备的八项“品质”，分别是规则的一般性、公开性、明确性、稳定性（连续性）、非溯及既往性、非矛盾性、非要求为不可能之事以及官方行动与公布的规则之间的一致性。刘艳红教授指出，就现代立法而言，前四项已成共识，其实主要考量四项要素，即明确性、非矛盾性、非要求为不可能之事以及官方行动与公布的规则之间的一致性。[②] 独创一套监察取证规范无异于制造这种非一致性。最后，创设独立的监察取证规范不符合立法经济性原则。现行《刑事诉讼法》对刑事犯罪案件的取证规范，经过多年的摸索、修改和完善，已经相对成熟。就取证规范、证据规格而言，职务犯罪并无特殊性。对此，龙宗智教授指出，

① 参见纵博：《监察体制改革中的证据制度问题探讨》，载《法学》2018年第2期。

② 参见刘艳红：《监察委留置权运作的困境及法治化路径》，载《华东政法大学学报》2018年第3期。

单独规定，将会与《刑事诉讼法》部分内容重复，不符合立法经济原则，而且《刑事诉讼法》已经相对成熟。①

既然不能独立创设一套监察取证规范，如何解决证据衔接问题呢？其实，只要跳出传统的理论框架，解决起来并不困难。因为，理论上承认“程序二元”，只是承认监察委员会调查案件中的立案、审批流程、调查措施等程序性事项与刑事诉讼中的相关程序具有差异性和独立性。比如，采取留置措施，在程序上依照《监察法》而非《刑事诉讼法》。但是，这并不意味着监察委员会在履行这些程序过程中的取证行为可以另搞一套。比如，留置措施在程序上是独立的，但是留置过程中讯问被调查人获取的言词证据则应当符合《刑事诉讼法》关于犯罪嫌疑人（被告人）供述和辩解的证据能力以及证明力规则。

证据一体是指监察机关调查的职务犯罪案件，其取证规范、证据规则、证明标准参照《刑事诉讼法》，其与刑事诉讼的取证规范、证据规则和证明标准并无二致。这一点完全可以从《监察法》第33条中推导出，该条规定：“监察机关依照本法规定收集的物证、书证、证人证言、被调查人供述和辩解、视听资料、电子数据等证据材料，在刑事诉讼中可以作为证据使用。监察机关在收集、固定、审查、运用证据时，应当与刑事审判关于证据的要求和标准相一致。以非法方法收集的证据应当依法予以排除，不得作为案件处置的依据。”这一规定，包括以下几层含义：（1）监察机关调查过程中形成的证据不需要经过转化，可以直接进入刑事诉讼程序，作为刑事诉讼证据使用。（2）可以直接作为刑事诉讼证据使用，只是表明其可以进入刑事诉讼

---

① 参见龙宗智：《监察与司法协调衔接的法规范分析》，载《政治与法律》2018年第1期。

程序，但并不意味着直接可以作为定案根据使用。是否可以作为定案根据取决于证据的证据能力。不具有证据能力的证据，应当作为非法证据排除。换言之，监察机关调查的证据适用《刑事诉讼法》关于非法证据排除规则。这一点也得到官方的认可，中共中央纪律检查委员会、中华人民共和国监察委员会法规室编写的《〈中华人民共和国监察法〉释义》指出，“这里的‘可以作为证据使用’，是指这些证据具有进入刑事诉讼的资格，不需要刑事侦查机关再次履行取证手续。需要指出的是，这些证据能否作为定案的根据，还需要根据《刑事诉讼法》的其他规定进行审查判断。如果经审查属于应当排除的或者不真实的，不能作为定案的根据”。[①]（3）监察机关调查的证据遵循审判中心主义的原则，应当与刑事审判关于证据的要求和标准相一致，也就是与《刑事诉讼法》关于证据的要求和标准相一致。《刑事诉讼法》及其配套的司法解释所有关于证据的要求和标准，均适用于监察机关调查的职务犯罪案件。道理很简单，监察机关调查的职务犯罪案件最终是由人民法院进行审判以确定其刑事责任的，这意味着监察机关拟移送的职务犯罪案件所调查、收集的所有证据均需要经过法庭审理、控辩双方的质证，而法庭审判刑事案件所适用的只能是《刑事诉讼法》及其配套司法解释。这是以审判为中心的题中之义。中共中央纪律检查委员会研究室 2018 年 1 月在一份答复中也明确表态主动对接以审判为中心的司法体制改革，要求监察机关参照《刑事诉讼法》对证据形式要件和实质要件的要求，全面、客观地收集证据，收集、固定、审查、运用证据时，主动对接以审判为中心的诉讼制度

① 中共中央纪律检查委员会、中华人民共和国监察委员会法规室编写：《〈中华人民共和国监察法〉释义》，中国方正出版社 2018 年版，第 168 页。

改革。[1]（4）监察机关调取的证据遵守刑事诉讼中的非法证据排除规则，排除的标准和范围依照《刑事诉讼法》及其配套的司法解释。前述官方答复中也明确按照《关于办理刑事案件排除非法证据若干问题的规定》要求，以更高的标准、更严的要求，规范取证，排除非法证据，确保证据符合刑事诉讼证据标准。[2]《监察法》第40条第2款进一步规定："严禁以威胁、引诱、欺骗及其他非法方式收集证据，严禁侮辱、打骂、虐待、体罚或者变相体罚被调查人和涉案人员。"这与《刑事诉讼法》的规定基本相同。

正因为"证据一体"，所以《监察法》第23条关于查询、冻结的规定，第24条关于搜查的规定，第25条关于调取、查封、扣押财物、文件、电子数据的规定，第26条关于勘验检查的规定，第27条关于鉴定的规定，除审批等程序性事项之外，涉及取证规范的内容均与《刑事诉讼法》的规定一致。当然，与《刑事诉讼法》相比，《监察法》的这些取证规范是粗线条的。《监察法》中的很多调查措施，在《刑事诉讼法》中几乎都相应地以专章、专节或者多个条款进行规定。比如，勘验检查和鉴定，在《刑事诉讼法》中以两个小节、十一个条文作出规范；《监察法》则进一步简化，将两种手段合并只用了一个条文进行规定。有人对这种现象进行批评，其实在"证据一体"理

---

① 参见《监察体制改革试点工作权威答疑：怎样确保监察机关调查取得的证据符合刑事诉讼证据标准?》，载中共中央纪律检查委员会、中华人民共和国监察委员会网，http：//www. ccdi. gov. cn/toutiao/201801/t20180124_ 162413. html。

② 参见《监察体制改革试点工作权威答疑：怎样确保监察机关调查取得的证据符合刑事诉讼证据标准?》，载中共中央纪律检查委员会、中华人民共和国监察委员会网，http：//www. ccdi. gov. cn/toutiao/201801/t20180124_ 162413. html。

论模型下，这是一种立法技术上的处理，也就是立法经济的考量。恰恰因为《监察法》关于取证规范的粗线条规定，才给“证据一体”留下了制度空间。换言之，“未尽事宜，一律参照《刑事诉讼法》”。这并非笔者的臆测，如前所述，官方答复中已明确要求“参照《刑事诉讼法》对证据形式要件和实质要件的要求，全面、客观地收集被调查人有无违法犯罪以及情节轻重的证据，收集、固定、审查、运用证据时，应当与刑事审判关于证据的要求和标准相一致”。代表官方立场的《〈中华人民共和国监察法〉释义》更加明确地指出：“刑事审判关于证据的要求和标准有严格、细致的规定，监察机关收集的证据材料在刑事诉讼中作为证据使用，必须要与其相衔接、相一致。刑事审判关于证据的要求和标准，《中华人民共和国刑事诉讼法》总则第五章和《最高人民法院关于适用〈中华人民共和国刑事诉讼法〉的解释》第四章，作了详细的规定，比如证据的种类、收集证据的程序、各类证据审查与认定的具体要求等。监察机关调查取得的证据，要经得起检察机关和审判机关的审查，经得起历史和人民的检验。”[①] 因此，就证据规则、取证规范、证据标准而言，监察机关调查的职务犯罪案件与刑事诉讼是一体的，《刑事诉讼法》及其配套的司法解释关于证据的内容均适用于监察委员会调查的职务犯罪案件。《监察法》对有些取证行为的规范比《刑事诉讼法》的规定还要严格，如《监察法》第41条第2款规定：“调查人员进行讯问以及搜查、查封、扣押等重要取证工作，应当对全过程进行录音录像，留存备查。”这种情况下，按照有利于被告人的原则执行，法律已经做出更高要求的，

① 中共中央纪律检查委员会、中华人民共和国监察委员会法规室编写：《〈中华人民共和国监察法〉释义》，中国方正出版社2018年版，第169页。

就要按照更高要求的规定执行，坚持“就高不就低”的原则。

三、监察委调取证据如何分解验证？

根据“证据一体”理论，一方面，监察机关依照《监察法》调查的证据，包括言词证据和实物证据，均可以不经转换，直接作为刑事证据使用；另一方面，监察机关调查的证据都按照《刑事诉讼法》及其相关司法解释的规定经审查具有证据能力才能作为定案根据，并遵守刑事诉讼中包括非法证据排除规则、技术调查在内的证据规则。对于《监察法》规定不够全面具体的，坚持“未尽事宜一律参照《刑事诉讼法》”；对于《监察法》做出更严格规定的，坚持“就高不就低”。2021 年《最高人民法院关于适用〈中华人民共和国刑事诉讼法〉的解释》多处将“监察调查”与“侦查”进行并列规定，如第 104 条关于辨认笔录的审查、第 111 条关于电子数据的审查、第 116 条关于技术的侦查（调查）、证据的审查等，也是采取了“证据一体”的立场。因此，监察委调查的证据之证据能力的分解验证方法，与公安机关侦查证据的分解验证方法是一致的。

第八节　行政执法证据的分解验证

我国《刑事诉讼法》第 54 条规定，行政机关在行政执法和查办案件过程中收集的物证、书证、视听资料、电子数据等证据材料，在刑事诉讼中可以作为证据使用。如何理解这一规定？行政机关执法过程中形成的勘验、检查笔录、鉴定意见如何使用？行政机关调查的言词证据如何使用？

一、行政执法调取的物证、书证、视听资料、电子数据当然具有证据能力吗?

《刑事诉讼法》第54条的规定表明，物证、书证、视听资料、电子数据等在行政执法过程中收集的，可以不经过转化直接作为刑事证据使用。需要注意的是，这里的“可以作为证据使用”是指不经过转化而进入刑事诉讼，并不意味着当然具有证据能力。证据能力是指“可以作为定案根据使用”。“可以作为（刑事诉讼）证据使用”与“可以作为定案根据使用”是完全不同的两个概念，前者是指证据要不要转化后进入刑事诉讼程序，后者是指证据能力。换言之，行政机关调取的书证、物证、视听资料、电子数据进入刑事诉讼后，依然需要被审查其证据能力，如果是非法证据的，依然要排除。最高人民检察院的立场也是明确的，认为这里的“可以作为证据使用”，“是指这些证据具有进入刑事诉讼的资格，不需要再次履行取证手续。但这些证据能否作为定案的根据，还需要根据《刑事诉讼法》的其他规定，经由检察机关审查判断后才能确定其能否作为定案的根据”。[①] 比如，对于行政执法过程调取的物证、书证无法证明其来源，或者收集过程严重违法影响到其真实性的，依然要适用非法证据排除规则。比如，下面这个案例：

【案例28：喻某某污染环境案】 2016年1月，被告人喻某某注册成立某再生资源有限公司，同年3月至5月间，被告人喻某某伙同其妻赵某等人租用一仓库，无证从事废旧电瓶的回

---

① 孙谦主编：《〈人民检察院刑事诉讼规则（试行）〉理解与适用》，中国检察出版社2012年版，第56页。

收、处理、二次销售等。在经营过程中，多次将废旧电瓶中未经处理的、含有大量重金属铅的强酸废液（重金属含量及 pH 值均严重超标）直接导入下水道中，严重污染环境。

此案是媒体暗访发现线索后向当地环保部门举报才案发的。环保部门到达现场进行查处，环保执法人员临时从倾倒电池废液的地上捡了个容器，用该容器从下水道中提取了样本，后对该样本进行检测并出具检测报告。这里随意捡取的容器可能受到污染，其提取样本来源存在问题，其检测结果的准确性必然会受到影响。因此，这里涉及两个行政执法证据能否直接使用的问题：一是样本能否直接使用，二是以该样本物证为基础的检测报告能否使用。表面上看，这里的样本是行政执法中提取的物证，但是由于这个物证提取过程违法，导致物证可能受到污染，在实质上违反真实性规则，因此，不具有证据能力，不能作为定案根据。

二、行政机关执法过程中形成的勘验、检查笔录、鉴定意见如何使用?

2019 年最高人民检察院《人民检察院刑事诉讼规则》第 64 条第 2 款规定："行政机关在行政执法和查办案件过程中收集的鉴定意见、勘验、检查笔录，经人民检察院审查符合法定要求的，可以作为证据使用。"但是，2021 年《最高人民法院关于适用〈中华人民共和国刑事诉讼法〉的解释》第 75 条没有提及行政机关执法过程中形成的鉴定意见、勘验、检查笔录的使用问题。起草人对此表达了"左右为难"的意见，一方面，认为"本条规定的是'物证、书证、视听资料、电子数据等证据材料'在刑事诉讼中可以作为证据使用，对其中的'等'，原则上应作等内解释，即通常只限于物证、书证、视听资料、电子数据，不包括鉴定意见、勘验、检查笔录”；另一方面，又表示：“但是，根据案件具体情况，进入刑事诉讼程序后，如已不具备重新鉴定、勘验、检查的条件，且有证据证明行政机关进行的鉴定、勘验、检查程序合法，相关证据能与其他证据相印证，确有必要作‘等外’解释的，则可以个案处理。”①

本书认为，勘验、检查笔录、鉴定意见具有客观性，行政机关在执法过程中形成的勘验、检查笔录、鉴定意见，符合法定要求的，可以不经转化作为证据使用。这也是通说立场。如果不符合法定要求，在来源、过程、结果证据能力三要件方面存在问题，实质上违反人权规则、真实性规则等，则无证据能力，不得作为定案根据；如果没有上述问题，则具有证据能力。主要理由如下：

首先，从理论上来说，鉴定意见虽然具有专家证言的属性，但其专业人员根据专业知识、使用专业仪器和设备所作的科学性证据，具有客观性和专业性，与单纯的言词证据不同。勘验、检查笔录是执法人员对案发现场、物品等进行勘察、检验、检查等所形成的记录，与言词证据也不同，具有一定的客观性和专业性。

其次，我国《刑事诉讼法》第54条第2款虽然没有列举鉴定意见可以直接在刑事诉讼中使用，但是使用了兜底表述“等”。立法上使用的“等”，一般均遵循同类解释规则，即指与物证、书证、电子数据具有相同属性的实物类证据，是指“这些证据具有进入刑事诉讼的资格，不需要刑事侦查机关再次履

① 李少平主编：《〈最高人民法院关于适用《中华人民共和国刑事诉讼法》的解释〉理解与适用》，人民法院出版社2021年版，第199页。

行取证手续。对电子数据、鉴定意见、勘验、检查笔录，考虑到这些证据种类不易发生伪造变造等现象，本质属性上较为客观，同时在办案实践中如果再次收集有可能造成不必要的资源浪费”。①

再次，从体系解释的角度来说，相关司法解释、规范性文件已经将行政机关在行政执法过程中形成的鉴定意见，勘验、检查笔录与物证、书证进行同等看待。除了《人民检察院刑事诉讼规则》第64条第2款的规定外，最高人民法院主持起草以及参与会签的多个司法解释、规范性文件均采取这样的立场。最高人民法院、最高人民检察院、公安部于2011年联合下发的《关于办理侵犯知识产权刑事案件适用法律若干问题的意见》首次对行政执法部门收集、调取的证据在刑事诉讼中的效力问题作出规定，“行政执法部门依法收集、调取、制作的物证、书证、视听资料、检验报告、鉴定结论、勘验笔录、现场笔录，经公安机关、人民检察院审查，人民法院庭审质证确认，可以作为刑事证据使用。”2015年12月22日国家食品药品监管总局、公安部、最高人民法院、最高人民检察院、国务院食品安全办联合印发了《食品药品行政执法与刑事司法衔接工作办法》第18条规定：“食品药品监管部门在行政执法和查办案件过程中依法收集的物证、书证、视听资料、电子数据、检验报告、鉴定意见、勘验笔录、检查笔录等证据材料，经公安机关、人民检察院审查，人民法院庭审质证确认，可以作为证据使用。”2017年1月1日起施行的最高人民法院、最高人民检察院《关于办理环境污染刑事案件适用法律若干问题的解释》第12条第

① 孙谦主编：《〈人民检察院刑事诉讼规则（试行）〉理解与适用》，中国检察出版社2012年版，第56～57页。

1 款规定，环境保护主管部门及其所属监测机构在行政执法过程中收集的监测数据，在刑事诉讼中可以作为证据使用。2017 年 1 月 25 日公安部、环境保护部、最高人民检察院联合发布的《环境保护行政执法与刑事司法衔接工作办法》第 20 条更加明确地规定："环保部门在行政执法和查办案件过程中依法收集制作的物证、书证、视听资料、电子数据、监测报告、检验报告、认定意见、鉴定意见、勘验笔录、检查笔录等证据材料，在刑事诉讼中可以作为证据使用"。

最后，涉及行政执法与刑事司法衔接的某些案件，样本不宜保存，一律要求在刑事立案后重新鉴定，很多情况下已经丧失鉴定条件，不具有现实性，也不利于此类案件的处理。同样，案发现场时过境迁，无法重新勘验的情况比比皆是。

由此可见，行政执法过程中的鉴定意见、勘验、检查笔录可以不经转化作为刑事证据使用已经被广泛认可。或许正由于上述原因，特别是最高人民法院此前主持起草和会签的多个司法解释和规范性文件均采取了这样的立场，才出现 2021 年在制定《关于适用〈中华人民共和国刑事诉讼法〉的解释》时左右为难的情形。事实上，当起草人作出"确有必要作'等外'解释的，则可以个案处理"的表态时，就已经回到通说立场上来了，从这个意义上来说，《人民检察院刑事诉讼规则》和《关于适用〈中华人民共和国刑事诉讼法〉的解释》的实质立场是一致的。

当然，行政执法过程中的鉴定意见也必须是合法的鉴定意见，如果其检材来源、鉴定过程、鉴定结果违法，影响其证据能力的，该作为非法证据排除的也要排除。比如，下面这个案例：

【案例29：张某等生产、销售有毒、有害食品案】被告人张某等六人分别于2000年至2009年陆续进驻某屠宰场从事生猪屠宰、销售。2009年3月，该屠宰场的生猪被检出含有盐酸克伦特罗（俗称“瘦肉精”）成期间，屠宰场遂进行整改，与上述被告人签订责任状，明确严禁调运喂食盐酸克伦特罗等药物添加剂的生猪，严禁从河南鹤壁市、安徽灵璧县调运生猪。但其后不久，六被告人又陆续从河南、安徽等地购进生猪。根据该屠宰场2011年追溯系统记载，六被告人自2011年1月1日起至案发，多次从河南省鹤壁市购进生猪。2012年3月16日、17日，工商局等行政执法机关联合对该屠宰场进行查处，现场扣押264头生猪。江苏省畜产品质量检验测试中心出具鉴定意见，对其中134头生猪尿液进行检验，检验结果表明有132头生猪尿液呈盐酸克伦特罗阳性。

此案是行政执法机关先进行查处，然后作为刑事案件移交公安机关的。此案中作为定案关键的生猪尿液含有盐酸克伦特罗的鉴定意见，可以作为刑事案件的证据使用，既无须对生猪重新扣押，也无须对生猪尿液中是否含有盐酸克伦特罗进行重新鉴定。但是对于检材的来源、鉴定的过程、结果均需要进行审查。对于此案来说，至少以下几个方面需要进行审查：一是行政执法机关扣押生猪时有无扣押手续，扣押手续是否符合相关行政法规；二是生猪尿液提取过程是否符合相关规定；三是生猪扣押清单、生猪尿液提取过程说明有无随案移送；四是鉴定单位是否具有鉴定资格、鉴定过程是否符合相关规定、鉴定文书要素是否齐全、是否签字盖章等。经审查，发现生猪尿液提取过程并无相关材料进行证明，后经公安机关补正，由当时参与生猪尿液提取的多名行政执法人员出具证言来补正这一问题。

三、行政执法提取的言词证据如何使用？

2012 年《人民检察院刑事诉讼规则（试行）》第 64 条第 3 款曾经规定："人民检察院办理直接受理立案侦查的案件，对于有关机关在行政执法和查办案件过程中收集的涉案人员供述或者相关人员的证言、陈述，应当重新收集；确有证据证实涉案人员或者相关人员因路途遥远、死亡、失踪或者丧失作证能力，无法重新收集，但供述、证言或者陈述的来源、收集程序合法，并有其他证据相印证，经人民检察院审查符合法定要求的，可以作为证据使用。"2019 年《人民检察院刑事诉讼规则》删除了该规定。起草人解释了删除的原因："考虑到涉案人员供述，相关人员证言、陈述等言词类证据，与物证、书证、视听资料、电子数据相比差别较大，主观性较强，修订后《规则》删除了 2012 年《规则》第六十四条第三款关于行政机关收集的涉案人员供述，相关人员证言、陈述在一定条件下可以作为证据使用的规定"。①

2012 年和 2021 年的《最高人民法院关于适用〈中华人民共和国刑事诉讼法〉的解释》均没有这方面的规定。但是，2021 年《最高人民法院关于适用〈中华人民共和国刑事诉讼法〉的解释》的起草人就此指出："本条原本拟增加一款作为第二款：'行政机关在行政执法和查办案件过程中收集的证人证言、当事人陈述、辨认笔录，需要在刑事诉讼中作为证据使用的，应当重新收集。确有证据证实相关人员因死亡、丧失作证能力等，无法重新收集的，该证据可以在刑事诉讼中作为证据使用；经

① 童建明、万春主编：《〈人民检察院刑事诉讼规则〉理解与适用》，中国检察出版社 2020 年版，第 52 页。

法庭调查，证言、陈述的收集程序合法，并有其他证据相印证的，可以作为定案的根据。’讨论中，有意见认为，相比于刑事司法程序，行政执法办案对程序规范、权利保障的要求较为宽松。言词证据具有易变性，故对于言词证据、特别是证人证言的审查通常要遵守直接言词原则。而作出上述规定，将导致对言词证据的质证权难以落实。此外，还有可能被滥用、不当适用，规避《刑事诉讼法》的相关规定。例如，一旦证人联系不上，就以证人失踪为由，要求使用、采信行政机关对其录取的证言。经研究，采纳上述意见，删去相关规定。”① 但同时又指出，“司法实践中，对行政机关收集的言词证据，在刑事诉讼中作为证据材料使用的，必须作更为严格的限制，即仅限于确实无法重新收集，但又必须使用的，且有证据证明取证程序合法、能与其他证据相印证的极特殊情形”。②

本书认为，行政执法中收集的言词证据，应当依照《刑事诉讼法》的规定，由侦查机关依照刑事诉讼程序重新取证，原则上不能直接进入刑事诉讼程序。行政执法机关并非法定的刑事侦查主体，在理论上，无论是行政执法部门收集、调取、制作的物证、书证、视听资料等客观性证据，还是证人证言、当事人陈述等主观性证据，均应在进入刑事诉讼程序后由侦查机关重新收集。然而，从实际情况出发，特别是从主观性证据和客观性证据的形成过程分析，主观性证据系在取证时临时生成，其内容受取证程序的影响较大；而客观性证据在取证前业已存

---

① 李少平主编：《〈最高人民法院关于适用《中华人民共和国刑事诉讼法》的解释〉理解与适用》，人民法院出版社 2021 年版，第 199～200 页。

② 李少平主编：《〈最高人民法院关于适用《中华人民共和国刑事诉讼法》的解释〉理解与适用》，人民法院出版社 2021 年版，第 200 页。

在，其内容受取证程序的影响较小。为提高诉讼效率，节约司法资源，允许在行政执法程序中收集的客观性证据直接在刑事诉讼中使用是可行的、必要的。因此，《刑事诉讼法》第 54 条第 2 款规定："行政机关在行政执法和查办案件过程中收集的物证、书证、视听资料、电子数据等证据材料，在刑事诉讼中可以作为证据使用。"显然，被害人陈述、证人证言等言词证据未被规定在内。相关司法解释进一步明确了言词证据需要重新提取、制作。例如，最高人民法院、最高人民检察院、公安部于 2011 年联合下发的《关于办理侵犯知识产权刑事案件适用法律若干问题的意见》首次对行政执法部门收集、调取的证据在刑事诉讼中的效力问题作出规定，根据证据的性质区分为两种情形："行政执法部门依法收集、调取、制作的物证、书证、视听资料、检验报告、鉴定结论、勘验笔录、现场笔录，经公安机关、人民检察院审查，人民法院庭审质证确认，可以作为刑事证据使用。行政执法部门制作的证人证言、当事人陈述等调查笔录，公安机关认为有必要作为刑事证据使用的，应当依法重新收集、制作。"原因就在于，言词证据具有较强的主观性，容易发生变化，对行政机关依据行政法律法规取证的程序要求明显不如刑事诉讼严格。根据《刑事诉讼法》有关规定，证人有意作伪证或者隐匿罪证，严重的可以伪证罪追究刑事责任；采用暴力、威胁等非法方法收集的证人证言、被害人陈述，应当予以排除；法庭审理过程中，当事人有权申请证人出庭作证；证人受到打击报复的，可以请求司法机关予以保护，甚至可以打击报复证人罪追究相关行为人的刑事责任。上述规定赋予证人的刑事诉讼权利、义务，在行政执法程序中并不能完全体现出来。即使同一个证人在不同的程序中证明同一件事，因其作证时具有不同的权利义务，叙述事实时可能会有所取舍。在刑事诉讼中对证人证言进行重新收集，让证人在更为严格的刑事诉讼权利、义务背景下叙述事实，能够保证其证言具有较强的可信性，也更有利于查明案件事实，保障当事人的权利。因此，公安机关查办卖淫嫖娼等行政违法案件时，发现有犯罪线索的，在刑事立案后，对行政执法中收集的言词证据，认为确有必要作为刑事证据使用的应当由侦查人员依据《刑事诉讼法》的规定在告知权利与义务、相关法律后果后，向证人、当事人重新取证。不能因其职权的双重性，混淆行政处罚与刑事诉讼程序，任意转换不同程序进行执法。即便是公安机关具有行政执法和刑事侦查的双重职能，也不能将行政执法中调取的证据与刑事侦查证据任意“切换”。比如，下面这个案例：

【案例30：王某某、秦某某等容留卖淫案】江苏省海安县人民检察院以被告人王某某犯介绍、容留卖淫罪，被告人秦某某犯容留卖淫罪，向海安县人民法院提起公诉。其中，起诉书指控王某某介绍、容留2名卖淫女在其经营的浴室内向19名嫖客卖淫22次，秦某某参与其中15次容留卖淫。公安机关在查处时，由于卖淫女不构成犯罪，只能进行治安处罚，因此，公安机关对卖淫女按照治安处罚案件制作了询问笔录，同时又将这些卖淫女的询问笔录作为王某某等人容留卖淫刑事案件的证人证言。[①]

此案审理过程中，辩护人提出本案涉及的治安行政处罚中对卖淫女的询问笔录，不应直接作为刑事诉讼中的证人证言使

---

① 参见中华人民共和国最高人民法院刑事审判第一、二、三、四、五庭主办：《刑事审判参考》（2014年第2集·总第97集），法律出版社2014年版，第97～98页。

用；公安机关已对王某某进行了行政处罚，不应再追究其刑事责任；王某某容留卖淫，未达到“情节严重”的程度。海安县人民法院认为，公安机关在查处卖淫嫖娼活动中形成的言词证据可以作为行政处罚的依据，但不得直接作为刑事诉讼证据使用，因此仅认定了王某某容留卖淫 9 次，秦某某容留卖淫 2 次，对公诉机关指控的其他容留卖淫事实不予认定。主要理由是，根据《刑事诉讼法》以及《最高人民法院关于适用〈中华人民共和国刑事诉讼法〉的解释》规定，在刑事诉讼中除物证、书证、视听资料、电子数据等客观性较强的证据材料外，行政机关在行政执法和查办案件过程中收集的言词类证据材料应当由侦查机关重新收集、调取，不可直接作为证据使用，对重新收集、调取的言词证据材料，经法庭查证属实，且收集程序合法的，可以作为定案的根据。故抗诉机关的抗诉意见不能成立，不予采纳。①

《最高人民法院关于适用〈中华人民共和国刑事诉讼法〉的解释》在起草过程中讨论过这个问题，征求意见过程中，有意见建议本条增加一款，明确“公安机关在办理行政案件过程中所收集的言词证据，需要在刑事诉讼中作为证据使用的，无需重新收集”。理由是：公安机关具有行政执法和刑事司法的双重职能，在办理行政案件和刑事案件中对于取证程序的要求是完全相同的。并且，根据《公安机关办理行政案件程序规定》的有关规定，对发现或者受理的案件暂时无法确定为刑事案件或者行政案件的，可以按照行政案件的程序办理。在办理过程中，

① 参见中华人民共和国最高人民法院刑事审判第一、二、三、四、五庭主办：《刑事审判参考》（2014 年第 2 集 · 总第 97 集），法律出版社 2014 年版，第 97 ~ 102 页。

认为涉嫌构成犯罪的，应当按照《公安机关办理刑事案件程序规定》办理。因此，公安机关在办理行政案件过程中收集的证据，应当可以用作刑事诉讼中的证据。经研究认为，上述观点似有不妥，对于公安机关在行政执法过程中收集的言词证据，依法应当在刑事立案之后重新收集。公安机关具有行政执法和刑事司法的双重职能，这就决定了公安机关的取证活动未必就是刑事侦查，也可能是行政执法，应当受《刑事诉讼法》第 54 条第 2 款的规范。①

但是，有原则就有例外，在特定案件中，满足下列条件的，可以进入刑事诉讼程序：（1）确有证据证实涉案人员或者相关人员死亡、失踪或丧失作证能力，无法重新收集。需要指出的是，“因路途遥远”不能作为例外情形，因为现代科技、交通的发展，无论是交通工具还是远程视频通信工具，都使得“距离”不再是问题。（2）行政执法过程中提取的供述、证言或者陈述的来源、收集程序合法。（3）有其他证据相互印证这些行政执法过程中的言词证据的真实性。

第九节　初查、初核证据的分解验证

一、初查及其证据如何分解验证?

初查，是指在正式刑事立案之前，对于发现案件事实或者线索开展的调查核实活动。初查既不是《刑事诉讼法》规定的

---

① 参见李少平主编：《〈最高人民法院关于适用《中华人民共和国刑事诉讼法》的解释〉理解与适用》，人民法院出版社 2021 年版，第 200 页。

法定概念，也不是法定的侦查活动。但是在我国的刑事犯罪侦查实践中是客观存在的。2012 年《公安机关办理刑事案件程序规定》第 171 条专门规定了初查，2020 年的《公安机关办理刑事案件程序规定》第 174 条将“初查”改为“调查核实”。2012 年《人民检察院刑事诉讼规则》第八章第一节专门规定了“初查”，2019 年《人民检察院刑事诉讼规则》删除了“初查”的相关内容，修改为“调查核实”。虽然表述发生变化，但基本性质和特点没有变化。初查的基本性质和特点就是立案前的非正式侦查。这个基本特点决定了初查阶段只能采取任意性侦查措施，而不能采取强制性侦查措施，原因在于，立案之前，涉案人员仍然是普通公民而不是犯罪嫌疑人，既然如此，就不能对普通公民的人身、财产采取强制性措施，否则就违反人权规则。

上述原理决定了初查阶段获取证据的证据能力遵循以下规则：（1）采取任意性调查措施获取的物证、书证、视听资料、电子数据，可以进入刑事诉讼程序，至于有无证据能力，能否作为定案根据，需要按照物证、书证、视听资料、电子数据证据能力要件进行审查。（2）采取任意性调查措施获取的言词证据，应当在刑事立案后重新调取。这与前面的行政机关调取证据规则和原理是一致的。（3）初查阶段采取强制性措施获取的证据，因实质上违反人权规则，无证据能力，不得作为定案根据使用。

上述规则，与司法解释和规范性文件的规定是一致的。举例来说：（1）2012 年《公安机关办理刑事案件程序规定》第 171 条规定：“对接受的案件，或者发现的犯罪线索，公安机关应当迅速进行审查。对于在审查中发现案件事实或者线索不明的，必要时，经办案部门负责人批准，可以进行初查。初查过程中，公安机关可以依照有关法律和规定采取询问、查询、勘验、鉴定和调取证据材料等不限制被调查对象人身、财产权利的措施。”2020 年《公安机关办理刑事案件程序规定》第 174 条将“初查”改为“调查核实”，同时增加规定，调查核实过程中“不得采取技术侦查措施”。（2）2019 年《人民检察院刑事诉讼规则》删除了“初查”的相关内容，修改为“调查核实”，其第 168 条规定，“调查核实一般不得接触被调查对象。必须接触被调查对象的，应当经检察长批准”。第 169 条规定，“进行调查核实，可以采取询问、查询、勘验、检查、鉴定、调取证据材料等不限制被调查对象人身、财产权利的措施。不得对被调查对象采取强制措施，不得查封、扣押、冻结被调查对象的财产，不得采取技术侦查措施”。（3）《最高人民法院、最高人民检察院、公安部关于办理刑事案件收集提取和审查判断电子数据若干问题的规定》第 6 条规定：初查过程中收集、提取的电子数据，以及通过网络在线提取的电子数据，可以作为证据使用。（4）《最高人民法院、最高人民检察院、公安部关于办理网络犯罪案件适用刑事诉讼程序若干问题的意见》第 10 条规定：对接受的案件或者发现的犯罪线索，在审查中发现案件事实或者线索不明，需要经过调查才能够确认是否达到犯罪追诉标准的，经办案部门负责人批准，可以进行初查。初查过程中，可以采取询问、查询、勘验、检查、鉴定、调取证据材料等不限制初查对象人身、财产权利的措施，但不得对初查对象采取强制措施和查封、扣押、冻结财产。这些司法解释的共同之处是，禁止在初查阶段采取强制性措施（包括技术侦查）。

二、初核及其证据如何分解验证？

《监察法》第 38 条规定：需要采取初步核实方式处置问题

线索的，监察机关应当依法履行审批程序，成立核查组。初步核实工作结束后，核查组应当撰写初步核实情况报告，提出处理建议。承办部门应当提出分类处理意见。初步核实情况报告和分类处理意见报监察机关主要负责人审批。

这里的“初核”含义如何呢？根据官方解读，这里的初核即初步核实，是指“监察机关对受理和发现的反映监察对象涉嫌违法犯罪的问题线索，进行初步了解、核实的活动。初步核实是监察机关调查工作的重要环节，初步核实过程中所查明的有无违法犯罪事实情况，以及所收集到的证据材料，是是否立案调查的重要依据，为案件调查工作奠定一定的基础”。初核阶段可以采取哪些调查措施呢？官方解读认为“初步核实阶段的主要任务是了解核实所反映的主要问题是否存在，以及是否需要给予所涉及的监察对象政务处分。在初步核实工作中，核查组要突出重点，抓住主要问题收集证据、查清事实，也要注意保密，尽量缩小影响。核查组经批准可采取必要措施收集证据，如与相关人员谈话了解情况，要求相关组织作出说明，调取个人有关事项报告，查阅复制文件、账目、档案等资料，查核资产情况和有关信息，进行鉴定勘验等。如需要采取技术调查或者限制出境等措施的，监察机关应当严格履行审批手续，交有关机关执行”。①

可见，监察机关的“初核”与公安机关的“初查”内涵一致，都是立案前的调查核实活动。根据“程序二元证据一体”理论，监察委初核阶段获取的证据，分解验证和使用规则与前述初查也是一致的。这里重点说明初核阶段的言词证据和技术

① 中共中央纪律检查委员会、中华人民共和国监察委员会法规室编写：《〈中华人民共和国监察法〉释义》，中国方正出版社 2018 年版，第 183 ~ 184 页。

调查问题。[①]

1. 初核阶段的言词证据应当在立案后重新调取。《监察法》第 33 条规定，“监察机关依照本法规定收集的物证、书证、证人证言、被调查人供述和辩解、视听资料、电子数据等证据材料，在刑事诉讼中可以作为证据使用”。但是没有提到立案前的初核阶段的证据衔接问题。初核类似于刑事诉讼中的初查，初核或初查阶段的书证、物证一般认为可以作为刑事诉讼证据使用，这一点分歧不大，争议较大的是初核阶段的言词证据。一种观点认为，由于监察委员会同时承担执纪调查和犯罪调查，所以移送的言词证据范围以涉嫌犯罪、正式立案调查（一般是采取留置措施）为界限，采取讯问（被调查人）、询问（证人）等调查措施所取得的言词证据才可予以移送使用。[②] 另一种观点认为，无论是监察立案之前的言词证据还是立案之后的言词证据，都可以作为刑事诉讼证据使用，主要理由是《刑事诉讼法》将立案作为强制侦查取证的程序入口，将证据的合法性与是否在立案之后取证捆绑在一起，本身就是值得反思的。在其他国家的证据能力要件中，只有取证手段的非法性才会导致证据能力的丧失，而与在哪个诉讼阶段取证无关。实践中，从未因在立案前取证而排除证据，以立案作为取证合法性要求并无实际意义。因此，对于监察委员会的调查取证来说，同样不应以是

---

① 参见李勇：《〈监察法〉与〈刑事诉讼法〉衔接问题研究——“程序二元、证据一体”理论模型之提出》，载《证据科学》2018 年第 5 期。

② 参见陈光中、邵俊：《我国监察体制改革若干问题思考》，载《中国法学》2017 年第 4 期。

否立案作为取证合法性的要求，也不应将其与证据能力挂钩。①

笔者认为，言词证据必须是立案之后才能作为刑事诉讼证据使用，包括初核阶段在内的一切监察立案前所形成的言词证据，均不能直接作为刑事诉讼证据使用，必须在监察立案后重新转化。理由如下：

首先，根据“证据一体”的原理，监察机关立案前的言词证据能否作为刑事诉讼证据使用，应当与《刑事诉讼法》关于刑事立案前的言词证据如何使用保持一致。2018 年修正的《刑事诉讼法》第 54 条第 2 款（修正前的《刑事诉讼法》第 52 条）已经规定，“行政机关在行政执法和查办案件过程中收集的物证、书证、视听资料、电子数据等证据材料，在刑事诉讼中可以作为证据使用”。这里已经排除了刑事立案前的言词证据直接作为刑事证据使用的可能性。实践中，一直以来将公安机关刑事立案之前以及检察机关职务犯罪侦查部门刑事立案之前的言词证据阻挡在刑事诉讼程序之外，前述第二种观点认为，“实践中从未因在立案前取证而排除证据”，这既不符合法律规定也与司法实践真实情况相悖。《最高人民法院关于适用〈中华人民共和国刑事诉讼法〉的解释》第 75 条第 2 款规定：“根据法律、行政法规规定行使国家行政管理职权的组织，在行政执法和查办案件过程中收集的证据材料，视为行政机关收集的证据材料。”由于在监察体制改革以前，纪委与行政监察“一套人马两块牌子”，实践中，几乎没有例外地将纪委查办案件形成的言词证据视为行政机关收集的证据材料，从而要求上述机关形成的言词证据必须在刑事立案后重新转化才可作为刑事诉讼证据使

① 参见纵博：《监察体制改革中的证据制度问题探讨》，载《法学》2018 年第 2 期。

用，否则不能作为刑事诉讼证据使用。这一点学界也是有共识的，如陈光中教授指出：“监察体制改革以前，纪委在进行调查后将涉嫌职务犯罪的案件移送检察院立案侦查，移送证据的做法是：物证、书证等实物证据移送后直接适用于侦查阶段；询问笔录、证人证言等言词证据不直接移送，由检察院重新收集，转化为合法的证据材料。”①

其次，如前所述，在中国特色的司法体制中，“立案”具有重要的程序法治意义。在刑事诉讼中，立案程序是控制侦查权发动的重要程序限制，监察立案同样是防止监察机关调查权滥用的重要程序限制。特别是在我国特殊考核机制下，架空“立案”这个闸门将导致侦查权和调查权任性恣意行使。

最后，言词证据不稳定，在没有进入监察立案后的程序及权利保障措施下，极容易导致其不真实和非自愿性，这与书证、物证的客观性和稳定性截然不同。有学者批评指出，认为监察委员会立案前收集的实物证据可以直接用，但言词证据却只能等正式立案调查后才可移送使用，这在证据理论上难以成立，实物证据与言词证据的区别主要在于外在形式、证据来源的不同，与取证的时间阶段并无必然联系，只要是按照合法的程序所收集的证据，都可以在诉讼中合法使用，其证据能力不受取证时间阶段的影响。② 即便抛开该观点混淆“可以作为刑事诉讼证据使用”与证据能力意义上的“可以作为定案根据使用”不谈，这种观点也是片面的。法谚有云，“使法律之间相协调是最

① 陈光中、邵俊：《我国监察体制改革若干问题思考》，载《中国法学》2017年第4期。

② 参见纵博：《监察体制改革中的证据制度问题探讨》，载《法学》2018年第2期。

好的解释方法”，2018 年修正后的《刑事诉讼法》第 54 条第 2 款的规定，已经将立案前的言词证据排除在刑事诉讼证据之外，既然如此，为保持法律的一致性，《监察法》没有理由将立案之前的言词证据特殊对待。更何况，我国未实行严格的传闻证据法则，也没有建立真正意义上的沉默权制度，在言词证据真实性和可靠性的保障措施已经捉襟见肘的背景之下，不宜将监察立案之前的言词证据也直接纳入刑事诉讼证据的轨道。

2. 初核阶段的技术调查证据不能作为定案根据使用。《监察法》第 28 条规定，“监察机关调查涉嫌重大贪污贿赂等职务犯罪，根据需要，经过严格的批准手续，可以采取技术调查措施，按照规定交有关机关执行”。这里没有明确规定监察机关在立案前的初核阶段能否采取技术调查措施。但是官方解读认为，在初核阶段“如需要采取技术调查或者限制出境等措施的，监察机关应当严格履行审批手续，交有关机关执行”。[①] 因为该官方解读的权威性，实践中初核阶段实施技术调查将在所难免，问题是初核阶段技术调查获取的证据如何与刑事诉讼衔接？

笔者认为，根据“证据一体”理论，初核阶段技术调查获取的证据不具有证据能力，必须重新转化后才能作为定案根据。

首先，《监察法》中的技术调查措施源于《刑事诉讼法》的技术侦查措施。2018 年修正后的《刑事诉讼法》第 150 条（修正前的《刑事诉讼法》第 148 条）规定，“公安机关在立案后，对于危害国家安全犯罪、恐怖活动犯罪、黑社会性质的组织犯罪、重大毒品犯罪或者其他严重危害社会的犯罪案件，根据侦查犯罪的需要，经过严格的批准手续，可以采取技术侦查措施。

① 中共中央纪律检查委员会、中华人民共和国监察委员会法规室编写：《〈中华人民共和国监察法〉释义》，中国方正出版社 2018 年版，第 184 页。

人民检察院在立案后，对于利用职权实施的严重侵犯公民人身权利的重大犯罪案件，根据侦查犯罪的需要，经过严格的批准手续，可以采取技术侦查措施，按照规定交有关机关执行。”可见，立案是采取监听、监控、监视等技术侦查的前提条件。“之所以规定技术侦查措施必须在立案之后，就是要将监听监控等技术侦查措施的对象限定为犯罪嫌疑人，防止侵犯普通公民的自由”，“审批程序和立案之后这两点限制是保障技术侦查措施在法治轨道上运转的重要‘刹车’”。对于监察机关查办案件也一样，只有在监察立案后，被调查人涉嫌职务违法犯罪，才能启动技术调查，“就法理而言，监听当然最多只能针对嫌犯而为”。①

其次，初核与初查一样，其调查手段应当限定为任意性调查措施而不得采取强制性措施。技术侦查比一般的强制性措施更容易侵犯人权。这一点无论是理论界还是司法实践甚至是司法解释的立场都是一致的。《公安机关办理刑事案件程序规定》第 171 条规定，“初查过程中，公安机关可以依照相关法律和规定采取询问、查询、勘验、鉴定和调取证据材料等不限制被调查对象人身、财产权利的措施”。2019 年《人民检察院刑事诉讼规则》第 169 条规定：“进行调查核实，可以采取询问、查询、勘验、检查、鉴定、调取证据材料等不限制初查对象人身、财产权利的措施。不得对初查对象采取强制措施，不得查封、扣押、冻结被调查对象的财产，不得采取技术侦查措施。”《最高人民法院、最高人民检察院、公安部关于办理网络犯罪案件适用刑事诉讼程序若干问题的意见》第 10 条规定：“对接受的

① 林钰雄：《刑事法理论与实践》，中国人民大学出版社 2008 年版，第 302 页。

案件或者发现的犯罪线索，在审查中发现案件事实或者线索不明，需要经过调查才能够确认是否达到犯罪追诉标准的，经办案部门负责人批准，可以进行初查。初查过程中，可以采取询问、查询、勘验、检查、鉴定、调取证据材料等不限制初查对象人身、财产权利的措施，但不得对初查对象采取强制措施和查封、扣押、冻结财产。”根据“证据一体”理论，监察机关采取技术调查措施取证，其取证规范应当与上述《刑事诉讼法》及其配套司法解释保持一致。

最后，技术调查措施容易侵犯公民的隐私权和通信秘密等宪法性权利，违反规定通过技术调查获取的证据涉及非法证据排除问题。当然，考虑到职务犯罪侦查难度的特殊性，如果在初核阶段采取技术调查措施，也只能作为侦破案件的手段，至于获取的证据并不直接具有证据能力，而应当在立案后采取重新提取、重新制作等方式进行转化。

第二篇　双向对比

第一步分解验证解决的是证据能力问题，也就是作为定案根据的资格问题；第二步的双向对比解决的就是证明力的问题。双向对比是建立在第一步分解验证基础之上的，也就是说，用来对比印证的证据必须是具有证据能力的证据，否则，用不具有证据能力的证据进行对比，形成的印证就可能是“假象印证”，从而误导裁判，导致错案。“证据之证明力，虽许法院自由判断，但无证据能力，未经合法调查，愿与事理有违，或与认定事实不符之证据，仍不得作为判断犯罪事实之依据。”[①] 所以，证据能力在先，证明力在后。从分解验证（证据 Evidence）——经过双向对比（证明 Prove）——再到综合分析（事实认 Fact），[②] 双向对比起到承上启下的作用，通过对有证据能力的证据的证明力进行评价，然后再综合分析，对待证事实得出结论。对证据的证明力进行评价和认定是裁判者认定案件事实的必经阶段，也是裁判形成心证的关键环节。

---

① 陈朴生：《刑事证据法》（第三版），台北，三民书局 1979 年版，第 11 页。

② 证据 Evidence——证明 Prove——事实认定 Fact，即证据学中的“EPF”。

第四章 双向对比的意义与功能

分解验证、双向对比、综合分析这三步法则之中，双向对比居于中间环节，承上启下。分解验证解决证据能力是起点，综合分析对待证事实作出结论性判断是终点，而双向对比一方面将经过分解验证的证据进行对比，对证明力进行分析评价；另一方面为全案的证据综合分析做准备，是裁判者认定案件事实的必经阶段，也是裁判形成心证的关键环节。

第一节 双向对比的意义

对比即对案件中证明同一事实的两个或两个以上的证据材料进行比较和对照，审查其所印证的内容是否一致，以确定证据材料的证明力。对比法是证据审查最基本、最直接的方法，是印证证明模式的关键所在。对比就是为了检验证据间能否印证。从理论上说，要使一项证据的真实性得到准确验证，就需要使其所包含的事实信息得到其他证据的印证。所谓“印证”，是指两个以上的证据在所包含的事实信息方面发生了完全重合或者部分交叉，使一个证据的真实性得到了其他证据的验证。

与一般意义上的“证明”不同，“印证”不是指一个证据对案件事实或信息的简单揭示，而是描述了两个以上证据相互之间的验证关系。这种印证既可以发生在两个证据相互之间的验证上，也可以发生在若干个证据对某一证据的佐证方面。我们通常所说的“证据互相印证”，说的就是两个以上证据所包含的事实信息得到了相互验证的状态，是审查证据证明力的基本方式。[①] 需要特别指出的是，证据相互印证，是指具有证据能力的证据彼此呼应、支持的关系，换言之，用来印证的证据必须是具有证据能力的证据。

《最高人民法院关于适用〈中华人民共和国刑事诉讼法〉的解释》第140条第2项规定，“证据之间相互印证，不存在无法排除的矛盾和无法解释的疑问”。对比印证是证据审查的关键环节，具有承上启下的作用。一方面对经过分解验证过滤之后的单个证据材料之间进行对比印证，另一方面为下一步综合分析奠定基础。双向对比是这种以印证为最基本要求的证明模式的核心和关键步骤，印证的关键在于获得相互支持的其他证据，是在事实判定者心中建立一种“内心确信”，在此过程中要力求客观真实，带着将客观真实作为应然追求的心态，小心谨慎地审查证据，尽可能地通过调查、补充证据等方式完善证据，力避错案。

双向对比包括横向对比和纵向对比。

一、什么是横向对比？

横向对比，是指对证明同一案件事实的不同种类的证据进

① 参见陈瑞华：《论证据相互印证规则》，载《法商研究》2012年第1期。

行比对，以检验相互之间是否能相互印证，有无矛盾以及矛盾如何排除，以及证据与事实之间的对比，也印证证明力有无及大小。既包括言词证据与书证、物证、笔录证据、鉴定意见之间的印证，也包括被告人（犯罪嫌疑人）供述与被害人陈述、证人证言之间的印证，还包括不同的被告人（犯罪嫌疑人）之间的印证、不同证人之间的印证、不同被害人之间的印证以及多个书证之间、多个物证之间等印证。

二、什么是纵向对比？

纵向对比主要是针对言词证据而言，即对同一案件事实做出的多次陈述或多次供述进行对比，看其前后陈述内容是否一致，有无矛盾之处以及如何排除和解决矛盾。证人证言（包括被害人陈述）前后矛盾的情况时常发生，特别是目前书面审理大量存在，证人证言以书面证言形式存在。在审查过程中，必要时需要找证人进行当面核证，重点关注以下两点：一是证人对其翻证能否作出合理解释；二是与其他相关证据能否印证。犯罪嫌疑人、被告人供述的前后矛盾远比证人证言更加常见和复杂。因此，在审查证据过程中，需要从纵向的角度严格审查被告人的供述是否前后一致，有无反复以及出现反复的原因。也需要重点关注以下两点：一是证人对其翻供能否作出合理解释；二是与其他相关证据能否印证。

这里需要特别提出的是，证人的庭前证言与当庭证言不同时怎么办？同样，被告人的庭前供述与当庭供述不同时怎么办？《最高人民法院关于适用〈中华人民共和国刑事诉讼法〉的解释》第 91 条规定，证人当庭作出的证言与其庭前证言矛盾，证人能够作出合理解释，并有相关证据印证的，应当采信其庭审证言；不能作出合理解释，而其庭前证言有其他证据印证的，可以采信其庭前证言。《最高人民法院关于适用〈中华人民共和国刑事诉讼法〉的解释》第96条规定，被告人庭审中翻供，但不能合理说明翻供原因或者其辩解与全案证据矛盾，而其庭前供述与其他证据相互印证的，可以采信其庭前供述。被告人庭前供述和辩解存在反复，但庭审中供认，且与其他证据相互印证的，可以采信其庭审供述；被告人庭前供述和辩解存在反复，庭审中不供认，且无其他证据与庭前供述印证的，不得采信其庭前供述。上述解释是务实妥当的。

下面结合案例进一步阐述双向对比的基本内涵：

【案例31：高某发强奸、杀人案】 2002年3月6日20时许，陕西省渭南市大荔县苏村乡某村12岁的幼女李某失踪了。次日上午在村北一眼机井内找到其尸体，经公安机关认定，系被强奸后投入机井。此前还发生过一起类似奸杀幼女案。2002年3月11日，根据村民举报高某发被抓获。2002年10月24日，高某发一审被判死刑，缓期两年执行。几经波折，2005年7月9日高某发被判无罪，被媒体称为“陕西版佘某林案”。

这个案件中，当时陕西省渭南市人民检察院当庭出示的证据有高某发的口供、证人证言、现场勘查笔录、刑事摄影照片以及足迹鉴定等证据材料。表面上看，似乎有很多证据，但是将这些证据进行对比印证可以发现：（1）从纵向对比的角度来看，高某发在侦查阶段先后做过多次供述，但是这些供述笔录内容前后矛盾，庭审时高某发又全部翻供，这些矛盾无法排除。（2）从横向对比的角度来看，现场勘查笔录、法医鉴定书等，只能证实杨某、李某死亡事实及死亡原因；证人证言等只能证实被害人在案发当天失踪；足迹鉴定仅能证明高某发去过案发现场，但不能证明高某发于案发当时就在现场。这些证据之间横向对比不能印证高某发实施了强奸、杀人的犯罪事实。

第二节　双向对比的功能（证明力）

双向对比的基本功能在于分析判断证据的证明力，换言之，双向对比是审查、分析、判断证据的证明力的基本方式。

一、什么是证据的证明力及其与证据能力的关系如何?

证据的证明力（probative value）又称证据的“证明价值”“证明作用”，证明力与证据能力都是来源于大陆法系的证据法概念。什么是证据的证明力呢？证明力与证据能力是何关系？我国学界对此有很多不同的论述和观点，有人认为，证明力，是指“一个证据所具有的能够证明某一事实存在或者不存在的能力”。[①] 这种定义容易将证明力与证据能力相混淆。还有人认为，“证据的证明力，是指证据对案件事实证明作用之有无和程度”。[②] 这种观点将证明力界定为证据对案件事实的证明程度，显然容易与证明标准相混淆。还有人认为，“所谓的证明力，是指证据所有的内在事实对案件事实的证明价值和证明作用，亦即人们通常所说的可信性和可靠性”。[③] 该观点将证明力界定为证明价值是值得肯定的。

作为大陆法系证据学中的基础概念，在我国诉讼法学界和证据法学界居然存在如此大的争议，这与我国刑事诉讼法学界

---

① 陈瑞华：《刑事证据法学》，北京大学出版社 2012 年版，第 79 页。

② 江平主编：《中国司法大辞典》，吉林人民出版社 1991 年版，第 248 页。

③ 樊崇义主编：《证据法学》，法律出版社 2003 年版，第 3 页。

和证据法学界长期以来受英美法系影响有关。我国诉讼法和证据法无论是立法、司法还是理论都是由英美法系所掌控话语权的，这与我国整体上属于大陆法系传统是相互矛盾的。具有深厚德国刑事法学背景的我国台湾地区学者林钰雄教授认为，“证人经过合法调查程序之后，法官采信或不采信其证言？此即‘证据价值之评价’问题，也就是‘证据之证明力’问题”。[①] 林教授这段论述对证明力的概念及其与证据能力的逻辑关系的论述精当而清晰。同样具有德国法背景的我国台湾地区学者张丽卿教授也认为，“证据对于待证事实之认定，具有实质之价值，称为证据之证明力”。[②] 我国台湾地区著名法学家林山田教授也认为，“证据之证明力，乃指证据对于待证事实之认定具有实质价值而言，故可谓证据所具有之证据价值”。[③] 如何判断证明力呢？证明力包括证据与事实之间的逻辑关系和该证据具有何种可信程度的证据可信性（credibility）的两个方面内容。裁判者结合这两个方面判断证明力。[④] 因此，作为大陆法系证据法的基础概念，应该立足于大陆法系的基本理论对其内涵进行解读，简言之，证明力就是证据对事实的证明价值。

如前所述，证据能力，是指是否具有作为定案根据的资格问题，是关于证据合法性的问题；证明力，是指有证据能力的证据对案件事实的证明价值问题，是关于证据作用的问题，前

---

① 林钰雄：《刑事诉讼法》（上册），中国人民大学出版社 2005 年版，第 347 页。

② 张丽卿：《刑事诉讼法——理论与运用》，台北，五南图书出版公司 1995 年版，第 232 页。

③ 林山田：《刑事程序法》，台北，五南图书出版公司 1998 年版，第 248 页。

④ 参见［日］松尾浩也：《日本刑事诉讼法》（下卷），张凌译，中国人民大学出版社 2005 年版，第 10 页。

者侧重形式判断，后者侧重实质价值判断。有证据能力的未必有证明力，有证明力未必有证据能力，如刑讯逼供得来的被告人供述即使内容是真实的，对证明案件事实有价值，具有证明力，但是因为是刑讯逼供得来的而不具有证据能力；同样，如果某一证据是合法取得的，具有证据能力，但是与案件无关，对证明案件事实没有价值，尽管具有证据能力但却无证明力。

证据能力在逻辑上先于证明力，先有证据能力，才有证明力，二者是阶层递进关系。

二、证明力的内容是什么？

如前所述，证据的证明力是指证据对案件事实的证明价值。这种价值体现在哪些方面呢？

我国台湾地区学者陈朴生教授指出，证据的证明力，是从证据同案件事实内在联系的紧密程度和对确定案件真实的作用而言的，“证据之真实的价值，即具有为证据之信用力及足资认定事实之纯粹证明力”。[①] 我国台湾地区学者李学灯也指出，“证据资格得为证明力之价值，即审理事实之人对于外部原因之证据，所发生内部意识作用之力量；亦即依证据事实对于待证事实所置信其真伪存否之力量或程度”。[②]

从上述观点可以看出，证据的证明力之内容体现在两个方面：一是证据同案件事实内在的联系程度；二是证据的真实价值。正如陈瑞华教授所指出的，证据的证明力的基本内容包括

---

① 陈朴生：《刑事诉讼法实务》（增订四版），台北，海天印刷厂有限公司1982年版，第239页。

② 李学灯：《证据法比较研究》，台北，五南图书出版公司1992年版，第464页。

两个侧面：一是真实性；二是关联性。真实性就是证据所包含的事实是真实可靠的，而不是伪造、虚假的；关联性就是证据所包含的事实信息与案件事实具有逻辑上的联系，能够证明案件事实的成立或者不成立。①

笔者认为，司法证明的过程是对已经发生过的案件事实回溯性的认识过程，是裁判者的主观见之于客观的过程，因为裁判者本人并不是已经发生过的事件的亲身经历者。这种认识过程的终极目的在于探求真相，但是这种探求真相的过程不是对已经发生过的事实的完全再现过程，而只能是一个不断接近真相的过程。证据就是这种不断接近真相的手段和工具，裁判者就是通过主观的价值判断努力将证据与案件事实建立某种联系，这种主观判断的过程就是对证据证明力的判断和评价过程，而这个评价的内容也就是证明力的内容，一是评价证据与事实之间的联系程度，二是证据所包含的事实真实性。这二者就是证明力的两大基本内容。

---

① 参见陈瑞华：《刑事证据法学》，北京大学出版社 2012 年版，第 79 ~ 80 页。

第五章　双向对比中的印证证明模式

如前所述，双向对比解决的是证明力问题，证明力是证据对案件事实的证明作用与证明价值，属于证据的价值评价问题，具体来说，包括评价证据与事实之间的联系程度和事实的真实性两个方面的基本内容。那么，裁判者如何判断和评价证据的证明力呢？这就是证明模式问题。

第一节　证明模式的基本原理

证明模式就是证据的评价模式，也就是证据的证明力（证据价值）的评价模式或基本方法。“我怎么知道你说的是真话？”这是所有裁判者必须面临的证据评价问题，也就是证据价值如何评价的问题。①

一、证明模式有哪些类型？

历史上，先后出现过三种证据评价模式：神示证明模式、

① 参见林钰雄：《严格证明与刑事证据》，法律出版社2008年版，第84页。

法定证明模式、自由心证证明模式。

1. 神示证明模式的典型标准就是“神明裁判”，是一种奴隶社会时期的证据模式，假借神灵的力量，以当事人能否经受水或火等的考验来确定证据的证明力，具有代表性的有对神宣誓、水审、火审、决斗、卜卦等，这是人类社会早期，因认识能力低下而采取的一种非理性的证明模式。

2. 法定证明模式就是法律预先对各种证据的证明力作出规定，法官依据法律规定进行机械套用而不能自由判断。欧洲封建社会君主专制时代的典型证据模式就是法定证明模式，于16世纪至18世纪发展到全盛时期，一直延续到19世纪中叶。当时欧洲大陆各国法典普遍对各类证据的证明力进行了明确规定，典型代表是1532年的《加洛林纳法典》。法定证明模式的典型特点是法律预先规定了各种证据的证明力的强弱与大小，法官不能自由判断证据的证明力，而必须绝对地按照法律对证据证明力的预先规定来审判案件，所以又称形式证据制度。①

3. 自由心证证明模式强调证据的证明力由法官进行自由判断。自由心证证明模式是欧洲资产阶级革命时期针对封建的法定证明模式而提出的，起源于法国。法国的杜波尔在1790年12月26日向宪法会议提交了一项革新草案，这个议案中，“自由心证”第一次被提出来。杜波尔认为，法定证据制度不顾法官内心是否确信，强迫法官根据法律预先规定机械地作出判决，是荒谬的，认为应当周密搜集认识真实情况的一切材料，在法官面前加以阐明，由法官进行自由判断。1808年，法国颁布了世界上第一部《刑事诉讼法典》，该法典第342条对自由心证的

① 参见陈一云主编：《证据学》，中国人民大学出版社1991年版，第16～31页。

含义和特征进行经典表述："法律不要求陪审官报告他们建立确信的方法；法律不给他们预定一些规则，使他们必须照这些规则来决定证据是不是完全和充分的；法律所规定的是要他们集中精神，在自己良心的深处探求对于所提出的反对被告人的证据和被告人的辩护手段在自己的理性里发生了什么印象。法律不向他们说：'你们应当把多少证人所证明的每一个事实认为是真实的。'它也不向他们说：'你们不要把没有由某种笔录、某种文件、多少证人或多少罪证……所决定的证据，看作充分证实的。'法律只是向他们提出一个能够概括他们职务上的全部尺度的问题：'你们是真诚地确信吗？"[①] 自由心证的核心内容就是对各种证据的证明力，由法官根据理性和良心，自由地判断。

二、现代自由心证模式的内涵是什么？

现代刑事诉讼普遍采用自由心证模式。很多国家在立法上予以明确，如德国《刑事诉讼法》第261条规定："对证据调查的结果，由法庭根据它在审理的全过程中建立起来的内心确信而决定。"日本《刑事诉讼法》第318条规定："证据的证明力，由法官自由判断"。我国台湾地区"刑事诉讼法"规定，"证明之证明力，由法院本于确信自由判断。但不得违背经验法则与论理法则"。

"自由心证"一词虽然是属于大陆法系的概念，在英美法系中缺乏对应性的专门术语，"但就证据的证明力判断的原则和事实认定的标准，近现代英美法系与大陆法系是相通的。也就是说，在证据证明力的判断和案件事实的认定上，英美法系仍然

---

① 陈一云主编：《证据学》，中国人民大学出版社1991年版，第32~33页。

实行具有理性主义特征的自由判断原则，法律并不预先规定不同种类证据所具有的证明价值；仍然实行以主观性为特征的内心确信原则”。[①] 对此，我国台湾地区学者林钰雄教授也指出，“自由心证原则乃现代大多数国家（地区）共同的立法例，而非所谓大陆法系国家（地区）的专利。简言之，大陆法系的法官与英美法系的陪审员，就证据调查结果如何评价证明力的问题（如某目击证人的证言是否可信），最后都是委诸裁判者的自由评价。”[②] 因此，可以说，自由心证模式是现代世界各国通行的证明模式。

需要特别指出的是，当今的自由心证并非完全地自由，这与其在产生之初是不同的。因为在自由心证产生之初，为了清除法定证据制度的机械、僵化，本着“矫枉必须过正”的思想，极力强调法官的自由判断是可以理解的。当今的自由心证并非完全恣意的，而是需要建立在客观理性基础之上，“当证据调查的客观事实并无法对被告的行为加以理性地、明确地证实时，则法官个人的纯粹主观地确信，此时亦不足以作为判决基础……法官亦不可仅用事物的其中之一项可能的说明来支持其确信，而对其他的可能性不予评论地略述。此外，法官亦不得用无法客观证实的经验法则来确立其心证”。[③] 德国联邦最高法院在判例中强调，“在形成确信时，应尽可能地着重在客观的事

---

① 龙宗智：《印证与自由心证——我国刑事诉讼证明模式》，载《法学研究》2004 年第 2 期。

② 林钰雄：《刑事诉讼法》（上册），中国人民大学出版社 2005 年版，第 355 页。

③ ［德］克劳思·罗科信：《刑事诉讼法》，吴丽琪译，法律出版社 2003 年版，第 118 页。

实上，以使得能对此确信具有考核、监视的功能，法官不应自始即太主观地形成确信，使自己陷于主观的窠臼”。[①] 德国学者克劳思·罗科信特别强调自由心证“客观性实有其特别的重要性”，并进一步指出，“自由心证相对于其原来之性格实在并不完全自由”。[②] 日本学者田口守一也指出，“自由心证主义当然不允许法官恣意判断。自由心证要求根据经验法则、逻辑法则进行合理的心证。自由心证主义必须是合理的心证主义”。[③] 换言之，自由心证也是建立在充分的证据基础之上的，“未经严格证明者，不能依照自由心证而采为裁判基础”。[④] 我国台湾地区学者林钰雄指出，“自由心证亦非毫无限制”，证据能力是自由心证的前提，受到证据禁止法则和严格证明规则的限制，同时受到伦理法则和经验法则的约束。[⑤] 从这个意义上来说，“事实心证之形成并非自由……证据在通过证据心证原则之建制后，不仅关于其前置程序应明确区分法定证据方法、法定调查方法外，在证据所得证明之高度盖然率上，亦可有效率地形成、确认所得证明之事实是否存在。故心证形成之过程，应委由证据本身加以决定，裁判者仅是将证据作有无到达高度盖然率之判断，

---

① ［德］克劳思·罗科信：《刑事诉讼法》，吴丽琪译，法律出版社 2003 年版，第 118 页。

② ［德］克劳思·罗科信：《刑事诉讼法》，吴丽琪译，法律出版社 2003 年版，第 118 页。

③ ［日］田口守一：《刑事诉讼法》，张凌、于秀峰译，中国政法大学出版社 2010 年版，第 270 页。

④ 林钰雄：《刑事诉讼法》（上册），中国人民大学出版社 2005 年版，第 356 页。

⑤ 参见林钰雄：《刑事诉讼法》（上册），中国人民大学出版社 2005 年版，第 355～356 页。

在证据判断过程中，并无委由审判者‘自由’形成其证据价值之余地，而是依照进阶式之程序筛选，以认定事实是否存在”。①同样，英美法系的自由心证也并非完全自由，事实上，“英美法系从来没有反对采用一定手段对事实认定者运用证据的自由权利进行限制……作为这种影响之显要工具之一的证据补强规则……其宣称的目的是限制陪审团评议的自由：在没有法律所要求之确证的情况下，无论某证据有多大的说服力，事实裁决者也不应当认为该事实已经被证明”。②

第二节　印证证明模式的理论解读

一、印证证明模式有理论依据吗？

如前所述，自由心证模式是现代刑事诉讼普遍采用的证明模式，但是由于受各国诉讼构造、审判制度、文化传统等因素的影响，各国采用自由心证的具体方式和程度有所差别，从而形成了不同的特点。我国的刑事诉讼证明模式，有学者将其概括为“印证证明模式”。③ 龙宗智教授将印证证明模式的特征概括为：一是将获得印证性直接支持证据视为证明的关键，单一的证据是不足以证明的，必须获得更多的具有内涵信息同一性的证据来对其进行支持。二是注重证明的“外部性”而不注重

---

① 黄翰义：《论刑事证据之基本原则》，载《军法专刊》2009 年第 5 期。

② ［美］米尔建·R. 达马斯卡：《漂移的证据法》，李学军等译，中国政法大学出版社 2003 年版，第 23～24 页。

③ 参见龙宗智：《印证与自由心证——我国刑事诉讼证明模式》，载《法学研究》2004 年第 2 期。

"内省性"。外部性，是指一个证据外还有其他证据；内省性，是指通过接触某一证据在事实判断者心中留下的印象与影响。三是要求证据间相互印证导致很高的证明标准。四是为了实现印证目的，易于采用比较灵活的取证手段，如诱供、逼供等。[①]但是上述观点并没有揭示印证证明模式的理论基础。

在理论上，我国传统的"印证证明模式"属于自由心证的范畴。我国台湾地区学者杨建华指出，"不论大陆学者如何解说，其判断证据方法实事求是，讳言自由心证主义，但在审查分析比较各个证据后所为之事实判断，在不采法定证据的情形下，仍须视各个法官之学识经验与智慧行之，最后仍落入自由心证主义之原则内"。[②] 事实上，典型的自由心证也离不开印证。为了在事实判定者心中建立一种"内心确信"，任何一种证明模式都要求一定程度的"印证"，否则难以形成一种稳定的证明结构，自由心证同样是建立在印证基础之上的。边沁指出，"虚假证言通过交叉询问以及其与其他证据的一致性审查，通常便可以发现"。在边沁看来，所有证言都要接受一致性审查，这是探查谎言的"伟大工具"。[③] 这里的一致性审查就是印证。如前所述，自由心证并非完全是自由的，而是要建立在客观的事实上，不允许法官恣意判断，要求根据经验法则、逻辑法则进行合理的心证。自由心证也是建立在充分的证据基础之上的，并且受

---

① 参见龙宗智、何家弘：《诉讼证明模式与证据审查评断》，载《证据学论坛》2004 年第 2 期。

② 参见谢小剑：《我国刑事诉讼相互印证的证明模式》，载《现代法学》2004 年第 6 期。

③ 参见［英］威廉·特文宁：《证据理论：边沁与威格摩尔》，吴洪淇、杜国栋译，中国人民大学出版社 2015 年版，第 65、66 页。

到证据禁止法则和严格证明的限制，同时受到伦理法则和经验法则约束。同样，英美法系的心证也并非完全自由，证据补强规则就是印证的最好例证。证据法学者科恩（Cohen）指出，“最简单的证言补强，发生于两个彼此独立的证人为同一主张的真实性作证之时。”[①] 英美法系的证据法大师威格摩尔指出，“当两位证人都证明——彼此独立地——同一命题为真，最简单的证言性补强就产生了”，比如，W1 证明 P（如晚上 6 时 A 在 X 地），而 W2 也证明 P。[②] “如果有几个可信的证人都针对同样的事实作证，但确信程度各不相同，那么，他们证言的说服力则会累加起来；如果其证言彼此相悖，则他们证言的说服力将会被扣除。”[③] 英美法系通常被认为是证据自由评价的城堡，以为英美法系的事实认定者“享有自由评价证据的证明力和自由依据证据进行推论的权利”，“然而，这种说法是不全面的，并且可能产生严重的误导”，“英美法系从来没有反对采用一定手段对事实认定者运用证据的自由权利进行限制……作为这种影响之显要工具之一的证据补强规则……其宣称的目的是限制陪审团评议的自由”。[④] 美国学者詹姆士·Q. 惠特曼表示，除英美外，几乎所有的现代国家普遍遵守的经典的事实证明规则，即“要求法庭对没有补强的证明被告人有罪的有罪供述不予评价”，

---

① ［美］特伦斯·安德森等：《证据分析》（第二版），张保生等译，中国人民大学出版社 2012 年版，第 136 页。

② 参见［英］威廉·特文宁：《证据理论：边沁与威格摩尔》，吴洪淇、杜国栋译，中国人民大学出版社 2015 年版，第 278 页。

③ ［英］威廉·特文宁：《证据理论：边沁与威格摩尔》，吴洪淇、杜国栋译，中国人民大学出版社 2015 年版，第 87 页。

④ ［美］米尔建·R. 达马斯卡：《漂移的证据法》，李学军等译，中国政法大学出版社 2003 年版，第 23～24 页。

“假设被告承认了一项犯罪，但是没有其他的证据直接证明被告人与该项犯罪有关，我们能够认定他有罪供述吗？现代世界几乎所有的司法系统（普通法系除外）答案都是否定的”。惠特曼还特别指出包括法、德、意、荷、俄，还有中国都承认这条规定。①

我们对西方国家证明模式的理解，很多都是断章取义甚至是误解和误导。误解产生的原因一方面是对自由心证产生的历史背景缺乏了解，另一方面是对自由心证后来的发展趋势缺乏认知。在法国大革命时期，出于反抗机械僵化的法定证据制度的需要，在自由心证原则产生初期，理解为非常极端的形式，它不仅要让司法者从法律的“锁链”中获得分析证据价值的自由，还要从规范事实认定结论的所有可以超越个体主观意志而确定的标准中获得这种自由。只要裁判者内心确信事实已被证明，就可以做出判决。但是随着资本主义法制的发展、完善，自由心证的过度自由所产生的负面效应逐渐暴露出来。正如达玛斯卡所指出的，“至少除了法国以及与其文化紧密相连的几个国家之外，这种罗曼蒂克的观点并没有持续太久”。后来的自由心证，“被认为是只将事实认定者从有关证据价值分析的法律规则中解放出来。它不再意味着司法者获得了无视关于有效推定之超法律教条的许可证”。②

除了证据补强规则是以印证规则为基础的之外，间接证据聚合也是以印证规则为基础的。证据法大师边沁指出，“当两个

---

① 参见［美］詹姆士·Q. 惠特曼：《合理怀疑的起源——刑事审判的神学根基》，佀化强、李伟译，中国政法大学出版社2012年版，第29页。

② ［美］米尔建·R. 达马斯卡：《漂移的证据法》，李学军等译，中国政法大学出版社2003年版，第201页。

事实彼此独立地［支持了］同一结论的概率的时候，两项间接证据就出现了聚合”，他还举例说，在 Umilian 案中，下列中间待证事实支持了最终待证事实，“正是 U 杀害了 J：U 已经有一个谋杀 J 的计划；U 有动机杀害 J；U 对 J 的消失有负罪感；U 知道 J 死了，而其他人并不知道”。① 当然，补强与聚合在一个具体案件中可能会共同作用来支持某一待证事实，这一点，科恩指明：“言词证据补强与间接证据的聚合展现出一个共同的结构。”②

事实上，印证原则在英美现代司法证明原则和证据分析中具有重要地位，甚至是证据理性主义的重要内容。因为英美证据法中的相关性的判断很大程度上依赖于印证。甚至可以认为“以相关性为支配的《联邦证据规则》，完全可以被视为一种以证据和证明的理性主义理论为潜在假设的法典化尝试……论证需要引用归纳逻辑原则来说服一位法官，使其相信所考虑的单个证据，或与其他证据相互印证的证据（in combination with other evidence），支持了一个推论或一个推论链条，他们增强或降低了一个要件事实为真的可能性”。③

二、印证证明模式与自由心证模式有何差异？

如前所述，我国的印证证明模式理论上也属于自由心证的

① ［英］威廉·特文宁：《证据理论：边沁与威格摩尔》，吴洪淇、杜国栋译，中国人民大学出版社 2015 年版，第 278 页。

② ［英］威廉·特文宁：《证据理论：边沁与威格摩尔》，吴洪淇、杜国栋译，中国人民大学出版社 2015 年版，第 278 页。

③ ［美］特伦斯·安德森等：《证据分析》（第二版），张保生等译，中国人民大学出版社 2012 年版，第 111 ~ 112 页。

范畴，二者具有共同的理论基础。但是印证证明模式与典型的西方式自由心证模式之间也确实存在一定的差异。我国的“印证证明模式”与典型的自由心证模式区别在于，在我国这种以印证为中心的证明模式中，证明的关键在于获得相互支持的其他证据，单一的证据是不足以证明的，必须获得更多的具有内含信息同一性的证据来对其进行支持。换言之，在典型的自由心证模式中，对证据间的印证性未强调到我国的印证证明模式的这种程度。所以国外有很多案件，在国内法院反而是难以作出有罪判决的。下面结合案例进一步阐述：

【案例32：冯某某盗窃案】2001年10月27日凌晨，某宾馆602号房间被犯罪嫌疑人翻窗入室，入住该房间的被害人曾某某的现金2000元和摩托罗拉手机一部（经鉴定，价值1100元）被盗，赃款赃物下落不明。公安机关在602号房间窗台上提取由外向内的指纹一枚。当时未能破案。2002年3月28日凌晨，犯罪嫌疑人冯某某翻窗进入该宾馆608号房间，被当场抓获。冯某某供认其翻窗入室的目的是盗窃。经鉴定，2001年10月27日602号房盗窃案窗台指纹与冯某某指纹具有同一性，并查实冯某某于案发当日就住在隔壁601号房间。冯某某拒不承认2001年10月27日进602号房间盗窃过。①

对于此案，龙宗智教授认为，在中国这个案件不能定罪。②同时，龙宗智教授也认为，在典型的自由心证体制之下，此案具备定罪的可能性，“如果面对一个普通百姓组成的陪审团，被

① 参见龙宗智、何家弘：《诉讼证明模式与证据审查评断》，载《证据学论坛》2004年第2期。

② 此案最后的处理结果是检察机关撤回起诉，然后作出不起诉决定。

告人对自己入住以及现场留下指印的事实不能作出合理解释，而且由于现场是在六楼，可以基本排除其他渠道在现场留下特定方向指印的可能性，那么，根据经验法则，在建立内心确信的基础上，陪审团乃至专业法官应当是可能作出有罪判决的”。龙宗智教授也感慨，“中国刑事诉讼中被认为不能证明的一部分案件，在国外是可能定罪的”。[①] 这种差别形成的主要原因在于两点：一是我国没有赋予被告人沉默权。由于没有沉默权，侦查机关逼供诱供的可能性就很大，有时甚至很普遍，这样导致我们对口供的不信赖，不敢轻易相信。所以，仅有口供，没有其他证据印证，我们是不敢定案的，也是不能定案的，因为这个口供很可能是假的。例如，前述赵作海案件中，表面上看，赵作海曾经作过九次有罪供述，详细描述了肢解的过程，还指认了公安机关在其家中搜出的匕首就是作案工具，这似乎能形成内心确信。但是，事实表明这一切都是赵作海在受到严重刑讯逼供之下作出的，因此其口供是不可信的。而国外有沉默权制度的保障，犯罪嫌疑人有不供的权利，所以，除非犯罪嫌疑人不供，只要其供了特别是对自己不利的有罪供述，一般来说是可信的。二是我国的侦查水平相对低下，过于强调“突破”口供的现状短期内难以改变。在这种情况下，我们需要强调不同类型的证据之间的相互印证，以防止错案。结合下面这个案例，进一步说明我国的印证证明模式与典型自由心证模式之间的差异。

【案例 33：金某非法持有毒品案】2010 年 10 月 23 日下午

---

① 龙宗智、何家弘：《诉讼证明模式与证据审查评断》，载《证据学论坛》2004 年第 2 期。

在被告人濮某的住处将其抓获，濮某非法持有毒品甲基苯丙胺11克，濮某交代毒品是当日上午从被告人金某处购买，并称当时沈某也在场，三人还一起吸毒。后濮某带领公安人员到金某住处将金某及沈某抓获，当场从金某身上搜查出毒品甲基苯丙胺257克。金某称毒品是自己用来吸食的，并未卖给任何人，并称当日上午没见过濮某。沈某证称濮某上午确实来过且三人一起吸毒，但是没有见到金某卖毒品给濮某。

此案的争议问题是：金某贩卖给濮某11克毒品的事实能否认定？从认定贩卖毒品的证据上看，有以下三个方面的证据：(1)濮某证称金某贩卖毒品给自己；(2)虽然沈某没有直接证明金某贩卖毒品给濮某，但是间接证明濮某当日上午来过，而且三人一起吸毒，这与濮某的证言能够印证，(3)257克甲基苯丙胺数量较大，一般而言不可能仅用于自己吸食，以贩养吸的可能性非常之大。按照典型的自由心证，可以认定金某贩卖毒品11克给濮某。在国外，按照这个证据情况也很可能会判决认定该事实。但是从我国印证证明模式看，直接证明金某贩卖毒品的证据只有濮某的证言，是“孤证”，而且濮某做证言时还是涉嫌非法持有毒品的犯罪嫌疑人，在没有沉默权的制度保障下，濮某有无受到刑讯逼供等非法取证？濮某有无可能立功心切而栽赃嫁祸？其口供的可信度大打折扣。所以，此案的最终处理结果是起诉和判决均没有认定该贩卖毒品的事实，而仅认定金某非法持有毒品罪。

为了更加直观地进行比较，再来看下面这个美国的案例：

【案例34：纽约布鲁克林区抢劫案】一名女子走在纽约布鲁克林区的一个遍地瓦砾、楼房破败的贫民区。两个年轻男人从她身后冲上来，夺去了她的钱包，并把她推倒在地。她看见两人逃进了一幢废弃的楼房。她的喊叫声引起他人报警，警方在该楼房附近抓获被告人。[①]

本案的重要证据有：（1）被害女子称自己一直盯着袭击者的藏身之处，直到警方在那里逮捕了被告人，接着被害人对该被告人进行了指认。（2）被告人是一名少年，该被告人供述称警方逮捕自己的时候，他只不过是在自己家附近的一幢建筑物里玩耍，发誓对抢劫案一无所知。（3）被害人的钱包物证灭失，没有找到。（4）被害人陈述的另一个被告人没有到案。

从上述这些证据来看，要认定被告人实施了该抢劫行为确实存在一定的困难。从印证证明模式的角度来说，此案无法认定抢劫罪的事实成立，我也相信该案如果发生在我国，是没办法判决抢劫罪成立的。首先，证明被告人实施抢劫行为的证据其实只有被害人的陈述，而且被害人的陈述并未得到其他证据的印证；其次，被告人辩解只是碰巧在那里玩耍，这具有一定的合理性，难以完全排除该辩解；再次，被害人的陈述有诸多矛盾之处，如被害人称遭受两名男子抢劫并一直盯着二人藏匿的地方，但是警方在现场只抓获一名男子。事实上，这个案件，陪审团不到一小时就作出了有罪判决。《美国陪审团制度》一书的作者，也是本案的辩护人——伦道夫·乔纳凯特——对这一判决表示了愤怒，他认为陪审团没有认真对待事实和证据，指出在被害人当时几乎无法看清抢包者，且无法解释为什么警方在被害人声称一直盯着的建筑物内只发现了抢包者中的一人，而且被害人的指认也存在问题，因为“当她在警方拘留所里看

---

① 参见［美］伦道夫·乔纳凯特：《美国陪审团制度》，屈文生、宋瑞峰、陆佳译，法律出版社2013年版，序言第8～9页。

见戴着手铐的被告人时将他指认为罪犯之一，其实是很自然的，但这一指认是错误的，或者至少在其正确性上存有合理疑问。”①

还有一个美国的毒品案例：

【案例 35：美国毒品案】一名警官在敲公寓门的时候，另一名警官站在后面，并看到被告人把毒品丢出窗外。当时除了被告人外的其他人都在公寓里，而指认了那名出现在五楼窗户处的被告人的警官是从一个斜角看到被告人丢毒品的。②

伦道夫·乔纳凯特作为此案的辩护人，提出该公寓并非被告人所有，警方可能认错人。部分陪审员同意这一观点，他们宣布达成悬案陪审团。随后法官倾听陪审团离场进行进一步商议，随后陪审团请求法官阐明“占有”的含义。法官告诉他们，法律所定义的占有不局限于当场的、实体的控制，它还包括“推定占有”，即任何人在存在毒品的场合都被推定占有这些毒品。伦道夫·乔纳凯特提出反对，认为推定占有的法律规则要求以认识到某物体存在并明显控制它为要件。15 分钟后陪审团宣布了有罪判决。第二天，那名作出有罪裁决的陪审员提出了抗议，他不认为该被告人扔出了毒品，但“法官所说的话使我别无选择。”③ 这个案件，如果按照印证证明模式，显然无法认定毒品系被告人所持有。这种类似案例在国内也屡见不鲜。比如，下面这个案例：

---

① 参见［美］伦道夫·乔纳凯特：《美国陪审团制度》，屈文生、宋瑞峰、陆佳译，法律出版社 2013 年版，序言第 9 ~ 10 页。

② 参见［美］伦道夫·乔纳凯特：《美国陪审团制度》，屈文生、宋瑞峰、陆佳译，法律出版社 2013 年版，序言第 10 页。

③ ［美］伦道夫·乔纳凯特：《美国陪审团制度》，屈文生、宋瑞峰、陆佳译，法律出版社 2013 年版，序言第 10 页。

【案例36：华某非法持有毒品案】2014年10月21日，民警根据线索，至南京秦淮区三条巷某小区位于三楼的华某家中，将华某、刘某、葛某三人抓获，在南侧房间窗台上查获一袋毒品冰毒（甲基苯丙胺），并在窗外的地上查获一袋毒品，共计12.6克。

此案中，刘某和葛某均称窗台及窗外地上的毒品不是自己的，也不知道是谁的，华某第一次供述称窗台上的毒品是自己的，窗外地上的毒品是自己听见敲门声后扔出去的，但是后来翻供称窗外地上的毒品不是自己的，自己也没有扔过。经检测，三人尿液均呈甲基苯丙胺阳性。翻供的理由是：警察第一次讯问说如果不承认窗外的毒品是其扔的，那么毒品数量达不到10克，不构成非法持有毒品罪，就要强制戒毒2年，强制戒毒2年的行政处罚比非法持有毒品罪判处刑罚还要重。此案最终的处理结果是，因无法证明窗外地上的毒品是否为华某所持有，检察机关作出存疑不起诉的决定。

第三节　印证证明模式之提倡

一、印证证明模式是错案的“罪魁祸首”吗？

印证证明模式不是错案的“罪魁祸首”！从司法实践的角度而言，印证证明模式已被广泛接受，并奉为证明力判断的“铁则”。印证证明模式也得到相关司法解释和指导性案例的认可。2010年最高人民法院、最高人民检察院、公安部等联合发布的《关于办理死刑案件审查判断证据若干问题的规定》中，“印证”出现在8个条文中共计11次；2012年《最高人民法院关于适用

〈中华人民共和国刑事诉讼法〉的解释》中，“印证”出现在7个条文中共计10次；最高人民法院指导案例第32号“张某某、金某危险驾驶案”，以及最高人民检察院指导性案例第2号“忻某绑架案”，在证据分析和说理中都使用了“印证”一词。

但是，这种印证证明模式近年来却遭遇到了理论界的强烈批评。学者谢小剑批评道，“这种证明模式追求客观真实的价值取向，却可能不利于发现真相，侵害被告人的权利”，“以被告人的口供为印证机制的中心，忽视单个证据的独立审查”。[①] 周洪波博士认为，司法实践中对印证的理解不符合常识，没有充分地反映我国刑事证明模式的基本特征，而且对其解释也难以令人信服，对证明方法的阐述也缺乏法律规范支撑，因而需要替代性的模式理论。[②] 还有学者认为，印证证明模式的弊端主要在于过于抽象化，在实践中可能被虚置，而且印证证明的标准过于理想化，可能出现证明危机，主张以自由心证体系来消解这些弊端。[③] 特别是在发生“赵作海案”“聂树斌案”“呼格吉勒图案”“张高平叔侄案”等错案之后，一些学者甚至将一系列错案的原因归于印证证明模式，将印证证明模式认定为错案的罪魁祸首。其中代表性的观点，如左卫民教授在《“印证”证明模式反思与重塑：基于中国刑事错案的反思》一文中，对我国刑事司法实践中出现的错案从“印证”证明模式的视角进行了深入的分析和论证，并认为“近年来频繁曝光的刑事错案表明，

---

① 参见谢小剑：《我国刑事诉讼相互印证的证明模式》，载《现代法学》2004年第6期。

② 参见周洪波：《中国刑事印证理论批判》，载《法学研究》2015年第6期。

③ 参见张文娟：《我国刑事诉讼证明模式：“相互印证”与“自由心证”之辩——相互印证弊端之实证分析》，载《证据学论坛》2007年第2期。

根植于我国侦查中心主义与书面处理模式上的‘印证’证明模式正面临严重的挑战，认为刑事错案发生的主要原因在于‘印证’证明模式，一些刑事错案的发生在某种程度上就是‘印证’证明模式的结果”。[①]

上述观点将错案责任归于印证证明模式是对印证证明模式的重大误解。

（一）错案的“罪魁祸首”是非法取证而不是印证证明模式

司法证明的过程是对已经发生过的事件的一种回溯证明的过程，事实裁判者不是事件的亲身经历者，所以，事实认定者（法官或陪审团成员）对其没有任何直接感知，只能通过证据的分析来认定过去的事实，在这种情况下，证据便成为案件事实与认识主体之间联系的唯一“桥梁”。换言之，事实认定者只能凭借证据间接地认定案件事实，除此之外，别无他法。他们必须通过对证据的分析、判断，从证据到待证事实的经验推论，去伪存真，由表及里，才能认定事实。事实认定者具有这种天然的局限性，只能“隔着”证据来认定事实，证据就像一面“折射”案件事实的“镜子”，证据在事实认定中的作用在于根据证据去推断过去已经发生的事实，这就是“证据之镜”原理。[②]“证据之镜”一方面揭示了错案具有不可避免性，另一方面揭示了证据才是错案的罪魁祸首。这一点，不仅在理论上是

---

① 左卫民：《“印证”证明模式反思与重塑：基于中国刑事错案的反思》，载《中国法学》2016 年第 1 期。

② 参见张保生主编：《证据法学》，中国政法大学出版社 2009 年版，第 15 ~ 16 页。

成立的，而且是被实践反复证明的，关于错案的实证研究已经充分说明了这一点。证据法学者何家弘主持过“刑事错案实证研究”的课题，得出的结论是证据问题是导致刑事错案的主要原因，其他的次要原因如上级机关或领导的干涉、破案的压力、刑讯逼供或伪造证据、办案设备及技术的落后、办案人员素质不高等都可以通过证据问题表现出来或者转化为证据问题，“总之，证据问题是导致错案的直接原因，而其他因素往往是间接原因”，完善非法证据排除规则才是防止刑事错案的当务之急。①从现实发生的错案来看，无论是赵作海案件，还是佘祥林案件，抑或是聂树斌案件和张高平、张辉案件，都有非法取证特别是刑讯逼供的因素，正是这些应当排除的不具有证据能力的证据，成了印证的资料，才导致“假象印证”，从而导致错案。比如，赵作海案件中，赵作海在刑讯逼供之下做出了九次有罪供述，办案人员用这九次有罪供述与案发现场、作案工具、沉尸现场等进行印证，形成了“假象印证”，从而导致错案。事实上，对于赵作海案件如果对刑讯逼供获取的九次有罪供述视而不见，不予排除，无论采取何种证明模式都可能导致错案。错案不是错在“印证”这个证明力评价模式上，而是错在用来印证的证据是非法证据上。因此，将错案归结为印证证明模式可谓本末倒置、混淆视听。“证据能力是自由心证的拦砂坝、挡土墙。如果证据能力的功能萎缩，所有的证据资料便会一拥而入，成为法官自由心证的素材。正因如此，所以自由心证可能造成的恣

① 参见何家弘、何然：《刑事错案中的证据问题——实证研究与经济分析》，载《政法论坛》2008 年第 2 期。

意擅断，才会发挥得淋漓尽致”。[①] 错案的原因不在于印证证明模式，而在于证据能力制度的缺失和非法证据排除规则功能的萎缩。没有非法证据排除规则的限制，自由心证的恣意擅断所导致的错案与印证证明模式相比有过之而无不及。

事实上，为了保证自由心证主义的合理性，其外部保障制度之一就是证据能力制度，“把没有证据能力的证据排除在判断对象之外，间接地保证自由心证的合理性”。[②] 无论是典型的自由心证还是非典型的印证证明模式，如果没有相应的配套制度保障，都可能导致错案，甚至在没有相应制度保障的情况下，典型的自由心证酿成错案的概率更大。对此，日本学者田口守一指出，合理的心证主义必须具有合理心证主义机能的条件，必须有外部的保障制度和内部的形成心证的科学方法，其中，外部保障制度包括：（1）判断主体具有理性的判断能力，如回避制度；（2）重大案件实行合议制；（3）证据能力和非法证据排除制度；（4）当事人主义的各种制度；（5）在有罪判决中记载判决理由的制度；（6）认定事实的事后审查制度，如上诉。[③]

所以，我们需要做的是强化单个证据合法性、证据能力的审查，而不是放弃印证证明模式。笔者所主张的三步法则的第一步分解验证，就是为了强化单个证据合法性的审查解决证据

---

① 林钰雄：《刑事诉讼法》（上册），中国人民大学出版社 2005 年版，第 355 页。

② ［日］田口守一：《刑事诉讼法》，张凌、于秀峰译，中国政法大学出版社 2010 年版，第 273 ~ 274 页。

③ 参见［日］田口守一：《刑事诉讼法》，张凌、于秀峰译，中国政法大学出版社 2010 年版，第 273 ~ 274 页。

能力问题，而基于印证的双向对比，是在分解验证之后的第二步。

（二）印证证明模式是预防错案的重要保障

由于印证证明模式强调证据之间相互印证、相互补强才能定案，孤证不能定案，从这个意义上来说，这种证明模式对证据标准要求更高，更加有利于避免错案。如前所述，从理论上来说，任何一种理性的证明模式，都需要一定程度的印证，不仅大陆法系国家强调证据间的印证，即便是在英美法系国家，证据补强规则也是普遍认可的。诚如陈瑞华教授所指出的，“从理论上说，要使一项证据的真实性得到准确验证，就需要使其所包含的事实信息得到其他证据的印证。所谓‘印证’，是指两个以上的证据在所包含的事实信息方面发生了完全重合或者部分交叉，使得一个证据的真实性得到了其他证据的验证。与一般意义上的‘证明’不同，‘印证’不是指一个证据对案件事实或信息的简单揭示，而是描述了两个以上证据相互之间的验证关系。这种印证既可以发生在两个证据相互之间的验证上，也可以发生在若干个证据对某一证据的佐证方面。我们通常所说的‘证据互相印证’，说的就是两个以上证据所包含的事实信息得到了相互验证的状态”。① 前文提到的两个美国案例，无论是抢劫案还是毒品案，正如伦道夫·乔纳凯特所言，没有达到排除合理怀疑的程度，作案者很有可能另有其人，案件质量并不高。从印证证明模式的角度来看，上述两个案例都难以定罪处罚。证据相互印证“要求事实裁判者在审查认定证据和案件事

---

① 陈瑞华：《论证据相互印证规则》，载《法商研究》2012 年第 1 期。

实时，持极为谨慎的态度，禁止在无其他证据印证的情况下，对孤立的证据草率加以认定采用，并将其作为认定案件事实的根据，这体现了程序理性的要求”，[①] 有利于防止错案的发生。

或许有人会问，既然印证证明模式有利于减少错案的发生，为什么还是这么多错案发生呢？左卫民也确实提出了这样的质疑，即“为什么现行的‘印证’或称‘互证’证明模式未能有效地遏制冤假错案的发生？”但是用这样的质疑攻击印证证明模式是苍白无力的，在逻辑上是错误的，因为这样的质疑既无法证明印证证明模式在这些错案中起到了推波助澜的作用，也无法证明采用典型的自由心证就能够减少错案的发生。事实上，采取典型的自由心证模式的美国，其错案并不少。在美国，“真实的情况：狱中的无辜者比大多数美国人（更比绝大多数的中国人——笔者注）预想的要多得多”，在美国，冤案的平反难度更大，“推翻判决的机会是有限的。陪审团需要理解他们所作出的判决具有十足的权威和终局性”。[②] 曾经担任美国俄亥俄州检察总长的吉姆·佩特罗从 2003 年起一直致力于运用 DNA 技术从事“洗冤工程”，到 2010 年成功为 253 名罪犯洗冤，而这还仅仅是冰山一角。[③] 美国密歇根大学法学院的萨缪尔·格罗斯教授和他的研究团队于 2004 年发布的《美国错案报告（1989—2003）》中披露了通过实证考察发现的 1989—2003 年期间的 328

---

① 李建明：《刑事证据相互印证的合理性与合理限度》，载《法学研究》2005 年第 6 期。

② ［美］吉姆·佩特罗、南希·佩特罗：《冤案何以发生——导致冤假错案的八大司法迷信》，苑宁宁等译，北京大学出版社 2012 年版，第 306、320 页。

③ 参见［美］吉姆·佩特罗、南希·佩特罗：《冤案何以发生——导致冤假错案的八大司法迷信》，苑宁宁等译，北京大学出版社 2012 年版，第 4 页。

件冤案。这些冤案都是通过 DNA 技术被昭雪的。格罗斯教授进一步指出这 328 件冤案远远不是美国刑事司法冤案的全部，因为他在选择样本时放弃了另外近 200 件大规模的群体性冤案（Rampart 丑闻和 Tulia 丑闻中的近 150 名无辜者以及 70 余件儿童看护中心性虐待案件），并且考虑到 DNA 技术只是有限地被使用到特定的案件中（如死刑案件和强奸案件），因此他得出的结论是发现的现有冤案的冰山一角。过去 15 年间真正的冤案数量可能是几千件或者是几万件。格罗斯教授对这 328 件冤案发生的原因进行实证研究和分析，研究结果表明，64% 的冤案是由于目击证人的错误指认；44% 的冤案是基于各种伪证（包括警察作伪证）；15% 的冤案中犯罪嫌疑人被迫作了有罪供述。美国学者盖瑞 · 威尔斯的研究也得出了相似的结果，威尔斯进一步指出在辨认过程中警察的不当行为会极大提升辨认错误的可能，如警察为达辨认目的而将一个人的单张照片出示给一个证人。或者明明犯罪嫌疑人是秃头，警察找 9 个有头发的人和犯罪嫌疑人站在一起供受害人辨认。美国学者 Garrett 教授的研究显示，美国刑事侦查无疑存在某种形式的"强迫"。他进一步指出，被迫作出有罪供述的被告人的讯问往往长达几个小时，其中的一些案件往往持续数天，于是犯罪嫌疑人就承认了他们完全没有犯下的罪行。至今美国侦查讯问未能实现全程录音录像，其中一个很重要的原因就在于警察不支持。[①] 可见，和我国一

① 参见王禄生：《美国司法经典误读之十一：原来美国也有这么多冤案》，载微信公号"数说司法"2014 年 12 月 17 日，http：//mp. weixin. qq. com/s？ src =3&timestamp =14850 74643&ver =1&signature = YT4LX1 ∗ iE –0vlEMyc9UwOeJ9wmdVi0LNHYhwsKqextVxUpHKMN4DkBqwRKshzcoJ3zCsRH2utiXk4V6bz1mg –ChgGBW5u3O1dNEwBK4A9Ys9 iiWz ∗ k –StBLYL5lB8wooyTWHO9Qz0mJI2unCwZYmWw = =。

样，这些错案的原因主要还是证据问题，更准确地说是非法证据问题，而与证明模式无关。美国同样无法回答“左卫民之问”——“为什么自由心证的证明模式未能有效地遏制冤假错案的发生？”左卫民教授似乎也难以回答为什么自由心证的证明模式未能有效地遏制美国冤错案的发生。

二、为什么当前需要坚守印证证明模式？

如前所述，印证证明模式具有扎实的理论基础，在理论上是理直气壮的；在实践上，有利于预防错案，值得坚守和提倡。更为重要的是，我国当前的社会现实决定了必须坚守印证证明模式。

1. 在我国缺乏真正意义上的沉默权制度保障的情况下，坚守印证证明模式，是防止错案必须坚守的底线。虽然 2012 年《刑事诉讼法》修改过程中吸收了沉默权的合理成分，增设了“不得自证其罪”的内容，但是同时规定了犯罪嫌疑人、被告人如实供述的义务。这种规定意味着在实践中不可能实现沉默权的基本要求，刑讯逼供、诱供、骗供的取证行为并没有因为上述规定而大幅减少。由于没有沉默权，就可能存在逼供、骗供、诱供等情形，导致口供的可靠性不高。所以，仅有口供，没有其他证据印证，不敢定案、不能定案。比如，赵作海冤案中，赵作海与被害人打过架后，被害人就失踪了，接着村头发现无头男尸，加之赵作海作过 9 次有罪供述，详细描述了肢解的过程，还指认了所谓的“作案工具”，因此，办案人员“内心确信”就是赵作海所为，这种定罪思路并不是真正的印证证明模式。如果真正按照印证证明模式，杀人行为以及尸体是谁并不能得到其他证据的印证，且赵作海的有罪供述是在受到严重刑讯逼供之下作出的，那些所谓的“内心确信”事后被证明完全是“胡思乱想”。

2. 我国侦查水平相对较低，印证证明模式有利于抵御“口供中心主义”的弊端，促进以审判为中心诉讼制度的确立。长期以来，我国的侦查工作技术含量体现在“口供突破”能力上，衡量一个侦查人员水平高低的重要指标居然是“口供突破”能力。如果盲目追求内心确信、自由心证，无疑会加剧司法人员对“口供是证据之王”的顶礼膜拜。心理学研究表明，要想他人相信某事是某人所为，最好的办法就是让某人自己承认。在司法实践中，只要被告人认罪且供述稳定，法官下决心定罪处罚是比较容易的，而一旦被告人翻供或者不认罪，法官就犹豫不决，迟迟不敢下判。如果过于强调自由心证，侦查人员为了让案件更加顺利地判决，那么就必然会重视被告人的口供，如此形成恶性循环，口供中心主义将越来越严重。印证证明模式强调任何一个事实的认定，都必须有两个以上的证据相互印证，一方面能够防止对口供的盲目信任，另一方面迫使侦查人员收集口供之外的其他外围证据来证明案件事实，推动刑事诉讼活动从侦查中心主义向庭审中心主义转变，其重大意义不言而喻。

3. 印证证明模式与我国起诉法定主义、简易程序一元化模式是相适应的。一方面，我国实行起诉法定主义，检察机关不起诉自由裁量空间小、不起诉率低（不到 10%），没有辩诉交易空间，案件审前分流渠道狭窄。另一方面，我国简易程序是一元化的，所有的简易程序都要开庭审理作出判决，没有书面审、处罚令等程序。这两种情况决定了 90% 以上的案件要经过庭审定罪判刑，对证据的要求无论案件大小都要达到“确实、充分”，而实现“确实、充分”的基本方式就是证据之间能够相互印证。与此形成鲜明对比的是，在美国，占全部刑事案件

95%以上的案件，最终是以辩诉交易结案的。[①] 影视剧中通过陪审团审理的案件，在美国司法实践中只有不到10%，大量的案件通过辩诉交易结案，这些案件中被告人通过认罪换取从轻的处罚，在证据标准上有时只有被告人的认罪供述即可结案，既无须印证，也无须达到判决所要求的排除一切合理怀疑的程度。在美国，“审判存在的重要原因是确保大多数案件会以调解或者辩诉交易告终”。[②] 在美国，“几乎所有案件都以被告人作出有罪答辩而得到解决。很多人相信，如果废除辩诉交易，整个刑事司法制度都会崩溃”。[③] 在美国，陪审团审判在民事案件和刑事案件中的使用都呈逐渐减少之趋势，并且批评陪审团审判制度的声音也越来越多，是不争的事实。[④] 在法律实践中，陪审团法庭的“重要性已经出现戏剧性下降。有几个普通法国家，包括陪审团发源国英格兰，甚至已经在民事诉讼中淘汰了陪审团审判……甚至在刑事法领域，虽然陪审团审判仍然具有宪法上的象征意义，且对非专业裁判的依赖处于最强势，但改革之风也正在吹起。在有些地方，被告人请求陪审团审理的权利并没有写入不易更改的宪法文本中，该权利本身已经遭受严峻的挑战和一定程度的侵蚀。有的地方如美国，虽然有关使用陪审团的授权刻入了宪法的石碑，但是，在所有进入刑事司法系统的案

---

① 参见［美］安吉娜·J. 戴维斯：《专横的正义：美国检察官的权力》，李昌林、陈川陵译，中国法制出版社2012年版，第132页。

② ［美］伦道夫·乔纳凯特：《美国陪审团制度》，屈文生、宋瑞峰、陆佳译，法律出版社2013年版，序言第5页。

③ ［美］安吉娜·J. 戴维斯：《专横的正义：美国检察官的权力》，李昌林、陈川陵译，中国法制出版社2012年版，第45页。

④ 参见易延友：《陪审团在衰退吗——当代英美陪审团的发展趋势解读》，载《现代法学》2004年第3期。

件中，使用正式陪审团审判的案件，如今也只占很小的比重。事实上，这项宪法权利现在主要被用作辩方与控方讨价还价的一个筹码，辩方可通过放弃该权利换取控方的让步。而在那些没有通过诉辩交易结案的案件当中，由法官但不裁决的案件也在增长”。①

基于以上情况考虑，以印证为中心的基本证明模式必须坚守。印证证明模式要求事实裁判者在审查认定证据和案件事实时，持极为谨慎的态度，禁止在无其他证据印证的情况下，对孤立的证据草率加以认定采用，盲目认定事实，这体现了程序理性的要求，有利于防止错案。陈瑞华教授也认为，“作为一项证据规则，证据相互印证规则强调证据之间相互印证，使得每一项证据所包含的事实信息得到其他证据的验证，这显然是有其合理性的。尤其是在言词证据存在前后矛盾或高度不一致时，该规则要求依据证据是否得到其他证据的印证来确定其证明力；对于证人因为认知能力受到限制或者与当事人存在特定的利害关系而提供的证言，要求获得其他证据的印证，这可以有效确保证据的真实性。同时，证据相互印证规则强调对犯罪事实的证明需要达到排除证据之间的矛盾、形成完整证明体系的程度，这对于减少冤假错案，也有着积极的意义”。“这有助于避免法官仅凭“孤证”定案，防止在有罪证据与无罪证据形成‘一对一’的情况下遽然作出有罪认定。在一定意义上，所谓“证据相互印证”也就等于排除了对被告人构成犯罪的合理怀疑”。②

---

① ［美］米尔建·R. 达马斯卡：《漂移的证据法》，李学军等译，中国政法大学出版社 2003 年版，第 177 ~ 178 页。

② 陈瑞华：《论证据相互印证规则》，载《法商研究》2012 年第 1 期。

三、如何把握印证证明模式的限度？

世界上没有哪一种证明模式是绝对完美无缺的，这是由司法证明是回溯证明已经发生过的事实的属性所决定的。印证证明模式也有自身的缺陷，需要一定的限制。

1. 要防止假象印证和印证的形式化。如前所述，用来印证的证据应当是有证据能力的证据，证据能力的分解验证在先，印证在后，这是防止假象印证的关键。因此，印证证明模式，首要的限度就是防止假象印证。由于受长期以来卷宗中心主义的影响，言词证据的印证习惯于依赖卷宗笔录，因此在对言词证据验证时，需要特别关注向提供证言的证人、被害人等当面复核，特别是证言存在矛盾的时候更需要当面复核，以防止印证的形式化。

2. 要防止三个误区。一是要防止仅有个别非主要情节被印证便认为可以定案。二是全部细节都到印证才敢定案。有些证据之间存在细微矛盾，在合理的范围之内，不影响证明力。反而有些言词证据全部细节都一模一样时更值得怀疑。比如，司法实践中经常出现言词证据笔录之间在细节上高度吻合，甚至不同笔录中的错别字都一样，这通常是电脑记录简单地将一方陈述复制粘贴到另一方笔录中产生的现象。这种印证显然是有问题的。三是不能只关注有利于定案或不利于定案的证据之间的印证。特别是作为控方，不能只关注甚至断章取义地看待有利于定案的证据间的印证，而忽略不利于定案的矛盾之处。

3. 要防止印证的绝对化。不能“为了印证而印证”，更不能为了印证而违背自然法则。印证不是简单地量化和机械地比对，如前所述，印证证明模式在整体上仍然属于自由心证的范畴，离不开裁判者的主观判断，也不能违背基本的经验法则和逻辑规则。比如，在一个案件中，被告人供述否认某一项犯罪事实，而证人甲、乙二人都一致证明了该项犯罪事实，此时不能单单以数量上“二对一”来决定该事实能否认定，更为重要的是，看被告人否认的辩解有无合理的理由、证人证言的可信度及两位证人的证言的印证是否符合常理等因素进行判断。19世纪享誉欧洲的德国证据法大师密特麦尔指出，法官形成心证的关键便在于权衡各种有罪证据与无罪证据之间的证明力问题，祛除可能的怀疑。密特麦尔将法官心证存疑的情形分为两种：其一，有罪证据不足，如仅有一名证人提供证言，或被告因受到非法的胁迫而认罪；其二，有罪证据充分、各证据之间相互印证，但存在反证。例如，虽有两名证人提供了相互印证的证言，但第三名证人指出，真凶另有他人，或者被告有不在场证明，或者被告无犯罪动机，且受害人死亡将对被告造成不可估量的损失等。①

① 参见施鹏鹏：《跨时代的智者——密特麦尔证据法学思想述评》，载《政法论坛》2015 年第 5 期。

第六章　双向对比中的若干疑难问题

双向对比的理论基础在于印证证明模式，其基本功能在于解决证明的证明力问题。证明力是一种规范的价值判断，带有很强的主观性，所以实践中出现很多争议的疑难问题。本章针对这些疑难的争议问题展开论述。

第一节　被告人供述对比印证中的疑难问题

一、口供补强规则怎么运用？

口供的认定标准，学界较为一致的观点包括两项原则，即意识自愿原则和证据补强原则。自愿性是口供真实性和合法性的保障，证据补强是口供客观真实性的保障。[①] 补强证据规则是指为了防止错误认定案件事实或发生其他危险性，法律规定在运用某些证明力显然不足的证据认定案件事实时，必须有其他

---

① 参见卞建林：《刑事证明理论》，中国人民公安大学出版社2004年版，第384页。

证据补充说明其证明力的一项证据制度。[①] 补强证据规则主要用于言词证据，又以被告人口供为主。证据补强规则，实际上就是一种印证规则。“当两位证人都证明——彼此独立地——同一命题为真，最简单的证言性补强就产生了”，比如，W1 证明 P（如晚上 6 点 A 在 X 地），而 W2 也证明 P。[②] 我国《刑事诉讼法》一直有一项基本的证据原则：只有被告人供述而没有其他证据的，不得定罪判刑；没有被告人供述，但是有其他证据的，可以定罪判刑。

由于口供具有反复性和易变性，现代刑事诉讼为了避免口供或自白证据在运用中出现错误，多数国家限制口供或自白的证明力，我国也不例外，即在一般情况下不承认其对案件事实独立和完全的证明力，必须要求其他证据予以补强。英美法系由于重视当事人自白的自决权，如果被告人在法庭上作出有罪供述，法官可以径行作出有罪判决，不要求提供其他证据予以补强。这种自由心证的证明模式与我国的印证模式是不同的。大陆法系国家一般要求口供需要补强，日本甚至要求如果把口供作为证据，必须在调查有关犯罪事实的其他证据之后，才能请求调查口供，这是因为先调查口供就可能过分地评价口供或自白的证明力，因此必须先调查口供的补强证据。

被告所供述的案情应与其他证据相互印证，在主要事实上无明显冲突或矛盾。如果供称的主要犯罪事实为假，或被其他证据所证伪，则口供没有证明力。但在如下情况下，口供虽与

---

① 参见卞建林：《刑事证明理论》，中国人民公安大学出版社 2004 年版，第 384 页。

② 参见［英］威廉·特文宁：《证据理论：边沁与威格摩尔》，吴洪淇、杜国栋译，中国人民大学出版社 2015 年版，第 278 页。

既有证据存在矛盾，但不影响其证明力：（1）矛盾部分及涉及附带事实，对庭审实质内容并无影响；（2）矛盾部分系被告记忆错误或遗漏所导致；（3）被告作选择性供述，旨在规避重刑；（4）被告所作供述仅涉及共犯，而未涉及本人。口供应在整个诉讼过程中保持一致，如果出现口供反复，则应详细审查背后的原因。未有合理的解释，前后矛盾的口供不可采。例如，被告第一次供称用匕首击杀了受害人，第二次则供称用棍棒。在此一情况下，如果尸体的伤痕不能经过鉴定查明，则亦不得以被告的供述确定凶器。被告在诉讼不同阶段所作出的供述应视为一个整体，保持稳定性和一致性。①

二、同案犯的供述能否作为证据来相互印证？

对于此问题，理论上有肯定说，认为共犯之间供述可以相互补强，供述一致的情况下可以据以定案；否定说认为同案犯口供仍属于被告人供述，不能相互补强。折中说认为在无法取得其他证据时，共犯之间无串供可能，口供获取合法的，可以作为独立证据或补强证据。

对于此问题，不同的国家有不同的做法。在英美法系国家，被告人与证人的身份是可以相互转换的，被告人可以借由放弃沉默权而自动转为证人，因此同案被告人的口供是可以互为证言的。在不得自证其罪之外，“现在，英国和美国已经废除普通法上关于当事人不适格、刑事案件中的被告不得作为证人被任何一方当事人所传唤以至于被告不能为了他自己的利益作为的

① 参见施鹏鹏：《跨时代的智者——密特麦尔证据法学思想述评》，载《政法论坛》2015年第5期。

规定”。[1] 但在大陆法系国家，情况则有不同。德国理论界对于这个问题存在不小的争议，有学者认为“任何实际上被警方怀疑参与了同一犯罪的人都是共同被告人，后果是他不能也不必再作为证人提供证言”；多数学者认为，“共同被告人”只适用于在同一刑事诉讼程序中接受审判的人。在这一“程序性”定义的基础上，就有可能将共同犯罪嫌疑人的诉讼程序正式分割开来，从而迫使其中一人作为证人提供不利于另一人的证言。当然，共同犯罪嫌疑人在转为证人之后同样有权主张不自证其罪。也就是通过分案处理的方式将共同被告人作为证人。[2] 司法实务坚守“实质的共同被告不得同时为证人”，仅允许实质的共同被告以外的同案被告人转换为证人，而所谓的实质共同被告，即共同实施同一犯罪行为的共同被告是不允许转换为证人的。例如，甲、乙共同抢劫，乙在抢劫过程中又强奸，甲不得以证人身份证称乙的抢劫行为，但是可以证明乙的强奸行为。魏根特教授认为，“德国证据法没有禁止根据一个共犯的供述对另一共犯定罪的规定，因此不论该共犯是作为证人作证还是在作为共同被告人所作的陈述中提到其他共犯的行为，都没有影响；德国证据法中也没有需要补强证据的正式规定。作为一个实践中的问题，共犯作为证人被询问时所作的陈述更有分量，因为只有证人才会因为作伪证受到处罚”。[3] 近年来有新的转向，《欧

---

① ［美］约翰·W. 斯特龙主编：《麦考密克论证据》，汤维建等译，中国政法大学出版社 2004 年版，第 139 页。

② 参见［德］托马斯·魏根特：《德国刑事诉讼程序》，岳礼玲、温小洁译，中国政法大学出版社 2004 年版，第 168 ~ 169 页。

③ ［德］托马斯·魏根特：《德国刑事诉讼程序》，岳礼玲、温小洁译，中国政法大学出版社 2004 年版，第 169 页。

洲人权公约》重新确立了证人的概念："对他人/他刑事被告犯罪事实作不利陈述之人，无论是被告人、告诉人、偶然目击之人或共犯、不论是否共同参与犯罪，也不论共犯是否一并追诉、是否分离审判、是否现行判决，只要这些不利陈述呈现在该他人为刑事被告的案件，则上述之人就是公约所称的（不利）证人。"根据该公约，同案被告人供述其他共同被告人的犯罪事实，其诉讼地位归类上不再属于被告人而是证人。

对于我国而言，既然已经承认了同案犯罪嫌疑人（被告人）的供述之间可以相互印证，那么就在实际上承认了同案犯罪嫌疑人（被告人）的证人地位。因此，在实践中，实际上是将同案犯罪嫌疑人（被告人）作为证人证言来使用的，并且在分案起诉时，起诉书列举证据时也应该将另案处理的同案犯的供述列举为证人证言。2000 年 4 月 4 日《全国法院审理毒品犯罪案件工作座谈会纪要》（以下简称《南宁会议纪要》）指出，"有些毒品犯罪案件，往往由于毒品、毒资等证据已不存在，或者被告人翻供，导致审查证据和认定事实困难。在处理这类案件时，仅凭被告人口供依法不能定案。只有当被告人的口供与同案其他被告人供述吻合，并且完全排除诱供、逼供、串供等情形，被告人的口供与同案被告人的供述才可以作为定案的证据"。该纪要肯定了同案被告人供述可以作为相互印证的证据。2008 年 12 月 1 日的《全国部分法院审理毒品犯罪案件工作座谈会纪要》（以下简称《大连会议纪要》）同样规定："有些毒品犯罪案件，往往由于毒品、毒资等证据已不存在，导致审查证据和认定事实困难。在处理这类案件时，只有被告人的口供与同案其他被告人供述吻合，并且完全排除诱供、逼供、串供等情形，被告人的口供与同案被告人的供述才可以作为定案的证据。仅有被告人口供与同案被告人供述作为定案证据的，对被告人判处死刑立即执行要特别慎重。”对此，最高人民法院刑五庭负责人答记者问是说道，2015 年《全国法院毒品犯罪审判工作座谈会纪要》（以下简称《纪要》）没有规定上述内容，但并不意味着最高法院的立场有所转变，因为《纪要》不是对前面纪要的否定，而是补充和完善。“2008 年印发的《大连会议纪要》中的大部分规定在当前的审判实践中仍有指导意义，应当继续参照执行。本次《纪要》对近年来审判实践中反映较为突出，但《大连会议纪要》没有作出规定，或者规定不尽完善的若干毒品犯罪法律适用问题作出了规范，是对《大连会议纪要》的补充和完善。今后，对于《纪要》与《大连会议纪要》要配合适用，具体可以区分以下几种情形加以把握：第一，《大连会议纪要》没有规定，《纪要》作了规定的，或者《大连会议纪要》虽有规定，但《纪要》作了修改、完善的，参照《纪要》的规定执行。第二，《大连会议纪要》已有规定，《纪要》在此基础上作出补充性规定的（并非修改），两者配套使用。第三，《大连会议纪要》已有规定，《纪要》没有涉及的，继续参照执行《大连会议纪要》的规定。”① 可见，最高人民法院也是认可同案犯的证人地位的。

三、被告人翻供怎么办？

在纵向对比中，被告人供述前后反复的情况在实践中比较常见，被称为“翻供”。对于这样的被告人供述其证明力如何评价呢？很多人习惯于认为当庭供述比较可信。但这种观点是片面的，正如法国著名律师勒内·弗洛里奥所言，“在法庭上，一

---

① 《最高法负责人就〈全国法院毒品犯罪审判工作座谈会纪要〉答记者问》，载新华网，http：//news. xinhuanet. com/legal/2015 –05/27/c_ 127848943. htm。

些有罪的人往往比无罪的人显得还神气。因此，在法庭上的观察与生活中的观察是不同的”。[①] 他将翻供分为以下几种情况：某些犯罪嫌疑人因为没有料到自己突然被捕，因而对要负责的罪责有些不知所措。在这种情况下，他们往往先承认自己有罪，以后又迅速恢复镇静。当他们想到了“千万别坦白”那句老话时，就又要否定事实了。对于这种没有合理翻供理由的，其供述的证明力不能轻易被否定。但是，有时会发生这样的事，有些无辜者承认了他们并未犯过的罪行。这些人分为三类：一是那些有“自动招供癖”的人或者智力低下的人；二是那些胆小鬼，这种人在调查员稍微大声的询问下，就会惊慌失措，为了及早离开警察局，他们准备做一切能做的事；三是那些受害于经常粗暴言行的人，他们在警察的棍棒下承认了他们从未犯过的罪行。[②]

德国证据法大师密特麦尔按先前口供的性质将翻供分为两种情形：其一，先前口供完整、有效，符合定罪标准，但被告此后又予以推翻的；其二，先前口供原本存有缺陷。对于第一种情形，密特麦尔提出了“翻供”的处理原则：被告后续、不完整且仅对己方有利的供述，不得推翻先前所作出的完整供述。法官应审慎审查翻供的理由，被告是否提出了全新的证据，可证明：先前所供述的犯罪行为并不存在，或者指控不可信，或者被告未曾实施先前所供述的犯罪行为，或者被告先前受到非法的强制、威胁或者引诱，足以作出虚假口供，或者被告对先

① 参见［法］勒内·弗洛里奥：《错案》，赵淑美译，法律出版社 1984 年版，第 31 页。

② 参见［法］勒内·弗洛里奥：《错案》，赵淑美、张洪竹译，法律出版社 2013 年版，第 50 ~ 51 页。

前所承认的犯罪行为有错误认知，或者被告在先前供述时精神状态存疑等。鉴于先前口供已为其他诸多证据所印证，被告翻供将承担极重的证明责任。对于第二种情形，如果被告此后所陈述的事实，可以与其他证据形成印证，则具有证明力。但法官仍应进一步探究被告第一次作出虚假口供的原因，以及翻供对先前证据链条的影响。[①]

笔者认为，上述两种意见值得借鉴，对于“翻供”这个问题，应该采取以下原则：（1）被告人庭审中翻供，但不能合理说明翻供原因，而其庭前供述与其他证据相互印证的，可以采信其庭前供述。（2）被告人庭审中翻供与全案证据矛盾，而其庭前供述与其他证据相互印证的，可以采信其庭前供述。（3）被告人庭前供述和辩解存在反复，但庭审中供认，且与其他证据相互印证的，可以采信其庭审供述。（4）被告人庭前供述和辩解存在反复，庭审中不供认，且无其他证据与庭前供述印证的，不得采信其庭前供述。笔者的这一观点是具有司法解释依据的。《最高人民法院关于适用〈中华人民共和国刑事诉讼法〉的解释》第96条规定：“审查被告人供述和辩解，应当结合控辩双方提供的所有证据以及被告人的全部供述和辩解进行。被告人庭审中翻供，但不能合理说明翻供原因或者其辩解与全案证据矛盾，而其庭前供述与其他证据相互印证的，可以采信其庭前供述。被告人庭前供述和辩解存在反复，但庭审中供认，且与其他证据相互印证的，可以采信其庭审供述；被告人庭前供述和辩解存在反复，庭审中不供认，且无其他证据与庭前供述印证的，不得采信其庭前供述。”

---

① 参见施鹏鹏：《跨时代的智者——密特麦尔证据法学思想述评》，载《政法论坛》2015年第5期。

第二节 证人证言对比印证中的疑难问题

一、证人证言证明力的影响因素有哪些?

证人证言的双向对比解决的是证言的证明力问题，影响证人证言的证明力因素有哪些？德国证据法大师密特麦尔认为，证人证言的证明力因素包括：（1）证人品格值得信赖；（2）证人依法律规定及宗教形式进行宣誓；（3）证人所阐述的事实应合乎本意；（4）证人须亲身经历案件事实；（5）证人证言的内容须合乎自然法则；（6）证人证言与其他证据应形成印证；（7）证人证言须前后一致；（8）证人证言系有管辖权的司法机构依合法的形式讯问所得；（9）证人证言系证人自由、自发作出，未受强制、威胁或欺骗；（10）证言应系证人第一反应的及时表达；（11）至少应有两份证人证言在所有基本情节上相互印证。[①] 这里面特别值得关注的是，第（6）、（7）、（11）条，说的就是印证证明模式，既包括证人证言与其他证据之间的横向印证，又包括证人证言前后一致的纵向印证。当然，这里也确实存在将证明力与证据能力在一定程度上进行了混淆，如第（8）、（9）条都属于典型的证据能力问题。密特麦尔总结了司法实践中刑事法官应重点评价的要素：（1）证人的身体状况，尤其是观察和判断能力。（2）证人的心理状况。心思细腻的证人作证更具有可信性。（3）证人在案发时所处的状态。情绪波动

---

① 参见施鹏鹏：《跨时代的智者——密特麦尔证据法学思想述评》，载《政法论坛》2015 年第 5 期。

或其他事由可能影响证人冷静、公正地作证。(4) 证人道德品行。(5) 证言内容的相关性，如证人是否在案发现场亲眼目睹案件的整个过程而非片段，证人所提供证言是否存在臆想成分，证言内容是否与其他证言或证据相印证，等等。(6) 证人作证时的表现。如果神情冷静、回答流畅，则可信度更高。如果神情激动、语无伦次，则可信度较低。

密特麦尔将“存有疑点的证人证言”界定为“无法完全相信，须具备一定的条件方具有证明力的证人证言”。在司法实践中，存有疑点的证人证言主要包括以下几种情况：(1) 证人准确观察事实的必要能力存有缺陷或较为孱弱，如证人近视，无法清晰看到远处的景象。(2) 证人智力存有缺陷。如果证人完全精神错乱，则不能作证，但如果证人仅是半智障或者智力低于普通水平，则不得全信。(3) 证人作证时处于不正常状态，其观察能力已完全减弱，或者证人已无法准确回忆案件事实。(4) 证人与诉讼结果存有重大利益关系，可能从既定判决结果中获益，或者事先得到报酬或承诺以作出某一既定的证言。(5) 检举者。如果检举不真实，检举人将面临诽谤罪的指控，故检举者的证言存有疑点。(6) 共犯。(7) 证人与受害人、被告存有其他特殊关系的，如亲友。

密特麦尔认为，在前述情况下，存有疑点的证人证言应引起法官的高度重视，须作出更为审慎的评价。以共犯为例，共犯与案件的最终裁判结果有直接利益，故其证言不能简单地视为普通人的供述。在司法实践中，共犯为逃脱刑责或者获得较轻量刑，往往会构陷他人或转嫁刑责。故法官应审慎考虑如下要素：其一，共犯证言是否涉及自身利益。通常而论，共犯未涉及自身利益的供述可信性更强。其二，共犯与其他被告的供述是否印证。其三，共犯证言与其他证据是否印证。[①]

二、证人证言的印证规则如何运用？

如前所述，决定证人证言的证明力的因素有很多，这里重点讨论印证规则。从印证的角度来说，证人证言的证明力主要有以下几个疑难问题：一是证人当庭证言与证人庭前所作的证言笔录发生了矛盾；二是同一证人不同时间所作的证言前后矛盾的；三是不同的证人之间的证言相互矛盾。

1. 证人当庭证言与证人庭前所作的证言笔录发生了矛盾。《最高人民法院关于适用〈中华人民共和国刑事诉讼法〉的解释》第91条第2款规定，当庭作出的证言与其庭前证言矛盾，证人能够作出合理解释，并有其他证据印证的，应当采信其庭审证言；不能作出合理解释，而其庭前证言有其他证据印证的，可以采信其庭前证言。根据上述规定，证人当庭证言与庭前书面证言发生矛盾的，法庭应当优先采纳当庭证言，但有两个前提条件：一是证人“当庭能够对其翻证作出合理解释”；二是当庭证言要“有相关证据印证”。假如无法同时满足这两个条件，法庭则优先采信庭前书面证言。表面上，似乎是证人证言的证据能力问题，其实与证据能力关系不大，属于证据的证明力问题。[②]

2. 同一证人不同时间所作的证言前后矛盾的。同一个证人在不同时间就相关内容作出相互矛盾的证言，按照经验法则和逻辑规则，其中一份的证明力必然有问题。在证据能力没有问

---

① 参见施鹏鹏：《跨时代的智者——密特麦尔证据法学思想述评》，载《政法论坛》2015年第5期。

② 参见陈瑞华：《论证据相互印证规则》，载《法商研究》2012年第1期。

题的情况下，在（1）证言的矛盾得到了合理排除，（2）其中一份证言得到了其他证据的印证，其中一份证言的证明力可以确认。两份自相矛盾的书面证言，如果无法合理排除矛盾，并且没有其他证据对其加以印证，则一律不得确认它们的证明力。

3. 不同的证人之间的证言相互矛盾。在司法实践中，多个证人证言时常出现相互矛盾。在此种情况下，裁判者不能简单遵循“少数服从多数”的算术原则，而必须依据案件的具体情节，认真评估不同证言之间的可信要素，运用逻辑法则和经验法则来进行判断。可以分为两种情况：（1）不同证言虽有内容冲突，但可共存，并非一真一伪。例如，在聚众斗殴案件中，一些证人看到甲打了乙，而另外一些证人看到丙打了乙。裁判者应审查为何证人间会有不同的观察结果。极有可能两名证人证明了两个不同的事实，可能是甲和丙都打了乙，并不存在矛盾。（2）不同证人之间的矛盾不可调和，必有一真一伪。在这种情况下，一是要注意审查证人本身的因素如品格、与案件利害关系，“毫无疑问，审慎、冷静、声誉好的证人比马虎、烦躁、声誉差的证人更可信”。二是要审查证言内容的可信度和真实性。三是与其他证据对比印证，证言与其他证据的契合度越高，则可信度就越高。四是如果经审慎研判后依然存有疑问，则应作出最有利被告的决定。[①]

① 参见施鹏鹏：《跨时代的智者——密特麦尔证据法学思想述评》，载《政法论坛》2015 年第 5 期。

第三篇　综合分析

在前述中，我们重点阐释了证据审查判断的前两个步骤，即分解验证和双向对比。分解验证是为了解决证据能力问题，排除非法证据、补正瑕疵证据，通过分解验证“过滤”之后留下的“干净”的证据，通过第二步的双向对比，运用印证证明模式对证明力进行分析。在本篇中，我们来阐释第三步综合分析，在前两步工作的基础上，对全案证据进行客观、全面的综合分析，对待证事实作出最终认定，解决的是事实认定问题。

第七章　综合分析的意义与依据

综合分析是裁判者对全案证据和综合性的分析判断，这个分析判断的过程就是逐步确立内心确信的过程，最终为待证事实的认定作出终结性的判断。对证据的综合分析实际上是一种思维活动，离不开经验法则、逻辑思维、法律素养、司法实践经验等。

第一节　综合分析的意义

一、综合分析的内涵是什么？

综合分析是运用证据过程中的重要思维方法。从证据的审查判断到对案件事实作出结论，一刻也离不开综合分析。综合分析是指承办人在运用证据的思维过程中，将经过分解验证和双向对比的证据材料有机地综合成为一个整体来加以考察的逻辑方法，它是建立在前面对于单个证据分解验证以及对比判断的基础之上的。综合分析不是将所有的证据材料的各个方面和要素简单地罗列在一起，而是从案件的实际情况出发，在思维中将证据分析后的各个证据材料，按照法律规律有机地结合成一个证据体系，从而达到对案件事实的完整、准确的认定。“如果从事实的全部总和，从事实的联系去掌握事实，那么，事实不仅是胜于雄辩的东西，而且是证据确凿的东西，如果不从全部总和，不是从联系中去掌握事实，而是片段的和随便挑出来的，那么事实就只能是一种儿戏，甚至连儿戏也不如”。[①] 综合分析的功能在于是确立裁判者心证的关键，也是对待证事实作出最终认定的关键步骤。

二、证据分析中的原子主义与整体主义如何取舍？

关于证据分析，有“原子论（原子主义）”和“整体论（整体主义）”之争，英美法系对此存在激烈的争论。[②] 原子论模式是英美传统的主流理论，认为“事实认定者将证明价值附着在各自独立的证据之上，通过证据的增减得出最后的结论——对待每项证据就如同处理组成马赛克的一块块圆石一样”。[③] 原子论模式要求“证明力取决于个别存在的单个证据、离散的系统推论；最终事实认定则由这些彼此分离的证明力以某种叠加的方式聚合而成。”[④] 英美传统证据理论认为，事实认定就是从单个的证据出发，运用逻辑规则和经验法则推导出案件事实的过程。

整体论模式在 20 世纪 80 年代开始受到推崇，1820 年被英

---

① 《列宁全集》（第二十三卷），人民出版社 1990 年版，第 279 页。

② 参见［英］威廉·特文宁：《证据理论：边沁与威格摩尔》，吴洪淇、杜国栋译，中国人民大学出版社 2015 年版，第 280 ~ 283 页。

③ ［美］米尔建·R. 达玛斯卡：《漂移的证据法》，李学军等译，中国政法大学出版社 2003 年版，第 47 ~ 48 页。

④ ［美］米尔吉安·R. 达玛斯卡：《比较法视野中的证据制度》，吴宏耀、魏晓娜等译，中国人民公安大学出版社 2006 年版，第 68 ~ 69 页。

美学者视为“离经叛道”的苏格兰律师兼地方司法官詹姆斯·格拉斯福德在《证据原理及其在司法探知中的应用》一书中提出，他对传统的原子主义模式提出挑战，倡导一种整体主义的事实认定方法，到20世纪80年代经由艾布·哈瑞拉的阐述，开始广为传播。艾布·哈瑞拉指出，许多证据评价是完形的和整体性的。例如，在评价大量证据的证明力上我们不会也不应该把整个证据群分成独立的个体并且分别赋予每一个体独立的证明价值。我们应该把大量的证据看做一个整体，一个“格式塔”或“完形”，以证明它的整个证明力或可信性。[①] 整体主义是在考虑了各项证据如何更多的解释性方案、事件或者叙述之后，事实认定者才能达到确信状态。在整体主义模式看来，“一项材料的证明力源于所有已输入信息材料之间的相互作用。在该观点看来，单项证据自身的证明力，无法游离于证据的总体判断”。[②] 在整体论模式来看，“刨根问底的本性不可能将各项信息的分量同整体判断切割开来。或以该观点的另一种形式来说，也就是不可能通过赋予各项分散的证据以价值，然后再对这些价值进行累加来作出决定”。[③]

原子主义与整体主义二者孰是孰非？本书认为，原子主义把事实认定看做是对单个证据进行“拼接”的工作，即以对证据的个别评价为基础进行的单线程的证据推理活动，而忽视了

① 参见封利强：《事实认定的原子模式与整体模式之比较考察》，载《证据学论坛》（第十七卷）。

② ［美］米尔吉安·R. 达马斯卡：《比较法视野中的证据制度》，吴宏耀、魏晓娜等译，中国人民公安大学出版社2006年版，第69页。

③ ［美］米尔建·R. 达马斯卡：《漂移的证据法》，李学军等译，中国政法大学出版社2003年版，第47～48页。

各方证明主体之间的互动联系以及证明主体与证明客体、证明手段之间的双向互动，从而对事实认定缺乏整体上的把握。这与英美法系国家长期以来在证据法上奉行经验主义有关。正如达玛斯卡所言，“如果把整体论理解成对事实审理者如何实际考虑证据并形成确信的替代描述，那么在多数情况下，整体论似乎都能比原子论更好地反映人类的天然心理过程”。[①] 但是，整体主义过分夸大人类思维过程的非线性，可能会忽略对单个证据的精密化分析。

在本书看来，二者之间不是相互对立和排斥的关系，可以相互补充。在笔者所创立的三步法则中，能将这两种模式很好地融合在一起。在第一步的分解验证、第二步的双向对比过程中，更多地体现了证据的个别判断，这是证据原子主义的立场；第三步的证据综合分析就是一种整体主义的立场。司法实践呈现的真实现状也是先对个别证据进行判断，再综合全案证据判断。因此，原子主义和整体主义涉及心证的形成顺序问题，妥当的做法应该是先进行证据的单个、分别判断，再进行整体综合分析，这是“三步法则”本身的内在逻辑。无独有偶，笔者的这一立场与日本学者田口守一的观点相同。田口守一认为，“无论是对每一个证据进行个别判断，还是对证据整体进行综合判断，这是心证形成的顺序问题。例如，根据情况证据（间接证据——引者注）认定的事实，如果对一个个证据分别判断，容易得出什么也没有证明的结论。但如果对上述事实进行综合判断，可能是‘笼统的’判断。当然不能否定综合判断，但应

① ［美］米尔建·R. 达玛斯卡：《漂移的证据法》，李学军等译，中国政法大学出版社 2003 年版，第 48 ~49 页。

当尽可能以个别判断为基准”。[①]

第二节　综合分析的依据

对证据的综合分析过程是一种思维活动的过程，这其间离不开裁判者个人法律素养、司法实践经验，以及经验法则、逻辑规则等因素。

一、裁判者个人的素养如何影响证据分析?

裁判者对证据综合分析的能力，其影响因素包括个人的法律素养和相关领域的知识储备。一般而言，一个法律人的法律素养程度越高，其对证据的评价水平也越高；反之，一个法律人的法律素养越低，其相应的证据分析水平越低，这也是法律职业化、专业化的根本理由。刑事案件往往不是法律知识的孤岛，而是与其他科学领域存在千丝万缕的联系，如伤害、杀人类案件与法医学、痕迹学、化学、力学等知识密切相关；经济类犯罪往往与会计学、金融学、统计学等密切相关；食药品及环境类犯罪与药理学、环境学、营养学等密切相关。对于有些案件，如果公诉人不能庭前充分知悉和了解其他相关领域的科学知识，在庭审中必然陷入被动，甚至无法将案件事实表述清楚。比如，下面这个案例：

【案例 37：上海某高校投毒案】 2013 年 3 月 31 日 14 时许，

---

① ［日］田口守一：《刑事诉讼法》，张凌、于秀峰译，中国政法大学出版社 2010 年版，第 273 页。

林某某以取实验用品为由，从他人处取得钥匙后进入他实习过的某高校附属的医院 11 号楼二楼影像医学实验室 × 室，趁室内无人，取出装有剧毒化学品二甲基亚硝胺的试剂瓶和注射器，并装入一只黄色医疗废弃物袋内带离。当日 17 时 50 分许，林某某回到与黄某共同住宿的房间，趁室内无人，将上述剧毒化学品全部注入室内的饮水机中，随后将注射器和试剂瓶等丢弃。次日上午，林某某与黄某同在宿舍房间内，黄某从饮水机中接取并喝下有毒的饮用水。之后，黄某即发生呕吐，于 4 月 1 日中午至医院就诊，因病情严重于 4 月 3 日转至重症监护室治疗。经全力抢救无效，黄某于 4 月 16 日死亡。经鉴定，黄某死于二甲基亚硝胺中毒致肝脏、肾脏等多器官损伤、功能衰竭。①

此案引发媒体广泛关注，其中一个重要的争议焦点就是死亡原因是中毒还是乙肝病发？检方认为：黄某符合二甲基亚硝胺中毒致急性肝坏死引起急性肝功能衰竭，继发多器官功能衰竭死亡。辩方认为：黄某系暴发性乙型病毒性肝炎致急性肝坏死，最终因多器官功能衰竭死亡。二审开庭期间，林某某的辩护人申请“有专门知识的人”胡某某出庭，胡某某当庭就其与庄某某共同作出的北京某咨询服务中心《法医学书证审查意见书》作出说明，认为黄某系暴发性乙型病毒性肝炎致急性肝坏死，最终因多器官功能衰竭死亡。面对这样的案件，公诉人（包括出席二审法庭的检察人员）必须对二甲基亚硝胺的这一化学领域的知识有所了解，也需要对暴发性乙肝这一医学领域的知识有所了解，甚至对饮水机的工作原理都需要了解。引人注

① 参见孙毅蕾：《林森浩一审被判死刑》，载新浪网，http：//news. sina. com. cn/c/2014 －02 －19/143029509372. shtml。

目的是诉讼代理人对于被害人摄入毒物量的分析。庭审中辩护人提出饮水机中二甲基亚硝胺浓度很低，并结合侦查实验通过计算得出被害人黄某喝下的二甲基亚硝胺为0.366克不足以致死的意见。针对该辩护意见，诉讼代理人予以了出色的驳斥，诉讼代理人从国家知识产权局专利检索网站上检索到一专利申请文件详细说明了饮水机水槽的工作原理，分析认为林某某推开水桶倒入二甲基亚硝胺的动作，会使饮水机水阀打开，进而使水桶内的水注入水槽内；水桶复位后，由于水槽内的水已经超量，水阀必然处于关闭状态，水槽内的水不可能从水槽内向饮水桶内回流。因此，辩方计算的二甲基亚硝胺浓度的方法是不符合物理常识，据此推论出的二甲基亚硝胺的摄入量是错误的。[①] 还有备受舆论关注的"快播案"[②] 由于涉及很多网络和计算机专业知识，这些知识的匮乏也会影响证据评价和事实的认定。

二、经验法则及逻辑法则如何影响证据分析？

"司法证明科学是建立在逻辑学、心理学和一般经验的基础

---

① 详细内容参见刘春雷、叶萍：《欲盖弥彰反误卿卿性命，回头是岸何叹朝闻夕死——复旦投毒案二审维持原判》，载 http://mp.weixin.qq.com/s?__biz=MzAxODAyMDQ2Mg==&mid=202418807&idx=1&sn=57137b2f9a34b16a06dcade2e69606f0&3rd=MzA3MDU4NTYzMw==&scene=6#rd，2015年1月8日。

② 该案的基本案情：深圳市快播科技有限公司通过免费提供QSI软件（QVOD资源服务器程序）和QVODPlayer软件（快播播放器程序）的方式，为网络用户提供网络视频服务。在明知网络用户擅自从事互联网视听节目服务、提供的视听节目含有色情等内容的情况下，快播公司未履行监管职责，放任淫秽视频在快播公司控制和管理的缓存服务器内存储并被下载，导致大量淫秽视频在网上传播。

上的”。[①] 证据的综合分析离不开经验法则和逻辑法则。2010年，最高人民法院、最高人民检察院、公安部、国家安全部、司法部联合制定的《关于办理死刑案件审查判断证据若干问题的规定》第5条对办理死刑案件“证据确实、充分”的含义进行解释时，明确表达了经验法则和逻辑规则在证据分析中的意义。即办理死刑案件，对被告人犯罪事实的认定，必须达到证据确实、充分。“证据确实、充分是指：（一）定罪量刑的事实都有证据证明；（二）每一个定案的证据均已经法定程序查证属实；（三）证据与证据之间、证据与案件事实之间不存在矛盾或者矛盾得以合理排除；（四）共同犯罪案件中，被告人的地位、作用均已查清；（五）根据证据认定案件事实的过程符合逻辑和经验规则，由证据得出的结论为唯一结论。”[②] 2021年《最高人民法院关于适用〈中华人民共和国刑事诉讼法〉的解释》第140条规定，没有直接证据，但间接证据同时符合下列条件的，可以认定被告人有罪……（五）运用证据进行的推理符合逻辑和经验”。这里明确提出了“逻辑”和“经验规则”在证据分析和事实认定中的作用。

经验法则是人们在长期的生产、生活以及科学实验中对客

---

① ［英］威廉·特文宁：《证据理论：边沁与威格摩尔》，吴洪淇、杜国栋译，中国人民大学出版社2015年版，第219页。

② 2012年《刑事诉讼法》修改过程中认为上述规定的第（四）项，即“共同犯罪案件中，被告人的地位、作用均已查清”，这不是证明标准问题，而是办理任何一个案件的证明活动的应有之义；第（五）项“符合逻辑和经验规则，由证据得出的结论为唯一结论”中的“唯一结论”的提法过于绝对，不符合诉讼认识论。最终，立法者删去了上述第（四）项规定，并根据实践中的作法以及域外关于证明标准的规定，将第（三）项和第（五）项归纳为“综合全案证据，对所认定的事实已排除合理怀疑”。

观外界普遍现象与通常规律的一种理性认识，在观念上它属于不证自明的公认范畴。经验法则的功能体现在哪里呢？我国台湾地区学者陈朴生指出，“适用法律，其作用即从特定概念之内容与法的规范之内容，而后发见其具体的公正之法的规范。此项具体法的规范之发见，应基于经验法则，为合理的选择，为合理的判断”，经验法则，于事实认定上具有下列作用：“A. 决定证据能力之作用；B. 推理作用；C. 证据评价作用；D. 选择。”① 我们认为，可以将经验法则的功能概括为以下两个方面：一是证据证明力的评价功能，包括证据自身证明力的有无评价和证明力大小的评价；二是事实认定功能。

从所涉领域看，经验法则可分为日常经验法则和特殊经验法则。日常经验法则是指人们日常生活和生产实践中，为大众知晓、认同的关于事物及社会观念的普遍性、规律性的认识，主要有以下几种表现形式：一般交易惯例、社会基本伦理、善良风俗、自然现象、自然人的生理现象和普遍的心理状态、思想状态。比如，证人甲说看到乙穿着衬衫出门的，但是其他证据证明案发时间是冬天，那么，证人甲的证言就违背生活经验法则，就会影响到事实的认定。特殊经验法则是指特殊群体所掌握、认同和分享的关于事物的普遍性、规律性的认识。由于特殊的经验法则只为特殊领域的专业人士所掌握，裁判者并不熟知，故原则上需要通过专业的鉴定、论证方可适用。比如，票据上被告人的签字，与被告人供述笔录上的签字是否同一人，该事实的认定就是需要进行专业的笔迹鉴定。

---

① 陈朴生：《刑事证据法》（第三版），台北，三民书局 1979 年版，第565 ~ 569 页。

逻辑法则又称论理法则，就是指“推理演绎的逻辑规则。”[①] 证据的综合分析离不开逻辑法则。事实的认定需要在证据与事实之间进行逻辑推理，“对于事实而言，法律是透过法的三阶段论来寻求答案的”。[②] 比如，作案工具上留下了被告人的指纹，证据三段论推理是这样的：作案工具上留下具有特定特征的指纹，具有唯一性——甲拥有这样的指纹特征——甲接触过该作案工具——再综合其他证据确定甲是否为犯罪行为人。“首先，必须将考察的两对象——证据及待证事实予以明确；其次，分析被考察二对象之间联系的性质；再次，刻画出证据与待证事实之间联系的逻辑表达方式；最后，给出证据与待证事实之间的强度。”[③]

需要特别指出的是，无论是经验法则还是逻辑规则都是有限度的。经验法则是一种盖然性的规定，在程序上允许反驳，而且并非所有的待证事实都可以适用经验法则。逻辑法则也不能机械化，不是简单的数学计算和数理推演，现实发生的案件是具体的、复杂的，离不开裁判者的主观分析和思维判断。

---

① 林钰雄：《严格证明与刑事证据》，法律出版社 2008 年版，第 97 页。

② ［日］石井一正：《日本实用刑事证据法》，台北，五南图书出版公司 2000 年版，第 8 页。

③ 何家弘：《证据学研究》，中国人民大学出版社 2007 年版，第 358 页。

第八章　综合分析中的证明标准

对全案的证据进行综合分析，达到何种标准才能认定某个案件事实，这就是证明标准问题。一个案件的证据达到什么样标准才能定案，这是刑事诉讼法学和证据法学的永恒难题，人们甚至将证明标准问题喻为证据学中的“歌德巴赫猜想”。目前，学界关于上述问题远未形成共识，也未能提出符合司法实践实际需要的证明标准。本章在评析各种理论争议的基础上，结合司法实践，提出“以客观真实为应然追求，以法律真实为现实底线”的二元主义证明标准。

第一节　证明标准的基本理论

一、证明有无标准？

刑事证明标准问题是刑事证据制度的核心问题，也是目前学者关注的一个热点问题。刑事证明标准是指刑事诉讼中承担证明责任的人提供证据对案件事实加以证明所要达到的程度。

证明标准又称证明度，[①]，或者称证明程度，俗称证明门槛。[②] 它是衡量刑事诉讼证明结果正确与否的准则。

证明到底有无标准？也即刑事诉讼有无证明标准？这是个不无争议的问题。张卫平教授认为，作为一种确定的、统一的、具有可操作性的证明标准的建构只能是乌托邦，并认为事实认定不可能离开法官的主观自由判断，证明度的标准化是不可能的，主要的理由是，“所谓标准，必须具有统一性、外在性、可识别性。要求标准具有可识别性，就要求作为标准的尺度必须是具体的、明确的……如果标准不是具体的，也就无法使该度量规范具有可操作性”。[③] 王敏远教授也声称，标准应是外在的、客观的、应为可量度而具有确定性的准则，据此，任何只是对认识主体的主观认识状况、相信程度所作的规定，都不是证明标准，并认为具有可操作性的证明标准并不存在。[④] 上述否定论者的观点也遭到学界的广泛批判。[⑤]

我们认为，从司法实践的角度来说，否定论的观点值得商榷。首先，证明标准能够在司法人员形成一种思考方式上的共识，避免非理性化、专横性和随意性。否则，司法人员随心所

---

① 参见［日］小林秀之：《证据法》，弘文堂1996年版，第66页；转引自张卫平：《证明标准建构的乌托邦》，载《法学研究》2003年第4期。

② 参见林辉煌：《刑事审判之证明负担及证明程度——比较法之分析》，台北，元照出版公司2011年版，第65页。

③ 张卫平：《证明标准建构的乌托邦》，载《法学研究》2003年第4期。

④ 参见王敏远：《一个谬误、两句废话、三种学说——对案件事实及证据的哲学、历史学分析》，载王敏远编：《公法》（第四卷）2003年版，第229~230页。

⑤ 参见何家弘：《司法证明标准与乌托邦——答刘金友兼与张卫平、王敏远商榷》，载《法学研究》2004年第6期；陆嫣池：《证明，当真没有标准吗？——也谈证明标准兼与张卫平老师商榷》，载《西南政法大学学报》2012年第5期。

欲，造成证明活动的混乱，必然会错案迭出，甚至滋生腐败。这不仅是司法实践办案的需要，也是刑事诉讼法学一直执着于研究证明标准的重要原因。刑事诉讼证明活动是一种具有法律意义的、规范性的行为，所以必须有一个相对明确、规范的标准，遵守一定的规则。这一点与刑法中的犯罪构成体系具有异曲同工之妙，人们也可以追问“犯罪构成有无标准”？但事实表明，无论是德、日三阶层还是我国传统的四要件，无论是德、日的古典犯罪论体系、新古典犯罪论体系还是目的理性体系，都在努力构建一种犯罪成立的判断标准或定型，通过这种理论上的体系化，“它就可能使刑法在安全和可预见的方式下得到运用，并能够避免非理性化、专横性和随意性”。[①] 其次，法学作为一种规范性学科，其中很多问题都不可能排除规范性判断，不可能像物理学和化学一样可以精确地计算和测量。证明标准的判断不可能离开司法者的规范性判断，但是这种规范性的判断不能成为否定标准本身的理由。最后，以证明标准过于抽象、不具有具体外在的可操作性为由否认证明标准的存在也是不妥的。因为这有混淆证明标准与证明模式、审查判断方法之嫌。证明标准相对抽象，但是证明模式和审查判断方法则更为具体，后者强调通过可操作性的方法来判断是否达到证明标准。

二、证明标准在起诉、判决阶段是否有别？

2012 年修改后的《刑事诉讼法》第 160 条规定，“公安机关侦查终结的案件，应当做到犯罪事实清楚，证据确实、充分，

① 西班牙刑法学者金贝尔纳特·奥代格语，转引自［德］克劳斯·罗克辛：《德国刑法学总论（第 1 卷）——犯罪原理的基础构造》，王世洲译，法律出版社 2005 年版，第 126 页。

并且写出起诉意见书，连同案卷材料、证据一并移送同级人民检察院审查决定”；第172条规定，“人民检察院认为犯罪嫌疑人的犯罪事实已经查清，证据确实、充分，依法应当追究刑事责任的，应当做出起诉决定，按照审判管辖的规定，向人民法院提起公诉”；第195条第1项规定，“案件事实清楚，证据确实、充分，依据法律认定被告人有罪的，应当作出有罪判决”。可见，我国《刑事诉讼法》将侦查机关侦查终结移送审查起诉的证明标准、提起公诉的证明标准、法院审判定罪的证明标准都规定为“证据确实、充分”。尽管立法上使用了相同的表述，但是理论界对于起诉和判决的证明标准是否应该一致争议较大。一种观点认为，检察机关审查起诉的证明标准和法院定罪的标准应当一致，这是保证案件质量的需要，也与我国的诉讼构造相适应，不应降低公诉证明标准。① 另一种观点认为，公诉的证明标准应当低于法院定罪的证明标准。将起诉证据标准等同于有罪判决的证明标准，是违背诉讼规律的，与国外关于证明标准的规定也不一致。② 应该将我国的证据标准实行多层次性与多元化。③

我们认为，从司法实践出发，提起公诉的证明标准与判决的证明标准保持一致是妥当的。

首先，既然法律明确规定了检察机关公诉证明标准、法院定罪证明标准都是“证据确实、充分”，那么对这一立法用语在不同的诉讼阶段作出不同的解释，不符合体系性解释的原理，

---

① 参见孙长永：《提起公诉的证据标准及其司法审查比较研究》，载《中国法学》2001年第4期。

② 参见刘根菊、唐海娟：《提起公诉的证据标准探讨》，载《现代法学》2003年第4期。

③ 参见何家弘：《短缺证据与模糊事实》，法律出版社2012年版，第213页。

也与立法目的难以相符。

其次，从实践的效果和运行情况来看，检察机关审查案件时所采取的证明标准与法官审判案件定罪判刑的证据标准并无差别。实践证明，绝大多数检察机关提起公诉的案件都获得了有罪判决，保证刑事公诉的质量和效率，这在很大程度上表明我国刑事公诉证明标准的合理性和科学性，对保证案件质量发挥了积极作用。

再次，提起公诉的证明标准与判决的证明标准保持一致起到了过滤作用，有效防止滥诉，提高效率。我国检察机关不仅拥有法律监督权，还承担客观公正义务，对于移送审查起诉的证据材料的审查不仅应当重视有罪证据、罪重证据的作用和价值，还必须重视无罪证据、罪轻证据的作用和价值，即检察机关必须客观公正的审查所有移送审查起诉的证据材料，客观公正的做出判断。实践表明，检察机关在审查起诉过程中严格把握证据标准，对于公安机关移送审查起诉的案件，有相当一部分案件被过滤掉而做出了存疑不起诉、绝对不起诉处理，还有相当一部分在实践中因证据不足检察机关不予受理或建议公安机关做撤案处理。这也充分说明了严格的公诉证明标准有利于防止滥诉行为的发生，提高诉讼效率，有助于保证证据不足的犯罪案件的犯罪嫌疑人及时从刑事诉讼中解脱出来，这有利于人权保障。同时在一定程度上减轻了法院的审判负担，提高了诉讼效率，节约了司法资源。

最后，我国刑事诉讼的构造与西方有所不同，不能简单地以西方国家公诉证明标准与判决证明标准不同而质疑我国采用统一的证明标准。西方多数国家的刑事诉讼构造实行检警一体化，检察机关审查起诉期间侦查活动继续进行，同时提出指控的时间距离逮捕的时间短，而且还有专门的预审程序起到过滤作用，如法国的预审法官和上诉法院起诉庭审查决定是否交付审判时所掌握的证据标准仍然是非常严格的，真正进入审判程序的重罪案件所达到的证据标准，至少在预审法官或上诉法院起诉庭看来，实际上与有罪判决时的证据标准已经没有太大的区别。因此，在这种诉讼构造下，公诉证据标准低于有罪判决的证据标准是适当的。而我国的刑事诉讼实行公、检、法三机关分工负责、互相配合、互相制约的原则，三机关在各自负责的诉讼阶段都必须最大限度地依法查明事实真相，不允许把自己应当完成的任务推到下一阶段。在这种情况下，盲目宣扬降低公诉证明标准的话，那么案件质量必将受到巨大冲击，可能会进一步加剧错案的发生。

三、各种证明标准有何优劣？

（一）证明标准的不同表述

1. 英美法系国家的“排除合理怀疑”。“排除合理怀疑”的证明标准最早产生于18世纪、19世纪，即指控一方指控犯罪时提出的证据必须达到裁判者内心没有合理怀疑的程度。何谓排除合理怀疑？塞西尔·特纳指出，“所谓合理的怀疑，指的是陪审员对控告的事实缺乏道德上的确信、对有罪判决的可靠性没有把握时所存在的心理状态。因为控诉一方只证明一种有罪的可能性（即使是根据或然性的原则提出的一种很强的可能性）是不够的，而必须将事实证明到道德上的确信程度——能够使人信服、具有充分理由、可以据以作出判断确信的程度”。[①] 在

---

① ［英］J. W. 塞西尔·特纳：《肯尼刑法原理》，王国庆等译，华夏出版社1989年版，第549页。

美国，判例法、制定法和州宪法大都实行确信无疑的证明标准，其理由在于“由于被告人被定罪可能会失去自由或蒙受巨大侮辱，因此刑事指控过程中被告人承受着巨大的利益危险。因此一个珍视每个人名誉和自由的社会，在对其罪行存有合理怀疑时，就不应对其实施的行为加以处刑”。①

2. 大陆法系国家的“内心确信”。大陆法系国家的证明标准一般表述为“内心确信”。大陆法系国家中最早确立“内心确信”的证明标准的是法国。1795 年，法国在立法中规定了一个著名公式：“法律不要求陪审员说明他们是如何获得心证的。法律也不规定要求他们必须遵守的关于证据的规则。法律命令他们以真挚的良心问自己：为了证明被告有罪而提出的证据和被告方面的防御给了他们的理性以何种印象……法律只是向他们提出一个能够概括他们职务上全部尺度的问题：你们是真诚地确信的吗?”② 1887 年德国《刑事诉讼法典》中正式采用内心确信原则，“要求法官根据他个人的自由确信而确定证据。法官的个人确信，是指他的个人确认。这种确认必须依照明智推理，建立对证据结果之完全、充分、无相矛盾地使用之上”。③

3. 我国的“确实、充分”。我国《刑事诉讼法》在立法上和通说理论上，将证明标准表述为“确实、充分”。我国 1979 年《刑事诉讼法》确立了“事实清楚，证据确实、充分”的证

---

① ［美］罗纳德 · J. 艾伦等：《证据法：文本、问题和案例》，张保生等译，高等教育出版社 2006 年版，第 517 页。

② 参见樊崇义等：《刑事证据法原理与适用》，中国人民公安大学出版社 2003 年版，第 219 页。

③ 《德国刑事诉讼法典》，李昌珂译，中国政法大学出版社 1995 年版，中译文引言。

明标准。1996 年修改后的《刑事诉讼法》对这一证明标准并没有做出任何调整。2012 年《刑事诉讼法》修改时依然沿袭了“事实清楚，证据确实、充分”的表述，只是在此基础上对“确实、充分”做了进一步阐释，要求符合三个条件，才可以被认定为“确实、充分”：一是定罪量刑的事实都有证据证明；二是据以定案的证据均经法庭程序查证属实；三是综合全案证据，对所认定的事实已排除合理怀疑。

可见，关于刑事证明标准，英美法系国家的表述是“排除合理怀疑”，大陆法系国家的表述一般是“内心确信”，我国的刑事证明标准表述是“确实、充分”。这种不同用语所表达的含义有何相同之处、又有何不同之处呢？

（二）不同表述背后的价值趋同

英美法系国家的“排除合理怀疑”，大陆法系国家的“内心确信”，我国的“确实、充分”，虽然措辞不同，但是其间的差别可能并非如我们想象的那么大，其背后的价值追求在某种程度上具有趋同性。我国“确实、充分”的立法表述也并没有学界所批判的那样不堪。排除合理怀疑、内心确信的证明标准近年来受到我国理论界的高度关注，赢得众多学者的推崇，被认为是比我国的“确实、充分”的证明标准更科学、更合理、更具有可操作性的证明标准。我们认为这一观点缺乏理论依据和实践支撑。

首先，“排除合理怀疑”并不排斥“确实、充分”，内心确信也不排斥“排除合理怀疑”。《布莱克法律词典》解释“排除合理怀疑”时是这样表述的，“是指全面的证实、完全的确信或者一种道德上的确定性；这一词汇与清楚、准确、无可置疑这些词相同”。这里的“全面的证实”、“完全的确信”与“确实、充分”具有异曲同工之处；这里的“清楚、准确、无可置疑”

与“确实、充分”几乎无差别。由此可见，“排除合理怀疑”同样具有确实、充分之意。同样，内心确信与合理怀疑也具有趋同性。要想在裁判者心中建立确信，就必须排除合理怀疑，而要“排除合理怀疑就意味着内心确信，反之亦然，这其实是同一判断互为表里的两种表述”。① 同样，内心确信也表达了与“确实、充分”相似的含义。德国 19 世纪著名的刑法学家和证据法学家密特麦尔在其证据法学经典巨著《刑事证据论》一书中就证明标准问题指出，“任何对被告作出的有罪判决，均必须查证：犯罪事实是否发生；犯罪事实是否为被告所实施；以及被告在何种情况下实施犯罪行为……所有对被告的指控均应以证据为基础”，证明便是“揭示案件真相，令法官达致内心确信，获得完全的确定性”。② 在当今德国，“刑事法学界一直认为在‘排除合理怀疑’与‘确信’之间存在紧密的联系，因为使用‘确信’这个概念绝对不应是为过分主观化打开通途。‘确信’必须有理性的论据和证据调查的结果来支撑，并且必须是内心主观上可以理解的。”③

其次，“内心确信”也是建立在“确实、充分”的证据基础上进行的内心判断。现行德国《刑事诉讼法》第 261 条明确规定，“对证据调查结果”——“对事实之调查”——“法院乃就由全部审判过程所获得之确信决定之”。克劳思·罗科信进一

① 沈德咏、江显和：《对我国刑事证明标准的再探讨》，载《人民司法》2009 年第 5 期。

② Mittermaier K. J. A. , Traité de la preuve en matière criminelle, traduit par, C. -A. Alexandre, De Cosse et N. Delamotte, 1848, p. 2, 68. 转引自施鹏鹏：《跨时代的智者——密特麦尔证据法学思想述评》，载《政法论坛》2015 年第 5 期。

③ ［德］埃达·韦斯劳：《真相与传说：关于抗辩式诉讼的讨论》，宗玉琨译，载《当代德国刑事法研究》2017 年第 1 卷。

步就此指出“此乃指，法官对特定的事实必须无疑义地认为其为真实。这样亲自所获得的确信按判例之见解，对形成有罪判决而言有其必要性，并也已充分”。[①] 内心确信固然依赖于裁判者基于理性和良心进行判断，但是这种判断也不是随心所欲的，也是建立证据在量和质上的积累基础上的。换言之，内心确信也有其客观的衡量指标，而不单纯属于法官的主观确信。具体地说，法官对犯罪事实的调查结果，应当认定其具有高度客观的可能性。要达成这一客观标准，法官需要尽力调查全案事实，不仅要着眼于法庭上的证据调查，还要通过庭外调查来发现新的证据和事实；法官在形成内心确信时应当兼顾多种可能性，并对被告人无罪的可能性予以排除；法官不得采用那些无法经受客观验证的经验法则来确立其心证；法官的内心确信应当建立在客观事实基础上，并经得起反复的验证。[②] 对此，陈瑞华教授指出，“其实，与其他任何证明标准一样，内心确信的标准既有其主观的一面，也有其客观的一面”，“所谓的‘内心确信’也不是纯主观的确信，而具有其客观的事实基础和可反复验证的效果。”[③]

再次，“确实、充分”的表述既没有排斥事实裁判者的内心判断，也没有否定“排除合理怀疑”的必要性。事实上，我国《刑事诉讼法》从来没有否定裁判者认定一个案件的证据是否达到定案标准需要内心判断；相反，我国《刑事诉讼法》第 176

① ［德］克劳思·罗科信：《刑事诉讼法》，吴丽琪译，法律出版社 2003 年版，第 117 页。

② ［德］克劳思·罗科信：《刑事诉讼法》，吴丽琪译，法律出版社 2003 年版，第 118 页。

③ 陈瑞华：《刑事诉讼中的证明标准》，载《苏州大学学报（哲学社会科学版）》2013 年第 3 期。

条规定，“人民检察院认为犯罪嫌疑人的犯罪事实已经查清，证据确实、充分，依法应当追究刑事责任的，应当做出起诉决定”，这里使用了“认为”一词，尽管该句话的主语是“人民检察院”，但是“人民检察院”作为一个单位如何“认为”呢？显然，最终还是“人民检察院”的检察官在“认为”，这恰恰肯定了检察官的内心主观判断。同样，“证据确实、充分”的立法表述不仅没有否定“排除合理怀疑”对定案的意义；相反，在2012年《刑事诉讼法》修改时对“确实、充分”做进一步阐释，使用了“排除合理怀疑”这一术语，即第53条（2018年修改时调整为第55条）第2款对“证据确实、充分”设立了需要满足的三个条件：“（一）定罪量刑的事实都有证据证明；（二）据以定案的证据均经法定程序查证属实；（三）综合全案证据，对所认定事实已排除合理怀疑。”

复次，排除合理怀疑与内心确信之间也无实质差别。“排除合理怀疑”强调法官的主观能动性，这是与英美法系国家判例法以及经验主义哲学密切相关的。人们在解释什么是合理怀疑的时候，往往又不得不使用“内心确信”，认为排除合理怀疑就是“道德上的确定性足以排除一切合理怀疑”，或者说排除合理怀疑就是一种“道德上的确定性”。比如，塞西尔·特纳在解释合理怀疑时就指出，“所谓合理的怀疑，指的是陪审员对控告的事实缺乏道德上的确信、对有罪判决的可靠性没有把握时所存在的心理状态。……必须将事实证明到道德上的确信程度——能够使人信服、具有充分理由、可以据以作出判断确信的程度。”[①] 这一表述与内心确信的含义几乎重合。正如樊崇义教授

---

① ［英］J. W. 塞西尔·特纳：《肯尼刑法原理》，王国庆等译，华夏出版社1989年版，第549页。

所言，“尽管‘排除合理怀疑’与‘内心确信’在表述上存在差异，但事实上并无本质区别，排除了合理怀疑，就意味着形成了内心确信，反之亦然。”①

最后，认为“排除合理怀疑”的证明标准比“证据确实、充分”更科学、更具有可操作性缺乏足够的理论支撑和实证研究。即使在“排除合理怀疑”发源地的英美法系国家，其可操作性也屡受质疑，“在现实中，将其解释清楚并付诸适用时却让人倍感懊悔、极其困难”，“在理解上陪审员被搞得一头雾水。甚至连法律界最精于此道的某些业内人士也发现该问题难以回答”，所以传统的普通法规则，禁止法官解释该术语，连美国最高法院也不得不直言“试图解释‘合理怀疑’这一术语，通常从来都不会使陪审团的头脑更加清醒”。② 排除合理怀疑的证明标准在英美法系国家存在广泛的质疑，批判乃至于否定该证明标准的言论从来没有停止过。司法实践中对“排除一切合理的怀疑”这种说法也曾“感到厌恶，认为它太容易使陪审团在定罪时不知所措”。③

由此观之，“排除合理怀疑”“内心确信”“确实、充分”只是表述不同，并非相互排斥的关系；相反，具有趋同的价值取向，只是从不同的角度作出的表述。“学术界对于我国刑事诉讼法规定的证明标准与国外通行的证明标准（‘排除合理怀疑’

---

① 樊崇义：《证明标准：相对实体真实——〈刑事诉讼法〉第 53 条的理解和适用》，载《国家检察官学院学报》2013 年第 5 期。

② ［美］詹姆士·Q. 惠特曼：《合理怀疑的起源——刑事审判的神学根基》，佀化强、李伟译，中国政法大学出版社 2012 年版，导言第 1～3 页。

③ ［英］J. W. 塞西尔·特纳：《肯尼刑法原理》，王国庆等译，华夏出版社 1989 年版，第 550 页。

或者‘内心确信’）之间的差异似乎过于夸大了，实际上两者之间并非势不两立，水火不容。”[①]“内心确信”从正面、积极的角度来表达证明标准的含义，“排除合理怀疑”是从反面、消极的角度来表达证明标准的含义，“确实、充分”则是从相对中立的角度来表达证明标准的含义；“排除合理怀疑”“内心确信”侧重于从主观方面阐述证明标准，“确实、充分”侧重于从客观面阐述证明标准，可谓殊途同归。既然如此，那种认为我国刑事证明标准应该废除“证据确实、充分”而应确立“排除合理怀疑”或“内心确信”的观点，[②]也就不攻自破了。

总之，无论是表述为“排除合理怀疑”还是“内心确信”，抑或是“确实充分”，并无明显的优劣之分，他们之间不是相互对立、相互排斥的关系，而是角度不同，完全可以相互补充、相互借鉴。樊崇义教授也认为，无论是“排除合理怀疑”“内心确信”，还是“高度的盖然性”，还有“清楚、准确、无可置疑”等证明标准，应该说它们要求达到的证明程度基本上都是一致的。[③]

第二节　二元主义证明标准之提出

如前所述，我国《刑事诉讼法》在证明标准问题上使用的

---

① 最高人民法院刑事审判第三庭编著：《刑事证据规则理解与适用》，法律出版社2010年版，第94页。

② 参见沈德咏、江显和：《对我国刑事证明标准的再探讨》，载《人民司法》2009年第5期。

③ 参见樊崇义：《证明标准：相对实体真实——〈刑事诉讼法〉第53条的理解和适用》，载《国家检察官学院学报》2013年第5期。

“确实、充分”表述与“内心确信”“排除合理怀疑”并非水火不容的关系，也并无优劣之分。那么，在理论上如何对“确实、充分”进行解读呢？最高人民法院的立场与笔者相同，他们认为“‘认同此心、心同此理’，因而无论是我国的法定刑事证明标准（所谓客观的证明标准），还是国外通行的排除合理怀疑或者内心确信的证明标准（所谓主观的证明标准），未必有什么本质上的差异，关键在于正确的理解和合理的解释”。[①] 我国诉讼法学界和证据法学界长期以来固执于客观真实说与法律真实说之争，至今未能达成共识，给司法实践带来困惑。

一、客观真实与法律真实争议何为？

关于我国立法上使用的“确实、充分”的这一证明标准的含义，学界历来就有客观真实说与法律真实说之争。

客观真实说认为，诉讼中对事实的证明，应当达到客观真实的程度，并认为查明案件的客观真实，不但是必要的，而且是完全可能的，[②] 就是指司法机关在刑事诉讼中所认定的有关犯罪嫌疑人、被告人刑事责任的事实必须与客观上实际存在的事实一致，归根结底，就是要求司法人员的主观认识必须符合客观实际。[③] 这一观点系我国诉讼法学界长期以来的通说观点。

法律真实说是在我国学者批评客观真实说的基础上提出来的，该观点认为，在诉讼证明过程中，运用证据对案件事实的

---

① 最高人民法院刑事审判第三庭编著：《刑事证据规则理解与适用》，法律出版社 2010 年版，第 95 页。

② 参见樊崇义等：《刑事证据法原理与适用》，中国人民公安大学出版社 2003 年版，第 216 页。

③ 参见陈一云：《证据学》，中国人民大学出版社 1991 年版，第 114 ~ 117 页。

认定应当符合刑事实体法和程序法的有关规定，应当达到从法律的角度认为是真实的程度。[①] 法律真实说认为，受制于人类认识的非至上性和认识对象的特殊性，在法律世界中，没有什么“本来是”事实的东西，没有什么“绝对的”事实，有的只是有关机关在法律程序中所确定的事实。这是因为，事实只有首先通过法律程序加以确认后，才能被赋予法律上的效果。也就是说，确定事实的机关，是在“法律上”认定事实，通过法律程序确认的事实。

学界一般将我国《刑事诉讼法》规定的“犯罪事实清楚，证据确实、充分”理解为客观真实，并一口咬定我国《刑事诉讼法》在证明标准问题上基于唯物主义认识论而采取了“客观真实说”的立场，用法律语言表达就是“查明案件的客观事实真相”，并对此展开了广泛的批判。[②] 按照诉讼认识论的观点，认定被告人有罪的标准应当是客观真实，也就是现行法律所说的“事实清楚，证据确实、充分”。其实，这一对证明标准的表述也就是哲学认识论上的“实事求是”和“发现案件的事实真相”，这一近乎理想的标准与人类世代追求的“不枉不纵”目标有异曲同工之处。[③] 时至今日，至少在理论层面，法律真实说占据了上风。

客观真实说、法律真实说表面上争论激烈、水火不容，事

---

① 参见樊崇义:《客观真实管见、兼论刑事诉讼证明标准》，载《中国法学》2000年第1期。

② 参见陈瑞华:《刑事诉讼的前沿问题》，中国人民大学出版社2000年版，第195页以下。

③ 参见陈瑞华:《对证明标准问题的一点思考》，载《人民检察》2003年第5期。

实上二者也有相通之处。法律真实说也不得不承认客观真实说这一理想目标作为确定被告人有罪的证明标准，固然正确，只是因为诉讼证明的本来功能决定了司法证明活动所要受到的一系列限制，因而不能得到实施。[①] 同样，客观真实说也不得不认可司法实践中大量的案件并没有完全达到客观真实。

二、为什么要提倡二元主义证明标准？

（一）二元主义证明标准的提出

如前所述，近年来法律真实说至少在理论上成为越来越有力的学说。但是从立法和司法实践的情况来看，情况却是完全不同的境况。

首先，我国《刑事诉讼法》规定的“确实、充分”本身并没有问题。“法律不是嘲笑的对象”，与其批判法律，不如解释法律。学界将我国《刑事诉讼法》规定的“犯罪事实清楚，证据确实、充分”解读为客观真实，只是学者的一厢情愿。事实上，这句话中既没有规定所谓的“客观真实”的字眼，也没有所谓的“法律真实”的字眼。我国《刑事诉讼法》所规定的这句话，既可以解读为客观真实、绝对真实，也可以解读为法律真实、相对真实。换言之，“犯罪事实清楚”同样可以解读为对犯罪构成要件的事实以及量刑事实查清，达到法律所要求的真实；“证据确实、充分”同样也可以解读为证据形成一个完整的证据体系，对主要犯罪事实（被告人实施了犯罪行为）的证明达到排除合理怀疑的程度。如前所述，“证据确实、充分”与西

---

① 参见陈瑞华：《对证明标准问题的一点思考》，载《人民检察》2003 年第 5 期。

方国家的“排除合理怀疑”“内心确信”也并非水火不容，而是殊途同归。

其次，就司法实践的情况看，司法者虽然追求着客观真实、追求客观真相，但是也并未排除法律真实，在绝大多数案件中践行着法律真实。因此，《刑事诉讼法》的规定本身并没有问题，是坚持客观真实说还是法律真实说，这只是一个学术立场问题，与法律规定无关。那么在学术立场上，法律真实说、客观真实说孰是孰非、孰优孰劣呢？如果单纯从理论上进行争论，或许结局只能是“公说公有理、婆说婆有理”，无尽无休。法学终究是一门实践性学科，实践性应该是法学研究的品格。我们从司法实践的角度来考量客观真实与法律真实，或许能够跳出传统客观真实说与法律真实说争论的窠臼。

实践办案呈现出来的现实情况是：在办理刑事案件时，每一个办案者都在努力追求一种客观真实、事实真相，但最终可能是采取了法律真实。比如，下面这个案例：

【案例 38：郭某盗窃案】2010 年 8 月 15 日，被告人陈某将郭某放在办公桌柜子里的一只黑色公文包盗走，内有现金和手机一部，现金已经给其在外地的妻子，公文包已销毁，手机已销赃，下落不明。手机经鉴定价值 890 元（鉴定的依据是中国移动话费充值发票）。被害人称包中大概有现金 14000 元，被告人开始供述称窃取的现金是 10000 元，后来翻供称是 8000 元。并称是因为侦查人员不让他睡觉、让他喝烟灰缸里的水，逼其承认包里有 10000 元。

此案的争议问题是：如何认定盗窃犯罪数额？被告人陈某盗窃犯罪的数额到底是 14000 元还是 8000 元，因为被害人说的是 14000 元左右，不排除记忆差错的可能性。作为实践办案者来说，怀着追求客观真实的心态，把客观真实作为应然追求，去补充、调查、核实、完善证据，最大限度地接近客观真相。此案经进一步补充证据，发现被告人通过邮局汇款 10000 元给其妻子，这与其此前辩解说盗窃数额是 8000 元存在矛盾，这 2000 元的差距如何解释？被告人又辩称 10000 元中的 2000 元是其在某公司打工挣的钱。带着这个疑问，办案人员以客观真实为应然追求，又经补充调查查明被告人所辩称的某公司并不存在。最终综合全部证据，同时采用存疑有利于被告人的原则，认定盗窃犯罪数额为 10000 元。这个案件最后认定 10000 元也只是个法律真实的标准，但是这个法律真实的形成离不开客观真实的作用，正是由于办案人员以客观真实为应然追求，带着追求客观真实的求证态度，才进一步补充了证据，使案件事实更加接近客观真相。从这个意义上说，客观真实作为一种应然追求，法律真实作为现实底线，既是司法实践真相的呈现，也是一种务实的学术立场。笔者将这一证明标准概括为证明标准的二元主义。①

（二）二元主义证明标准的内涵

二元主义证明标准基本内容就是，坚持将客观真实作为一种应然追求，法律真实作为现实底线；在实践中表现为：裁判者在审查、综合分析证据的过程中，带着查明客观真实、追求真相的心态去求证，去调查核实证据，去补充完善证据，尽可能地还原案件事实真相，不断地、最大限度地接近客观真实、

---

① 参见李勇：《刑事证明标准及判断方法》，载《中国检察官》（案例版）2011 年第 4 期；李勇：《客观真实与法律真实之争殊无必要》，载《检察日报》2011 年 3 月 16 日，第 3 版。

客观真相；当能补充完善的证据已经到位，能做的工作已经穷尽的情况下，要将法律真实作为坚守的底线，如果连法律真实都没有达到，就属于事实不清、证据不足，不得定案。借用张明楷教授的一句名言，就是："心中永远充满正义，目光不断往返于客观真实与法律真实之间"。[①]

1. 二元主义证明标准不是对客观真实与法律真实的简单折中和简单相加。刑事诉讼对于真相的追求无可厚非，无论是在英美法系国家还是大陆法系国家均不排斥对真相的追求，从某种意义上说，刑事诉讼的发展史就是对真相的不断追寻的历史。从神示证据制度到法定证据制度，再到自由心证证据制度，无不是为了追求客观真相。世界上没有哪种诉讼模式是排斥客观真实、排斥客观真相的，也没有哪种诉讼模式不追求客观真实、客观真相的。美国证据法学家艾伦在《真相及其敌人》一文中指出："一个不能在发现事实与真相上有所作为的法律世界必定会成为招人厌的栖居之地"；[②] 美国证据法学者达玛斯卡在《司法裁判中的真实》一文中指出，"司法活动需要积极地发现真实"；英国证据法学家特文宁认为，"在司法裁判中，对事实真相的追求必须不时让位于其他价值目标……但是裁判的最终目的显而易见：查明事实真相"。[③] 只不过，受制于人类认识的局限性和司法证明的"回溯性"的属性，我们不能实现完全、绝对的客观真实，无法得到客观、绝对的真相。因为，司法证明

① 张明楷教授提出"心中永远充满正义，目光不断往返于事实与规范之间"。

② ［美］罗纳德·J. 艾伦：《真相及其敌人》，吴洪淇译，载《研究生法学》2008 年第 5 期。

③ 转引自陈翠玉：《严格司法视阈下的客观真实与法律真实》，载《人大法律评论》2015 年第 2 辑。

是通过证据来证明已经发生过的事件，而证据的判断者并非事件的亲历者和参与者，判断者只能通过证据最大限度地探寻真相。但是，不能实现完全、绝对的真相，不代表我们就可以放弃对真相的追求。只有我们不放弃客观真实，将其挂在高处仰望，才能迫使我们努力收集证据，最大限度接近真相。最终认定的最接近真相的这个事实就是法律意义上的真相，也就是法律真实。正如日本学者田口守一所言，“刑事诉讼法中的真实是‘诉讼上的真实’。它是一个法律学的概念，而不是自然科学所探求的‘绝对的真实’。对于过去发生的事件，只有依据证据法所认定的‘诉讼上’的事实，才是‘真实’。需要注意的是，尽管它是真实但其本身就存在界限……诚然，虽说是‘实体的真实’，但也不是实体法意义上的确凿事实（绝对的真实），因为真实毕竟是诉讼法上的概念，所以，它只能是‘尽可能接近于真相的事实’。尽管存在这种本源性的界限，但在刑事诉讼中仍然应当以‘尽可能接近于真相的事实’为前提来处理案件”。[①] 而将客观真实作为应然追求的目的，就是迫使司法者“尽可能接近于真相的事实为前提来处理案件”！所以，二元主义证明标准，不是对客观真实说与法律真实说的简单折中，也不是两种观点的简单相加，而是还原了客观真实与法律真实本该有的关系，还原了司法证明的本来属性。

2. 法律真实的基本标准。作为现实底线的法律真实，作为诉讼中能够发现的“最佳真实”，[②] 具体来说，主要包括以下方

---

① ［日］田口守一：《刑事诉讼法》，刘迪等译，法律出版社 2000 年版，第 14～15 页。

② 参见［德］托马斯·魏根特：《刑事诉讼关涉真实吗？——一个德国的视角》，冯俊伟译，载《中国刑事法杂志》2011 年第 7 期。

面：（1）犯罪构成要件的事实及主要量刑情节均有必要的证据予以证明。在实体法上，犯罪构成是刑法分则罪名的类型化轮廓，是成立一个犯罪所需要的条件。在程序法上，这些成立某一个犯罪所需要的条件要有必要的证据来证明。比如，故意杀人罪，如果被害人的身份不清，那就是故意杀人罪构成要件中的犯罪对象没有必要证据来证明。同样，作案时间不清，那么就说明故意杀人罪的犯罪主体以及客观杀人行为要件缺乏必要的证据证明。案件判决涉及定罪和量刑两部分，分别对应的是定罪事实与定罪证据、量刑事实与量刑证据。主要的量刑情节特别是法定量刑情节也应当有必要的证据予以证明。（2）据以定案的证据均已查证属实。这是证据裁判原则的体现，非经法定程序查证属实不得作为定案根据，作为定案根据的证据应当是具有证据能力的证据。无证据能力的证据，不能作为定案的根据。（3）证据之间、证据与案件事实之间的矛盾得到合理排除。这里包括两个方面：一是证据之间的矛盾要得到合理排除，通过印证来发现矛盾，并解决矛盾。二是证据与事实之间的矛盾要得到合理排除，这涉及证明力问题。（4）待证事实能得出的排除合理怀疑的结论，也就是要排除其他可能性。

（三）二元主义证明标准的意义

以客观真实为应然追求，以法律真实为现实底线，这个二元主义证明标准，具有重要理论意义和实践价值。

首先，二元主义证明标准，跳出了客观真实说与法律真实说之争的传统窠臼，有利于平息长期以来的无谓争论。我国诉讼法学界关于客观真实说与法律真实说的争论由来已久，且至今仍未停歇。客观真实说以辨证唯物主义认识论为基础，认为查明案件的客观真实不仅必要也是完全可能的。[①] 法律真实说认为，客观真实在诉讼中是无法实现的，公、检、法机关在刑事诉讼证明的过程中，运用证据对案件真实的认定应当符合刑事实体法和程序法的规定，应当达到从法律的角度认为是真实的程度。[②] 两种观点争论僵持不下。如前所述，这种争论无论是理论意义还是实践价值均不大。从司法实践的角度来说，二者并不矛盾，一方面，客观真实作为应然追求，有利于促使司法人员调查、收集证据，补充、完善证据，有利于避免错案；另一方面，法律真实作为最终的现实底线予以坚守，二者并行不悖，从而顺利平息了长久以来客观真实说与法律真实说之争。

值得注意的是，2014 年 10 月 23 日党的十八届四中全会通过的《中共中央关于全面推进依法治国若干重大问题的决定》在第四部分“保证公正司法，提高司法公信力”标题下，要求“推进严格司法。坚持以事实为根据、以法律为准绳，健全事实认定符合客观真相、办案结果符合实体公正、办案过程符合程序公正的法律制度”。据此有人认为，该文件是对客观真实说的肯定。[③] 其实，这是一种误解。一方面，该文件要求的“事实认定符合客观真相”，是从司法证明目的的角度来说的，如前所述，

---

① 参见陈一云主编：《证据学》，中国人民大学出版社 1991 年版，第 114 页；陈光中等：《刑事证据制度与认识论——兼与误区论、法律真实论、相对真实论商榷》，载《中国法学》2001 年第 1 期；陈光中等：《诉讼真实与证明标准改革》，载《政法论坛》2009 年第 2 期。

② 参见樊崇义：《客观真实管见》，载《中国法学》2000 年第 1 期；何家弘：《论司法证明的目的和标准——兼论司法证明的基本概念和范畴》，载《法学研究》2001 年第 6 期。

③ 参见陈翠玉：《严格司法视阈下的客观真实与法律真实》，载《人大法律评论》2015 年第 2 辑。

任何一种诉讼模式都将事实真相作为一种追求，也可以说是将客观真实作为应然追求；另一方面，该文件也没有否定法律真实，因为该文件后面还有一句话，“推进以审判为中心的诉讼制度改革，确保侦查、审查起诉的案件事实证据经得起法律的检验。全面贯彻证据裁判规则，严格依法收集、固定、保存、审查、运用证据，完善证人、鉴定人出庭制度，保证庭审在查明事实、认定证据、保护诉权、公正裁判中发挥决定性作用”。强调了证据裁判原则，强调案件事实证据“经得起法律的检验”，可以说在一定程度上肯定了法律真实作为现实底线的立场。

其次，符合司法实践的实际和需求，具有可操作性。司法实践关于证明标准问题呈现出以下真相：一是每一个办案人员在办理案件过程中，都想知道真相是什么，都在最大限度地探寻真相，并且努力通过调查、收集、补充、完善、审查证据来探知真相；二是因为案件已经发生，有些证据时过境迁无法调取，有些疑点永远无法查清，绝对的真相只能最大限度接近而不可能完全到达；三是在能调查的工作已经穷尽，能收集的证据也已经收集，办案人员根据现有证据对待证事实作出认定。上述三个司法实践的真实情况，说明了两个问题：一是说明了客观真实标准在实践中具有重要意义，它促使办案人员去最大限度开展调查、收集证据的工作，也就是田口守一教授所说的“尽可能接近于真相的事实为前提来处理案件”；二是法律真实在实践中以“现有证据……”的形式得到表达，办案人员最终根据“现有证据”对案件事实作出判断认定，就是将法律真实作为现实底线予以坚守。

再次，二元主义证明标准有利于提高案件质量，最大限度避免错案。一方面，因为二元主义证明标准将客观真实作为应然追求，就会迫使办案人员在办理刑事案件审查证据过程中，带着一种查明客观真相的心态去求证，尽可能地还原案件事实真相，避免错案；另一方面，将法律真实作为坚守的底线，对于连法律真实都没有达到的案件，作出事实不清、证据不足的认定，这有利于避免错案。我们来用上述二元主义的证明标准来检视前面提到的案例 2 赵作海案件。该案中，村头发现的一具无头男尸到底是不是赵振晌？这一关键性事实没有得到证据证明。在此案审查过程中，检察机关以尸体来源不清为由退回公安机关补充侦查，也反映出追求客观真实的心态。最后仍然无法确定尸体来源，加之赵作海进行了翻供，作为故意杀人罪的基本构成要件——犯罪对象——没有必要的证据来证明，这说明此案连法律真实的底线都没有达到。遗憾的是，检察机关和审判机关最终因各种因素没能坚守住法律真实的底线，这是导致这一错案的直接原因。试想，如果办案机关能够坚守住这个底线，这个冤案是完全可以避免的。

最后，二元主义证明标准与修改的《刑事诉讼法》高度契合。2012 年修改后的《刑事诉讼法》，有力地支撑了笔者关于二元主义证明标准的观点。2012 年《刑事诉讼法》在侦查终结、提起公诉、判决的证据标准保留原有的“犯罪事实清楚，证据确实、充分”的基础上，在第 53 条（2018 年修改时调整为第 55 条）第 2 款中对“证据确实、充分”做了进一步的阐释，规定“证据确实、充分”需要满足三个条件：“（一）定罪量刑的事实都有证据证明；（二）据以定案的证据均经法定程序查证属实；（三）综合全案证据，对所认定的事实已排除合理怀疑。”引人注目地用了排除合理怀疑，在一定程度上吸收了法律真实的合理成分。这一修改，一方面在证明标准上坚持使用了“确实、充分”这一表述，可以说对客观真实的追求没有变化；另一方面引入了合理怀疑的因素，认可了法律真实的地位，这种立法上的变化，与笔者自2009年以来提出的二元主义证明标准具有天然的契合性。

总之，在证明标准上，我们应当采取的立场是把客观真实作为一种应然追求，法律真实作为现实底线，坚守“心中永远充满正义，目光不断往返于客观真实与法律”，这是预防错案的关键所在。

三、二元主义证明标准如何运用？

（一）二元主义证明标准的操作步骤

第一步是结合全案证据，探寻真相，也就是追求客观真实。探寻真相、追求客观真实的过程，也是破解疑点的过程，为了探寻真相，就要努力把案件中存在的疑点破解掉，这就要求案件的承办人不仅要仔细审查“在卷”证据，还要仔细审查“在案”证据。“在卷”证据是指侦查、调查机关已经搜集到的、装入卷宗中的“现成”证据；“在案”证据是指案件本身事实上已经形成的证据。由于案件的侦查和调查是对已然发生的事件通过搜寻证据去“拼接”事实的过程，限于侦查、调查手段和时空环境的制约，难以完美地搜集全部的“拼图构建”，所以“在案”证据远远大于“在卷”证据。“在卷”证据相对于“在案”证据来说，往往只是冰山一角。为了探寻真相，追求客观真实，破解疑点，案件承办人就需要尽最大努力去寻找“在案”证据，最大限度去追求真相。这在实践中，对检察官而言，一般表现为自行补充侦查、要求侦查（调查）机关补充侦查、查看案发现场等。案件事实和证据不能“将就”，不能“差不多”，要竭力避免“该查的没有查”“该补充的没有补充”“该核实的没有核实”等现象的产生。

第二步是在穷尽现有条件探寻真实、追求客观真实的前提下，根据“现有”证据对案件作出判断，这个根据“现有”证据对案件事实作出的判断，以法律真实为底线。只有坚守住这个底线，才能将在底线以上的事实予以认定，在底线以下的事实按照“存疑有利于被告”的原则不予认定。

下面结合张某某、张某案件进行阐述：

【案例 39：张某某、张某案】原审公、检、法机关认定的案件事实：2003 年 5 月 18 日晚 9 时许，被害人王某经朋友介绍，在安徽 × 县 × 镇搭乘张某某、张某叔侄驾驶的解放牌中型货车。该车目的地为上海，过境杭州。货车到达杭州西站后，王某持张某某的手机与接站人周某某（被害人王某的亲戚）的小灵通联系，约定在杭州钱江三桥见面。原审被告人张某见没人来接被害人王某，顿生歹念，经与张某某会意后，以将被害人王某顺路带至杭州艮秋立交桥，再让王某打的去钱江三桥更方便为由，诱骗被害人王某继续留在车上，后张某将车驶入西湖区留下镇溜泗路东穆坞村路段，在张某某的协助下，张某采用掐颈的暴力手段在驾驶室内对被害人王某实施奸淫，致王某机械性窒息死亡。随后，二人将尸体抛于附近水沟中，驾车由钱江二桥上沪杭高速前往上海。原审判决以二人犯强奸罪分别判处死刑、缓期 2 年执行和有期徒刑 15 年。后来此案真凶勾海峰出现，“真凶再现”。浙江省高级人民法院于 2013 年 3 月 26 日公开宣判，撤销原一审、二审判决，宣告张某、张某某无罪。

这个案件在审查过程中，有两个重大疑点值得关注：一是被告人提出没有作案时间。认为相对固定的车速、行驶路线和行驶时间，不可能有作案时间。二是被害人王某的九个指甲中检测出混合 DNA，但是与张某某和张某均不吻合。这两个疑点，从探寻真相，追求客观真实的角度来说，应当要进行补充侦查予以查清。一方面，可以通过调取电话通话记录、收费站录像等方式，解决有无作案时间的疑点；另一方面，DNA的矛盾必须排除，既然认定张某、张某某作案，那么为何被害人的指甲中没有检测出两被告人的DNA。这是第一步追求客观真实必须要开展的工作。接下来，就是要在穷尽手段的情况下，根据现有证据判断事实有无达到法律真实的底线要求。事实上，被害人王某的九个指甲中检测出的混合DNA，与张某某和张某均不吻合，这就属于证据与证据之间、证据与事实之间的重大的、难以排除的矛盾。既然认定"在张某某的协助下，张某采用掐颈的暴力手段在驾驶室内对被害人王某实施奸淫"的事实，那么这个DNA的实际检测结果就与该事实存在重大矛盾，同时与被告人的有罪供述之间也存在重大矛盾。因此，没有达到法律真实所要求的"证据之间、证据与案件事实之间的矛盾得到合理排除"。

（二）排除"合理怀疑"的判断

1. "合理怀疑"具有模糊性的天然属性。"排除合理怀疑"既是法律真实的条件之一，也是我国《刑事诉讼法》对证据确实、充分规定的法定条件之一。

什么是"合理怀疑"？我们目前仅能套用"合理怀疑"的发源地的老套而抽象的界定，即控方指控犯罪时提出的证据必须达到裁判者内心没有合理怀疑的程度。但"合理怀疑"的具体标准是什么？什么样的怀疑才算是合理怀疑？如何判断其具体的操纵标准？这些问题即使在英美法系国家也是个不解之谜。事实证明，即使在英国和美国，"在现实中，将其解释清楚并付诸适用时却让人倍感懊悔、极其困难”。[①] 我们最习惯于引用的莫过于塞西尔·特纳的解释，“所谓合理的怀疑，指的是陪审员对控告的事实缺乏道德上的确信、对有罪判决的可靠性没有把握时所存在的心理状态。因为控诉一方只证明一种有罪的可能性（即使是根据或然性的原则提出的一种很强的可能性）是不够的，而必须将事实证明到道德上的确信程度——能够使人信服、具有充分理由、可以据以作出判断确信的程度”。[②] 但是这一解释同样是空洞的、不具有可操作性的。何种程度才算确信？什么样的怀疑才算合理？“在理解上陪审员被搞得一头雾水，甚至连法律界最精于此道的某些业内人士也发现该问题难以回答”，所以传统的普通法规则，禁止法官解释该术语的含义，连美国最高法院也不得不直言“试图解释‘合理怀疑’这一术语，通常从来都不会使陪审团的头脑更加清醒”。[③] 事实上，“合理怀疑”在其出产地英国和美国所遭受到批判从来就没有停止过。英国司法实践中，对“排除一切合理的怀疑”这种说法也曾“感到厌恶，认为它太容易使陪审团在定罪时不知所措”。[④] 惠特曼教授批评道，“在美国法律中，这些前现代的道德慰藉程序延续到今天，然而被用作笨拙无效的事实证明程序”，其结果“只

---

① ［美］詹姆士·Q. 惠特曼：《合理怀疑的起源——刑事审判的神学根基》，佀化强、李伟译，中国政法大学出版社2012年版，导言第1页。

② ［英］J·W. 塞西尔·特纳：《肯尼刑法原理》，王国庆等译，华夏出版社1989年版，第549页。

③ ［美］詹姆士·Q. 惠特曼：《合理怀疑的起源——刑事审判的神学根基》，佀化强、李伟译，中国政法大学出版社2012年版，第2～3页。

④ ［美］詹姆士·Q. 惠特曼：《合理怀疑的起源——刑事审判的神学根基》，佀化强、李伟译，中国政法大学出版社2012年版，第550页。

能是混乱，有时还导致不公”。[①] 英国甚至在 1952 年后的一段时间里，一度禁止法官使用“合理怀疑”一词，理由是“合理怀疑”的含义很难令人满意地进行界定。虽然三年后这一禁令即被取消，但理论和实践仍然坚持，对于刑事诉讼的证明标准，法律不要求使用某种固定的用语。[②] 合理怀疑规则的抽象性、模糊性和不具有可操作性是其最为致命的缺陷。正因如此，在英美法系国家，二审法院认定一审法院对排除合理怀疑含义的界定不正确的判例很多，但二审法院以证据不足为由撤销一审法院有罪判决的情形却极其少见。美国法官纽曼指出“尽管联邦法院是联邦法律要求的主要维护者，我们也经常要求陪审团必须被说服到排除合理怀疑的程度，但我们没有坚持将这一标准作为一种可操作的法律规则，用来检验证据是否已经达到充分的程度。他说：“我不是说联邦法院在刑事诉讼中从不作出证据不足的认定，有时候他们也作，但通常是在有多个指控时推翻其中的一个指控，而很少完全认定被告人无罪。我认为他们这样作得太少，他们几乎从不明确地使用——排除合理怀疑这一标准。”[③]

“合理怀疑”的操作标准为何如此难以把握？如果我们知晓它的历史，或许就能较容易地找到答案。不仅要了解它是什么，还需要知道它曾经是什么；不仅要了解它的现在，更需要知道

---

① ［美］詹姆士·Q. 惠特曼：《合理怀疑的起源——刑事审判的神学根基》，佀化强、李伟译，中国政法大学出版社 2012 年版，第 317 页。

② 参见陈永生：《排除合理怀疑及其在西方面临的挑战》，载《中国法学》2003 年第 2 期。

③ ［美］詹姆士·Q. 惠特曼：《合理怀疑的起源——刑事审判的神学根基》，佀化强、李伟译，中国政法大学出版社 2012 年版，第 159 页。

它的过去。美国学者惠特曼教授在《合理怀疑的起源——刑事审判的科学根基》一书中对“合理怀疑”进行了回归原点式的追根溯源，得出一个让人意想不到而又几乎无可置疑的结论：合理怀疑规则从产生之日起，就不是一个探究真相、用于事实证明的规则，而是一个道德慰藉程序。这注定了追问“合理怀疑”的具体操作标准是徒劳的。在西方前现代的基督教社会中，对一个人判以刑罚特别是判处肉刑、死刑，是一种流血的惩罚，这意味着审判如同战争一样是一种流血的差事，而这与古老的基督教教义——远离鲜血，是相背离的。因此，对一个作为裁判者的基督徒而言，从事审判差事将背负着巨大的道德压力。《圣经·马太福音篇》中记载“不要论断人免得自己被论断”，整个中世纪的神学家均告诫世人：“当心从事审判，以防自身沦为谋杀者。”前现代的法官通常惧怕决定有罪或无罪、杀或不杀的血罪责任，这对多数人特别是基督徒来说，是难以承载之重和不堪忍受之苦。“合理怀疑”规则提供了缓释个人责任的通道，与其说是为了获得事实证明，不如说是在寻求道德慰藉。不仅如此，现代英美法系国家的很多诉讼规则包括陪审团制度，其实都承担着道德慰藉功能。陪审团真的那么聪明，能揭穿谎言，发现事实真相吗？绝不！他们没有发现真相的特殊本领，他们只是把“血罪和伤及无辜”的责任从法官转移到陪审员身上，这就是陪审团在中世纪所起的作用。在当时，“程序的作用并不在于证明，也不在于驱散我们对事实的无知。相反，它旨在消除我们担心裁判之责的恐惧。当我们实施惩罚时，程序给我们忐忑不安的心灵提供了一种道德安全避风港”。[①] 特别是遇

① 参见［美］詹姆士·Q. 惠特曼：《合理怀疑的起源——刑事审判的神学根基》，佀化强、李伟译，中国政法大学出版社2012年版，第17页。

到有疑问的事情时，这种给灵魂带来的威胁更为严重，裁判者必须寻求更安全之道。英国的道德学家们警告，“小心翼翼、竭尽全力了解我们的良心，而后坚定、忠实地遵循之；我们遇有怀疑时，取最安全之道，当知道不做这件事并无不妥时，我不冒险做我们对之怀疑的任何事情”，“每当有怀疑时，选择更安全之道，这是一个近乎普遍认同的准则。心存怀疑良心而行事者，遭圣徒谴责，冒着违抗上帝命令并因而必然招致罪孽的不必要风险”。[①] 发展到 18 世纪，“合理怀疑”规则逐渐浮现、成型。“合理怀疑”规则，“其初衷并非使陪审员得出有罪判决更为困难。它被设计为使有罪判决更加容易，其方式是向陪审团确保，如果他们表决被告有罪，自己的灵魂安然无恙”。只不过，我们将古老的道德慰藉程序强加了现代刑事诉讼事实证明的新的使命，但是现实运作的效果却并没有想象的那般理想。

合理怀疑规则何时提出？由谁提出？如果一定要精确到具体的日期和具体的人似乎很难，正如惠特曼教授所言“这一古老基督教法则的历史是如此久远、如此复杂，我们很难确定一个具体的期日”。[②] 时至今日，“古老的焦虑急剧消逝，我们也不再渴求道德慰藉。相反，在现代世界，我们强烈要求寻求解决事实方面不确定的各种方法；于是，我们开始了这项无望的工程：把古老的道德慰藉程序转换成现代的事实证明程序。这样

① ［美］詹姆士·Q. 惠特曼：《合理怀疑的起源——刑事审判的神学根基》，佀化强、李伟译，中国政法大学出版社 2012 年版，第 292 页。

② ［美］詹姆士·Q. 惠特曼：《合理怀疑的起源——刑事审判的神学根基》，佀化强、李伟译，中国政法大学出版社 2012 年版，第 313 页。

的结果只能是混乱，有时还导致不公”。[①] 通过惠特曼教授的追溯，我们可以看到“合理怀疑”规则具有深厚的神学基础和宗教渊源。原本用于道德慰藉的程序被用于事实证明，即使在英美法系国家其效果也并非完美。

2. “合理怀疑”的基本判断规则。正如任何事物都是不完美的一样，作为一种极具主观性的司法证明标准，其不完美也是可以理解的。如果说“合理怀疑”来源于古老的“道德慰藉”程序，那么赋予其现代刑事诉讼证明使命，其判断规则就只能寻求经验法则和论理法则。经验法则和论理法则可以说是超越法系、超越古今的证据判断规则。“不论诉讼体制如何变迁，不论证据思维方式如何更易，在探索过去事实真相方面，寻求合理答案之中心宗旨，应为刑事诉讼所不得背弃之目标。而在此寻求合理答案过程中，经验法则及论理法则乃证据思维之核心，古今皆然。”[②] 从人类学的角度而言，经验法则及论理法则乃人类思维累积而成之概念，包括所有曾经存在、现实存在以及未来将存在之已知事实，人类随时随地执此已知概念作为解释未知事实之工具，普遍适用于人类一切决策活动，并作为准则，其适用于审判上作为判断事实之证据法则，且作为证据思维之核心，在整个证据思维过程中，无所不在。从而，有人喻经验法则及论理法则为证据法之大拇指法则（the rule of thumb），绝

① ［美］詹姆士·Q. 惠特曼：《合理怀疑的起源——刑事审判的神学根基》，佀化强、李伟译，中国政法大学出版社 2012 年版，第 317 页。

② 陈祐治：《刑事诉讼与证据法系列之三——经验法则及论理法则》，载《法令月刊》2008 年第 8 期。

非戏言。[①] 因为排除合理怀疑就是要使一般人信服、法官信服、合议庭信服，而不只是承办人自己信服！

如前所述，经验法则是人们在长期的生产、生活以及科学实验中对客观外界普遍现象与通常规律的一种理性认识，在观念上它属于不证自明的公认范畴。从所涉领域看，经验法则可分为日常经验法则和特殊经验法则。日常经验法则是指人们日常生活和生产实践中，为大众知晓、认同的关于事物及社会观念的普遍性、规律性的认识，主要有以下几种表现形式：一般交易惯例、社会基本伦理、善良风俗、自然现象、自然人的生理现象和普遍的心理状态、思想状态。特殊经验法则是指特殊群体所掌握、认同和分享的关于事物的普遍性、规律性的认识。由于特殊的经验法则只为特殊领域的专业人士所掌握，裁判者并不熟知，故原则上需要通过专业的鉴定、论证方可适用。

逻辑法则又称论理法则，就是指“推理演绎的逻辑规则”，包括归纳（induction）和演绎。归纳是以某一特定事实为目标，借由许多信息、经验，正确而合理解释，而后将资料系统化，形成之结论；演绎系以一个论点为本，而后根据各种事实，资以证明该论点之正确性。二者运用在证据思维上，同具推论功能，殊途同归。无论诉讼体制如何，逻辑法则在刑事诉讼中证据思维之地位，并无差异。刑事诉讼之证据思维方法，究其推论结构，不外包括基础事实、推论事实、基础事实与待证事实间之常态联系。其中，基础事实是指证据本身所表示之事实；推论事实是指待证事实；所谓基础事实与待证事实间之常态联系，则指两事实在一般情况下具有“伴生关系”，亦即，当前一

---

① 参见陈祐治：《刑事诉讼与证据法系列之三——经验法则及论理法则》，载《法令月刊》2008 年第 8 期。

事实存在或不存在时，后一事实即有相当程度存在或不存在之盖然性（probability）。而此种常态联系之有无或者盖然性之高低的评判标准又必须借助于经验法则，因此，在证据思维过程中，经验法则与论理法则不可分割，以论理法则进行逻辑推论时，往往并以某种经验法则为前提；而在推论过程中，此种决定常态联系之有无或盖然性之高低的标准又要借助于经验法则。① 在实际操作中，经验法则与论理法则从来都是相互交叉、相互交织进行的。

单纯地进行概念的解读和理论推演是空洞的，下面我们结合两个案例来进一步阐述逻辑法则和论理法则的实操：

【案例 40：王某某强奸案】王某某与被害人杜某某是同事关系，某日的晚上 10 时，王某某邀请了同事李某、杜某某等人一起吃饭喝酒，喝酒到凌晨 2 时左右，被害人杜某某明显处于醉酒状态（步态不稳，需要同事搀扶走路），被其他同事送回单位宿舍（凌晨 3 时左右）。王某某也住在同一栋楼的宿舍。凌晨 5 时 50 分左右王某某到宿舍四楼的被害人居住房间处徘徊，后又离开。王某某添加杜某某微信未获通过。后添加被害人杜某某的室友孙某某的微信，通过微信聊天得知孙某某离开房间，被害人独自在房间。于是 6 时 10 分左右，王某某进入杜某某房间，与杜某某发生性关系，杜某某没有反抗行为和意思表示，其间发生性关系的姿势由被害人杜某某躺卧变换为杜某某跪着。性关系结束后，被害人杜某某洗澡并喊王某某“一起洗”。王某某回答“不洗”。后于 6 时 30 分许离开该房间。

---

① 参见陈祐治：《刑事诉讼与证据法系列之三——经验法则及论理法则》，载《法令月刊》2008 年第 8 期。

主要证据情况如下：（1）鉴定意见：犯罪嫌疑人和被害人指甲均检测出对方的DNA，被害人阴道中检测出犯罪嫌疑人的精液。（2）电子数据监控录像，证明被害人回宿舍时醉酒，有人搀扶；监控录像证明犯罪嫌疑人王某某进出被害人房间的时间。手机微信记录证明6时35分被害人杜某某通过犯罪嫌疑人王某某的微信，被害人杜某某发送“where are you”，并于6时41分和6时50分两次微信呼叫王某某，王某某未接听。（3）被害人陈述：被害人杜某某称整个过程因为醉酒不记得了，怎么回到宿舍以及回到宿舍后做了什么都不记得；早上隐约记得王某某在床边说加微信的事，随后亲吻。记得一开始躺在床上发生性关系，中间换姿势跪在床上，过程中没有反抗，有配合，有生理反应。结束后去洗澡，还问他要不要洗澡。洗澡后躺在床上玩手机看到王某某的添加好友请求，就通过了并问他在哪里，他没有回答，呼叫微信电话，他也没接，就又睡着了。大概7时许醒了，就想起来和王某某发生性关系了，就报警了，并称一直不知道发生性关系的是王某某，以为是自己的男朋友，喊他洗澡“也没有完全意识到是王某某，等我去浴室洗澡了才意识到和王某某发生性关系”。第二次陈述称：“我的意识开始清醒的时候就是从床上起来去洗澡的时候，我能记得坐在我床上的人就是王某某”。（4）犯罪嫌疑人供述：听同事说杜某某喝酒后比较“放荡”（有同事的证人证言印证），就想趁这个机会和杜某某发生性关系，于是就上楼想去杜某某宿舍看看有没有机会，后又在工作群中看到杜某某的室友孙某某已经上班去了，于是进入杜某某房间。进去后看见被害人躺在床上，拍被害人肩膀问她还好吗，被害人笑了笑，说“还好”。问她为什么添加微信不通过，她说没有看手机，就坐起来，在床上找手机，没找到，说把手机给她打个电话。把手机给她，拨通手机，听声音在她包里，就把手机递给她，她好像还编辑了把号码存起来。我说没事我就走了，她拉我的手，僵持了一会儿，我说你不让我走，那你往里面躺一点，她就挪出来位置来，我和她就躺在一起，后面发生性关系，过程中没有反抗，跟她说话，她目光呆滞。我说换个姿势，她自己就起来换了姿势。结束后，她下床反锁门，站在我旁边，撩我的衣服问我要不要洗澡，我说不洗，后离开。(5) 其他证人证言证明被害人当天喝酒及醉酒情况，其中一人证明被害人喝酒后比较“开放”，强吻他人以及躺在他人怀里等。

【案例 41：徐某某强奸案】 某日晚上，犯罪嫌疑人徐某某与朋友一起吃饭喝酒，并与一起吃饭的被害人王某某认识。饭局结束后，徐某某让自己带的司机许某某开自己的商务车，一起送被害人回家，此时王某某是清醒的。在途中，徐某某的朋友又邀约徐某某、王某某一起去酒吧，继续喝酒。到凌晨 1 时许结束，从酒吧出来时王某某明显醉酒状态，徐某某的司机许某某开车送徐某某及被害人王某某回家，在车上，被害人处于醉酒状态。凌晨 2 时许到达被害人住处附近，犯罪嫌疑人摸被害人隐私部位，其间被害人醉酒呕吐，因没有勃起未发生性关系。在此过程中，司机许某某看到二人搂搂抱抱就下车了。后徐某某离开，留下司机看守。早上 6 时 40 分许，被害人醒来，发现身上有呕吐物，司机在车上，立即回家洗澡，打电话向朋友哭诉，报警，并发微信给徐某某“你不是人”。犯罪嫌疑人得知被害人报警，知道公安机关找司机许某某，就打电话让许某某洗车，并让许某某把事情经过说一遍给他听，然后自己躲起来。

主要证据情况：（1）检查笔录、鉴定意见：被害人手臂、大腿内侧色素改变；臀部及膝盖有挫伤。在被害人内衣上提取了犯罪嫌疑人的DNA。（2）电子数据：酒吧门口监控录像证明徐某某搀扶被害人，被害人走路不稳。（3）证人司机许某某证明：从酒吧出来，那个女的和我老板两人搂搂抱抱，但女的明显站不稳了，醉酒了。女的满身酒气，车上听到两人大声讲话，女的开始说胡话。老板还让我开慢点，说女的喝多了。到女的住处附近车停下，老板喊女的下车，但女的明显醉酒坐在后排座位上不知道讲了什么，老板就到后面和那个女的搂搂抱抱，蹲在女的面前，女的是半睡不清醒状态。我觉得尴尬就默默下车了。凌晨3点多，老板下车让我从后备箱拿水给他，说女的吐了他一身，让我不要往车里看。凌晨4点多，徐某某说先回家，女的在车上睡着了，让我等他醒来后送女的回家。我看到女的躺在车地毯上，整个身子躺在过道里，就是酒醉后睡觉的状态。车里呕吐物味道很大。早上6点多女的醒来。老板打电话给我说女的报警了，让我赶紧洗车，并让我把昨晚的事情重述一遍给他听，讲完后他说好的，就这么讲。（4）被害人陈述：在酒吧中途就不清醒了，后面的事情不记得了。早上醒来，发现自己在徐某某的车上，裙子拉链打开，内裤被脱在右腿边，身上全是呕吐物。觉得自己被性侵，发微信“你不是人”给徐某某，打电话给闺密，报警。

表面上看，两个强奸案件高度相似，都是熟人之间的酒后行为。其实不然，前一个王某某强奸案的证据没有达到“确实、充分”的程度，而后一个徐某某强奸案达到“确实、充分”的程度。用经验法则和论理法则来分析“合理怀疑”如下：

在前一个案例王某某强奸案中，我们用论理法则来归纳案件证据存在的疑点：（1）犯罪嫌疑人事先在被害人杜某某房间门口徘徊，以及通过发微信给被害人的室友孙某某确认被害人是否一个人在房间，这些行为是为了实施强奸行为而“踩点”，还是基于此前了解到被害人酒后比较“开放”而想在被害人自愿的情况下发生性关系？（2）被害人醉酒有无达到在遭到性侵时不能反抗、不知反抗的程度？（3）被害人称之所以没有反抗是因为醉酒“断片”，不知反抗，但是双方一致证明在发生性关系过程中换过姿势。如果被害人醉酒到“断片”的程度，如何能够换姿势？就此细节，被害人曾经陈述“有印象，这个时候好像清醒了一点”。这与不知反抗是否存在矛盾。（4）性关系发生后，被害人下床去洗澡，并称看到王某某坐在床边，喊了一句“要不要洗澡”。（5）案发后的表现以及报警情况比较蹊跷，发微信给犯罪嫌疑人用轻松嬉戏的语气“where are you”，然后又睡着，再次醒来后才报警。

根据经验法则进行分析：（1）性关系过程中，换体位不可能在烂醉如泥的情况下发生。（2）已经到卫生间洗澡，并且喊犯罪嫌疑人“一起洗澡”，按照经验法则已经清醒，不可能不知道跟自己发生性关系的人是谁。（3）洗澡后，知道发生性关系的是王某某后，并没有立即报警，而是与王某某微信联系，然后继续睡觉，再次醒来后报警。这不符合一般人被强奸后的行为表现。

再根据经验法则推理：根据被害人杜某某事前、事中、事后均不符合常理（经验法则）的反常表现，以及前述证据上存在的疑点，可以推理出这样的结论：无法确定被害人杜某某与王某某发生性关系是否违背意志，合理怀疑无法排除，强奸罪的事实无法认定。可见，经验法则与论理法则是相互交织进行的。

接下来，我们再来分析徐某某强奸案。根据论理法则，现有证据可以证明的事实归纳如下：（1）被害人出门时醉酒明显，犯罪嫌疑人搀扶。（2）被害人在车内时已经严重醉酒，第三在场证人司机许某某和犯罪嫌疑人徐某某均证明被害人几乎处于半昏迷状态。（3）被害人在车内呕吐。（4）到第二天早上醒来之前一直处于昏睡状态（司机许某某始终守在现场）。（5）被害人内衣上检测出犯罪嫌疑人DNA。（6）事后被害人的反应：报警、向闺密哭诉求助。根据经验法则，从呕吐到第二天早上醒来的一系列反应看，被害人处于“烂醉如泥”的状态；醒来后的反应符合被性侵的行为表现。再根据论理法则，可以推理被害人在事前、事中和事后始终处于严重醉酒状态，无法对性同意做出自由决定，完全在不知反抗的状态下，性自决权受到侵害，至少可以认定徐某某强制猥亵了被害人，该事实达到排除合理怀疑的程度。

第三节　证明标准、证据标准的差异化

证明标准能否差异化？学界关于这一问题存在较大争议。有“同一证明标准说”，如陈光中教授主张认罪认罚从宽制度仍应当坚持“案件事实清楚，证据确实、充分”的证明标准①；樊崇义教授也认为“认罪认罚从宽不能动摇‘事实清楚，证据确

① 参见陈光中、马康：《认罪认罚从宽制度若干重要问题探讨》，载《法学》2016年第8期。

实、充分’的证明标准”①。还有“证明标准适当降低说”，如有人认为简易程序中事实调查的形式化与排除合理怀疑的证明标准所要求的庭审实质化之间存在矛盾，“同一证明标准说”违背了简易程序的诉讼价值。②

一、证明标准差异化有何域外经验可资借鉴？

从国际上看，不同案件的证明标准并非绝对整齐划一，证明标准差异化是广泛存在的。

1. 英美法系国家辩诉交易案件的证明标准。英美法系国家奉行当事人主义，辩诉交易成为主要的简易结案模式。对于辩诉交易案件而言，其证明标准与陪审团审理的普通案件相比也是存在差别的。在辩诉交易中，法院在接受被告作出有罪答辩后，就不会对案件进行证据调查和法庭辩论，而直接进入量刑程序。美国联邦最高法院认为，“有罪答辩并不仅仅是被告人对其承认指控罪行所作的供述，其本身就是一种定罪（confession），后面的事项就是进行判决和决定刑罚。”③ 被告人自愿、明智地选择有罪答辩，意味着其不再受无罪推定原则的保护，检察官无须就指控的犯罪事实承担证明责任，案件不再进入正式审判程序，法官可依据被告人有罪答辩直接对其定罪。在1966年之前，美国《联邦刑事诉讼规则》并不要求审查有罪答

---

① 樊崇义、李思远：《认罪认罚从宽程序中的三个问题》，载《人民检察》2016年第4期。

② 参见谢登科：《论刑事简易程序中的证明标准》，载《当代法学》2015年第3期。

③ 参见杜以静：《刑事简易程序定罪证明标准研究》，载《四川理工学院学院（社会科学版）》2016年第4期。

辩的事实基础，1966 年对《联邦刑事诉讼规则》第 11 条进行了修正，规定法官仍需审查案件的事实基础，即法院在接受被告人的有罪答辩之前，要确信被告人的认罪是否自愿、明知、明智，是否在威胁、强迫下作出的；法院还要审查被告人是否了解其认罪的罪刑和所放弃的权利；法院接受认罪声明以后、判决前，必须调查事实基础是否足以支持认罪声明。通常情况下，法官是通过询问被告人和检察官，或者通过书面审阅检察官的报告等方式来调查事实基础。但是，美国《联邦刑事诉讼规则》并没有规定在个案中事实基础需要具备哪些要件和达到什么程度，而是通过判例来阐释。1970 年美国联邦最高法院在阿尔弗德案中，明确有罪答辩的事实基础必须存在有力证据（strong evidence）。在阿尔弗德案中，美国联邦最高法院认为，如果辩诉交易的案卷材料包含了被告人有罪的“有力证据”（strong evidence），即使被告人主张无罪，法院仍可采纳有罪答辩，对其作出有罪判决。联邦最高法院虽未解释什么是“有力证据”，但认为在该案中确实存在阿尔弗德有罪的“压倒性证据”（overwhelming evidence）。该案中仅有一名警察和两名证人的宣示证言，这些证言并不能直接证明被告人实施了杀人行为。该案中“有力证据”显然不能让法官排除合理怀疑地确信被告人有罪。可见，这里的“压倒性证据”的证明标准，不同于“排除合理怀疑”（proof beyond reasonabledoubt）的证明标准，前者对确信程度的要求低于后者。在美国刑事司法实践中，虽然刑事司法制度要求在辩诉交易中审查有罪答辩的事实基础要件，但并不要求其达到排除合理怀疑的证明标准，仅仅要求有罪答辩存在“有力证据”。[①] 这里的有力证据与优势证据仅一纸之隔。

另外，美国的量刑事实证明标准与定罪事实证明标准也是存在差异的。关于量刑事实应该采取何种证明标准存在过一些争议，经过长期争论，《美国联邦量刑指南》（以下简称《量刑指南》）于1987年11月生效，但没有明确量刑的证明标准，但事实上，在前量刑指南时代与量刑指南时代，美国联邦上诉法院已经阐释了坚持 McMillan v. Pennsylvania 案中所确立的“优势证明标准满足正当程序的要求”的规则。在司法实践中，美国法院也普遍采用《量刑指南》颁布前 McMillan v. Pennsylvania 案所确立的优势证明标准。因为在这些法院看来，一方面正当程序并未要求量刑适用比优势证明标准更高的标准；另一方面在《量刑指南》出台之前法官对于量刑因素适用优势证据标准，没有理由在《量刑指南》出台后适用更高的标准。[②] 值得注意的是，对于不利于被告人的加重量刑事实，美国联邦最高法院和一些州的高等法院规定：“除先前犯罪外，任何的将刑罚超过了法律规定的最高刑罚界限的量刑裁判必须提交陪审团作出决定，并且要排除合理怀疑的可能”。在英国，有一个专门的法官听取控辩双方的证据并对争议的量刑事实作出裁决的“牛顿听审”程序。在该程序中，“控方要超出合理怀疑的向法官证明他们所主张的对量刑产生影响的犯罪事实是正确的”，辩方对其提出的

---

① 参见谢登科：《论刑事简易程序中的证明标准》，载《当代法学》2015年第3期。

② 参见吕泽华：《美国量刑证明标准的变迁、争议及启示》，载《法学杂志》2016年第2期。

罪轻情节只需要符合优势证据的标准即可被法官采信。[①]

2. 大陆法系国家简易程序案件的证明标准。大陆法系国家的典型代表德国，在最近几十年中，案多人少矛盾突出，协商性司法应运而生，同时使“内心确信”的证明标准受到挑战。德国的简易程序有三种：处刑令程序、速审（简易）程序、认罪协商程序。处刑令程序（处罚令程序），是一种书面审理的程序。德国《刑事诉讼法》第407条规定，此程序指在被告人自愿认罪的情况下，对于案情清楚且被告人同意适用该程序的轻微案件中，检察官提出书面申请，法院可不经过开庭审理，只对申请及其案卷材料进行审查，而直接据此对被告人的行为作出裁决。处刑令程序在1993年之前针对科处罚金的轻微刑事案件，1993年扩大到1年以下有期徒刑缓刑的案件。1997年德国适用处刑令程序的案件有68万件，占所有刑事案件的57%。[②]这种书面审查方式在实践操作中比较粗糙，通常法官并不审核案件的真实性而是习惯性准许检察官的申请，签署处刑命令。[③]可见，此类案件虽然也是法官根据心证作出的决定，但是已经突破直接言词等原则，其证明标准与普通审理程序不可同日而语。德国的速审程序适用于案情简单、证据明确，1年以下有期徒刑的案件。适用此程序的案件，诉讼中省略全部中间程序、简化证据调查程序。1997年，德国大约3%的区法院审理案件

---

① 参见周颖佳：《浅论量刑事实的证明标准》，载《人民法院报》2014年4月2日，第6版。

② 参见张丽卿：《刑事诉讼制度与刑事证据》，中国检察出版社2016年版，第76页。

③ 参见［德］约阿希姆·赫尔曼：《协商性司法——德国刑事程序中的辩诉交易》，程雷译，载《中国刑事法杂志》2004年第2期。

适用速审程序。这种速审程序，简化证据的认定过程，调取证据请求对法院没有拘束力，如果被告人或其辩护人提出可能对其有利的证据，请求法院调查，法院可以拒绝。[①] 德国的认罪协商程序经过曲折的发展，迄今为止，协商不仅在德国刑事诉讼中建立起来了，还获得了法律上的承认。在20世纪80年代末期进行的实证性调查和评估表明，当时20%到40%的刑事诉讼是在协商的帮助下结案的。[②] 在认罪协商程序中，法官只需调查部分相关证据以确定该供述具有事实依据，即可终结案件审理程序。[③] 若在协商性司法中严格坚守"内心确信"证明标准，人、财、物耗费将大幅提升，案件处理甚至陷入僵局，因此将审查的重点放在认罪的自愿性上。

另外，大陆法系的证明方法分为严格证明和自由证明。依通说之见，严格证明与自由证明的差异体现在证据种类（证据方法与证据资料）、证据调查程序（和证据能力）、有罪判决中的心证程度（证明标准）三个方面。[④] 对于攸关认定犯罪行为之经过、行为人之责任及刑罚之高度等问题的重要事项，法律规定需以严格方式提出证据，亦即所谓的严格证明。除此之外，以一般实务之惯例以自由证明之方式，也可不拘任何方式来获

---

① 参见张丽卿：《刑事诉讼制度与刑事证据》，中国检察出版社2016年版，第67～68页。

② 参见［德］约阿希姆·赫尔曼：《德国刑事诉讼程序中的协商》，王世洲译，载《环球法律评论》2001年第4期。

③ 参见［德］约阿希姆·赫尔曼：《协商性司法——德国刑事程序中的辩诉交易》，程雷译，载《中国刑事法杂志》2004年第2期。

④ 参见林钰雄、杨云骅、赖浩敏：《严格证明的映射：自由证明法则及其运用》，载《国家检察官学院学报》2007年第5期。

取可信性，如查阅卷宗和电话询问。[①] 严格证明受到直接原则、言词原则等限制，而自由证明则不受直接言词原则等限制，调查证据的方法和程序，有充分的选择自由，法官可以通过查阅卷宗或电话询问的方法来调查证据资料并形成心证，不受直接、言词及公开审理原则及传闻法则之限制。自由证明的适用范围一般限于程序性事项，如有无回避事由、管辖等。[②] 我国台湾地区“刑事诉讼法”规定，起诉审查程序、简式审判程序、简易判处刑以及羁押、搜索、鉴定留置、许可、证据保全及其他依法所为强制处分之审查，立法理由认为“非认定被告有无犯罪之实体审判程序，其证据法则无须严格证明，仅以自由证明为足矣”。[③] 关于严格证明与自由证明在证明标准上是否存在差异，理论上有一定的争议。日本著名法学家小野清一郎在将德国的严格证明与自由证明理论引入日本时，对两者的证明标准进行了区分，他认为，严格证明必须达到“不容有合理性怀疑存在余地”的确信程度，而自由证明仅以“优势证据”来证明即可。[④]

笔者认为，由于严格证明与自由证明在证明方法和证明对象上的不同，这决定了其证明标准一定是存在差异的。对自由证明而言，法官可以通过查阅书面卷宗或电话询问等方法来调

① 参见［德］克劳思·罗科信：《刑事诉讼法》，吴丽琪译，法律出版社2003年版，第208页。

② 参见林钰雄：《刑事诉讼法》（上册），中国人民大学出版社2005年版，第352～353页。

③ 林钰雄：《刑事诉讼法》（上册），中国人民大学出版社2005年版，第353页

④ 参见［日］小野清一郎：《犯罪构成要件理论》，王泰译，中国人民公安大学出版社2004年版，第255页。

查证据并形成心证，不受直接、言词及公开审理原则及传闻法则之限制，这决定了其证明标准肯定与严格证明的证明标准存在差异。在德国，严格证明适用通常的证明标准，即“排除合理怀疑”“接近确凿的盖然性”“任何人对真实性都确信无疑”等，但就自由证明而言，“在许多案例中对此只需有纯粹的可使人相信之释明程度即已足”，“释明”与“证明”的区别在于这两种行为使法官产生心证之程度不同，“证明乃指使法官对所指陈之事实产生确信。相对的，释明则使人相信其具可能性即可”。[①] 我国台湾地区学者林钰雄教授也认为，严格证明与自由证明的证明标准不同，他指出，“待证之事实，必须证明至何等程度，始能评价为‘已经证明’？法院始能据以裁判？这点，首先取决于严格证明与自由证明”。林钰雄教授还进一步指出，待证事实分为实体事实和程序事实，被告之犯罪事实属于严格证明的范围，需证明到无合理之怀疑的“确信程度”；对于程序事实，适用自由证明程序，其“心证无须到达确信程序，自由法院在心证上认为‘很有可能’或‘大致相信为已足’”，这种“很有可能”或“大致相信”的心证程序，“约莫相当于本法所称释明的程度”。[②] 由此可见，由于严格证明依据具有法定的证据形式及证据能力的证据进行证明，且经由法庭进行的举证、质证等证据调查程序，故应该达到排除合理怀疑的证明标准；而自由证明不受上述条件的限制，其证明标准必然会受到影响，即很难达到排除合理怀疑的程度。不同的证明根据与证明

---

① ［德］克劳思·罗科信：《刑事诉讼法》，吴丽琪译，法律出版社 2003 年版，第 207 页。

② 林钰雄：《刑事诉讼法》（上册），中国人民大学出版社 2005 年版，第360～361 页。

程序决定了两种证明方法在证明标准上的差异，自由证明通常不必达到排除合理怀疑的证明标准。在司法实践中，对被告人主张的有利于己的事实的证明通常只需达到优势证据的标准即可。

综上所述，大陆法系国家的简易程序和英美法系国家的辩诉交易程序案件的证明标准与普通案件相比，有所降低；量刑事实和程序性事实的证明标准与定罪事实的证明标准相比，证明标准也有所降低。

二、我国认罪认罚案件中的证明标准与证据标准如何区别把握?

2018 年修改后的《刑事诉讼法》，正式将认罪认罚从宽制度写入《刑事诉讼法》总则，同时将速裁程序作为分则中独立一节写入《刑事诉讼法》。认罪认罚从宽是一项制度，也是犯罪嫌疑人、被告人的一项权利，其本身并非程序，在认罪认罚从宽这个制度框架下，案件的具体适用程序包括速裁程序、简易程序和普通程序简化审。该项制度的基本要义在于“程序从简，实体从宽”，其立法初衷在于繁简分流，为以审判为中心诉讼制度的落实创造条件，合理分配司法资源。认罪认罚的适用简易程序、速裁程序、普通程序简化审的案件与不认罪的普通程序案件相比，证明标准上有无差异?“确实、充分”的法定证明标准在个案中的具体运用有无差别?证据审查规则、法庭调查规则有无差别?结合司法实践，基本结论是：无论是认罪认罚的案件还是不认罪认罚案件，其证明标准不降低，但证据标准可以体现差异化；证据质的要件不降低，但证据量可以体现差异；庭前证据审查不能省略，但审查要点和审查载体可以差异化，庭审证据调查程序也可以差异化。

（一）证明标准与证据标准

什么是证明标准？立法上规定的“确实、充分”证明标准在具体案件中如何运用？这涉及证明标准与证据标准的关系问题。证明标准作为法定标准不因认罪认罚而降低，这逐步成为理论界和实务界的共识。[①] 但是，证明标准在具体个案中运用所形成的证据标准是可以有所差异的。

刑事证明标准是指刑事诉讼中承担证明责任的人提供证据对案件事实加以证明所要达到的程度。证明标准又称证明度，[②] 或者称为证明程度，俗称证明门槛。[③] 它是衡量刑事诉讼证明结果正确与否的准则。我国 1979 年《刑事诉讼法》在立法上确立了“证据确实、充分”的证明标准，1996 年修改后的《刑事诉讼法》对这一证明标准并没有做出任何调整，2012 年《刑事诉讼法》修改时依然沿袭了“证据确实、充分”的表述，只是在此基础上对“确实、充分”做了进一步阐释，要求符合三个条件，才可以被认定为“确实、充分”：一是定罪量刑的事实都有证据证明；二是据以定案的证据均经法庭程序查证属实；三是综合全案证据，对所认定的事实已排除合理怀疑。2018 年《刑事诉讼法》修正时没有对此进行任何修改。因此，“确实、充分”的证明标准是我国刑事诉讼立法所明确规定的，可以称为

---

① 这个问题曾经争议较大，笔者也曾参与这个争议。参见李勇：《证明标准的差异化问题研究——从认罪认罚从宽制度说起》，载《法治现代化研究》2017 年第 3 期。

② 参见［日］小林秀之：《证据法》，弘文堂 1996 年版，第 66 页；转引自张卫平：《证明标准建构的乌托邦》，载《法学研究》2003 年第 4 期。

③ 参见林辉煌：《刑事审判之证明负担及证明程度——比较法之分析》，台北，元照出版公司 2011 年版，第 65 页。

法定的证明标准。

如前所述，我国的法定证明标准是“确实、充分”，这是我国司法实践必须遵守的证明标准。但是在具体案件中，达到何种程度才算“确实、充分”？这就需要结合个案进行具体的判断。因此，实践中广泛使用的还有一个术语，称为“证据标准”。因此，有必要厘清二者的关系。

笔者认为，有必要区分证明标准与证据标准。[①] 顾永忠教授认为，如果说 1996 年《刑事诉讼法》的“事实清楚，证据确实、充分”是证明标准，那么 2012 年《刑事诉讼法》第 53 条第 2 款（2018 年修正后的《刑事诉讼法》第 55 条）的三项具体要求（定罪量刑的事实都有证据证明；据以定案的证据均经法庭程序查证属实；综合全案证据，对所认定的事实已排除合理怀疑），就不单单是证明标准所要求的证明程度问题，还有对证据合法性、实体对象、证据规则等，属于定罪量刑的证据标准。[②] 证明标准强调证明程度，具有主观性；而证据标准强调证据要求，具有客观性，就是需要哪些证据，要符合什么要求，包括证明规则、证据合法性、证明对象等。符合这样的证据标准要求未必就一定达到证明标准，就一定能定案，它是定案的必要条件而非充分条件，有无达到证明标准，还需要司法人员的主观判断和自由心证。

证明标准（the standard of proof）是法律明确规定的，属于

---

① 参见李勇：《认罪认罚案件“程序从简”的路径》，载《国家检察官学院学报》2019 年第 6 期。

② 参见顾永忠：《从定罪的“证明标准”到定罪量刑的“证据标准”——新〈刑事诉讼法〉对定罪证明标准的丰富与发展》，载《证据科学》2012 年第 20 卷（第 2 期）。

法定的证明标准，但证据标准（the standard of evidence）是证明标准在具体案件中运用所形成的证据规则（也可称为证据规则），二者密切相关，但并非等同。“确实、充分”的法定证明标准不降低，并不意味着这个法定证明标准在具体案件中的应用是“铁板一块”。最高人民检察院副检察长陈国庆也认为，在坚持“确实、充分”证明标准不降低的前提下，“司法实践中，有些案件犯罪手段隐蔽，或者因客观条件所限，证据的提取、固定存在困难，证据体系可能存在这样或者那样的不足，对这些案件，如果犯罪嫌疑人、被告人自愿认罪认罚，使证明犯罪构成要件事实的基本证据完备，能够排除合理怀疑，则可以按照认罪认罚从宽制度办理”。[①] 笔者认为，有必要区分证明标准与证据标准，“确实、充分”的证明标准是法定的，不因个案不同而降低，但是证据标准因个案不同而有所差异。证明标准又称证明尺度、证明程度，就是证据对案件事实的证明所要达到的程度，无论是我国的“确实、充分”，还是英美法系的“排除合理怀疑”，抑或大陆法系的“内心确实”，都难以摆脱抽象而难以定义的命运。证据标准是具体应用和评价证据的问题，因个案而不同，也就是具体到个案，为了达到“确实、充分”的证明标准，需要哪些证据、需要什么样证据的问题。实践中不同案件的证据标准差异化是客观存在的，如一般的盗窃案件，定案核心证据只有两类：一是犯罪嫌疑人、被告人的供述和辩解，二是被害人陈述，二者相互印证即可定案。同样，实践中大量认罪认罚的容留他人吸毒案件，并没有现场查获毒品，其核心证据也只有两类：一是犯罪嫌疑人供述，二是被容留吸毒

① 陈国庆：《刑事诉讼法修改与刑事检察工作的新发展》，载《国家检察官学院学报》2019 年第 1 期。

者的证言，二者相互印证就可定案。尽管我们将这样案件的证据也称为“确实、充分”，但是与其他重刑案件、普查程序案件相比，其具体内容已然发生重大变化。① 要想发挥简易程序、速裁程序在案件繁简分流、节约司法资源中的真正功能，证据标准的差异化将是必然趋势。从国际上看，德国的处刑令程序“并不要求法官就被告之罪责达确信的程度，而只要求有足够的犯罪嫌疑”。② 在美国，尽管“排除合理怀疑”的证明标准是宪法性的规定，具有不可分割性，但是辩诉交易模式以被告人自认其罪为基础，交易可以涉及争议的所有领域，为寻找对双方都有利的结果以达成协议，形成了偏离“合理怀疑”的默认规则，使“新版本”的证据标准成为可能。③

当然，如何构建差异化的证据标准（证据规则）是个系统工程，既离不开理论指导，也离不开实证支撑。差异化证据规则的合理构建是一个不断积累的过程。④ 南京市建邺区人民检察院制定的《速裁程序“一步到庭”办案模式证据标准差异化审查指引》（以下简称《指引》），针对适用速裁程序的盗窃罪和危险驾驶罪的现行犯，探索出类案差异化的证据审查指引，就是这种证据标准差异化的有益尝试。《指引》对盗窃罪和危险驾

---

① 参见李勇：《证明标准的差异化问题研究——从认罪认罚从宽制度说起》，载《法治现代化研究》2017 年第 3 期。

② ［德］克劳思·罗科信：《刑事诉讼法》，吴丽琪译，法律出版社 2003 年版，第 605 页。

③ See Talia Fisher. *The Boundaries of Plea Bargaining*: *Negotiating the Standard of Proof*, The Journal of Criminal Law and Criminology（1973 –），Vol. 97，No. 4（Summer，2007）.

④ 参见杨立新：《认罪认罚从宽制度理解与适用》，载《国家检察官学院学报》2019 年第 1 期。

驶罪的现行犯分别规定了一般证据标准、重点审查的证据及其要点、差异化审查要点。例如，适用速裁程序的危险驾驶罪现行犯，在一般证据具备的前提下，重点审查血液酒精检测报告；在明显属于公共交通道路的情形，无须收集证明道路状况的证据；在车辆属于汽车且未造成重大事故的情况下无须对车辆进行技术检验；可以不调取同桌吃饭饮酒的证人证言等。对于适用速裁程序的盗窃罪现行犯，在具备一般证据的前提下，重点审查涉案财物的价值鉴定及其数额；犯罪嫌疑人供述与被害人陈述相互印证的情况下，没有目击证人及监控录像的，不影响事实认定；没有提取作案工具的不影响事实认定；现场查获盗窃电动车等财物的，即使没有找到被害人的，在被告人认罪认罚的情况下，可以认定。可见，构建盗窃、危险驾驶、容留吸毒及非法持有毒品等类案差异化证据规则并不困难，而这些案件类型占据基层刑事案件总数的60%左右。只有通过证据标准差异化来推动这60%左右案件的简化分流，才能让有限的司法资源集中在重大疑难复杂案件上。

（二）证据质与证据量

如果从“质”和“量”两个角度来考量证据，证据质主要是指证据的证据能力，[①] 无论是认罪认罚的案件还是不认罪认罚的案件，都要严格坚持证据能力不变通，严格贯彻非法证据排除规则；证据量也就是具体个案中某个事实和情节需要哪些证据，这在个案之间，特别是认罪认罚的案件和不认罪案件之间是存在差异化的。

---

① 传统的证据三性，即合法性、真实性、关联性，也属于对证据“质”方面的要求。

1. 证据质的要求不变通。如前所述，证据质主要是指证据的证据能力。证据能力是证据法的基本概念，是指证据能否作为定案的依据，或者说是否具有定案依据的资格，其发挥着把守证据作为认定事实依据的“出口”功能。与证据能力密切相关的概念是证明力，证明力是指在证据具备证据能力的前提下，对认定案件事实所具有的作用和价值。2010 年 6 月发布的《关于办理死刑案件审查判断证据若干问题的规定》和《关于办理刑事案件排除非法证据若干问题的规定》明确采用了证据能力和证明力的概念，2012 年《刑事诉讼法》之后出台的关于证据审查、非法证据排除的多个司法解释都采用了证据能力和证明力的概念。证据能力与证明力的逻辑关系是先有证据能力，才能考量该证据的证明力。“认证的内容包括证据的证据能力和证明力两个方面，即首先要判断某项证据材料是否具有法律上可采纳为证据的资格，在此基础上再确定证明力的有无和大小”。[①] 无证据能力的证据就是应当作为非法证据排除，瑕疵证据是证据能力待定的证据，视能否补正或合理解释说明而定。一个证据只有先具备证据能力，才能去谈它的证明力问题，证据能力是证明力的前提和基础。

可见，证据能否作为定案根据，是否要作为非法证据排除，有无证明力，都涉及证据能力问题。一个证据要成为定案根据，必须具有证据能力，这在理论上被称为证据的消极要件。“消极要件，系指证据使用之禁止，也可说是证据排除，

---

① 最高人民法院刑事审判第三庭编著：《刑事证据规则理解与适用》，法律出版社 2010 年版，第 244 页。

如以强暴、胁迫等不正讯问方法所得之证据，不得作为证据。”① 这一点无论是认罪认罚的案件还是不认罪认罚的案件，没有差别。不能因为适用速裁程序、简易程序就放松对证据能力的要求，更不能认为速裁程序和简易程序在非法证据排除规则上有所例外。

2. 证据量可以差异化。越是认罪认罚案件，越不能降低对证据质的要求，越要确保证据的真实性特别是犯罪嫌疑人、被告人供述的真实性，因为简化和省略了证据调查和质证程序，真实性和自愿性的保障更加重要。但是，认罪认罚案件在证据量上可以体现一定的差异化。实践表明，故意杀人案件与数额较大的盗窃案件，不认罪的普通程序案件与简易程序案件，在证据量的要求上会有所差异。实践中，大量的可能判处 3 年以下徒刑的被告人认罪认罚的盗窃案件，因财物灭失、没有提取到指纹、没有调取到监控录像、没有在场目击证人，定案的证据主要是两类：一是犯罪嫌疑人、被告人的供述和辩解，也就是犯罪嫌疑人、被告人承认自己实施了盗窃的事实；二是被害人陈述，也就是被害人陈述其财物被盗。上述这两个方面的证据相互印证，在认罪认罚的情况下，就认为达到了“确实、充分”的法定证明标准，可以定案。但是，在故意杀人案件中，以及可能判处无期徒刑、死刑的案件中，以及在一些不认罪的普通程序案件中，前述盗窃案件的证据标准是不可能被认为达到“确实、充分”。再如，毒品案件与其他案件相比，其证据在“量”上的要求也有所差异，这也是不争的事实。实践中，大量的可能判处 3 年以下的零星贩卖毒品案件、容留他人吸毒案件

① 林钰雄：《刑事诉讼法》（上册），中国人民大学出版社 2005 年版，第 345 页。

并没有现场查获毒品，其主要证据也只有两类：一是犯罪嫌疑人、被告人供述自己贩卖毒品给他人，或者容留他人吸食毒品；二是购买毒品者、被容留吸毒者的证言，这两个方面的证据相互印证，在认罪认罚的情况下，就认为达到“确实、充分”的证明标准，可以定案。同样，危险驾驶案件中，主要的证据就是血液酒精检测报告，在认罪认罚的情况下，其他证据在“量”上的要求与其他案件也会有所差异。

（三）证据庭前审查与证据法庭调查

检察官庭前对证据的审查在认罪案件和不认罪案件中的要求不降低。当然，从提高效率的角度可以进行类型化的审查指引，但是证据的法庭调查可以也应该进行差异化。

1. 庭前证据审查的类型化。无论是认罪认罚的案件还是不认罪认罚的案件，检察官的庭前证据审查都不能省略和简化，这是确保案件质量的基本要求。程序简化虽然不是要简化庭前证据审查，但是这并不意味着庭审证据审查不需要提高效率。为了提高效率，对庭前证据审查进行类型化的指引是可行的。南京市建邺区人民检察院针对速裁程序案件制定的《指引》取得了积极成效。庭前证据审查的类型化主要体现在以下几个方面：

首先，审查重点的类型化。某一类案件证据审查的重点是可以归纳总结出规律的，一般来说，认罪认罚案件证据审查重点有两个方面：一是某一类罪名构成要件事实的核心证据，是审查的重点。比如，危险驾驶案件，核心证据是血液酒精检测报告，其审查要点包括血液中乙醇含量、抽血过程是否规范、血液的保存和运送是否规范、鉴定过程和标准是否规范等。二是认罪认罚的真实性和自愿性。为了防止被告人不是真心认罪认罚，防止受到逼供、诱供等外界压力而虚假认罪认罚，防止“顶包”现象，这些都是认罪认罚案件中证据审查的重点。把这些审查要点进行类型化的总结，指引承办人进行审查，有利于提高证据审查的效率和确保案件质量。

其次，证据审查载体的简化。实践中，无论是检察官还是法官，庭前审查证据需要一定的载体，检察官使用的证据审查载体是“审查报告”（又称审查意见书），法官使用的证据审查载体是“审理报告”。无论是“审查报告”还是“审理报告”，都只是证据审查的载体和工具，对于认罪认罚的案件而言，这些载体可以进行差异化、简化，格式不应做硬性统一要求，应当省略不必要的程序性事项，要做到因案而异。比如，危险驾驶或数额较大的盗窃案件，被告人认罪认罚，适用速裁程序的案件，因为案情简单、证据清晰，“审查报告”或“审理报告”可以简化制作（如南京市建邺区人民检察院推行表格化的审查报告），甚至可以省略。

危险驾驶案件速裁程序
公诉审查报告

<table>
<tr><td rowspan="4">案件基本情况</td><td>犯罪嫌疑人</td><td></td></tr>
<tr><td>案由</td><td></td></tr>
<tr><td>强制措施</td><td></td></tr>
<tr><td>办案期限</td><td></td></tr>
<tr><td colspan="2">是否符合速裁程序条件</td><td></td></tr>
</table>

续表

<table>
<tr><td rowspan="7">定罪证据</td><td rowspan="5">血液鉴定问题（含有鉴定书、血样提取登记表、行政强制文书、委托及受理文书等）</td><td>血液乙醇含量</td><td></td></tr>
<tr><td>抽血是否规范
（专业人员、不得采用醇类消毒以及见证人、录像等问题，是否及时、强制抽血的是否符合《行政强制法》的规范）</td><td></td></tr>
<tr><td>血液保存是否规范（使用抗凝管、抗凝剂，不得使用促凝管等）</td><td></td></tr>
<tr><td>送检时间（24 小时之内，延长 3 日的需要审批文书）</td><td></td></tr>
<tr><td>鉴定过程
（鉴定的标准）</td><td></td></tr>
<tr><td>机动车及道路认定是否存在争议</td><td colspan="2"></td></tr>
<tr><td>其他证据</td><td colspan="2">（犯罪嫌疑人供述、被害人陈述等简要说明）</td></tr>
</table>

续表

<table>
<tr><td rowspan="3">量刑证据</td><td>自首、坦白</td><td></td></tr>
<tr><td>有无前科劣迹</td><td></td></tr>
<tr><td>有无造成他人受伤或较大财产损失；有无闯红灯、逆向行驶等严重违反交通安全法；有无在城市快速路、高速公路上行驶；逃避执法检查或阻碍检查；驾驶运营危险车辆、校车、单位接送员工车、货车、工程运输车等一般不得判处缓刑的情况</td><td></td></tr>
<tr><td rowspan="2">审查意见</td><td colspan="2">经审查认定的事实</td></tr>
<tr><td colspan="2">（定罪意见、量刑建议、适用程序）

承办人
年　月　日</td></tr>
</table>

×××盗窃案速裁程序
公诉审查报告

<table>
<tr><td rowspan="4">案件基本情况</td><td colspan="2">犯罪嫌疑人</td><td></td></tr>
<tr><td colspan="2">案由</td><td></td></tr>
<tr><td colspan="2">强制措施</td><td></td></tr>
<tr><td colspan="2">办案期限</td><td></td></tr>
<tr><td colspan="3">是否符合速裁程序条件</td><td></td></tr>
<tr><td rowspan="7">定罪证据</td><td rowspan="4">盗窃犯罪财物价格鉴定</td><td>检材来源：鉴定依据（有无依据，是购买凭证需要重点审查凭证是否原始、正规，是否存在补开等可能性）</td><td></td></tr>
<tr><td>过程：鉴定过程是否规范</td><td></td></tr>
<tr><td>结果：鉴定意见签字及盖章是否齐全、鉴定机构及人员资质有无问题</td><td></td></tr>
<tr><td>鉴定意见有无及时告知当事人</td><td></td></tr>
<tr><td>物证、书证、现场勘验、电子数据及视听资料等客观性证据（重点关注：手段行为方式、既未遂）</td><td colspan="2"></td></tr>
<tr><td>犯罪嫌疑人供述</td><td colspan="2"></td></tr>
<tr><td>被害人陈述及证人证言</td><td colspan="2"></td></tr>
</table>

续表

<table>
<tr><td rowspan="3">量刑证据</td><td>有无前科劣迹（是否影响量刑升格）</td><td></td></tr>
<tr><td>自首、坦白、立功等法定情节</td><td></td></tr>
<tr><td>赔偿、挽回损失等酌定情节</td><td></td></tr>
<tr><td>经审查认定的事实</td><td colspan="2"></td></tr>
<tr><td>审查意见</td><td colspan="2">（定罪、量刑、是否符合程序）

承办人
年 月 日</td></tr>
</table>

2. 证据法庭调查的差异化。根据证据裁判原则的要求，作为判决定案依据的证据，必须满足证据能力在两个方面的要求：一是证据材料不被法律禁止；二是证据材料应当经过法定的调查程序。前者就是证据能力问题，也就是证据的消极要件（如前所述）；后者是证据的积极要件，也就是我国法律所规定“未经庭审质证不得作为定案依据”，即证据的积极要件。“积极要件，一言以蔽之，就是严格证明法则，换言之，证据必须经过严格之调查程序后，始能终局取得证据能力，始得作为认定犯

罪事实之基础。”[1] 世界各国，证据裁判原则都不是在所有案件中整齐划一、“铁板”一块的。例如，大陆法系国家的德国的处刑令程序，实行书面审，就是证据裁判原则的例外；英美法系国家辩诉交易案件中证据裁判原则也有大量例外。

证据的积极要件在认罪认罚案件中可以也应该实行差异化，这在英美法系的辩诉交易中和大陆法系的简易程序中均如此。美国通过辩诉交易程序将 90% 以上的案件分流出去，这些案件无须经过陪审团审理，不受直接言词原则的限制，审理的重点是量刑，因此证据裁判原则的一系列规则在这里并未被遵守。[2] 在英格兰和威尔士，每年经陪审团审判的案件远低于 10%，“在被告辩诉交易的地方是不会发生审判的”，何来庭审的实质化？直接言词原则和证据裁判原则也无须遵守。[3] 在德国，同样设置了多种简易程序而无需遵守直接言词原则，如德国的处刑令程序实行书面审理，自然不必严格遵守直接言词原则和证据裁判原则。按照德国宪法法院的见解，对于简易刑事案件的解决，“应在合乎比例的许可下，以最迅速方式解决，如此既不浪费时间，亦可节省诉讼费用，同时亦能使法院有充裕时间，审判重大案件，不至于因轻微案件受到束缚，可将焦点置于重大案件”。[4]

---

① 林钰雄：《刑事诉讼法》（上册），中国人民大学出版社 2005 年版，第 345 页。

② 参见［美］安吉娜·J. 戴维斯：《专横的正义：美国检察官的权力》，李昌林、陈川陵译，中国法制出版社 2012 年版，第 45 页。

③ 参见［英］威廉·特文宁：《反思证据：开拓性论著》，吴洪淇等译，中国人民大学出版社 2015 年版，第 218 页。

④ 张丽卿：《刑事诉讼制度与刑事证据》，中国检察出版社 2016 年版，第 73 ~ 74 页。

这种差异化在认罪认罚案件中体现出逐级递进的特点，从普通程序简化审到简易程序、再到速裁程序，简化的力度越来越大。对于普通程序简化审来说，2003 年 3 月 14 日最高人民法院、最高人民检察院、司法部发布《关于适用普通程序审理“被告人认罪案件”的若干意见（试行）》第 7 条规定，“被告人可以不再就起诉书指控的犯罪事实进行供述；公诉人、辩护人、审判人员对被告人的讯问、发问可以简化或者省略；控辩双方对无异议的证据，可以仅就证据的名称及所证明的事项作出说明。对于合议庭认为有必要调查核实的证据，控辩双方有异议的证据，或者控方、辩方要求出示、宣读的证据，应当出示、宣读，并进行质证；控辩双方主要围绕确定罪名、量刑及其他有争议的问题进行辩论。”① 对于简易程序而言，我国《刑事诉讼法》第 219 条规定：“适用简易程序审理案件，不受本章第一节关于送达期限、讯问被告人、询问证人、鉴定人、出示证据、法庭辩论程序规定的限制。但在判决宣告前应当听取被告人的最后陈述意见”。对于速裁程序而言，我国《刑事诉讼法》第 224 条规定，“适用速裁程序审理案件，不受本章第一节

① “普通程序简化审”来源 2003 年 3 月 14 日《关于适用普通程序审理“被告人认罪案件”的若干意见（试行）》，2012 年《刑事诉讼法》修改时扩大了简易程序的范围，将普通程序简化审的内容吸收进简易程序，因此该文件不再适用。但是在认罪认罚从宽制度试点过程中，最高人民法院于 2017 年 2 月发布的《关于全面推进以审判为中心的刑事诉讼制度改革的事实意见》（法发〔2017〕5 号）第 32 条，把普通程序简化审与速裁程序、简易程序一并作为认罪认罚从宽制度的三个适用程序；2018 年《刑事诉讼法》修改时将认罪认罚从宽作为基本制度规定在总则中，这样，认罪认罚的普通程序案件可以依法从宽并可以简化程序，具体简化程序的操作方法，实践中一般参照《关于适用普通程序审理“被告人认罪案件”的若干意见（试行）》。

规定的送达期限的限制，一般不进行法庭调查、法庭辩论，但在判决宣告前应当听取辩护人的意见和被告人的最后陈述意见。”可见，证据的调查和质证程序简化力度是不同的，在速裁程序中原则上省略法庭调查，证据原则上不需要经过庭审调查和质证，“未经庭审质证不得作为定案依据”在简易程序和速裁程序中就有了例外。将2021年《最高人民法院关于适用〈中华人民共和国刑事诉讼法〉的解释》第71条与2012年《最高人民法院关于适用〈中华人民共和国刑事诉讼法〉的解释》第63条进行对比，删除了“但法律和本解释另有规定的除外”，仅保留了“证据未经当庭出示、辨认、质证等法庭调查程序查证属实，不得作为定案的根据”。事实上，这一修改，并无必要。最高人民法院相关起草人就此指出，“在特定情形下，根据2021年的解释第271条的规定，对于庭审结束后取得的，不影响定罪量刑的非关键性证据、有利于被告人的量刑证据以及认定被告人有犯罪前科的裁判文书等证据，经庭外征求意见，控辩双方没有异议的，可以不再开庭质证。”[①] 这实际上还是承认了证据裁判原则的例外。但是，起草人同样在这本书中又相互矛盾地指出，“适用速裁程序审理案件，虽无法庭调查和法庭辩论环节，但审判人员仍应当庭询问被告人对指控的证据有无异议，被告人无异议的，即应当视为经过了庭审质证程序。所以，速裁程序中作为定案根据的证据，实际上也经过了庭审举证、质证程序，不存在例外”。这里至少存在两个问题：一是前面承认证据裁判原则在特定情况下有例外，这里又称没有例外；二是速裁程序中，公诉人明明就没有举证，被告人也没有质证，如

① 李少平主编：《〈最高人民法院关于适用《中华人民共和国刑事诉讼法》的解释〉理解与适用》，人民法院出版社2021年版，第194页。

何能将被告人的一句话“没有异议”视为举证和质证，“无”中不可能生“有”。笔者就此曾与最高人民法院相关起草人进行沟通交流，沟通的结果是双方没有根本分歧，在理论上是有共识的，只是看问题的角度不同，对实践操作并无影响。

三、量刑事实及程序性事实的证明标准如何把握？

如前所述，大陆法系严格证明与自由证明的证明标准、英美法系中的定罪事实与量刑事实，其证明标准并非“铁板一块”。英美法系中的量刑事实一般采用优势证明标准；大陆法系有严格证明与自由证明的区分，定罪事实采取严格证明；而程序性事实采取自由证明，在证明标准上达到“释明”程度即可（释明程度与优势标准相似）。优势标准是指支持某一事实存在的证据较之那些证明该事实不存在的证据而言，具有明显的优势。换言之，当证明责任的承担者能够证明某一事实的存在要比不存在具有更大的可能性时，也就等于达到了优势证明标准。

对于我国而言，量刑、程序性事实的证明标准和定罪事实的证明标准在客观上确实是不同的。本书在第一版中提出的该观点，在2018年1月1日起试行的《人民法院办理刑事案件第一审普通程序法庭调查规程（试行）》（法发〔2017〕31号）中得到了印证，该文件第52条规定：“法庭认定被告人有罪，必须达到犯罪事实清楚，证据确实、充分，对于定罪事实应当综合全案证据排除合理怀疑，定罪证据不足的案件，不能认定被告人有罪，应当作出证据不足、指控的犯罪不能成立的无罪判决。定罪证据确实、充分，量刑证据存疑的，应当作出有利于被告人的认定。”2021年《最高人民法院关于适用〈中华人民共和国刑事诉讼法〉的解释》第72条第2款延续了2012年《最高人民法院关于适用〈中华人民共和国刑事诉讼法〉的解释》第64条第2款的规定，均表述为“认定被告人有罪和对被告人从重处罚，应当适用证据确实、充分的证明标准”。值得关注的是，新旧解释均强调了以下两点：一是“有罪”的证据，也就是定罪的证据要达到“确实、充分”；二是“从重处罚”的证据，也就是不利于被告人的证据要达到“确实、充分”。进而可以推导出隐含的第三点，就是从宽处罚、有利于被告人的事实，未必要达到“确实、充分”的证明标准。2012年《最高人民法院关于适用〈中华人民共和国刑事诉讼法〉的解释》的起草人指出，之所以如此规定，是因为“对所有证明对象适用同一证明标准，既不现实，也无必要……对于认定被告人有罪和对被告人从重处罚的事实……对其证明必须达到‘确实、充分’的程度。相应地，对被告人从宽处罚的事实，以及与附带民事诉讼、涉案财物处理有关的事实等，可以适当降低证明标准，适用优势证据标准”。[①] 实践中，那种认为被告人成立自首、立功等有利于被告人的事实须达到“确实、充分”程度，存疑就不予认定，甚至要求被告人承担证明责任的做法，是错误的，应当予以纠正。

（一）量刑事实的证明标准

量刑事实可以分为有利于被告人的量刑事实和不利于被告人的量刑事实，前者如自首、坦白、立功等，后者如累犯、再犯等。有利于被告人的量刑事实可以采用优势证明标准，但是对于不利于被告人的量刑事实仍应该采用“确实、充分”的证

---

① 参见胡云腾等：《关于适用〈中华人民共和国刑事诉讼法〉的解释理解与适用》，载中华人民共和国最高人民法院刑事审判第一、二、三、四、五庭主办：《刑事审判参考》（2012年第5集·总第88集），法律出版社2013年版，第97页。

明标准，这也是有利于被告人原则的应有之义。例如，关于被告人的年龄问题，2012 年及 2021 年《最高人民法院关于适用〈中华人民共和国刑事诉讼法〉的解释》第 112 条和第 146 条均规定，证明被告人处于相应法定责任年龄的证据不足的，应当作出有利于被告人的认定。例如，如果证明被告人实施犯罪时已满 18 周岁的证据不足，则应当认定为不满 18 周岁；如果无充分证据证明被告人实施犯罪时不满 75 周岁，则应当认定为已满 75 周岁。这是因为“被告人处于相应法定责任年龄的认定，影响被告人是否负刑事责任的大小，影响具体刑罚裁量，故而，应当采取严格的标准，要求认定的证据确实充分、排除合理怀疑，而不能适用优势证据标准”。[①] 对于自首、立功等有利于被告人情节的证明标准，应本着“存疑时有利于被告人”的原则适用“优势证据”的证明标准。比如，下面这个案例：

【案例 42：江某盗窃案】2001 年 3 月 16 日凌晨，被告人江某伙同他人经事先预谋，至南京某建材超市（已拆迁），共窃得电脑显示器、主机、键盘、打印机、音箱、空调等物品。被告人江某于 2011 年 8 月 26 日至其安徽老家某公安局投案，并如实供述了自己的犯罪事实。安徽某公安局将江某移交南京某公安局，并于当日被取保候审于其安徽老家，并要求其每三个月来南京某公安局派出所报告一次。2012 年 8 月，南京某公安局准备将江某移送审查起诉，电话联系江某而无法打通，遂于 2012 年 11 月 8 日将江某列为网上追逃人员，次日江某被安徽警方在其住处抓获。

---

① 李少平主编：《〈最高人民法院关于适用《中华人民共和国刑事诉讼法》的解释〉理解与适用》，人民法院出版社 2021 年版，第 254 页。

此案涉及自首的证明标准问题。被告人江某初次到案系自动投案并如实供述罪行，然后被取保候审，如果其在取保候审期间没有逃跑，当然应当认为系自首。此案的关键就在于公安机关在电话联系不上的情况下，上网追逃将被告人江某抓获，能否认为江某在取保候审期间逃跑。如果认定其在取保候审期间逃跑，那么投案后又逃跑的不能认定为自首；如果不能认定其在取保候审期间逃跑，那么应当认定为自首。现有证据中，不利于被告人的证据有：（1）上网追逃决定书；（2）被告人江某更换过电话号码且没有向公安机关报告更换后的电话号码；（3）公安机关在取保候审期间的三次电话无法接通的记录。现有证据中有利于被告人的证据有：（1）江某在取保候审期间先后于2011年8月27日、2011年11月10日、2012年2月15日、2012年5月20日、2012年7月20日到公安机关报告（2012年8月没有到公安机关报告是因为截至2012年8月26日取保候审到期），遵守了公安机关要求的每三个月报告一次的规定；（2）被告人江某在其住处即取保候审地被抓获，说明其没有离开取保候审地；（3）公安机关上网追逃的次日，当地公安机关就在其住处找到江某，说明南京公安机关没有尽到传唤责任。应该说，现有证据中既有证明被告人江某可能在取保候审期间故意逃避审判的证据，也有证明其没有逃避审判的证据。在这种情况下，我们不能以没有“确实、充分”的证据证明被告人系自首而不认定为自首，而应当认为证明被告人系自首的证据达到“优势证据”的标准认定为自首。此案最终的处理结果，是认定江某系自首。

（二）程序性事实的证明标准

程序性事实包括回避、管辖、非法证据排除等，应当采用优势证明标准。这一点已经得到司法解释的认可。2010 年 6 月 13 日最高人民法院、最高人民检察院、公安部、国家安全部、司法部发布《关于办理刑事案件排除非法证据若干问题的规定》第 6 条规定："被告人及其辩护人提出被告人审判前供述是非法取得的，法庭应当要求其提供涉嫌非法取证的人员、时间、地点、方式、内容等相关线索或者证据。"第 11 条规定："对被告人审判前供述的合法性，公诉人不提供证据加以证明，或者已提供的证据不够确实、充分的，该供述不能作为定案的根据。"2021 年《最高人民法院关于适用〈中华人民共和国刑事诉讼法〉的解释》第 137 条规定："法庭对证据收集的合法性进行审查后，确认或者不能排除存在刑事诉讼法第五十六条规定的以非法方法收集证据情形的，对有关证据应当排除。"上述司法解释表明，在非法证据的证明标准问题上，只要辩方提出相关线索或证据，而公诉人不能确实充分反驳，就要排除该证据。这里就非法证据的证明标准而言，实际上只需要提出相关线索或证据即可，达到"优势证据"为已足，而无须达到"确实、充分"的程度。

特别程序——犯罪嫌疑人、被告人逃匿、死亡案件违法所得的没收程序中的犯罪事实认定也应采取优势证明标准。《刑事诉讼法》第 298 条规定了没收违法所得程序，对于贪污贿赂犯罪、恐怖活动犯罪等重大犯罪案件，犯罪嫌疑人、被告人逃匿，在通缉 1 年后不能到案，或者犯罪嫌疑人、被告人死亡，依照刑法规定应当追缴其违法所得及其他涉案财产的，人民检察院可以向人民法院提出没收违法所得的申请。该条还进一步规定，没收违法所得的申请应当提供与犯罪事实、违法所得相关的证据材料，并列明财产的种类、数量、所在地及查封、扣押、冻结的情况。这里的贪污贿赂犯罪、恐怖活动犯罪等犯罪事实以及是否违法所得需要证明到何种程度，也就是证明标准如何？法律并没有明确规定。本书认为，违法所得没收程序的证明标准应该采用优势证明标准，而不适用“确实、充分”的证明标准。理由如下：首先，没收违法所得程序本质上属于民事诉讼程序，理应适用“优势证明标准”。正如有学者指出的，“刑事诉讼程序的标的是被告人的刑事责任问题，即定罪与量刑问题，是一种对人诉讼，而独立没收程序的标的是涉案财物的权利归属问题，本质上是一种对物诉讼，两者的诉讼标的泾渭分明。独立没收程序所处理的涉案财物的权利归属问题，虽然亦是由犯罪行为引起的、可归责于犯罪行为的一种责任追究，但没收裁定的作出并不以认定行为人的刑事责任为前提。换言之，独立没收程序并不直接处理行为人的刑事责任，而仅仅是确认涉案财物的权利归属，因此，其本质上仍然是一种财产性质的纠纷，与民事诉讼程序的标的具有同质性，类属于民事诉讼中的确权之诉。”① 其次，从实践的角度来说，这种特别程序的案件，因犯罪嫌疑人、被告人要么死亡、要么逃匿，很难达到“确实、充分”的程度。最后，没收违法所得程序适用优势证明标准得到司法解释的确认。2017 年 1 月 5 日《最高人民法院、最高人民检察院关于适用犯罪嫌疑人、被告人逃匿、死亡案件违法所得没收程序若干问题的规定》第 9 条规定，对于没收违法所得的申请，人民法院应当在 30 日内审查完毕，属于没收违法所得申请受案范围和本院管辖，且材料齐全、有证据证明有犯罪事实的，应当受理。该司法解释第 10 条进一步规定，“同时具备以下情形的，应当认定为本规定第九条规定的‘有证据证明有

---

① 万毅：《独立没收程序的证据法难题及其破解》，载《法学》2012 年第 4 期。

犯罪事实'：（一）有证据证明发生了犯罪事实；（二）有证据证明该犯罪事实是犯罪嫌疑人、被告人实施的；（三）证明犯罪嫌疑人、被告人实施犯罪行为的证据真实、合法。”这里在证明标准上仅要求达到“有证据证明有犯罪事实”即可，而没有要求达到“确实、充分”的程度。其实，这里的“有证据证明有犯罪事实”对证明标准的要求是很低的，至多就是个“优势证据”标准。最高人民法院相关负责人就此指出，这样规定的理由主要有三点：一是受客观条件限制，难以符合普通刑事诉讼程序证明标准要求。在犯罪嫌疑人、被告人逃匿、死亡案件中，因犯罪嫌疑人、被告人未到案，对犯罪动机、目的以及行为过程等犯罪事实的证明难以达到普通刑事诉讼程序中排除合理怀疑的标准要求。如坚持普通刑事诉讼程序证明标准要求，绝大多数此类案件难以顺利推进，立法规定就可能在实践中被束之高阁。二是违法所得没收程序的本质特征决定了此类案件的证明标准相比普通刑事诉讼程序可以适度降低。违法所得没收程序本质上是一种确权之诉，认定犯罪嫌疑人、被告人实施犯罪事实不是为了定罪处罚，而是为了确认申请没收的财产是否属于违法所得及其他涉案财产，从而最终决定是追缴没收还是返还被害人或者被害单位。在有的案件中，认定犯罪嫌疑人、被告人实施犯罪还可能主要出于通过违法所得没收程序保护被害人合法财产的考虑。三是为了避免与犯罪嫌疑人、被告人到案后对犯罪事实的认定冲突。违法所得没收程序随时可因犯罪嫌疑人、被告人到案而终止，如果犯罪嫌疑人、被告人未到案情况下适用排除合理怀疑标准，在犯罪嫌疑人、被告人到案后再适用排除合理怀疑标准对犯罪事实和定性进行了更改，就必然会引发对之前适用排除合理怀疑标准的质疑，从而影响司法的严肃性和权威性。[①]《最高人民法院、最高人民检察院关于适用犯罪嫌疑人、被告人逃匿、死亡案件违法所得没收程序若干问题的规定》第17条第1款进一步明确了优势证明标准，即“申请没收的财产具有高度可能属于违法所得及其他涉案财产的，应当认定为属于违法所得及其他涉案财产”。最高人民法院相关负责人也明确指出，“这一规定明确了优势证据证明标准”。[②] 另外，最高人民法院、最高人民检察院、公安部《关于办理电信网络诈骗等刑事案件适用法律若干问题的意见》关于涉案财物的处理中规定，“确因客观原因无法查实全部被害人，但有证据证明该账户系用于电信网络诈骗犯罪，且被告人无法说明款项合法来源的，根据刑法第六十四条的规定，应认定为违法所得，予以追缴。”实际上也采取了优势证明标准。

---

① 参见裴显鼎、王晓东、刘晓虎：《违法所得没收程序三类证明标准的把握和适用》，载《人民法院报》2018年3月21日，第6版。

② 裴显鼎、王晓东、刘晓虎：《违法所得没收程序三类证明标准的把握和适用》，载《人民法院报》2018年3月21日，第6版。

第九章　综合分析的操作方法

证据分析有没有方法？什么方法比较有效和可操作？这确实是个难题。证据分析是关于“分析和整理证据的技能，以及对有关事实争议问题的论证进行建构、批评和评价的技能……它们和关于法律问题的法律分析和法律推理一样，构成‘法学方法’的基本成分。常识、直觉和实践经验都在这些技能的运用中发挥着作用”，但它们并不能取代系统化的证据分析方法。①所以有必要探寻系统化的证据综合分析方法。

第一节　综合分析之基本操作方法

在实践中，刑事案件的证据分析是通过阅卷笔录、审查报告、审理报告、审结报告等作为基本载体的。检察机关公诉人办理案件需要制作审查报告，审查报告的主要内容是证据摘录和证据分析；辩护律师一般会制作阅卷笔录，法官一般会制作

---

① 参见［美］特伦斯·安德森等：《证据分析》（第二版），张保生等译，中国人民大学出版社 2012 年版，前言第 1 页。

审理报告或审结报告，这些工作文书的主体内容也是证据摘录和证据分析。关键是“怎么分析”。简言之，就是论证这个案件的证据体系是如何建立起来的，就是把前面第一步的证据分解验证后留下的具有证据能力的证据，再结合第二步双向对比的成果，在前两步的基础上，综合全案的证据对待证事实进行分析判断，把这种思维过程的成果用文字固定下来。怎么固定下来呢？

首先，简单的案件、简易程序、速裁程序的案件，证据清楚稳定，所以证据综合分析可以简略，实践中简单的几句话就可以了，如“对于……事实，犯罪嫌疑人供述了……证人也证实了……书证印证……鉴定结论证明了财物的价值，该事实足以认定”。对个别问题存在疑问的，重点指出，如“关于其中一笔盗窃的现金，犯罪嫌疑人供述1500元，被害人说2000元，按照有利于被告原则认定为1500元……”。

其次，对于重大复杂案件，就要详尽地分析论证。如一个强奸案，犯罪嫌疑人翻供、又没有物证，也没有提取精斑，那就要详细分析论证，为什么犯罪人的翻供不能成立，为什么即使物证没有提取到精斑也不影响定罪，为什么现有证据无法认定案件事实……。对于多笔事实、多个罪名等复杂案件，证据分析可以分别逐一分析论证。又如，某犯罪嫌疑人犯受贿罪和贪污罪，证据综合分析可以这样按照罪名分布论证：“一、关于受贿的证据分析；二、关于贪污的证据分析”；多笔事实的案件的证据分析可以按照不同事实分别论证，再如“一、12 月 9 日事实的证据分析；二、1 月 5 日事实的证据分析”。

对于构成要件复杂且容易引起争议的，可以按照构成要件进行证据分析，特别是职务犯罪案件。比如，下面这个受贿案件：

【案例 43：马某受贿案】 2006 年三四月，被告人马某在担任南京市某区委员会某街道工作委员会书记期间，利用职务便利，收受原南京市某区政府某街道调研员吴某以合作投资某苗木花卉基地的名义给予的投资股份人民币 40 万元。

这个案件的证据分析，可以按照受贿罪的构成要件进行如下分析：

1. 关于主体身份的证据分析：马某案发期间担任南京市某区委员会某街道工作委员会书记职务，具有国家公务员编制，从事街道全面管理工作。根据《全国法院审理经济犯罪案件工作座谈会纪要》在乡镇以上中国共产党中从事公务的人员，视为国家机关工作人员。

2. 关于职务便利的证据分析：吴某希望马某在以后给予照顾，这是马某和吴某都能印证的。马某是街道工作委员会书记，是街道的"一把手"，领导全面工作；而吴某是调研员，对其上级马某负责，吴某有求于马某的"一把手"职权。而马某也明知自己是街道"一把手"，吴某给予其 40 万元是与其工作委员会书记的职权有关。因此，其行为表现为两个相互联系的内容：一是他人有求于国家工作人员的职权；二是收受的财物是国家工作人员职权的不正当报酬，形成权钱交易。因此，马某具有职务上的便利。

3. 关于基本犯罪事实的分析：（1）犯罪嫌疑人马某承认 2005 年吴某提出想让她合作投资，后来同意以其母亲名义投资。2006 年三四月吴某让其签订协议，约定马某投资 44 万元占投资总额 440 万元的 10%。但马某实际投资只有 4 万元。（2）吴某、滕某、徐某等证人关于投资总额以及马某的投资比例的证言，能够与马某的供述相互印证。（3）相关的投资协议、银行交易记录等书证也能够印证上述投资总额及投资比例。因此，马某收受40万元的投资权益的事实，现有证据足以认定。根据《最高人民法院、最高人民检察院关于办理受贿刑事案件适用法律若干问题的意见》（法发〔2007〕22号）第3条规定，国家工作人员利用职务上的便利为请托人谋取利益，由请托人出资，合作开办公司或者进行其他合作投资的，以受贿论处。受贿数额为请托人给国家工作人员的出资额。

最后，对于疑难案件，可以采用图示法。前面说的重大复杂案件，主要是指案情重大、证据复杂，这里说的疑难案件是指证据疑难，案件事实能否认定介于两可之间，难以决断。这是司法实践中最为难以处理的案件，见下一节详述。

第二节　证据综合分析图示法的提出

关于证据分析方法这种分析、整理证据技能的“形而下”的问题，在国内证据法学界基本上处于空白状态。但是在英美法系证据法学中，却一直是研究的热点问题。随着“新证据学”思潮的来临，证据法已经从一个关注规范表述的领域转型为一个关注证明过程的领域了。[①]“分析方法”是记录和组织数据的方法，是把命题之间的逻辑关系具体化的方法，并且是如何使它们得到整理，以支持或否定一个要件事实的方法。在事实认定领域，主要存在三种分析方法，它们分别是：（1）图示法；

---

① 参见［英］威廉·特文宁：《反思证据：开拓性论著》，吴洪淇等译，中国人民大学出版社2015年版，第247页。

（2）概要法；（3）叙事法。[①] 其中，最为著名的莫过于证据法大师威格摩尔的图示法。图示法是威格莫尔首创的证据推理方法，在“新证据学”出现后被发扬光大。

一、威格摩尔图示法为什么会昙花一现？

（一）威格摩尔图示法的基本内容

威格摩尔与边沁被称为英美证据法历史上无法超越的两座高峰。1913 年 6 月，威格摩尔在《伊利诺伊法律评论》上发表了一篇题为《证明问题》的论文，论文的开篇就指出“本文的目标在于为‘司法证据’提出——尽管仅仅以实验的形式——一种新工具”。这个新工具就是图示法。这篇文章实际上就是后来的长篇著作《司法证明原则：源自逻辑学、心理学和一般经验并在司法裁判中予以阐明》其中一章的草稿，在同一年的稍晚些时间，该书面世。1931 年第二版的修订版出版，1937 年的第三版更名为《司法证明科学》。威格摩尔的司法证明科学“代表着自边沁以来所着手的一种综合性、跨学科的证据与证明理论的唯一努力，该理论将该主题的法学、逻辑学、心理学和科学维度都融入一个单一的融贯框架之内”，为新证据学提出了一种融贯理论。该理论强调的是司法证明过程，而不是证据规则本身，“其基础是逻辑学尤其是归纳逻辑、心理学尤其是证人心理学以及一般性经验——包括常识概括以及所有人类知识领域尤其是法庭科学中的进展，主要的场所是一审的审判法庭当中，主旨是一个可以为真实的司法裁判所阐释并在其中加以运用的

---

① 参见［美］特伦斯·安德森等：《证据分析》（第二版），张保生等译，中国人民大学出版社 2012 年版，第 143 页以下。

应用科学。”[1] 在威格摩尔看来，证据问题的研究可以分为两个截然不同的部分：一个是一般意义上的证明，该部分主要关注“争论性说服的推理过程，心灵对着心灵，律师对着法官或者陪审员，每一方当事人都力求打动裁判庭的内心”。另一个是证据的可采性问题，就是“通过法律来设计的并且以诉讼经验和传统为基础力求保护裁判庭（尤其是陪审团）不受错误说服的程序规则。”威格摩尔抱怨道，后者也就是证据可采性、排除规则“已经俨然成为我们正式研究中的最大一块——实际上，已经垄断了这些研究”，而前者即证明问题“几乎被忽略了，只是留在实务过程中去获得偶然性的、经验性的认识”。[2] 威格摩尔关注的就是这个在当时被忽略的证明科学。他认为，证明科学具体主要关注三个问题：其一，提交给法庭的不同类型的证据对裁决者所具有的说服力；其二，所包含的证明过程和逻辑与心理学性质；其三，用于分析混杂证据群和将相关逻辑关系用图示表现出来的最实用方法。[3] 在威格摩尔看来，当大量的不同类型的证据需要被“合理协调”以便获得一种单一结论的时候，主要反复发生的困难的来源才会产生，即主要的困难同具体案件的复杂性有关，而与有关认识论或有关所涉及逻辑过程的基本类型的基本问题无关。对混合的大量证据加以分析这样一项任务存在于对所能获得的每项证据加以分析，存在于对其加以分

---

① ［英］威廉·特文宁：《证据理论：边沁与威格摩尔》，吴洪淇、杜国栋译，中国人民大学出版社 2015 年版，第 171、180 页。

② ［英］威廉·特文宁：《证据理论：边沁与威格摩尔》，吴洪淇、杜国栋译，中国人民大学出版社 2015 年版，第 180～181 页。

③ 参见［英］威廉·特文宁：《证据理论：边沁与威格摩尔》，吴洪淇、杜国栋译，中国人民大学出版社 2015 年版，第 179 页脚注。

门别类并将每一项置于证明方案的恰当位置，还存在于从一个阶段到另一个阶段进行详细的推论，最终就主要的待证事实获得一个结论。在此基础上，威格摩尔创造了“图示法”，他认为这是一种专门用于分析混合证据群和将相关逻辑关系用图示表现出来的最实用方法。

图示法的名字源于这样一个事实：即最终的产物是某一具体案件中所有相关证据与待证事实之间所有关系的一个图形展示。构成要素是事实的简明命题，每一个都被罗列出来并在一个‘证据要件列表’（key - list of evidens）当中进行编号；命题之间的关系通过一个由作者设计出来的符合系统在图示中描绘出来[①]，从而形成一个极其复杂的图示框架。威格摩尔图示法的原版表述是：在某一特定案件或争议性事实问题中，在一个赞同或反对某一特别结论（“最终待证事实”）的论证中，所有相关或潜在有用的数据都被解析成为简明的命题，这些命题可以被吸收进一个“关键事项表”当中，然后，在“关键事项表”中，所有命题之间的关系将运用提前设定的一套符号通过图示形式展现出来，因此，最终的产品将是一个（通常是非常复杂的）论证图示。[②]

威格摩尔图示法的制作步骤大概是这样的：第一步，澄清立场。分析者必须回答四个基本问题：我是谁？我处在什么程序的什么阶段？什么材料可用于分析？我正试图做什么？第二步，系统地提出最终待证事实。对每个案件，裁判者必须找出将（或他

① 参见［英］威廉·特文宁：《证据理论：边沁与威格摩尔》，吴洪淇、杜国栋译，中国人民大学出版社 2015 年版，第 191 页。

② 参见［英］威廉·特文宁：《证据理论：边沁与威格摩尔》，吴洪淇、杜国栋译，中国人民大学出版社 2015 年版，第 8 页脚注。

相信将）规制案件的法律规则，并系统地提出事实命题，即最终待证事实，为了满足规则所要求的条件，该事实命题必须得到证明。第三步，系统地提出潜在的次终待证事实，即“最终待证事实”的构成要素，它是整个论辩的基础。第四步，系统地阐述案件的先决性理论（并选择最适合该理论的对全局具有重要意义的最终待证事实、次终待证事实和中间待证事实）。第五步，系统地阐述关键事项表，也就是证据列表。分析者必须提出一份列明己方论证和待分析的他方论证的主张要点的明细表。第六步，准备图表。分析者必须建构出用来描述上述明细表中列明的各种主张间相互关系的图式。第七步，提炼和完成分析。分析者必须对图式加以完善、修整以此来达到论证的目的。①

（二）威格摩尔图示法的缺陷

威格摩尔的“图示法”捕捉并展示了推理的一个关键维度，我们将这个维度称为“关系分析”，这是证明理论的重大进步。②但威格摩尔图示法最大的缺陷就是这套符号系统过于复杂。威格摩尔发明了很多符号及这些符号的变体来代表控辩双方提出的事实主张和相应的各种各样的证据，然而能真正反映控辩两造观点差异性的符号却很少，实际用处有限，因此无法达到图式设计的初衷。威格摩尔图示法的第一个显著特征是它采用了25种表征各种不同意义的符号，即使是一个事实证据清楚简单

---

① 参见［美］特伦斯·安德森等：《证据分析》（第二版），张保生等译，中国人民大学出版社2012年版，第157～170页。

② See *Peter Tillers & David Schum. Charting New Territory in Judicial Proof: Beyond Wigmore*, *Cardozo Law Review*, Vol. 9, Issue 3 (February 1988), p. 907 (907－966).

的案件，其命题及其符合也已经超过20几个。比如，“□”方块用于描述证言性主张；“○”圆圈用于描述间接证据或推断命题；“ >”开度角用来标识一个为他方提出的推论提供可选解释的论证；“△”三角形用来标识补强一个所提出的推论之论证；“—”直线表示所提出的命题之间推论性关系的方法；“↑”表示有助于支持，等等。①“仅仅是他使用符号这样一个事实就可能成为他无法说服教师或者律师来严肃地对待他的方法的最为重要的单一因素。大多数法律人一见符号或数学公式便扭头就走。”② 这从一开始就决定了威格摩尔图示法的悲剧性历史命运，所以“终其一生还有他死后很多年，对威格摩尔图示法的接受从礼节性地怀疑逐渐转变为漠不关心。除了少数的例外之外，它被学者们还有实务者们忽略了”。③ 其复杂性主要体现在关键事项列表（证据列表）和绘制图表上。为了更为直观地说明威格摩尔图示法的复杂性，下面举例说明（和我一样看到符号和数学公式扭头便走的读者，下面这段可以直接略过）。

威格摩尔在昂梅连（Comm Onwealth v. Umilian）案中列出了如下证据明细列表：④

（1）杀害杰德瑞斯的意图。

（2）在发现杰德瑞斯试图阻止婚礼后，未言明事由的对杰

---

① 参见［美］特伦斯·安德森等：《证据分析》（第二版），张保生等译，中国人民大学出版社2012年版，第170～171页。

② ［英］威廉·特文宁：《证据理论：边沁与威格摩尔》，吴洪淇、杜国栋译，中国人民大学出版社2015年版，第196页。

③ ［英］威廉·特文宁：《证据理论：边沁与威格摩尔》，吴洪淇、杜国栋译，中国人民大学出版社2015年版，第204页。

④ 转引自王佳：《司法证明科学的新视野——威格莫尔证明图式研究》，载《证据理论与科学——首届国际研讨会论文集》2007年9月15日。

德瑞斯的威胁。

（3）匿名证人对上述内容的作证。

（4）威胁可能仅仅意味着对杰德瑞斯进行轻伤害。

（5）威胁事后报复。

（6）匿名证人对上述内容的作证。

（7）威胁可能仅仅意味着对杰德瑞斯进行轻伤害。

（8）对杰德瑞斯持有的复仇、凶杀情绪。

（9）杰德瑞斯曾在 11 月 8 日指控被告重婚，以此来阻挠被告的婚礼。

（10）牧师收到信说被告早已在乡间娶妻生子。

（11）有匿名证人对上述内容作证。

（12）杰德瑞斯是写那封化名信的人。

（13）有匿名证人对上述内容作证。

（14）牧师将信件的内容告诉了被告，并拒绝为被告举行婚礼，（查清真相后）牧师同意为被告举行婚礼。

（15）有匿名证人对上述内容作证。

（16）化名信中的内容不属实。

（17）有匿名证人对上述内容作证。

（18）被告没有重婚，婚礼得以如期举行，被告并不怀有强烈的报复心。

（19）杰德瑞斯仍与被告保持着日常联系，所以被告对那次所受的侮辱依然耿耿于怀。

（20）被告的妻子时时出现于两人的视线，所以被害人与被告间的嫉妒感依然存在。

（21）从 11 月 18 日到 12 月 31 日，被告多次对被害人发出过威胁并表达他对被害人的敌意。

（22）有匿名证人对上述内容作证。

（23）被告在12月31日向基斯先生报告说被害人偷了基斯先生的货物。

（24）有匿名证人对上述内容作证。

（25）这并不意味着被告向基斯先生举报的事情是虚假的，怀有恶意的。

（26）被告杀害杰德瑞斯的机会是独有的。

（27）12月31日被告在仓库附近。

（27.1）有证人为上述内容作证。

（28）除了被告外，人们没有看到其他人出现在仓库附近。

（29）被告的妻子和另一名女访客在屋中交谈。

（30）有匿名证人对上述内容作证。

（31）路过的流浪恶棍当时也有可能在农场中。

（32）如果杰德瑞斯还活着的话，从12月31日到次年4月之间肯定有其他人跟他接触过。

（33）对于杰德瑞斯的失踪，被告心里怀有不安的负罪感。

（34）被告谎称杰德瑞斯准备去格兰比。

（35）虽然被害人已死，被告仍谎称杰德瑞斯去了格兰比。

（36）有匿名证人对上述内容作证。

（37）杰德瑞斯有可能并没有死，并真的去了格兰比。

（38）被告知道在井里会发现对他不利的东西。

（39）他观察那些来搜井的人。

（40）有匿名证人对上述内容作证。

（41）这有可能是农场工人对（基斯先生和奥尔兹先生白天打灯笼到废井边）这些怪异存有的自然好奇心所驱使。

（42）被告编造了奥尔兹和基斯先生搜井的原因。

（43）有匿名证人对上述内容作证。

（44）当人们发现尸体时，被告并没有上前围观。

（45）有匿名证人对上述内容作证。

（46）存在足以解释这一行为的其他原因。

（47）被告知道死者是杰德瑞斯，而其他人不知道。

（48）在1月中旬，他出售了杰德瑞斯的橡胶鞋，声称杰德瑞斯不会回来了。

（49）有匿名证人对上述内容作证。

（50）与其他人一样，被告仅仅认为杰德瑞斯放弃了农场的工作。

（51）凶手在杰德瑞斯尸体上留有的信息表明，该凶手可以自由出入基斯的农场。

（52）被害人身体上的伤痕是由农场中的玉米脱粒机造成的。

（53）有匿名证人对上述内容作证。

（54）但玉米脱粒机与伤痕处并不完全吻合，有可能是其他武器致伤。

（55）除了被告之外其他人都不能如此自由地接近玉米脱粒机。

（55.1）有匿名证人证明上述55项的事实。请与26项相联系。

（56）用来裹尸体和衣服的麻袋来自农场。

（57）有匿名证人对上述内容作证。

（58）麻袋中的石头与农场附近的石头吻合。

（59）有匿名证人对上述内容作证。

（60）麻袋中的衣服留有谷仓地下室泥土的痕迹。

（61）有匿名证人对上述内容作证.

（62）泥土并不能明确的确定它的来源。

可见，单纯建立这样一个证据列表就是一件极其困难的事实。然而，其复杂性远未结束，下面是分析图：

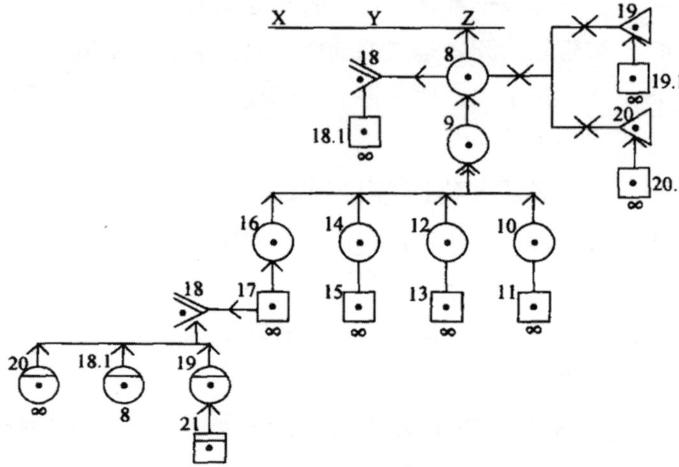

说明：箭头代表推论的方向，圆和方框代表证人证言、情况证据，中间的连接点代表假定某项论断是事实。

尽管特伦斯·安德森、威廉·特文宁等对威格摩尔图示法进行了改进，但是其复杂性依然难以改变，他们在合著的《证据分析》一书中举了一个“初级版”的案例，张三故意杀死李四的案件，比上述案例更加复杂，关键事项表多达61项，而分析图表的庞大是上述图表的三倍。①

威格摩尔图示法的第二个缺陷是必须在对事实进行分析之前选定最终的待证事实，这在逻辑上是有问题的。即便将待证事实视为不加任何主观因素的纯事实，不同诉讼主体如律师、检察官、法官因立场角色的不同，从而无法保证图示的完全客观性，也就是说不同的诉讼主体所勾勒的图示并不相同。

① 参见［美］特伦斯·安德森等：《证据分析》（第二版），张保生等译，中国人民大学出版社2012年版，第173～177页。

二、笔者设计的证据综合分析图示法内涵及依据是什么？

如前所述，威格摩尔图示法最大的缺陷就是这套符号系统过于复杂。但是，威格摩尔的图示法还是给我们提供了证据分析的新思路。威格摩尔图示法是让我们思路清晰的工具。许多证据问题非常复杂，以至于大多数人无法描述和分析它们，在这些情况下，我们需要“拐杖”，使我们能够牢记问题的所有属性，这些属性必须以一致的方式进行检查。从这个意义上来说，威格摩尔是完全正确的。“我们相信像图表方法这样的东西可能是一种强大的工具，可以以可理解和有序的方式显示复杂推理的结构——来自具有许多不同推理步骤的大量证据的推理。”①正因为如此，威格摩尔的后继者孜孜以求地研究证据分析的各种“改良”版的图示法。

笔者2009年创立三步法则后，一直对第三步综合分析的可操作性方法苦苦思索。受到了威格摩尔图示法的启发，笔者于2015年下半年开始研究证据综合分析的图示法，并于当年的12月基本成型。如前所述，这种图示法适合于疑难案件。

笔者所创立的证据综合分析图示法的基本框架如下表：

控方维度	辩方维度
1.	1.
2.	2.
……	……

① See Peter Tillers & David Schum. *Charting New Territory in Judicial Proof: Beyond Wigmore*, *Cardozo Law Review*, Vol. 9, Issue 3 (February 1988), pp. 913 – 914 (907 – 966).

续表

控方维度	辩方维度
需要补充的证据：……	需要补充调查的证据：……
中立维度：（对待证事实的结论性意见）……	

该图示法由三个维度组成，分别为控方维度、辩方维度、中立维度。

1. 控方维度的证据列表。控方维度就是从公诉方也就是定罪的角度对证据进行归纳、概括、分析，就是将全案中有利于定罪的证据进行概括，围绕争议事项，条理清晰、全面地逐项在控方维度的表格中列明。需要注意以下两点：（1）对于控方来说，具体个案中构成要件的每一个待证事实要素都是需要证明的，如一个杀人案件，杀人行为、杀人动机、作案的时间、地点都必须要进行证明。但是图表中的证据列举应当围绕主要争议焦点进行，而不是将全案的所有证据都塞入列表中。因为这个图示法是证据综合分析的图示，而不是证据摘录的列表。（2）在对控方维度证据进行概括和列表的过程中，要结合第一步的证据分解验证和双向对比，将需要进一步补充完善的也在证据列表中进行列举。这是一个相对开放灵活的系统，办案人员可以将不断增加的新证据在列表中进行补充，这与二元主义证明标准中以客观真实为应然追求是一脉相承的。

2. 辩方维度的证据列表。辩方维度就从辩护方也就是不利于定罪的角度对证据进行分析，将不利于定案的证据进行高度概括，逐项列明在辩方维度的证据列表中。需要注意以下两点：（1）从辩方维度来说，只要证明其中一个不成立就会对整个案件事实的认定产生致命影响，如证明没有作案时间，那就可能直接推翻案件。“在一起典型的刑事案件中，为了成功地进行指控，公诉方必须证实 A、B、C、D，每一个都是必要条件；而对辩方来说，要么表明这些条件中有一个并未被证实至排除合理怀疑的程度，要么适用 E 或 F 或 G（抗辩）中的一个就足够了。”[①]（2）在对辩方维度证据进行概括列举的过程中，同样需要关注需要进一步补充调查的证据。与控方维度一样，这也留下一个开放的窗口，可以不断增加新的证据，以保证图示系统的灵活性和开放性。

3. 中立维度的证据列表。在概括列举完控方维度证据和辩方维度证据之后，站在中立的立场上充分评估全案的证据，这是证据综合分析并对待证事实做出判断必须具备的品质，“任何理性的事实认定活动都渴望中立：其拥护者应该是没有私心杂念的角色而不是热心追逐某种利益的竞技者。”[②]

需要特别指出的是，上述图示法适用于公诉人、法官和辩护律师。对控辩双方的公诉人和辩护律师而言，只有做到“知己知彼”，才能“百战不殆”，所以，既需要从控方维度分析证据也需要从辩护维度分析证据；对法官来说，要想居中裁判，就得充分考虑控辩双方的意见，所以也需要从控方维度和辩护维度分析证据。同样，中立维度对公诉人、辩护律师、法官而言都必不可少。对于法官来说，居中裁判是其天职，因此法官从中立的维度全面分析证据和认定事实固然不难理解。对检察官来说，大陆法系的检察官具有客观义务，特别是在案件起诉之前的审查起诉过程中客观中立义务也是应有之义。检察官的

① ［英］威廉·特文宁：《证据理论：边沁与威格摩尔》，吴洪淇、杜国栋译，中国人民大学出版社 2015 年版，第 276 页。

② ［美］米尔建·R. 达马斯卡：《漂移的证据法》，李学军等译，中国政法大学出版社 2003 年版，第 141 页。

客观义务，要求在刑事诉讼中，公诉人“并非一造当事人”，而应站在客观的立场上力求真实与正义。值得注意的是，英美法系中检察官的客观义务也正悄然向大陆法系靠拢，美国律师协会制定的《检控与辩护职能刑事司法准则》中规定，“检察官的职责是寻求正义，而不仅是定罪”。在1935年伯格诉合众国案中，美国最高法院裁决指出“美国检察官代表的不是普通的一方当事人，而是国家政权，他应当公平地行使自己的职责；因此检察官在刑事司法中的目的不是胜诉，而是实现公正”。[①] 可能比较难以理解的是，辩护人是否需要从中立的维度进行证据分析。事实上，辩护人要想实现有效辩护，制定恰当的辩护策略，最大限度维护当事人利益，需要从中立的角度评估并决定辩护策略。比如，从中立维度分析，如果内心确信必然会被定罪，那再做无罪辩护就没有意义，就应该选择最轻辩护等其他辩护策略。

需要特别做几点重要说明：一是该图示法既不是威格摩尔图示法的翻版，也不是威格摩尔图示法的改良版。虽然都用了“图示法”这一术语，但在本质上是不同的。二是该图示法是三步法则中的第三步综合分析中的一部分，也就是这个图示法是建立在证据分解验证和双向对比基础之上的。实践中，是在阅卷笔录或者审查报告、审理报告、审结报告对证据进行了摘录、分组之后才使用该图示进行证据综合分析的。因为前面已经进行了证据分组、摘录，这样在图示法中建立控方维度和辩护维度的证据列表就比较容易了。三是该图示法并不像威格摩尔图示法那样在对事实进行分析之前确定最终的待证事实，笔者设计的图示法的最终待证事实是在控方维度、辩护维度之后在中

---

① ［美］爱伦·豪切斯泰勒·斯黛丽、［美］南希·弗兰克：《美国刑事法院诉讼程序》，陈卫东等译，中国人民大学出版社2002年版，第230页。

立维度上进行分析得出的，更加符合逻辑。

三、证据综合分析图示法如何实际操作？

笔者所设计的图示法简单明了，易操作。操作的关键在于办案人员要善于概括提炼证据，概括提炼证据可以在审查报告、审理报告、审结报告、阅卷笔录中的证据摘录、证据小结的基础上进行。概括在证明推理和证据分析中是如此地重要。如果一个案件的证据卷宗有100本，制作的审查报告有200页，其中证据摘录占据了180页，如果不能对这180页摘录的证据进行高度概括和提炼，是无法对案件作出准确判断的。“每一个推论都依赖一个概况”，“概括发挥着‘黏合剂’（glue）般的作用，即通过表明一项证据是相关的，将其与一个特定中间或最终待证事实链接起来”。[①] 实践中，在对证据进行分组摘录，形成证据群，即证据分组。在证据分析过程中，证据分组、形成证据群所起的作用就是“聚合”，“当两个事实彼此独立，（都支持）同一结论的可能性时，两项间接证据聚合”，两个以上的聚合就增强了这个推论。[②] 每摘录完一组证据后，进行证据小结，对证据的主要内容以及存在的问题进行小结，这样在进行证据综合分析图示列表时就比较容易了。下面结合具体案例来演示证据分析图示法的操作：

【案例44：杨某盗窃案】2012年10月19日8时许，被害人邵某与两名驾驶员到某肉联厂进货。被害人邵某将货款按照

---

① ［美］特伦斯·安德森等：《证据分析》（第二版），中国人民大学出版社2012年版，第129、346～347页。

② 参见［美］特伦斯·安德森等：《证据分析》（第二版），中国人民大学出版社2012年版，第136页。

不同货主摆放在驾驶室卧铺和副驾驶座上。9时许，邵某去联系上货，让其中一驾驶员锁上车门，并告诉另一驾驶员照看一下。10分钟后邵某返回发现车锁被撬，副驾驶座上和卧铺上的158000元以及一女士挎包被盗。经查，当日6时30分许，犯罪嫌疑人杨某（做桩基工程，无前科）从暂住地出门，未见携带包及作案工具。监控录像视频1、2显示：9时2分疑似杨某（录像模糊，非正面图像，鉴定不能确定是否杨某本人）出现于被盗货车左侧车厢（未拍摄到其接触车辆），右手缠握有白色织物，一边行走一边脱下西装去掩盖手中的包。肉联厂出口视频3正面拍摄到杨某披着西服，包藏在西服内。对于视频3与视频1、2中的人和包是否具有同一性，不具备鉴定条件，无法确定。杨某当日上午办理退房，中午离开租住地，当晚返回河南老家。10月23日，杨某在河南老家取款3万元，并分两次汇款15.5万元、18.5万元用于购买两套门面房。杨某妻子称给了杨某17万元购房款。杨某拒不供述盗窃事实，对于是否出现于案发现场问题前后供述多有反复。

这个案件属于典型的疑难案件，有利于定案和不利于定案的证据各有千秋，给办案人造成困惑。图示法分析如下：

控方维度	辩方维度
1. 犯罪嫌疑人杨某有作案时间。	1. 监控视频没有拍摄到杨某直接从车内窃取钱款，也就是说，证明杨某盗窃行为的直接证据缺乏。
2. 肉联厂出口视频3正面拍摄到杨某将包藏在西服内。	2. 监控视频拍摄到杨某接近卡车的图像模糊，是不是犯罪嫌疑人杨某存有疑问。

续表

控方维度	辩方维度
3. 当天匆忙赶回河南老家。	3. 两段监控视频中的包是不是具有同一性，与被害人被盗的包是不是同一个包，也难以确定。
4. 取款、汇款并购房，无法合理说明款项来源。	4. 款项来源不明，但是可能性有多种。
需要进一步补充的证据：查明翻供的原因。	需要进一步补充调查的证据：款项有无其他合理的来源。
对待证事实的结论（中立维度）：对上述两个方面的证据进行综合分析，结合二元主义的证明标准，现有证据无法排除其他人作案的可能性，无法认定杨某实施该盗窃行为。	

我们再结合前面分析过的毒品案件“案例33：金某非法持有毒品案”：

控方维度	辩方维度
1. 200多克毒品这么大的量，一般不可能完全自己吸食，以贩养吸的可能性较大。	1. 持有大量毒品用于吸食也存在可能性，并不一定能推导出用于贩卖。
2. 濮某证言称是金某卖毒品给他的。	2. 濮某是在非法持有毒品被抓获后，带领公安人员去抓金某的，有无立功心切栽赃嫁祸的可能性，不无疑问。
3. 沈某证明金某贩卖给濮某，但间接证实濮某上午来过，三人还一起吸毒。	3. 沈某虽然证明三人上午在一起，但是没有看到毒品交易过程。
需要进一步补充的证据：金某有无贩卖过毒品给其他人。	需要进一步补充调查的证据：无。
中立维度：现有证据证明金某贩卖毒品还存在疑问，加之本案毒品数量较多，属于重罪案件，无法得出排除合理怀疑的结论，难以认定金某贩卖毒品，仅认定为金某非法持有毒品。（当然，实践中，此案也可能会有办案人员认定为贩卖毒品罪。）	

第三节 证据综合分析图示法的效果评价

图示法为一个深思熟虑的判断之形成提供了系统的协助，并清晰地反映出分析者的真实确信状态，将办案人员证据分析的思路和证据分析的过程清晰地展现出来，其意义和功能巨大，效果明显。

一、图示法对证据分析和事实认定有何意义？

（一）图示法具有可视性，有利于提高证据分析的可操作性

图示法以可视化的方式展示了证据分析的过程，这符合新证据学发展的历史潮流和趋势，伦伯特教授对“新证据学”作了这样精辟的描述：“证据法已经从一个关注规范表述的领域转型为一个关注证明过程的领域了。”[①] 我国证据法学尚处于关注证据规则的初始阶段，对于证据分析、证明过程则很少关注。但是，对于司法实践来说，证据分析和证明过程是证据法非常重要的内容。图示法最大的功能之一就是能够使“理性”的思维程序得以客观化、可视化。因为证据分析本身是一个主观的判断过程，办案人员对一个证据性事实及其与直接待证事实之间的每一个关系，以及作为整体的证据之全部证明力的真实确信状态，是主观判断的过程，这一过程具有内在性、个体性以

---

① ［英］威廉·特文宁：《证据理论：边沁与威格摩尔》，吴洪淇、杜国栋译，中国人民大学出版社 2015 年版，第 247 页。

及抽象性，而图示法能够反映出分析者在图示完成时的确信，使“理性”的思维程序得以客观化、可视化。正如威格摩尔所说：“它是一幅有关分析者内心确信的图表，既包括分析者对一群命题之间关系的确信，也包括分析者对他的暂时性结论的确信。这样一些关系是对证明力的一些判断，这些判断可以通过‘倾向于支持’‘倾向于否定’‘倾向于解释’来加以表述；而这些结论则表达了对具体命题以及它们彼此之间的关系的确信或者不确信；这样一些确信有着不同的强度，涵盖了从强烈确信到不同程度的相信直至强烈的质疑。”①

（二）图示法具有全面性，有利于提高事实认定的精确性

案件裁判公正之前提在于精确的事实认定，而事实认定精确之基础在于合理的证据分析。正如特文宁教授所说：“裁决的准确性与事实认定中的精确性不仅是审判的核心价值，也是几乎所有官方裁决的核心价值。审判性裁决与证明逻辑可以为思考在所有类型的建构性决策中的合理性问题提供一个有用的范例。”② 笔者所创立的这个图示法有利于精确认定案件事实。

首先，该图示法从控方维度、辩护维度和中立维度这三个维度进行分析，能确保对案件证明信息的全面考虑，避免遗漏任何支持或反对主张的信息，有利于确保案件质量，避免错案。控方维度和辩护维度，分别从有利于定案角度的分析和不利于定案角度的分析，一方面能够兼听则明，准确客观地分析案件，

① ［英］威廉·特文宁：《证据理论：边沁与威格摩尔》，吴洪淇、杜国栋译，中国人民大学出版社 2015 年版，第 200 页。

② ［英］威廉·特文宁：《证据理论：边沁与威格摩尔》，吴洪淇、杜国栋译，中国人民大学出版社 2015 年版，第 243 ~ 244 页。

确保案件正确的处理；另一方面也有利于评估风险，将不利于定案的因素在案件定论之前就进行充分考虑和预测，有利于防止错案。在此基础上，从中立的维度基于中立的立场进行分析，从而能够比较准确地对待证事实作出判断。

其次，如前所述，该图示法在控方维度和辩护维度的列表是相对开放的系统。一方面，证据群列表可以根据案件的具体情况不断增加数量；另一方面，各维度的证据列表都设计了“需要进一步补充的证据”项，便于办案人员根据二元主义证明标准所要求的以客观真实为应然追求不断完善、补充证据，能吸纳最新评价证明的分量，最大限度地接近客观真实。

（三）图示法具有科学性，有利于提高证据分析的系统性

在威格摩尔看来，证明是一种科学。司法证明的理论基础是逻辑学尤其是归纳逻辑、心理学尤其是证人心理学以及一般性经验，包括常识概括以及所有人类知识领域尤其是法庭科学中的进展……主旨是一个可以为真实的司法裁判所阐释并在其中加以运用的应用科学。证明科学主要关注三个问题：其一，提交给法庭的不同类型的证据对裁决者所具有的说服力；其二，所包含的证明过程和逻辑与心理学性质；其三，用于分析混杂证据群和将相关逻辑关系用图示表现出来的最实用方法。[①] 图示法是满足上述要求的。“检验一个论证、理论或故事的真实性的最好方法就是详细地阐明所主张的到底是什么。揭示一个论证

---

① 参见［英］威廉·特文宁：《证据理论：边沁与威格摩尔》，吴洪淇、杜国栋译，中国人民大学出版社2015年版，第179～180页。

中薄弱之处的最好方式之一便是清晰地表达这一论证是什么样的。"① 图示法就是一个直观展示主张和论证过程的清晰表达。从心理学和逻辑学的角度来说，将不同的意见进行归纳概括，简化并列于一个分析框架之中，然后进行综合性的考量，便于得出一个最终的结论。就此而言，笔者的图示法虽然与威格摩尔的图示法根本不同，但是理论基础却是惊人一致。威格摩尔图示法的目标是，"为了合理地得出一个单一的最终的意见，必须推进将详细的相互关联的意见有意识地并列起来的逻辑（或心理学）过程。因此，在内心能够有意识地数量众多的意见并置在一起的限度之内，每一组内在一致的具体构成的意见必须被简化至获得一个单一意见的意识之中；直至最后，内心可以有意识地将对每一个的应有注意并置起来，以便得出其唯一的最后结论。因此，这首先要求分析，然后进行综合。"② 笔者设计的这个图示法，实际上是一个证据简化整理表，也是一个进行逻辑分析的工具。将代表不同意见的控方维度和辩方维度并置在一起，对复杂的证据进行分组并简化在列表中，有利于在中立维度上得出一个最终的单一的结论性意见，这是符合逻辑学和心理学的一种科学的证据分析方法。

二、图示法对庭审准备和案件质量评价有何功能？

笔者所创立的图示法，具有庭审审查证据，预判案件功能；也具有为庭审做准备的庭审预案功能，还具有检查已办结案件

---

① ［英］威廉·特文宁：《证据理论：边沁与威格摩尔》，吴洪淇、杜国栋译，中国人民大学出版社 2015 年版，第 321 页。

② ［英］威廉·特文宁：《证据理论：边沁与威格摩尔》，吴洪淇、杜国栋译，中国人民大学出版社 2015 年版，第 198 页。

的案件质量功能。正如特文宁教授所说："它可以用来图解除分析者自己确信之外的其他东西。比如，它可以被用于重构有关由其他人所制作之证据的论证或者用于预测某一未来裁判者可能的反应，它还可以被用于为庭审做准备，也可以被用来分析过去的审判。而且，它并不必然局限于法庭情景或者法律证据。"①

（一）庭审准备功能

由于该图表围绕争议焦点而展开，并将不同立场及其主要证据高度概括列举出来，这无论是对公诉人、辩护人，还是法官，准备庭审都提供了重要指引。公诉人可以利用该图示构建指控证据体系，并充分全面预测辩方可能的攻击方向和要点，为出庭公诉打下坚实基础。辩护人利用此表，不仅能全面掌握控方指控体系，更能精确把握抗辩要点。法官运用此表能明确争议焦点，控制庭审节奏。

（二）案件质量评价功能

随着司法责任制改革的推进，错案责任追究，案件质量检查将成为常态，这直接影响司法人员的前途和命运。无论是错案追究还是案件质量检查都是一种事后责任倒查。倒查基本载体除了案卷材料之外，很重要的载体就是承办人的分析意见。上述图表能够清晰展示承办人分析案件的过程，是重大错漏还是认识分歧，案件质量高低一目了然。

---

① ［美］特伦斯·安德森等：《证据分析》（第二版），张保生等译，中国人民大学出版社 2012 年版，第 181 页。

第十章　案件事实的认定

事实认定就是在对证据进行审查判断的基础上，事实认定者运用经验法则和逻辑规则进行推理，得出案件事实认定结论的过程，而证据综合分析的归宿就在于对案件事实的认定作出最终判断并得出结论性意见。因此，谈证据综合分析，就不得不谈事实认定。

第一节　认真对待事实

无论是证据分解验证以排除非法证据，还是双向对比来分析证据的证明力，抑或证据的综合分析，最终目的都是为确定案件事实，这一系列工作的归宿和落脚点都在于对待证事实做出一个最终的认定。对于辩护律师来说，事实认定是进行辩护的逻辑起点；对公诉人来说，是指控的基本立足点；对法官来说，是其做出裁判的核心基础。事实与证据从来都是难以分离的，我们常说“事实清楚，证据确实、充分”“以事实为根据，以法律为准绳”就是典型体现。

一、事实认定为何如此重要?

英美法系的著名证据法学者特文宁于 1980 年 9 月在庆祝英属哥伦比亚的维多利亚大学法学教员的 Beggbie Building 启用典礼上发表了“认真对待事实”的演讲，呼吁将事实认定问题作为重要的法学院教育课程安排，甚至主张将证据法的学位称作“事实学士”，主张“证据、证明与事实认定（EDP）领域在法学学科当中理应占据一个更为突出的位置”，论证的要旨在于事实侦查、事实管理以及在法律语境中（不仅仅在法庭）对争议性事实问题的论证值得关注，同时也跟法律问题的解释与推理有着相同的智识需求，是对事实研究在法学教育中之重要性的一个论证。2005 年，特文宁再次发表檄文“再次认真对待事实”。[①] 特文宁的呼吁在英美证据法学界引起了很大的反响。美国现实主义运动的主要成员杰罗米·弗兰克坚定地表明：“事实世界的难以捉摸和纷繁复杂性是律师世界的核心部分”。[②] 在中国，“认真对待事实”这个问题显然还没有被认真地对待过。但是这个问题显然是重要的，因为任何从事法律实践工作的法律人都非常清楚事实认定的重要性，因为对他们也包括笔者来说，办理案件就是要认定事实。“事实优先于权利和义务并且是他们的决定因素。没有准确的事实认定，权利义务便毫无意义”。[③]

---

① 参见［英］威廉·特文宁：《认真对待事实》，吴洪淇译，载《法律方法》2012 年第 1 期；《再次认真对待事实》，载《法律方法》2013 年第 1 期。

② ［英］威廉·特文宁：《反思证据：开拓性论著》，吴洪淇等译，中国人民大学出版社 2015 年版，第 32 页。

③ ［美］罗纳德·J. 艾伦：《艾伦教授论证据法》（上），张保生等译，中国人民大学出版社 2014 年版，第 433 页。

有一种说法，“90%的律师将他们90%的时间花在处理事实上面”，何止如此？可以说，100%的从事办理案件的法官、检察官、律师将他们90%的时间花在了处理事实上面。

二、科学技术对事实认定有何影响?

科学对事实认定的影响就是事实认定科学化的问题。案件事实毕竟是已经“过去”的事实，司法审判却是“当下”的审判。司法审判中所查明的事实并非过去发生的事实本身，而只能是经由一系列证据所证成的“重述”事实。事实认定是运用证据进行经验推论的过程，这个过程不是由法律所决定的，而是要依靠逻辑、常识、一般经验来判断的。但是，随着科技的发展，事实认定呈现出科学化的态势。

美国证据法学者达玛斯卡指出，“站在20世纪末思考证据法的未来，很大程度上就是探讨正在演进的事实认定科学化问题”。[①] 从历史发展的角度看，事实认定的发展经历从神示化到法定化，再到向科学化迈进的过程。在原始社会，生产发展的落后和人类认识能力的局限，使事实认定存在诸多困难，纠纷的裁判者寄托于神灵的力量，从而对纠纷做出裁判。随着社会生产力的发展，事实认定神示化逐渐退出了历史舞台，从神示化走向法定化，从非理性走向理性。随着科学技术的发展，人类使用证据进行事实认定的能力逐渐增强。18世纪以后，与物证有关的科学技术逐渐形成体系，到了19世纪，科学技术在诉讼证明方法中得到长足发展，法医学和各种人身识别技术兴起。人类社会进入20世纪以后，科学技术的发展更是日新月异。在

① ［美］米尔建·R. 达马斯卡：《漂移的证据法》，李学军等译，中国政法大学出版社2003年版，第200页。

刑事诉讼的事实认定的过程中，各种科学技术发挥了越来越重要的作用。将物理学、化学、医学、生物学等自然科学的原理运用到司法活动中的法庭科学逐渐成熟。科学技术在诉讼中的广泛应用，加强了事实认定的科技含量，而事实认定科学化也给证据法带来新的内容。“随着近50年惊人的科学技术进步，新的事实确认方式已经开始在社会各个领域（包括司法领域）挑战传统的事实认定法。越来越多对诉讼程序非常重要的事实现在只能通过高科技手段查明。”近年来，计算机及移动互联网技术的发展对证据学特别是事实认定产生的影响超过以往任何历史阶段。我国2012年《刑事诉讼法》修改过程中将电子数据作为一种独立的证据类型在立法上确立，也是这种趋势在立法上的反映。这种技术的发展，也给从事事实认定工作的法律人提出了重大挑战，“在为法院判决提供事实认定结论方面，常识和传统的证明方法就遭遇了科学数据的竞争。这些数据往往概念复杂，数量丰富，而且有时甚至是违反直觉的。进而法院频频遭遇复杂的科学技术证据，只有那些拥有高度专业化知识或杰出技艺的人才能毫无困难地领会。”① 正如达玛斯卡所言，“科学将持续地改变生活，事实认定的伟大变革摆在了所有司法制度面前，这些变革最终可能与中世纪末期出现的改革一样重要。”②

但是，对事实认定科学化也不能过于迷信，事实认定科学化依然不能代替裁判者的推理，只是更加丰富裁判者认定事实

---

① ［美］米尔建·R. 达马斯卡：《漂移的证据法》，李学军等译，中国政法大学出版社2003年版，第201页。

② ［美］米尔建·R. 达马斯卡：《漂移的证据法》，李学军等译，中国政法大学出版社2003年版，第210页。

的手段和方法。况且科学技术本身也存在弊端，不同的专家对同一问题作出不同的判断也时常发生。“如果不慎出现程序失误乃至假性证据的情形，被告只有死路一条。”[①] 比如，“在两位专家互相冲突却又都具有科学高深的结论之间，事实认定者也许不得不多少根据一时的灵感来选择服从和接受其中一位专家的证据。”[②]

第二节　案件事实的叙述

在证据学上，案件事实是运用证据来证明的对象。英美法系国家，一般将证明对象概括为“七何”，即何人、何时、何地、为何、何事、何种对象、何种结果。证明对象的事实，包括犯罪事实、量刑事实、程序性事实三种，这里谈的重点是犯罪事实。如何对已经证明的案件事实进行表述呢？英美法系国家把这种事实叙述称为“讲故事”。特文宁教授将叙事等同于讲故事，“一个故事就是对按照时间顺序排列并形成一个有意义整体的特定事件所作的叙述”。在这一特殊表述中，时间、变化和连贯性都是必要的组成部分。[③] 但是，特文宁也指出，起诉书记载的事实远不是一个故事，而是一定诉讼主张的正式陈述，这

---

① 林枉雄：《DNA：挑战法律的科学巨人》，载霍华德·科蔓：《法庭上的DNA》，何美莹译，商业周刊出版股份有限公司 199 年版，第 59 页。

② ［美］罗纳德·J. 艾伦：《艾伦教授论证据法》（下），张保生等译，中国人民大学出版社 2014 年版，第 723～724 页。

③ 参见［英］威廉·特文宁：《反思证据：开拓性论著》，吴洪淇等译，中国人民大学出版社 2015 年版，第 295 页。

一陈述被归入一系列受到严格限制的类型当中。叙事者的主要技能是“将当事人所主张的事实放进适合的模型当中”，相当于填表格。特文宁还举例说明了填表格与讲故事之间的区别与联系，如“3 月 5 日，X 故意且有预谋地恶意刺伤 Y，Y 因伤重死于 3 月 6 日”，“这句话包含了谋杀犯罪的所有因素并且符合对一个故事的正式定义，也就是说，它是对形成一个整体的特定事件的连续性叙述。我们通常期望故事能够更详细、更精彩、更有趣，但从分析的角度看，一个诉讼主张或一个指控当中所主张事实的基本陈述（但并不总是）就可以满足一个‘故事的要求’”。[①] 可见，待证事实的叙述与起诉书事实的叙述的联系在于起诉书事实的功能是构建一个具有法律意义上的行为，而待证事实是构建一个法律意义上的行为，如谋杀。但是二者的区别在于待证事实比起诉书事实多了一些连接要素，而成为一个故事的构造。

笔者认为，待证事实的叙述，一方面要致力于构建一个法律意义上的行为，所以要将犯罪构成要件作为主线；另一方面也要借鉴故事的叙述构造。因为毕竟起诉书在本质上是一个指控指南，这决定了其极其简洁的风格，而待证事实显然要比起诉书的事实更丰富一些，需要一些连接要素而成为一个故事的构造。这在实践中表现为，检察机关审查报告的事实叙述、汇报提纲的事实叙述、判决书的事实叙述，这些要比起诉书复杂一些、丰满一些、详细一些，更能让人能看到案件的来龙去脉，这就是因为多了一些连接要素，更像一个故事的构造。如何进行待证事实的叙述呢？我们认为需要把握以下几点：

---

① ［英］威廉·特文宁：《反思证据：开拓性论著》，吴洪淇等译，中国人民大学出版社 2015 年版，第 298 页。

一、如何把握一根主线?

刑事案件中的事实不是简单的记叙文，不是单纯叙述一件事情或描述一个行为，其目的在于表明被告人实施的犯罪事实符合刑法中的某个罪名的犯罪构成要件，要构建一个法律意义上的行为，而不单纯是讲故事。因此，犯罪构成（犯罪成立条件）是犯罪事实表述的灵魂和主线。背后的法理依据和原理就在于犯罪构成要件是刑事诉讼的“指导形象”。日本著名法学家小野清一郎指出，公诉事实就是符合构成要件的事实，当然要以犯罪构成要件为指导形象。[①] 那么，如何利用好这根主线，如何将犯罪事实的叙述不背离这根主线呢？基本的方法是：（1）把握犯罪构成的客观方面和主观方面，坚持客观方面为主、优先。无论是采用德、日刑法学中的三阶层，还是采用我国传统四要件，撇开刑法学意义上的犯罪论体系不谈，仅从犯罪事实的叙述角度而言，都可以分为客观方面和主观方面两个层面。描写犯罪事实应该围绕客观方面和主观方面进行描述，以客观方面描述为主。之所以强调客观方面，是因为被告人的主观故意很大程度上是通过客观行为表现出来的。比如，一个盗窃案件，在描述其于何时何地偷窃了什么东西等客观行为，就能够反映出其非法占有之目的。在一些特定案件中，为了强调其主观方面对于定罪的关键作用，需要在犯罪事实中描述其主观方面的要素。比如，下面这个案例：

---

① 参见［日］小野清一郎：《犯罪构成要件理论》，王泰译，中国人民公安大学出版社 1991 年版，第 117－134 页。

【案例45：赵某交通肇事案】 2011年10月28日6时许，被告人赵某驾驶苏APQ×××号小型普通客车，行驶至某路口时，观察疏忽，未按交通信号灯通行，其车车头将未按交通信号灯骑自行车通过此路口的被害人洪某撞倒致伤。被害人洪某经医院抢救无效于次日死亡。南京市公安局交通管理局某大队认定被告人赵某负事故主要责任。

这个案例在事实表述中特意使用了“观察疏忽”一词，以此来表明其主观罪过是过失，也因此决定了其行为构成交通肇事罪这一过失犯罪，从而与故意杀人等其他罪名区分开来。(2) 与犯罪构成无关或关系不大的细节性事实，在事实认定中不必详细描述。比如，下面这个案例：

【案例46：宦某诈骗案】 被告人宦某2005年年底从部队转业后，被安置到某监狱工作，但其对外声称自己在某省建设厅工作。2008年4月中旬，受害人陈某为其朋友的孩子能进建设厅工作一事委托宦某帮忙办理，宦某称没有问题。同月下旬，宦某以疏通关系为由，向陈某索要人民币2万元，后将骗取的钱用于还债。在此期间，宦某对陈某慌称事情正在办理之中还需花点钱，于7月的一天从陈某处再次骗得人民币2万元，又用于个人消费。

上述这个案件事实的叙述，除了语言拖沓冗长之外，没有能够紧紧围绕犯罪构成这根主线进行表述，出现了很多与犯罪构成无关或关系不大的事实，如“被告人宦某2005年年底从部队转业”“被安置到某监狱工作”这属于被告人的个人简历，与犯罪构成无关，不仅与构建一个法律上的诈骗行为无关，对于故事的叙述来说，也是多余的。

二、如何写好“七何”要素？

故事的基本构造在于“七何”要素：何人于何时在何地以何种方法对何人或何物做了何种行为导致何种后果。

1. “何人”是犯罪主体。犯罪主体是案件事实的主角，也是可能承担刑事责任的主体。一般来说，宜将犯罪主体写在犯罪事实的开头。

2. “何时”是交代案发时间，这是犯罪事实不可缺少的因素，因为时间、地点是行为的存在方式，没有时间与地点的行为是不存在的。一般来说，犯罪时间也应当写在事实表述的开头部分。

3. “何地”是交代案发地点和场所。如前所述，地点与时间一样是行为的存在方式，因此，交待案发地点是事实表述的不可或缺的基本要素。有时案发地点还能够影响量刑，如强制猥亵、侮辱妇女罪，一般情节的法定刑为5年以下有期徒刑或者拘役，但是在公共场所当众强制猥亵、侮辱妇女的，法定刑升格为处5年以上有期徒刑。再如，抢劫罪的一般情节法定刑为处3年以上10年以下有期徒刑，并处罚金，但是在公共交通工具上抢劫，则法定升格为处10年以上有期徒刑、无期徒刑或者死刑，并处罚金或者没收财产。另外，案发地点还具有表明管辖权的功能。

4. “以何种方法”是实施犯罪的手段和方法。犯罪手段和方法至关重要，犯罪手段既有可能影响量刑，也有可能影响定罪；既可能作为酌定量刑情节，也可能作为法定刑升格条件。如故意杀人案件中，以残忍手段是重要的酌定量刑情节，有时甚至能左右死刑的适用。有的罪名中犯罪手段直接影响能否定罪，如一般手段的盗窃500元无法达到数额较大而不构成犯罪，但是如果犯罪手段是扒窃或入户，则就构成盗窃犯罪了。

5. “对何人或何物”是犯罪对象（又称行为对象、行为客体），就是犯罪行为所针对的人或物，这里的人包括自然人和法人以及非法人单位、组织；这里的物包括有形物和无形物。当然，刑法通说认为，并非所有的犯罪都有犯罪对象，并非所有的犯罪都必须有特定的犯罪对象，如脱逃罪，组织、领导、参加黑社会性质组织罪等。因此，在事实表述过程中需要始终围绕具体罪名的犯罪构成来进行具体对待。

6. “做了何种行为”是实施了何种行为，行为要素是案件的核心要素，犯罪是行为，没有行为就没有犯罪。行为的表述需要结合具体罪名的犯罪构成要件中的客观行为特征进行斟酌，要以最准确、恰当的语言进行表达。相对于起诉书的事实叙述，待证事实的叙述要比起诉书对“做了什么”描写得更加详细和丰满。

7. “导致何种后果”就是行为所导致的犯罪结果。如果涉案罪名是结果犯就需要写明犯罪结果；如果是情节犯或数额犯，就需要写明具体的情节和犯罪数额。

主要参考文献

一、著作类

1. [德] 克劳思·罗科信:《刑事诉讼法》,吴丽琪译,法律出版社2003年版。

2. [德] 托马斯·魏根特:《德国刑事诉讼程序》,岳礼玲、温小洁译,中国政法大学出版社2004年版。

3. [德] 托马斯·魏根特:《德国刑事程序法原理》,江溯等译,中国法制出版社2021年版。

4. [法] 勒内·弗洛里奥:《错案》,赵淑美、张洪竹译,法律出版社2013年版。

5. [日] 田口守一:《刑事诉讼法》,张凌、于秀峰译,中国政法大学出版社2010年版。

6. [日] 松尾浩也:《日本刑事诉讼法》(下卷),张凌译,金光旭校,中国人民大学出版社2005年版。

7. [日] 石井一正:《日本实用刑事证据法》陈浩然译,台北,五南图书出版公司2000年版。

8. [英] 威廉·特文宁:《证据理论:边沁与威格摩尔》,吴洪淇、杜国栋译,中国人民大学出版社2015年版。

9. [英] 威廉·特文宁:《反思证据:开拓性论著》,吴洪淇等译,中国人民大学出版社2015年版。

10. [美] 米尔建·R. 达马斯卡:《漂移的证据法》,李学军等译,何家弘审校，中国政法大学出版社 2003 年版。
11. ［美］罗纳德 · J. 艾伦：《艾伦教授论证据法》（上），张保生等译，中国人民大学出版社 2014 年版。
12. ［美］詹姆斯 · Q. 惠特曼：《合理怀疑的起源——刑事审判的神学根基》，侣化强、李伟译，中国政法大学出版社 2012 年版。
13. ［美］伦道夫 · 乔纳凯特：《美国陪审团制度》，屈文生、宋瑞峰、陆佳译，法律出版社 2013 年版。
14. ［美］约翰 · W. 斯特龙主编：《麦考密克论证据》，汤维建等译，中国政法大学出版社 2004 年版。
15. ［美］特伦斯 · 安德森等：《证据分析》（第二版），张保生等译，中国人民大学出版社 2012 年版。
16. ［美］安吉娜 · J. 戴维斯：《专横的正义：美国检察官的权力》，李昌林、陈川陵译，中国法制出版社 2012 年版。
17. ［美］吉姆 · 佩特罗、［美］南希 · 佩特罗：《冤案何以发生——导致冤假错案的八大司法迷信》，苑宁宁等译，北京大学出版社 2012 年版。
18. 陈一云主编：《证据学》，中国人民大学出版社 1991 年版。
19. 陈光中主编：《非法证据排除规则实施问题研究》，北京大学出版社 2014 年版。
20. 樊崇义主编：《证据法学》，法律出版社 2003 年版。
21. 樊崇义主编：《2012 刑事诉讼法：解读与适用》，法律出版社 2012 年版。
22. 陈瑞华：《刑事诉讼的中国模式》，法律出版社 2010 年版。
23. 陈瑞华：《刑事证据法》，北京大学出版社 2012 年版。
24. 陈瑞华：《刑事诉讼的前沿问题》，中国人民大学出版社 2000 年版。
25. 陈瑞华：《刑事证据法》（第三版），北京大学出版社 2018 年版。
26. 刘艳红：《实质刑法观》（第二版），中国人民大学出版社 2019 年版。
27. 张保生主编：《证据法学》，中国政法大学出版社 2009 年版。
28. 何家弘主编：《外国证据法》，法律出版社 2003 年版。
29. 何家弘：《短缺证据与模糊事实》，法律出版社 2012 年版。

30. 徐静村主编:《刑事诉讼法学》(第三版),法律出版社2012年版。
31. 易延友:《证据法学:原则、规则、案例》,法律出版社2017年版。
32. 施鹏鹏主编:《现代刑事诉讼模式:对话与冲突》,中国政法大学出版社2021年版。
33. 张军主编:《刑事证据规则理解与适用》,法律出版社2010年版。
34. 李少平主编:《最高人民法院〈关于适用《中华人民共和国刑事诉讼法》的解释〉理解与适用》,人民法院出版社2021年版。
35. 孙谦主编:《〈人民检察院刑事诉讼规则(试行)〉理解与适用》,中国检察出版社2012年版。
36. 童建明主编:《新刑事诉讼法理解与适用》,中国检察出版社2012年版。
37. 童建明、万春主编:《〈人民检察院刑事诉讼规则〉理解与适用》,中国检察出版社2020年版。
38. 王爱立、雷建斌主编:《〈中华人民共和国刑事诉讼法〉释解与适用》,人民法院出版社2018年版。
39. 中共中央纪律检查委员会、中华人民共和国监察委员会法规室编写:《〈中华人民共和国监察法〉释义》,中国方正出版社2018年版。
40. 戴长林、罗国良、刘静坤:《中国非法证据排除制度:原理·案例·适用》,法律出版社2016年版。
41. 喻海松:《网络犯罪二十讲》,法律出版社2108年版。
42. 王禄生:《刑事诉讼的案件过滤机制——基于中美两国实证材料的考察》,北京大学出版社2014年版。
43. 李勇主编:《审查起诉的原理与方法》,法律出版社2015年版。
44. 王勇主编:《公诉人出庭的方法与技巧》,法律出版社2015年版。
45. 陈朴生:《刑事证据法》(第三版),台北,三民书局1979年版。
46. 陈朴生:《刑事诉讼法实务》(增订四版),海天印刷厂有限公司1981年版。
47. 李学灯:《证据法比较研究》,台北,五南图书出版公司1992年版。
48. 林山田:《刑事程序法》,台北,五南图书出版公司1998年版。

49. 张丽卿：《刑事诉讼法——理论与运用》，台北，五南图书出版公司1995年版。
50. 张丽卿：《刑事诉讼制度与刑事证据》，中国检察出版社2016年版。
51. 黄东熊等：《刑事证据法则之新发展》，台北，学林文化事业有限公司2003年版。
52. 林钰雄：《刑事诉讼法》（上册），中国人民大学出版社2005年版。
53. 林钰雄：《刑事法理论与实践》，中国人民大学出版社2008年版。
54. 林钰雄：《干预处分与刑事证据》，北京大学出版社2010年版。
55. 王兆鹏：《美国刑事诉讼法》，台北，元照出版公司2004年版。
56. 柯耀程：《刑事程序理念与重建》，台北，元照出版公司2009年版。
57. 林辉煌：《刑事审判之证明负担及证明程度——比较法之分析》，台北，元照出版公司2011年版。
58. 陈天勋：《刑事诉讼法概要》，来胜文化事业有限公司2015年版。

二、论文类

1. ［德］托马斯·魏根特：《刑事诉讼关涉真实吗？———一个德国的视角》，冯俊伟译，载《中国刑事法杂志》2011年第7期。
2. ［德］约阿希姆·赫尔曼：《德国刑事诉讼程序中的协商》，王世洲译，载《环球法律评论》2001年第4期。
3. ［德］约阿希姆·赫尔曼：《协商性司法———德国刑事程序中的辩诉交易》，程雷译，载《中国刑事法杂志》2004年第2期。
4. ［德］迈克尔·赫格曼斯：《德国刑事诉讼法中的证据使用禁止》，周婧译，载《证据科学》2016年第5期。
5. ［美］萨缪尔·格罗斯等：《论美国的无罪裁决——从1989年至2003年》，刘静坤译，载《中国刑事法杂志》2006年第6期。
6. 陈光中：《推进“以审判为中心”改革的几个问题》，载《人民法院报》2015年1月21日，第5版。
7. 樊崇义：《“以审判为中心”的概念、目标和实现路径》，载《人民法院报》2015年1月14日，第5版。

8. 樊崇义：《客观真实管见：兼论刑事诉讼证明标准》，载《中国法学》2000 年第 1 期。
9. 陈瑞华：《论证据相互印证规则》，载《法商研究》2012 年第 1 期。
10. 陈瑞华：《刑事诉讼中的证明标准》，载《苏州大学学报（哲学社会科学版）》2013 年第 3 期。
11. 陈瑞华：《对证明标准问题的一点思考》，载《人民检察》2003 年第 5 期。
12. 陈瑞华：《论瑕疵证据补正规则》，载《法学家》2012 年第 2 期。
13. 刘艳红：《监察委留置权运作的困境及法治化路径》，载《华东政法大学学报》2018 年第 3 期。
14. 何家弘：《刑事错案中的证据问题——实证研究与经济分析》，载《政法论坛》2008 年第 2 期。
15. 何家弘、何然：《证据的审查与认定原理论纲》，载《法学家》2008 年第 3 期。
16. 张卫平：《证明标准建构的乌托邦》，载《法学研究》2003 年第 4 期。
17. 龙宗智：《威胁、引诱、欺骗的方法是否违法》，载《法学》2000 年第 3 期。
18. 龙宗智：《我国非法口供排除的“痛苦规则”及相关问题》，载《政法论坛》2013 年第 5 期。
19. 龙宗智：《“以审判为中心”的改革及其限度》，载《中外法学》2015 年第 4 期。
20. 龙宗智：《印证与自由心证——我国刑事诉讼证明模式》，载《法学研究》2004 年第 2 期。
21. 龙宗智、何家弘：《诉讼证明模式与证据审查评断》，载《证据学论坛》2004 年第 2 期。
22. 孙长永、闫召华：《欧洲人权法院视野中的非法证据排除制度——以“格夫根诉德国案”为例》，载《环球法律评论》2011 年第 2 期。
23. 汤维建：《关于证据属性的若干思考和讨论——以证据的客观性为中心》，载《政法论坛》2000 年第 6 期。

24. 熊秋红：《美国非法证据排除规则的实践及对我国的启示》，载《政法论坛》2015 年第 3 期。
25. 万毅：《论瑕疵证据——以“两个〈证据规定〉”为分析对象》，载《法商研究》2011 年第 5 期。
26. 左卫民：《“印证”证明模式反思与重塑：基于中国刑事错案的反思》，载《中国法学》2016 年第 1 期。
27. 汪建成：《中国需要什么样的非法证据排除规定》，载《环球法律评论》2006 年第 5 期。
28. 刘品新：《论电子证据的原件理论》，载《法律科学》2009 年第 5 期。
29. 刘广三、马云雪：《瑕疵证据补正之探析》，载《中国刑事法杂志》2013 年第 3 期。
30. 谢小剑：《我国刑事诉讼相互印证的证明模式》，载《现代法学》2004 年第 6 期。
31. 易延友：《最佳证据规则》，载《比较法研究》2011 年第 6 期。
32. 易延友：《陪审团在衰退吗——当代英美陪审团的发展趋势解读》，载《现代法学》2004 年第 3 期。
33. 施鹏鹏：《跨时代的智者——密特麦尔证据法学思想述评》，载《政法论坛》2015 年第 5 期。
34. 吴丹红：《非法证据排除规则的实证研究——以法院处理刑讯逼供辩护为例》，载《现代法学》2006 年第 5 期。
35. 李建明：《刑事证据相互印证的合理性与合理限度》，载《法学研究》2006 年第 6 期。
36. 周洪波：《中国刑事印证理论批判》，载《法学研究》2015 年第 6 期。
37. 吴宏耀：《美国非法证据排除规则的当代命运》，载《比较法研究》2015 年第 1 期。
38. 吕泽华：《美国量刑证明标准的变迁、争议及启示》，载《法学杂志》2016 年第 2 期。
39. 纵博：《监察体制改革中的证据制度问题探讨》，载《法学》2018 年第 2 期。

40. 沈德咏、江显和：《对我国刑事证明标准的再探讨》，载《人民司法》2009 年第 5 期。
41. 胡云腾等：《关于适用〈中华人民共和国刑事诉讼法〉的解释理解与适用》，载中华人民共和国最高人民法院刑事审判第一、二、三、四、五庭主办：《刑事审判参考》(2012 年第 5 集 · 总第 88 集)，法律出版社 2013 年版。
42. 戴长林、刘静坤、朱晶晶：《〈关于办理刑事案件严格排除非法证据若干问题的规定〉的理解与适用》，载《人民司法（应用）》2017 年第 22 期。
43. 周加海、喻海松：《〈关于办理刑事案件收集提取和审查判断电子数据若干问题的规定〉的理解与适用》，载《人民司法（应用）》2017 年第 28 期。
44. 李勇：《审判中心主义背景下出庭公诉的对策研究》，载《中国刑事法杂志》2016 年第 5 期。
45. 李勇：《〈监察法〉与〈刑事诉讼法〉衔接问题研究——“程序二元、证据一体”理论模型之提出》，载《证据科学》2018 年第 5 期。
46. 李勇：《跨越实体与程序的鸿沟——刑事一体化走向深入的第一步》，载《法治现代化研究》2020 年第 1 期。
47. 王兆鹏：《证据排除法则的相关问题》，载《刑事法杂志》1996 年第 3 期。
48. 林钰雄：《德国证据禁止论之发展与特色》，载《律师杂志》1999 年第 232 期。
49. 吴巡龙：《刑事证据法入门：第三讲——证据排除》，载《月旦法学杂志》2007 年第 57 期。
50. 黄翰义：《论刑事证据之基本原则》，载《军法专刊》2009 年第 5 期。
51. 陈志龙：《超越合理怀疑与证据证明》，载《台北大学法学论丛》2009 年第 69 期。
52. 王士帆：《证据禁止内涵》，载《月旦裁判时报》2021 年第 103 期。

三、外文文献

1. Peter Tillers & David Schum. Charting New Territory in Judicial Proof: Beyond Wigmore, Cardozo Law Review, Vol. 9, Issue 3 (February 1988).

2. Edward B. Diskant. Comparative Corporate Criminal Liability: Exploring the Uniquely American Doctrine through Comparative Criminal Procedure. The Yale Law Journal. Vol. 118, (Oct., 2008).

3. John Henry Wigmore, A Treatise on the System of Evidence in Trials at Common Law: Including the Statutes and Judicial Decisions of All Jurisdictions of the United States (1904), BOOK Ⅰ.

4. Talia Fisher. The Boundaries of Plea Bargaining: Negotiating the Standard of Proof, The Journal of Criminal Law and Criminology, Vol. 97, No. 4 (Summer, 2007).

案例索引

非法证据排除疑难问题百问索引

（请根据标注的页码查阅答案）

后 记

证据到底有多重要，也许只有办过案件的人才能体会。这也是促使我创立“三步法则”的原动力。我很能理解被誉为“证据法的毛泽东”的英国著名证据法学家特文宁第一次呼吁“认真对待事实”时的心情。那是1980年9月特文宁在英属哥伦比亚的维多利亚大学法院大楼启用时发表的演讲，用他自己的话说，虽然“广为人知，但却几乎未能产生什么影响”，甚至“似乎是一个失败的倡议”，证据法学者们对此不屑一顾，但是“实务者们相当喜欢它”。特文宁不甘心，于2005年又发表了《再次认真对待事实》。时至今日，英美证据法学界已经意识到“证据、证明与事实认定”（证据学的EPF）的重要性。但国内实践与理论之间的鸿沟在证据法学界依然存在，遍查国内证据法著作，关于证据审查和分析的这种微观、形而下的著作真的很少，原因或许真的在于“学术人常常过于高高在上，而执业者已经倾向于过于世俗”。必须承认的是，从事法律实务的工作者对于证据分析这样的知识诉求极其强烈，而证据法学界在这方面的研究成果显然供给不足。这是促使我将“三步法则”写成专著的直接动因。

这本书我谋划和构思了很久，也写了很久，原计划是2016

年下半年出版，因种种原因一直拖到今天，从2009年至今，可谓“八年抗战”。2009年我创立“三步法则”的时候，它还只是一个工作机制，当时它只是以简报的面目出现。一段时间后，以论文的形式发表，因推介的需要，很快又以讲课的形象展示，再后来又被评为江苏省检察机关教育培训精品课程、全国检察教育培训精品课程，在全国各地讲授，到了2014年，我在主编《审查起诉的原理与方法》一书过程中，将它作为一章来叙述，显然不系统、不全面、不深刻。记得当时我在该书的后记中表达了要将“三步法则”写成专著的愿望，而《审查起诉的原理与方法》只是提前部分地实现了这个愿望。时至今日，这个愿望终于得以完整实现，尽管还不完美。这个愿望的实现得益于很多人。2009年“三步法则”刚提出不久，时任南京市人民检察院公诉处处长的全国十佳公诉人、全国检察业务专家李爱君女士，到我院调研时听取了我关于“三步法则”的汇报，她敏锐地察觉到这是一个有价值的命题，当时就鼓励我进一步探索和完善，并让我在南京市公诉培训班上进行讲授。之后，江苏省人民检察院的赵学武检察官邀请我第一次面向全省讲授，接下来很多地方的司法机关邀请我讲授，特别要感谢国家检察官学院的杨蓉主任、张薰尹、邢晓云、赵培显、李哲等老师多次邀请我赴京面向全国讲授，每一次讲授都迫使我思考、完善、充实、深挖这个题目。时任南京市建邺区人民检察院副检察长、现任南京市钟山地区人民检察院检察长的薛薇，时任南京市建邺区人民检察院检察长、现任南京市人民检察院副检察长的葛冰，都给予了我很多的鼓励和支持；我院现任检察长于刚、副检察长詹静以及我的各位同事都给了很多支持和帮助。在本书写作过程中，江苏省人民检察院刘华检察长在读了《审查起诉的原理与方法》一书后所给予我的鼓励，也一直激励着我不断地研究和探索。对特文宁证据法思想有着深入研究的中国政法大学吴洪淇教授不厌其烦地为我解答很多关于证据法理论的疑问，还在我申报最高人民检察院关于刑事证据的课题过程中提供支持。法律出版社的许睿女士为本书的编辑付出了艰辛的努力。值得一提的是，“悄悄法律人”的忠实粉丝们对本书出版的期待，也是我加快写作步伐的动力，为表示感谢，我特意在本书的作者署名中加上了我的网名“悄悄法律人”。我的家人一直以来给予的默默支持，更是我不断创作的动力源泉。

对于法学研究而言，创新是极其困难的。原因可能在于实践中虽不乏创新的幼苗，但是实务界人士无心研究成作，而理论界人士又无从知晓。“三步法则”的创新直接来自实务，直接来自工作需要。经过多年摸索和积累，今日成书，一切都是机缘巧合。这本书就是以“三步法则”的三个步骤为基本架构，分为三篇，共计十章，这样的结构体系可能是独一无二的；关于二元主义的证明标准的观点是比较独特的；受威格摩尔图示法的启发，我所设计的证据分析图示法也是别具一格的；关于证据能力（合法性）三要件的提法也是证据法学界所没有过的……这些原创性的观点绝非为了标新立异，纯粹是基于司法实务的需要而提出来的，有的甚至就是司法实务界人士每天办案中有意无意就是这么做的，而我只是将其揭示出来、提炼出来、升华出来、论证出来。在此过程中，我一直坚持理论与实践相结合的研究方法，大量的实务经验和真实案件贯彻始终，同时也把一些证据法的理论作为立论基础，以确保其实用性和科学性兼备，实践性和理论性同在。就像刑法学者付立庆教授在评论我的刑法学专著《结果无价值论的实践性展开》一书时所鼓励的：“悄悄却虔诚地架起理论与实践沟通的桥梁”。这本书也是我践行“游走于理论与实践，刑法与刑事诉讼法”之间的一种尝试。本书对实务界而言，试图提供一套系统的工具，供大家在日常办案中使用；对于理论界而言，提供一个批判的靶子，供学者们借鉴其研究方法并批判其观点。当然，于我而言，虽然一直坚持这样的愿望和理想，但功力不逮，书中错漏难免，也请各位读者批评指正！此言绝非套话，为表诚意，特此公布悄悄法律人微信公号（qiaoqiaolawyer），可搜索加关注，将批评指正意见在公号里留言，我将感激不尽！

李　勇

2017 年 2 月 8 日初写

2 月 25 日改定于南京